串珠集
——宁古塔史话

董凤芹 代国波 编著

黑龙江人民出版社

图书在版编目(CIP)数据

串珠集:满族民俗史话/ 董凤芹 编著. —哈尔滨：黑龙江人民出版社,2019.1（2021.3重印）
ISBN 978 – 7 – 207 – 11695 – 6

Ⅰ.①串… Ⅱ.①董… Ⅲ.①满族—少数民族风俗习惯—中国—普及读物 Ⅳ.①K892.321 – 49

中国版本图书馆 CIP 数据核字(2019)第 019905 号

责任编辑：姚虹云
封面设计：佟　玉

串珠集——满族民俗史话
　　董凤芹　编著

出版发行	黑龙江人民出版社
地　　址	哈尔滨市南岗区宣庆小区 1 号楼
邮　　编	150008
网　　址	www.longpress.com
电子邮箱	hljrmcbs@ yeah.net
印　　刷	三河市华东印刷有限公司
开　　本	787 毫米×1092 毫米　　1/16
印　　张	20.5
字　　数	410 千字
版　　次	2019 年 2 月第 1 版　2021 年 3 月第 2 次印刷
书　　号	ISBN 978 – 7 – 207 – 11695 – 6
定　　价	58.00 元

版权所有　侵权必究　　　　举报电话:82308054
北京市大成律师事务所哈尔滨分所律师赵学利、赵景波

序　言

　　满族，是我国东北地区人数最多的一个少数民族。满族分布于全国各地，其中辽宁、黑龙江、吉林、北京、河北的承德地区居多，据2000年国家统计局提供数据显示，满族现拥有1268万人口，在全国少数民族中名列第三。1985年后，全国相继成立了辽宁省凤城、新宾、岫岩、清泉、北镇、本溪、桓仁、宽甸，河北省青龙、丰宁、围场、宽城，吉林省伊通等13个满族自治县和近400个满族乡。

　　满族是一个古老而又年轻的民族。古老，是因其历史源远流长，可以追溯到七千多年前的肃慎先民和先秦时期的肃慎，汉、三国时期的挹娄，南北朝时期的勿吉，隋唐时期的靺鞨，宋、辽、金、元、明时期的女真、清朝时期的满洲，是东北地区最古老的民族族系之一。但是，满族作为一个新兴的民族共同体却又十分年轻。公元1616年，建州女真首领努尔哈赤统一女真部族，在赫图阿拉（今辽宁新宾）建立了大金政权（史称"后金"）。1635年清太宗皇太极废除旧称，定族名为"满洲"。1636年，改国号"大清"。1644年，满族入主中原，建立了中国历史上最后一个封建王朝——清朝，以新的姿态屹立于世界民族之林。

　　满族先世肃慎是我国东北地区最早见于史载的居民之一，从先秦文献中的《尚书·序》、《逸周书》、《大戴礼记》的《少闲篇》、《五帝德篇》、《竹书纪年》、《左传》、《国语》、《山海经》，到《三国志》和《晋书》均有关于肃慎的记载，两汉文献的《史记》、《淮南子》的《坠形训》和《原道篇》、《说苑》的《辨物篇》等也有关于肃慎的片断记载。

　　东北地区是满族先民的发祥地，有着悠久的历史传承，积淀了深厚的文化底蕴。可以说，满族及其先世在中国历史上创造的灿烂文化，在人类社会发展史上具有举足轻重的地位，曾被誉为人类社会发展的活化石。

满族及其先世一直笃信古老的萨满教，并且历史悠久，从先秦时期的肃慎到清代的满洲都是如此。七千年前，肃慎先民新开流人就已经有了萨满教的信仰，后来的肃慎、挹娄、勿吉、女真、满洲都比较完整地承继了这一宗教信仰，这在《后汉书》《晋书》《通典》《太平御览》《太平寰宇记》《金史》等史书中均记载的比较详细。作为一种传统文化，萨满文化所代表的是一个民族的原始文化，是一个民族的文化之根。萨满文化已经成为满族文化的重要组成部分。在现代文明中如果仍然保存着传统文化生活的内涵，这是对历史的一种继承与延伸，它的价值不单单在于记录了人类文化的走向，还记载了人类精神的历程。作为一种原始宗教文化，即使今天，萨满文化在满族民间仍有遗存，研究这种文化对于探讨满族文化之源、满族文化的继承与发展，具有十分重要的意义。

历史上，满族先世曾几度崛起。唐代，满族先民靺鞨人建立了海东盛国——渤海国，立国229年，这是中古时期中国东北部的第一个文化灿烂时期。宋代，满族先民女真人建立了大金王朝，雄峙中国北方达一个多世纪，创造了灿烂的女真文化。渤海文化、女真文化在中国历史上占有重要地位。

满族文化主要由物质文化和非物质文化组成。比较突出的满族物质文化有被列入世界文化遗产的沈阳故宫、盛京永陵、盛京福陵、盛京昭陵和清东陵、清西陵。满族非物质文化比较丰富，有代表性的主要有：用满文记录下来的《长白仙女神话》、满文传说《尼山萨满》、说唱文学《空古鲁哈哈济》、《乌布西奔妈妈》和《西林安班玛发》说部及大量的子弟书作品等。满族文化在清代得到了充分发展，并不断创造积累，传承下来的是丰富多彩、辉煌灿烂的民族文化，它不仅使满族自身更加充实和发展，也丰富了中华民族文化宝库，是祖国大家庭的共同财富，是中华文化的一颗璀璨明珠。

满族是一个善于学习的民族，素有吸纳各方文化之长为己所用之传统，满族学习和吸收汉族及其他民族一切先进的和有价值的文化成分，与满族固有的文化成分紧密结合且浑然一体，成为更新的、更进一步发展的满族文化。满族与各民族一起，将祖国灿烂的中华文明推到一个新的高峰。

民俗是一定民族在长期生存中所完成的文化综合，是一定社会人群在长期社会生产生活中所形成的特定的生存模式并传袭成俗。民俗作为一个民族经济基础与上层建筑的结合部，是其民族文化中最稳固、最普遍的组成部分，是最生动、最普遍的文化形态，是民族心理素质的直接表现形式，直接或间接地反映着一个民族的精神景观。历史上的东北，曾被清王朝视为自己的"龙兴之地"。由于地域的优势和地理环境的独特性，东北在较长的历史时段里成为政治、经济、文化中心，因而它承载着丰富的满族民俗资源——一个民族久远的生活和一方土地精神的缩影。满族的风俗习惯，是在长期的历史发展过程中，在特定的自然环境、社会环境和社会历史、生活条件下逐步形成的，它蕴藏着满族的共同心理感情，表现着满族人民的共同风尚、志趣、意识和性格，体现了满族骁勇彪悍的特征。

满族是一个有着悠久历史和文化传统的民族，他们很早就和中原地区交往，在政治、经济、文化各方面建立了密切的联系。相邻民族间民俗交融是社会发展中常会出现的自然现象，在历史上的兴衰与融合中，满族及其先民不断吸纳周边多民族优秀民俗成分并杂糅于满族固有的自身民俗中来。清中期以后满汉文化交融尤为鲜明，满族民俗形成了博大精深的历史积淀与深厚的文化底蕴，兼有包容性和多元性。

今天，尽管在政治、经济和现代文明方面满族和汉族已没有明显差别，但在某些方面满族仍然保留着本民族特有的风貌——满族民俗传统，这是其自身生活与信仰的载体，是满族文化的核心。同时，满族民俗也对其他民族的文化和生活产生深远影响，促进了中华民族大家庭的共融，且成为中华文化不可缺少的组成部分，在我国北方民俗文化宝库中具有独特而无与伦比的典型意义。

民俗作为物质与非物质文化遗产的组成部分，是全世界越来越重视的文化工程，对其发掘进而保护是有重要意义的。我们积极挖掘抢救濒临消失的民俗文化遗产，是为了熟悉民族历史，可以激发人们爱祖国、爱民族的情怀，对于充实我国史学研究、撰写民族文化发展史是有益处的，从而为丰富我们中华民族民俗宝库作出贡献。

满族是中国历史上有作为有影响的民族，她有自己的语言、文字、信仰和风俗习惯。由于历史的、社会的和其他方面诸多原因，在历代史书中对满族及其先世的文化记载有些片面性和狭隘性。在满族文化研究方面，有很多满族学者重视研究满族的上层文化，而满族的民间本体文化仍有许多研究的空白。或者说，因为史籍文献中对满族的平民文化记载比较少，满族风俗习惯的研究尚处于较薄弱状态，许多富有科学价值、十分宝贵的满族民间文化遗产未能得到保留和搜集整理，对满族文化成为中华民族文化的组成和创造性贡献未能给予应有的重视。

《串珠集——满族民俗史话》是一部记载满族在东北地区的生存发展史，是一部全面生动的满族风俗史，也是一部满族的民族文化史，具有史料价值、学术价值和文学价值。走进满族民族心灵的深处，认识满族文化在中华文化历史长河中的地位和作用。本书将从文化史的角度对满族民族文化的基础部分——民俗文化进行较为系统的探索，在一个个具体、生动的民俗事项中揭示固有的文化内涵，有助于研究本民族文化个性特征。分析掌握满族风俗的产生、形成、特点和发展规律，从民俗形态中剖析其萌生、发展演化的历史原因及社会功能，揭示其中蕴含的民族心态与文化观念，从而达到弘扬有益风俗、发扬民族优良传统的目的。书中内容涉猎了满族民俗生活的方方面面，如渔猎生产、衣食住行、艺术体育、宗教信仰等，是丰富多彩的满族民俗生活集成。

对东北满族民俗的关注与挖掘，是提升全社会对满族文化遗产保护意识的有效途径，也是对满族文化研究的丰富与补充，从而使东北满族民俗这一文化资源得到较为全面的展示，使满族民俗探索与研究开拓更为广阔的视野，对满族文化研究提供有益的帮助，能够促进人们对古昔北疆生活有更深入的了解，对我国满族文化资源的保护与利用更有意义。同时，要探索其对满族民族文化的发展及至对整个中国文化发展的历史意义，从而丰富与推进满学、民俗学与文化人类学的发展。

中华民族大家庭中的满族及其先民世世代代在白山黑水间繁衍生息，在漫长的社会文明发展进程中创造了自己独特的文化资源。满族的发展历程、满族民俗文化的丰富内容和多姿多彩的表现形式，也给人们留下许多有益的启示。从满族文化发展的进程中可以看出满族是一个富有开拓精神、充满智慧和创造力的民族，也展示了满族豪爽的民族性格和进取向上的精神风貌。

满族是中华民族大家庭中一个光荣而又重要的成员，满族及其先民为开拓东北这块土地流下了辛勤的汗水，付出了艰苦劳动，为保卫这块圣土，付出了鲜血甚至生命。满族在中国历史舞台上扮演了重要角色，推动并影响了中华民族乃至世界的历史进程，为中华民族的兴旺发达、政治统一、领土完整、经济发展和各民族间的文化交流与繁盛，作出了杰出的贡献。

编　者
2018 年 6 月 23 日

目 录

宗·教·信·仰

满族山神信仰溯源 …………………………………………… (2)
　※延伸阅读："满族山神"和"山神爷老把头"同时被供奉 …… (12)
满族先民的水神崇拜 ………………………………………… (15)
满族的崇石习俗 ……………………………………………… (21)
满族的崇犬习俗 ……………………………………………… (29)
满族的崇马习俗 ……………………………………………… (32)
满族先民萨满祭祀中的雪祭 ………………………………… (36)
满族先民萨满祭祀中的星祭 ………………………………… (52)
　※延伸阅读：满族的崇白习俗来自满族先民对日、月、星辰的崇拜 ……
　………………………………………………………………… (54)
满族先民的崇偶习俗 ………………………………………… (55)
满族先民的崇柳习俗 ………………………………………… (65)
满族图腾海东青名称探析 …………………………………… (73)
《乌布西奔妈妈》中满族先民的崇鱼习俗 ………………… (75)
满族萨满文化中的女性崇拜 ………………………………… (82)

经·济·习·俗

东珠史话 …………………………………………………… (88)
满族先民传统的尚武习射习俗 …………………………… (100)
满族冬捕节史话 …………………………………………… (118)
　※延伸阅读：赫哲族历史上的冬捕方式 ………………… (131)
满族先民的牧业经济——养马、驯马习俗 ……………… (134)
满族先民的通信习俗 ……………………………………… (140)
满族先民的交通运输工具 ………………………………… (143)

生·活·习·俗

满族火锅溯源 ……………………………………………… (148)
满族先民的佩饰 …………………………………………… (159)
旗袍起源及演变过程 ……………………………………… (166)
　※延伸阅读：旗袍起源传说 ……………………………… (174)
满族先民的寝居习俗 ……………………………………… (176)
　※延伸阅读：再谈满族影壁 ……………………………… (192)
满族宫廷建筑 ……………………………………………… (195)
满族园林建筑与名胜古迹 ………………………………… (206)

文·体·习·俗

满族舞蹈溯源 ……………………………………………… (214)
满族玛虎戏溯源 …………………………………………… (225)

满族说部中丰富多彩的歌舞形式——以长篇史诗《乌布西奔妈妈》为例 …………………………………………………………………………… (241)
满族笊篱姑姑民俗活动的表现形式、解读及传承 ………………… (244)
满族剪纸溯源 ………………………………………………………… (258)
　※延伸阅读：满族绣花女神伊尔哈格格 ………………………… (270)
满族先民的冰雪体育运动 …………………………………………… (271)
满族说部中的冰雪文化 ……………………………………………… (280)
满族说部中的民俗文化 ……………………………………………… (291)
满族先民的冰雪民俗游艺活动 ……………………………………… (298)
满族先民传统的体育活动 …………………………………………… (301)

附　　录

清代被流放来东北的文人撰写的有关黑龙江乃至东北地区最早的几种地方史志著作简介 ……………………………………………………… (306)
参考书目 ……………………………………………………………… (311)
后　记 ………………………………………………………………… (315)

宗教信仰

ZONG JIAO XIN YANG

满族山神信仰溯源

萨满教是一种原始多神教，产生于母系氏族社会，是民族文化和民族信仰形态的母源。当时的先民们由于生产力低下，以采集、渔猎为生，是原始的攫取经济方式，发生于人类历史的开端，实际上是依靠自然物为生活之源，依赖于大自然生活。在人的智力尚未开化之时，对于自然现象和社会现象还不能科学地去理解，因而也就不能正确地认识客观事物。人们无力战胜自然灾害，对自然产生畏惧，既依赖它又恐惧它，于是把自然物神化了，对它敬仰和祈求，产生崇拜。

山神崇拜是自然崇拜的一个方面。大自然是神秘而不可测的，自然崇拜的特点是能赐福于人，也能嫁祸于人。一方面它表现为人类的恩赐者，给人类提供各种生活资源；另一方面它又表现为人类的压迫者，毒虫猛兽、山洪山崩都在无情地威胁着人类的生存，人在山岳面前显得非常渺小。由于当时的人们还不能通过自身的努力来改善生存条件，只能把希望寄托于山神的恩赐，于是产生了山神崇拜。人们对自然的崇拜反映了人与自然的矛盾，在这一矛盾中，人采取了乞求的形式，人们对"灵"表现出屈从、祈求、禁忌、虔敬和感激，这是初民自然崇拜的最初内容。原始社会的各民族都有自己的山神信仰崇拜，但形式内容却不尽相同。满族先民长期依山傍水而居，以采集和渔猎为主要生活来源。满族同其他北方民族一样，信奉萨满教，相信万物有灵，多神崇拜。人们祈求神佑，来达到人力所不能及的事情，并成为精神支柱而度过了生活条件严酷和生存条件艰苦的时代。

满族的山神崇拜古已有之，早在上古舜禹时代，满族先民肃慎人已经会制造"楛矢石砮"。在《晋书·肃慎氏传》中记载："其国东北有山出石，其利入铁。将取之，必先祈神。"人们上山取石之前要祈神，以求山神恩赐或赏赐，是满族先民山神崇拜与石崇拜的痕迹。在满族山神崇拜的传说中，山神的形象在各个历史时期是不同的，有时被物化为具体人的形象，有时又被物化为动物的形象。

一　满族先民母系氏族社会的雪山女神形象崇拜

　　萨满教产生于母系氏族社会，在母系氏族的繁荣期由于母系家族的范围内同一家族成员的共同劳动、共同生活，所以她们之间的血缘观念会变得更为直接和亲密。女性家长有更多的机会抚养和照看本家族的子女，子女们对自己的女性长者更加亲切和尊重，在她们死后逐渐会受到后代的崇拜，于是祖先崇拜开始出现。人类在母系社会时，所有的始祖神都是女性。那时，部落酋长、氏族首领往往兼任萨满。如满族神话中的他拉伊妈妈、史诗中的乌布西奔妈妈、传说中的东海嘎忽坦河部落女罕斯呼林等，都是女首领又是女萨满，是本氏族人们生活安宁的保护神，承担着保婴育子、使氏族人丁兴旺之职责。

　　作为原始宗教的一个类型，女萨满存在历史久远："金以女巫为萨满，或曰珊蛮。金与渤海同族，度渤海人亦必奉之，萨满亦称叉玛，奉者多为妇人，盖女巫之一种也。"（《三朝北盟会编》）在我国古籍中，最早出现"萨满"一词的就是《三朝北盟会编》，记载女真人的"珊蛮"（即萨满的音译）："兀室（完颜希尹）……国人号为珊蛮。珊蛮者，女真语巫妪也，以其通变如神。"当时的萨满"能通神语，甚验"。时人认为，萨满是沟通人与神之间的中介，能为族人消灾治病，并为人求生子女。金昭祖（完颜石鲁）天子，请萨满为其祈子，果然"生二男二女，其次弟先后皆如巫者所言"。这一记载说明女真人对萨满的求子能力深信不疑。

　　满族诸姓萨满祭中有许多的山神，对山的崇拜，是先民定居以后依山而居，有了对某一座山的依赖性，在萨满教神话中就保留了古代女性山神的遗迹。如穆林穆林山是位于黑龙江北岸的一座高山，被萨哈连部的野人女真称作"穆林穆林额母（妈妈）"，奉为神山。神山上有女神，名叫"奇莫尼妈妈"（奇莫尼，满语，汉意为"乳房"），是一位神力巨大的雪山女神。在满族祭祀中"奇莫尼妈妈"被敬为狩猎女神及畜牧女神，受到普遍敬祀，连清朝皇帝也供奉她。此外还有"奇莫尼妈妈""尼亚其妈妈""沙延妈妈""尼曼吉女神""曼君女神""曼君额云""尼莽吉妈妈""尼莫吉妈妈""尼莫妈妈"等，都是北方雪神的不同称谓。这位雪山女神平时总是赤裸着雪白的肌肤，向着黑龙江侧卧而眠。当她酣睡的时候，天空晴朗静谧，雪水消融，涓涓细流，沿山而下，滋育大地，牲畜肥壮，大地草沃花香。当她睁眼南眺时，则风雪大作，冰雪盖地。

在母系氏族时期，"雪"曾在满族先民的生活中起过重要的作用。在满族说部《天宫大战》中，阿布卡恩都哩送给人间瞒尼神九十二位，其中就有山雪神。黑龙江沿岸的某些满族宗族在久旱无雪或其他有关氏族部落生死存亡的重大事件时，要举行隆重的雪祭，祭礼的主神是雪神尼莫妈妈。那么当时的人们是怎样祭奉雪山女神的呢？郭淑云认为，人们对雪山女神奇莫尼妈妈的祭拜体现在如下季节：

一是在无雪的时节，天寒无雪，视为灾祸的先兆。阖族或几个噶珊，联合举行祈雪、求雪的雪祭典礼，祈请奇莫尼妈妈降临大地，惠顾人间。（人们捕捉野兽飞禽，血祭雪山女神，于是奇莫尼妈妈降临人间，带来了瑞雪。）

二是遇瑞雪连降数日，预示着狩猎丰收，来年大地草茂花香、果实繁茂，瘟疾消失，将是一个美好的夏季。族人感恩，举行以庆雪娱雪的雪祭。

三是夏季来临之际，冰雪开始消融，雪山女神奇莫尼妈妈将回九天神楼歇息一段时间，这时族人为送别雪山女神奇莫尼妈妈，赶着大车，一路向雪中投撒祭品。

- 四是冬季遇到坏天气，大雪连绵不绝，封山阻路等，族人便祭雪山女神奇莫尼妈妈，祈雪快停，防止雪崩发生，保佑人畜平安。

恩格斯说过："一个部落或民族生活其中的特定自然条件和自然产物，都被搬进他的宗教里。""由于自然力被人格化，最初的神产生了。"原始宗教的特点是人创造了神，人们按照自己的需要塑造了神的职能和特性。人们崇拜哪些神灵，由其生活的自然环境所决定，也由其生产生活的需要所决定。母系氏族社会时期的满族先民所生活的环境地广人稀，繁衍生息是氏族的大事，在生活和生产劳动中人们渴望氏族部落人口和动物的繁衍，狩猎丰收，人畜平安。所以，人们创造了神力巨大、身兼多职的雪山女神——奇莫尼妈妈，希望借助萨满祭祀和对女神的崇拜，达到繁衍后代、人丁兴旺、渔猎丰盈的目的。

从人们对雪山女神的祭祀可见，当时的先民主要是依山生存，山中的自然资源是人们的衣食来源，人类在自然的采摘和渔猎阶段，主要是依靠采摘植物的果实、挖掘植物的根及猎获到的动物来充饥，有着很大的偶然性和不确定性。所以天气的变化对他们来说十分重要。雪可以除尘也可以驱瘟，无寒无雪，视为灾祸的先兆（用现在的科学解释，冬季无寒无雪，细菌容易繁殖，所以人畜易生病)。

瑞雪连连,则预示着狩猎丰收,果实繁茂,人们的生活就有了保障,所以降雪是非常重要的。在满族萨满创世神话《西林安班玛发》中:"尼莫吉妈妈向西林色夫传授了雪屋、雪疗、冰灸、冰丸、冰床、雪被,医治霍乱、伤寒、腐烂、热症、疯癫等杂症。"在当时的氏族群体中,已经有了用冰雪来治疗疾病的办法。山中的一切都由雪山女神主宰,赐予人们一切。群山环抱的摇篮,仿佛就是"穆林穆林额母(妈妈)"的怀抱,用她的乳汁养育着人们,人们祭拜她,求雪、庆雪、送雪、祈雪,希望奇莫尼妈妈保佑族人平安吉祥,帮助人们"灾难远遁,病魔驱走,兽群繁盛,子孙平安,冬猎顺当"。

富育光、王宏刚所著的《萨满教女神》一书中写道:"黑水女真人与东海女真人的后裔崇拜雪山女神托给衣阿林,神话中说:托给衣阿林是五姊妹,居住在费雅哈达(传说中的北方雪山,又叫白桦峰),她们能使人类的居地温暖,海猎平安,上山能打到鹿狍。初民用五个人形神偶代表众雪山姊妹神,这五个神偶为菱形脑袋,披皮袍,穿皮靴,平时把她们恭放在撮罗子里,待海祭、火祭时供祀。雪山女神兼房神、海神、猎神,是人类的守护神。"

满族的祖先崇拜蕴含着英雄崇拜的观念,这些英雄神与人类的日常生活密切相关,有的是部落英雄,有的是氏族祖先,其中最引人注目的是女神。这些女神中有天穹主神阿布卡赫赫(天母),有巴那吉额姆(地母),有音姜萨满(尼山萨满),有奥都妈妈(女战神),有多龙格格(伏雕女神),有西伦妈妈(长白温泉女神),还有畜牧女神、缝织女神、歌舞女神、百花女神、渍菜女神(布苏妈妈)等。满族所信奉的萨满教中神灵崇拜是重要内容,其崇奉天神、地神、祖先神、家神、动物神、植物神等诸多神祇,在诸多神灵中嬷嬷神(老太太神)就有160多位,女神有300多位,这些女神都各有所司,可见当时女性所处的社会地位。而满族先民母系社会时期山神的形象也充分体现了这一特点,早期的山神都是雪山女神,且神力广大、身兼多职,是人类的保护神。

二 满族先民父系氏族社会的男性猎神形象崇拜

随着渔猎采集经济的进一步发展,满族先民男子在生产生活活动中取得了重要地位,氏族或部落的首领开始转为男性。狩猎成为满族先民生活中的大事,是谋生的主要衣食来源,于是产生了对狩猎神的崇敬与祭祀,出猎时的一举一动都要听命于神。司打猎的神很多，有打围大神、狩猎神、猎神等，管理狩猎的一切事宜，狩猎者向狩猎神祷祀，以求其赐福于人，猎获丰收。在满族说部《天宫大战》中，阿布卡恩都哩送给人间瞒尼神九十二位，其中就有狩猎神。

在王宏刚、金基浩著的《满族民俗文化论》"狩猎习俗"一节中，满族先民有祭猎神的习俗，说的是满族不少姓氏在隆重的萨满祭祀中，祭祀猎神穆林穆林罕。当人们以狩猎为生的时候，他们所崇拜的内容，仅仅是与狩猎生产活动有关的自然现象。

萨满教经过了父系氏族社会，其宗教意识发生了变化，男萨满逐渐替代了女萨满，所供奉的神祇也由女性变成了男性，但在祭祀中，男萨满也必须穿上神裙，这是女萨满留下的历史痕迹。随着社会形态的发展，雪山女神"奇莫尼妈妈"演变为男性的猎神——"穆林穆林罕"，走进满族一些姓氏隆重的萨满祭祀中，猎神"班达玛发"（玛发：满语，爷爷或指老人）也成为满族先民一些姓氏的主要祭祀对象。

1. 满族先民与猎神"班达玛发"

自然崇拜是原始宗教中产生的时间最早包括的范围最广、延续的时间最长的一个领域。自然神以火神为首神，满族先民在选"猎达"（狩猎头领）仪式中，原居在东海窝集部的满族，常举行神树祭，选一棵高大挺拔的古榆或古柳作为神树举行火祭仪式，祭祀古老的天母阿布卡赫赫、猎神班达玛发、万星图门乌西哈等神祇。然后摆起火阵选"猎达"，在满族先民最壮观的火祭仪式中，猎神与天神、宇宙神同时出现，可见猎神的重要性。

早期的满族先民因衣食的需要四季出猎。由于长期与山林打交道，满族先民心中充满了怜惜万物的善意和万物平等的观念。在春夏季节，禽兽都在繁殖期（如同现在的禁渔期），他们不出远门，打猎以雄性飞禽和野猪等为主，不多打，够吃就可以了。部落的酋长会告诫自己的族人，在野兽怀仔时期不准打猎、不射猎需要救助的野兽，这说明他们已经具备了朴素的生态环境意识。《金史》中也有记载，在每年野兽怀崽和鸟类孵卵期间下令各部落禁猎。

到了冬至，过完了狩猎节，兽类的夏毛褪尽，皮张质量转好，正是狩猎的好季节。族人们就杀猪宰羊，祭祀主宰着山中一切禽兽的山神（猎神），叩拜祷告，祈求山神保佑外出平安及狩猎丰收。

满族先民传统的出猎方式是聚众合围。在狩猎等生产活动前要举行萨满祭祀仪式，将生产方式与萨满信仰相融合，认为借助猎神护佑可以猎获更多的野兽。满族先民认为神灵一般都有两面的性格，当它高兴的时候，就赐给猎人丰盛的猎物；一旦触怒了它，就让猎人一无所获。所以，每次进山和出山时都要虔诚地祭祀。猎达带领族人入山打围，进山后要选最高的山峰立上三块石头建山神庙，猎达上黄香，众人磕头，谓之"小祭"。此时除了十分凶险的动物以外，所有的猎物都是他们猎获的对象。遇到凶险的动物，他们也不惧怕，也有对付的招数。如猎得熊、豹等猛兽时，则视为山神所赐，遂将兽头供奉于树桩上，众人围着树桩烤食兽肉，饮酒祝贺。狩猎结束时，要选择高山祭"班达玛发"，祭祀时由猎达充当萨满，点起篝火，煮熟各种肉类祭神，载歌载舞，而后再分配猎物。

女真时期的古猎技中有打火围，部落长率领族中猎手到达兽群啸驰的山莽，先洒酒叩祭猎神班达玛发，然后敲石呐喊烧山，借风势火威追剿猛兽。

2. 满族萨满教祭礼中的猎神形象

满族有崇柳习俗，在满族萨满教中有隆重的柳祭仪式，在柳祭神案上设有六位神偶，其中就有猎神神偶。在《萨满教舞蹈及其象征》中记述：祭礼开始时，主祭萨满在神案前诵请神辞，在激烈的鼓声中猎神班达玛发附萨满体，萨满戴着兽头人身的猎神面具起舞：飞速跃步而来，象征骑九天神鹿的猎神降临圣坛，时而做拉弓射箭等舞姿，象征猎神百步穿杨的高超神术，时而仰天呼啸，表现猎神隔岭喊山、威震四野的威力。

3. 满族先民与猎神的故事——打画墨儿

满族先民依山傍水而居，冬天遇到山林大火，烧毁了许多树木和飞禽走兽，猎神班达玛发派乌鸦（乌鸦是林海女神）进屯子叫人去救火，结果只有一半人去了。大火烧了三天三夜，直到正月十五才熄灭。山林及林中兽类惨遭火劫，猎神动怒，要降灾惩罚没去救火的人。救火的人都已回家，不好区分，猎神就告诉乌鸦"凡是脸上有黑的人一定是救火的人，可以全家免灾"。从此以后，每年正月十五和十六两天，满族人都互相往脸上抹锅底黑，俗称"打画墨儿"，以祈愿保佑一年平安吉祥、灾祸不近身。这已成为满族的风俗习惯。

三　满族先民阶级社会的兽中之王老虎形象崇拜

满族先民在山林中狩猎采集，普遍有祭山神的习俗。所有进山打野兽、采药材、挖人参的人，进山的前一天都要祭拜山神，没有祭拜过山神是不能狩猎的。

满族先民进山之前要祭拜，每逢年节也要去祭拜。如每到农历三月十六这天，男人们便到山神庙去上供，烧香、祭酒，以求山神保佑全家人畜兴旺平安。住在山里的人，每逢初一和十五也不忘记祭拜山神。他们认为，进山，其安全就交给了山神，山神会保佑入山的人不被凶禽猛兽伤害。

满族先民每年腊月二十三到山神庙进香、献牲。牲猪引于庙前领牲。猪头煮熟后蒙上肚油，在庙前供祭，祈祷山神保佑人畜平安。此外还有鸡祭，即当年小鸡长成后杀1只，进3杯酒，至山神庙前祭供。

（一）满族先民的崇虎习俗

满族先民有崇虎习俗，在满族尼玛察氏野神祭中，萨满在七星斗前所请的最后一位野神是虎神，萨满唱完神歌后，栽里敬祝道："您是威武盖世的神，百兽之长……百灵慑服，您的伟力，将庇佑我阖族连年安康，人畜两旺。"可见，虎被尼玛察氏族部落视为守护神。

满族石克特立氏的萨满神谕记载，该姓神谱中有野神共27位，其中虎神就有6位，如飞虎神、母卧虎神、公坐虎神、悬犁虎神、金虎神、大黑虎神。在该姓氏萨满神谕中敬称"飞虎神"为"虎神玛发"，有祖先神的意味，是古代图腾崇拜的遗迹。

"阿穆尔河沿岸地区和滨海地区的一些部落崇拜老虎。在发掘靺鞨居址时，曾发现一些虎的图像。在滨海地区的一些女真古城（赛加古城、尼古拉夫斯克古城）、团山古城上层，曾经发现过一些铁制嵌银带卡，其形状像带有小圆耳朵的模拟虎头像。"（《萨满教舞蹈及其象征》）

生活中，虎的迅猛、威武使其处于百兽之长的地位。为了能避百兽，满族先民敬虎为神，希望得到虎的保佑。

满族先民还有许多与虎相惜相助、崇虎的传说。例如：有一个部落首领从树林里捡到一只刚被咬伤的幼虎，把它抱回家，上了药后又抱回森林。之后有一天，他在森林里被一群狼包围不得脱身，突然一只老虎从草丛中跃出向狼咆哮，狼群只得乖乖地走开，这只虎一直把他送到部落才离开。

虎被与满族有着相同族源的赫哲族视为林神，能协助人们捕猎。赫哲族认为虎是保护神，若入山胆怯，佩带虎形神偶，可以顺利进山并猎获丰盈。赫哲族的先民节庆习俗有鹿神节，在九月初九举行，全村的人跟着萨满跳鹿神舞，目的是为了祭祀虎神，庆祝出猎顺利。吴振臣在《宁古塔纪略》中写道："房屋大小不等……窗户俱从外闭，恐夜间虎来撞进。……"可见当时虎是很多的，又因猎具落后很难对付像虎这样的猛兽，所以只有把希望寄托于虎神的保佑。有了对虎神的崇拜意识，于是产生了具有渔猎生活民族特点的节庆习俗。

（二）"山神"由男性猎神演变成兽中之王老虎的化身

《满族萨满教研究》一书中说："萨满教的根基是氏族社会，这是该社会不可取代的精神武器。"满族的萨满教在进入阶级社会以后，不仅受到其他宗教的影响，同时在满族共同体形成的过程中，往往成为部落争斗的打击对象。据满族口碑资料显示，努尔哈赤在征服各部的过程中，被征服后的各部落萨满多被杀掉，同时为了自身统治的需要，在引进其他宗教的同时，又对萨满教信仰进行了微妙的变革。

萨满教经过了女真时期，狩猎经济已逐渐向采集采参经济转化，满族山神形象又发生了变化，"山神"由男性猎神演变成兽中之王老虎的化身。

传说清始祖努尔哈赤年轻时候，有一回和几个伙伴进山采参。一天晚上，一只猛虎来到窝棚门口，大家忙给"山神"磕头，但老虎就是不走。大伙以为是谁得罪山神了，就轮流把自己的帽子扔到老虎跟前，按照习俗，老虎把谁的帽子叼走，谁就得跟着老虎去。别人扔帽子的时候，老虎没有反应，努尔哈赤把帽子刚扔出去，就被老虎叼了起来。他只好走出窝棚跟着老虎去了。老虎把他领到不远的一处山碴子边上，围着一棵大树转圈，并把帽子放在树底下。努尔哈赤走到放帽子的地方扒开草丛一看，那里长着一棵八品叶的大棒槌（人参），心想原来是山神给自己领路找人参来了，忙跪下给老虎磕头。老虎回深山里去了。努尔哈赤找来伙伴们，把人参挖出来，到抚顺的马市上卖了大价钱。

狩猎曾是满族先民获取生活资料的重要手段，野兽是主要的获取对象，人们食其肉、衣其皮。猛兽的侵害是最大的威胁，人们对于野兽既依赖又恐惧。因此，会对动物加以神化，动物崇拜占有一定的地位。老虎是满族先民女真人早年在山中打猎时崇敬的神灵之一，有着威慑万物的灵异性，是对人威胁较大的一种猛兽，人们不敢直呼其名，先民是在与虎的斗争中生存的，但又惧怕它。努尔哈赤正是利用了这一点，所以才有了努尔哈赤与老虎的故事：传说老虎是上天派来的，努尔哈赤是大清的创建者，非同常人，是大命之人、大贵之人。实际上说的就是天助，受命于天，带有宿命论和迷信色彩，和历代开基帝王一样托言于天命。制造这样的舆论、传说是有政治作用的，宣扬了满族统治者"皇权天授"的思想理念，便于巩固统治地位。

清太祖努尔哈赤采参遇老虎的故事有多个版本，但中心思想只有一个，就是老虎帮助努尔哈赤挖到了大人参，因此当上了参把头，发了大财，用这钱招兵买马，然后以十三副铠甲起兵，统一了女真各部，建立了八旗，开始敬虎为神灵。后来，努尔哈赤始终不忘"山神"的大恩大德，尽管迁都到地处平原的沈阳城，还是把山神供奉在离皇宫最近的庙里，所以中心庙里也供奉着山神像。努尔哈赤于1559年3月16日出生在赫图阿拉，建州女真就把这一天定为"山神节"。满洲人把老虎奉为山神，建山神庙，过山神节，举行祭拜山神大典，并形成了习俗传承至今，现已有四百多年的历史。

往昔，黑龙江、吉林等省都有在荒山野岭、深山老林的道旁修建山神庙供奉山神的习俗，一般都是与土地庙大小相仿的小庙。满族先民有崇石习俗，有些简陋的山神庙由三块石头搭成。凡满族聚集的村落，村头都有山神庙，有的庙中还有虎的画像，庙门上有"山神庙"字样。20世纪初，在东北山边的小路旁，在河边树林里，进山之前都会看到一座座山神小庙，有的小庙上面有横额"镇山林王"，对联是"昔日汉朝治国相，今做人间福禄神"。《宗教琐忆·宁古塔寺庙纪略》郑云程文中记述有山神庙，供奉着山神，楹联"山神巡山静镇山中鬼魅，世主治世宁佑世间人民"，横楣"扶安解厄"。

四 满族现代山神崇拜形式

随着社会的发展，原先的打猎采参等生产生活方式也渐渐消失了，老虎成了国家保护动物，自然的大山里即使能见到老虎也不允许打了。如今人们进山一般都是到山里进行采集、伐木、取石、开矿等活动，其中采石开矿行业更重视山神节，因为采石开矿等活动要破坏植被自然生态，破坏山体自然状态，所以采石人向神陈述请神谅解，多保平安。他们在山神节这一天，都要向山神敬献供品，并祷告："开山取石是因为生计，实属不得已之举。我等只是用多少取多少，绝不敢滥开奢用。敬请山神核准。如滥开奢用，愿受惩罚。……"

人们用这种形式来继承先民朴素的生态保护意识，认为从山里所获得的一切都是山神所赐予的，首先要祭拜山神。一方面表达人们对大山的感激之情，感恩自然；另一方面在进山劳作过程中对自然造成的破坏，祈求山神的宽恕和自我节制，提醒人们热爱自然、节俭用度的环保意识及和谐理念，以求山神保佑平安和收益丰厚。

此时的山神崇拜已与满族先民时期《晋书·肃慎氏传》中记载的"其国东北有山出石，其利入铁。将取之，必先祈神"相切合。尊重自然，与自然和谐相处，万物平等、天人合一的理念遥相呼应。此时祭拜的山神是无形的，是一种理念的回归。

进入21世纪，满族的山神崇拜并未消失，已经以新的姿态与时俱进。满族山神节在2010年被列为黑龙江省级非物质文化遗产保护名录，2010年农历三月十六日，在阿城区举办了第一届省级非物质文化遗产项目的"山神节"，此后年年举办，每年都有新主题，如"人与自然和谐相处""珍惜资源保护环境""爱山敬山，爱我家园"等。

长白山山神节。每年的农历三月十六也是长白山地区具有独特地域性的满族民俗节日"长白山山神节"。山神崇拜是这一地区的古老习俗。古往今来，世代生息于此的满族及其先民，从事狩猎、采集等生产生活，都会祈求山神的保佑。

为了更好地传承和保护国家级非物质文化遗产，2017年4月12日（农历三月十六），万达长白山国际旅游度假区、舜太文化发展旅游公司举行了首届"长白山山神节"祭拜活动，旨在传承与弘扬地域民俗文化、传统文化，丰富地域旅游内涵，实现文化与旅游融合发展的新常态。节日期间举办单位邀请国家级非物质文化遗产名录项目"满族秧歌""单鼓舞"传承人、乌拉满族秧歌队与乌拉陈汉军旗常学坛萨满进行了现场表演，还有独具特色的萨满舞表演。歌舞表演之后是祭拜祈福仪式，游客可以和当地的山民一起，参与到对山神的祭拜之中，亲身感受地域民俗，为自己和家人祈福。在对山神的祭拜中，领略和感悟远古先哲崇尚自然、敬畏自然，以及人与自然和谐共生的思想理念，唤醒人们对天地万物的敬畏之心，明白人类是与天地万物同生共存的。

此时的"山神节"已成为地域旅游文化资源的组成部分，在体验民俗、传承文化的同时，也给人们带来经济效益。

综上所述，满族的山神信仰其表现形式在各个时期是不同的，是人们为了自己实用主义的目的，根据当时的需要来确定山神的形象，有时是女神，有时是男神，有时是兽中之王，有时是一种理念，但目的是相同的，就是希望通过山神崇拜给人们带来平安、顺利、富足。

萨满教属于残留于现代文明世界中少有的原始文化遗存，保留着极其可贵的北方人类童年时期开拓自然、征服自然、繁衍种族艰辛岁月中的情感、观念、经验认知。山神崇拜是自然崇拜的组成部分，满族及其先民对山神崇拜的演变过程体现了满族萨满教的发展历程，反映了满族先民开拓、繁衍于北疆的艰难历程，对于认识原始人类与大自然的关系，理解北方先民的心理意识和思维方式，提示原始萨满教的功能与作用，研究人类早期文明过程及文化心理等，都具有一定的参考价值。

延伸阅读

"满族山神"和"山神爷老把头"同时被供奉

现在很多文章和书中把山神和山神爷混为一谈，认为是一个概念，实际上是一种谬误。

王纯信、孙树发主编了《关东山艺匠民俗风情》一书，王纯信在"序言：走进关东山——'守望民间'"中说："关东山是指山海关以东的山，也就是长白山……"。"艺匠"，是王纯信在关东山广泛地域进行 20 余年的田野考察之后提出的一个"概念"。"艺匠"是指来自民间的山民百姓，用所掌握的艺术、工艺、手艺、技艺进行的一系列生产劳动，应该算是民间各行各业的精英、行家里手，所以书中文章也都是经验之谈，可信度极高的。《关东山艺匠民俗风情》书中说："按放山人的规矩，老虎是山神（老把头称为山神爷，有一个"爷"字的区别，许多人把老虎称为山神爷，实在是一种谬误）……"但也许是谬误传播太久了，在许多满族和赫哲族的民间故事中，也有把老虎称作山神爷的。笔者认为，孙良应该是采参祖师爷，采参祖师爷老把头。

老把头文化——采参祖师爷老把头孙良

长白山有着动人的传说和丰富的物产，被誉为东北第一山。长白山盛产人参，康熙年间末期，采参除满族为主的少数民族外，主要是"闯关东"的汉人，大量来自山东、河北的农民来到这里采参。

进山采人参，俗称放山。由于需要面对残酷的自然环境，所以需要结帮搭伙行动，叫拉帮放山。每帮人数从几人到十几人不等，一般为三、九、十一人等，叫去单回双。放山人把人参当作人看，背着人参回来就成了双数。领头的人叫"把头"。进山之前，由把头带着大伙祭拜山神爷老把头，保佑上山期间平安，能挖到大人参，上香并念叨："山神爷老把头在上，弟子进山取货，请给指路，让我等开眼，拿大货，发大财，回来一定杀鸡宰猪给您还愿。"

据1930年《抚松县志》记载："阴历三月十六日，此日系老把头之生日。老把头不详何许之人。相传系放山者之鼻祖土人或云是前清老罕王，现在放山者均祀之。是日，家家沽酒市肉，献于老把头之庙前。抚松人民对于此节极为注重，然他处无之。"

山东民间有这样一则传说：清乾隆年间，山东莱阳县富山村有户人家，当家人叫孙良，因山东连年灾荒，又赶上瘟疫流行，死了很多人，他的母亲也生了重病。孙良听说长白山野山参能治瘟疫，为了给乡亲们和他的母亲治病，他只身跋山涉水闯关东来到长白山采参，在原始森林里遇到了同村兄弟张禄，两人结拜为兄弟，相约同来同归。他们翻山越岭，风餐露宿，吃尽千难万苦，终于采到了一些珍贵的野山参，不料在下山途中迷了路，兄弟失散。山参在他的手里，但信守诺言的孙良坚持要找到兄弟一起回家，身上带的粮食吃光了，临死之前他咬破手指，在石头上写下了："家住莱阳本姓孙，翻山跨海来挖参。路上丢了好兄弟，为找兄弟把路迷。三天吃了个蝲蝲蛄，你说伤心不伤心?! 如果有人来寻我，顺着蛄河往上寻。再有入山迷路者，我当作为引路神。只要穷汉心良善，保你能得大宝参。"他把山参藏在大枯树的树洞里，坐在蝲蛄河旁大树墩上死去了（孙良墓坐落在今通化县湾湾川）。后来他的同乡找到了他留下的野山参，带回山东救活了很多人。

一个人放山叫"跑单棍"，是非常有经验的人才可以做的事。两个人放山很少，因为人们之所以不畏艰险，冒着生命危险去放山，都是为了发大财，一旦得到无价之宝，就容易引发见财起意、图财害命的悲剧。在放山人的传说中，有很多这样的故事。民间故事《凤凰滴泪》记录了这样一个故事：从前有两个好朋友，决定一起去放山，进山之前磕头拜把子，起誓有福同享有难同当。上山后，真的得到了一棵名叫"凤凰单滴泪"的大山参，是宝参，可以卖大价钱。在财宝面前，大哥见财起意，想独吞，乘小弟行路不备，把他推下悬崖，大哥独贪了大人参。

早年采参，放山人要在山中度过几天或几个月的时间，原始森林中山高林密，瘴气弥漫，豺狼虎豹，野兽成群，气候变化无常，充满了危险，为了安全地采到人参，需要放山人同心协力，遵守规则，更需要一系列的规矩来约束放山人的行为。而孙良手握山参不贪财，讲诚信，讲义气，从此人们便尊孙良为保佑平安吉祥，发财去灾的长白山的"山神爷老把头"、保护神，专门保护放山采参的人。每逢节日或采到大山参，放山人都要杀猪羊来祭祀他。

后来的拉帮首领只能叫把头，不能带"老"字。在放山人习俗和山规中修老爷府，盖老把头庙，山神爷孙良属行业神，诚实，守信，敬他是让人守规矩。在他的身上有着勇敢、不畏艰险、忠义、大爱、无私奉献的精神，塑造了人性的光辉形象，彰显了中华民族的传统美德。如今，长白山还可以见到大大小小的敬奉老把头孙良的庙宇。

2008年，由吉林省抚松县申报，山神老把头的故事入选了国家级非物质文化遗产名录。"长白山山神老把头节"已成为市级非物质文化遗产项目。抚松县"长白山山神老把头节"祭拜活动自2006年起每年一度，至今已成功举办12届。

"三月十六，山神之寿。祭祀山神，把头保佑。放山快当，棒槌拿够。风调雨顺，年丰人寿。"随着这首民谚的再度唱响，2017年4月12日（农历三月十六），"人参之乡"抚松县在抚松北山生态公园隆重举行了第十二届长白山山神老把头节祭拜活动。活动分为山下的文艺表演和山上的祭拜祈福仪式两部分，文艺表演有闯关东题材的舞蹈《闯家园》、萨满题材的舞蹈《萨满神韵》等，祭拜祈福仪式在山顶的老把头祠内举行。长白山山神节已经成为长白山地区的民俗文化组成部分，2011年被白山市列入市级非物质文化遗产保护名录。长白山地区也有供奉山参庙的，后演化为财神庙。

满族先民的水神崇拜

水神崇拜属于自然崇拜。自然崇拜以天穹为核心，是萨满教最古老的观念，自然神祇有日、月、星辰、光、水、雷、电、雹、雪、风、雨、石、山、河、海等自然物或自然现象。

满族先民逐水而居，生活中离不开水，饮食中的鱼虾来自水中，穿衣是鱼皮衣裤、鱼皮靰鞡，用的是鱼骨制成的生活用品，因而视水为生命源泉。水能润泽万物，又能给人们带来灾害，人们生存依赖水，又无法控制水给人类造成的巨大伤害。满族先民在与水的长期相处中，由于无法理解水的这种双面性，产生了恐惧心理和神秘感，因而对水产生祈求和崇拜。

一 满族先民萨满教早期神话中的水神崇拜

水是万物之本原，基于这种观念，富育光《萨满教与神话》中说："萨满教水神神话中认为有了水，才有了人类：宇宙刚刚初开的时候，遍地是汪洋。水连天，天连水，阿布卡赫赫在黑风中让水里生出个水泡。水泡像蛤蟆籽，越生越多，越生越大，越生水泡聚在一起，聚成个大球，飘在水上，又不知经过了多长时间，球里蹦出六个（宁姑）巨人，是六个谙达（朋友）。这便是诸申之祖，六人管六方（东西南北和上下两方）……"

在萨满教早期神话中，水与火是构成生命的两个重要基元，水是一位重要的女神。富育光的《萨满教与神话》中写道："萨满教认为水与地不可分，地母讷妈妈（巴那吉额姆）的全身乳房所流注下来的乳汁就是地水，是万物生命之母源。萨满神话中'木克恩都哩'（水神）就生在地母的乳汁里，生在水里，是司水之神。……木克（水））是妈妈的水，妈妈的奶，是生命不死的'布达'（饭）。水神是生命母神，所以在所有的萨满祭礼中，都离不开水神赐予的生命水。"

满族神话中，司水底的神是命运女神都金恩都哩。她降生在水底沙滩上，住在东海，是东海的生命母神，她每个毛孔都能生出人和鱼来。满族先民认为，水和生命是相连的，水神和生命神都生活在水中。这位水生的命运女神也是生命母神。

满族神话中还有一位水神叫木都力恩都哩，也叫木克木都力恩都哩，意为水龙神。木克，满语，水的意思，满族神话中意为妈妈的水；木都哩是龙，恩都哩是神。水龙神的形状有蛇形、海獭形、鱼形、蜥蜴四足形等。

神话是人类童年的天籁之音。富育光老师的《萨满教与神话》中说："诸申供奉的木克木都力恩都里（水龙神），是最古的宇宙大神之一。遍地大水时，阿布卡赫赫同依鲁里（即恶神耶鲁里）撕斗，恶魔依鲁里让遍地大水不退，天天风浪不息。阿布卡赫赫的腋毛化成无数木克木都力（水龙），让她们吞水，木克木都力朝朝暮暮吞呵吞，把地上的大水吞肚里，可是越吞越多越重，动不了，变成了一条条又长又粗又闪光的岔儿罕（小河）、毕拉（河）、乌拉（江）。白的江是吞进了白石白水，黑的江是吞进了黑石黑水，躺在地上不能动，成了又长又大的水口袋，源远流长。巨龙肚里吞的水太多，有的变成喷泉。有的大水憋它难受，便拱地争逃，把大地拱了很长很长的沟，才找到东边的海。"神话中满族的水龙神与汉族的龙神同辖水域，萨满教的水龙女神与汉族的龙神却有截然不同之处，汉族的龙王是男性，是高高在上威严的帝王的象征，萨满教神话中的水龙女神是朴实的抗洪英雄，她是忘我的，无私的，奉献的女神，她是天母的腋毛化生的，她在抗洪的过程中，又生化出一批喷泉、溪涧、江河等的水系女神，神话中洋溢着满族先民对水的讴歌与赞美。

二　满族先民对水神的祭祀

满族先民对水神的祭祀，主要有海祭、江祭、水祭、河祭、鱼祭、柳祭等多种形式。

（一）满族先民的海祭

环海居住的北方民族曾普遍流行过海祭。满族先民东濒大海，有着绵延数千里的海岸，曾在中国的航海史上留下了光辉的一页。环海居住的满族先民也曾有过隆重的萨满教海祭仪式，主祭对象是威严的女性海神。在海猎过程中，海祭是非常壮烈凝重的。满族史诗《乌布西奔妈妈》中记载了海祭的仪式：阖族男女老幼在海岸边，拢起了百堆篝火，在黎明时分，向神圣的海神叩拜致祭。祭品有活鱼、活牲，甚至有活人。

东海窝集人在出海捕猎、航运时，要举行隆重海祭。在反映其兴衰史的《东海沉冤录》中记载了海祭的过程，其主祭对象是东海女神德里给奥木妈妈等所属众母神。海祭多在"神选"新女罕、部落征战、祈愿海猎丰收等部落重大事项时举行。在壮观的海祭仪式中，众萨满击鼓祈请东海女神德里给奥木妈妈（满语），德里给奥木妈妈为海洋主神，司太阳与光明之神，统辖众海神，掌管着整个太阳初升的东海，她的降临会带来太阳与光明，使部落绵衍强盛。她能带来数不尽的海鱼海产品，并带来甘雨，使百禾孳壮、使族人有吃有穿。满族库雅喇氏、那木都鲁氏、孟哲勒氏、蒙温瓦尔德氏、曷舍列氏等宗族，都是东海女真人的后裔，都祭奉东海女神德里给奥木妈妈。

恰喀喇人在下海采珠前，要祭海神奶奶泰木。相传海神吹口气，海里就刮起大风，她可以庇佑族人行船捕捞安全，还能指导海民哪里有鱼群，哪里采海珠。海神降临时，海面上会出现一道白光，里面走出一个白衣、白发的老太太，她就是海神奶奶泰木。这则神话里的海神奶奶可以庇佑族人行船捕捞安全、丰收，也体现了满族先民的崇白习俗。

原居珲春瓦尔喀部的满族牛祜鲁哈拉、郭合乐哈拉，以及在张广才岭山区居住的窝集巴拉人，都祭祀一位能保佑航海平安的海神——突忽烈玛发。突忽烈玛发是一位古老的保护神，相传突忽烈原是土伦部的小阿哥，因其身上长鳞，脚像鸭爪，被族众逐出，并要害死他。突忽烈以德报怨，在北海大额真那里学会射箭和破解妖法，取回万年北海冰、镇妖弓、穿妖箭，打败了恶魔耶鲁里和他的火龙群，并当珠申（女真人）打鱼赶海时，如遇风浪落水，他便出手相救，被众人敬为海神。这些宗族在出海行船、捕鱼或家祭时，一清早就要祭祀这位海神。

因近代疆域变迁与民族迁徙，许多环海居住的氏族、部落内迁，因渔猎仍逐水而居，海祭演变成江祭，水祭，河祭，鱼祭，柳祭等。满族先民对每一条江河都赋予了一位水神，如：江神叫乌拉恩都哩。河神叫毕拉恩都哩，长白山地区及居住在松花江中游的马姓、富姓，敬奉西伦妈妈。传说她原是一位猞猁神，她为救族众，化为人形，降伏火龙，最后为族人找水源时被烈焰烧成长白温泉，成为温泉女神，被族人奉为守护神。镜泊湖一带的伊勒根觉罗、唐古拉哈拉敬祭一位引来天池水、流出牡丹江、凿开石头山，汇成镜泊湖的开山神恩图色阿。……

满族先民在过江河、远猎、长途运输或捕鱼下网前，以及丰收时都要祭河神、江神、船神等，以求水神庇佑族人渔产丰收，行船平安。

（二）满族先民的河祭

"往昔，满族人捕鱼下网前，由'网达'率领渔民选一处江湾子深汀，燃年息烟、醮酒、供鸡鸭、供饽饽等，由'网达'或萨满祈祷，众人叩拜河流，祭毕，才下江捕鱼。"祭祀没有固定的时间，"丰收时，'网达'率众祭礼，向河神谢恩。遇到鱼儿不下网时，也祈求河神保佑恩赐"（《满族民俗文化论》）。换网还要祭。冬捕时，也要在冰上祭水神，祈求神灵保佑，多捕鱼，企盼平安。

"采珠是满族先民捕捞业中重要项目。……清代，乌拉打牲衙门内专设'珠轩'，专营采珠，……珠轩率领着一大串采珠威呼……采珠船队到了采蚌的地方，先扎营盘，选好水场。船队停靠河边，搭锅立灶，焚香叩头，祭拜河神。……清代以来，出现了用大型船只长途水运，产生了临时性的商业水运组织，一般是合伙办的，俗称'船伙'，推举一名有经验的人担任船长，称'船达'。开船第一天，要举行河祭。船达在船头、桅杆上钉一块红布，摆上三牲头，小鸡、糕、酒等供品，仍有行船人员向江河跪拜，船达向江中洒酒三盅，再把整个供品都倒入河中，如果发现群鱼争吃，要互相道喜，因为这是吉祥的预兆。船遇到风险时，船上的人要把随身带的小物件统统扔到河里，以求河神保佑平安。后来，河祭习俗有所改变，只需将一部分祭品扔到江河里，其余大部分都留下众人分食。……船运禁忌。……如携带响器如锣鼓或其他乐器，必须演奏一番，以娱河神。如遇风险或搁浅除了祈祷河神，不许大哭大闹。"（《满族民俗文化论》）

在满族民间文学中有许多歌颂河神的神话。如，满族神话《朱拉贝子》写道：乌苏里江有位镇江的老河神，叫乌苏里恩都哩。他老人家不但掌管水中一切，还保护着居住在两岸的满族人。他管的地盘，真是河清水静，人畜两旺，渔猎丰收。每到五月端午，两岸人民都到河边祭祀这位老河神，献酒、献糕、供猪、供羊，唱起祭神的特肯歌（敬神歌），敲着狍皮手鼓，再加上清脆的腰铃声，乐得老河神一个劲说"三音（好），三音"。老龙王有一个儿子叫朱拉，大家都称他为朱拉贝子，北部满族各个氏族都供奉这位神，称作行船保护神。

行船、打鱼、开江之日祭祀。

满族神话《绥芬别拉》中写道：三音霍通在呼尔汉河（牡丹江）右岸，围绕这个霍通有四十八个部落，都是满族的祖先。在这些部落里，有一个伊尔根觉罗部落，紧靠呼尔汉河，所以对这条河的河神非常尊敬，每年春秋两季，都要在这条河上祭祀这位呼尔汉河神。这位河神也保护着两岸人民，每遇旱年他就呼风唤雨地浸润田地；到了涝年，他又率全体水族开沟引水。所以，两岸各部落真是旱涝保收、五谷丰登。后来河神被黑鱼精害死了，黑鱼精还祸害两岸的部落人。绥芬别拉是伊尔根觉罗部落穆昆达的儿子，绥芬别拉利用水怪除去了黑鱼精，并把水怪变成了一匹红马为当地部落人造福，后来，阿不凯恩都哩封红马为呼尔汉河的河神。清代末年，呼尔汉河两岸居民祭河的时候，还牵来一匹红马致祭。

满族萨满教的萨满唱词中多有对水神的赞颂，如满族民间文学《尼山萨满》中反映了对河水的崇仰。一次尼山萨满来到江河岸边，没有渡口和船，她就祈祷神灵保佑她渡河。唱词祈祷："年轻的河神，请众神灵显示一下自己的神威，保佑我们迅速地渡过这条河。"然后，她将铃鼓浸入水中，站在铃鼓上像风一样瞬间就飘过河去。

（三）满族先民的鱼祭

满族先民有鱼祭习俗，祭"必拉妈妈"和"妈妈威呼里"。"必拉妈妈"为河神，"妈妈威呼里"即船神，也称"威呼里额真"，是一对姊妹神，其神偶安在一条形似"威呼（山船）的木板上，并肩的两位女神，身上都缠着树皮细绳，表示风浪再大，也能保佑行船平安"（《满族民俗文化论》）。在东北的江河中常设渡口，两岸都有简易的码头，摆渡船来回往返。居住在大江边的渔民，或远猎，或长途运输，都要在江边祭祀船神。

满族史诗《乌布西奔妈妈》记载了东海窝集人的鱼祭盛典。……隆重的鱼祭要进行三天三夜，族人们扶老携幼住在江边，海岸或者水上的"威呼"中，欢娱水滨，尝柳叶，吃鱼虾，喝鹿血，饮江水，唯有这样神圣的鱼神莫德喝恩都哩才能庇佑族人渔产丰收。在密山市新开流文化遗址中出土了角雕鱼形，说明当时已经有了对鱼神的崇拜。

（四）满族先民的柳祭

在《东海沉冤录》中，记载了明代东海嘎忽坦河部族的祭柳盛典。每当遇到大海潮退，江河干涸，瘟疫骤起或柳叶长出了绿色小虫包时，该部族就要举行阖族的柳祭，以消灾解难。是时，女罕斯呼林选美貌女子九人、十三人，甚至三十三人，全身赤裸，仅在腰间围上用柳枝叶编成的柳围裙，代表柳神或海神、水神。族人们围着这些神女，往她们身上洒鹿血、米尔酒和洁净的江水，柳神女边歌边舞且边走边喊，族众呼喊应之。然后，女萨满甩开腰铃，击起神鼓，柳神女随之从部落住地到山野、峰巅，再到河岸、溪畔、海边，把族人经常活动的场所都走遍，一路歌舞呐喊，壮烈火爆。走过的地方都要甩洒鹿血、河水，以祭柳神、水神、海神诸神，以使神灵庇佑部落风顺人安鱼丰。在祭祀期间，柳神女露宿水上。

从柳祭中可以看出，柳是满族先民的守护神，而柳神与水神、海神同时被祭拜，又说明柳与水是紧密相连的。在古神话观念中，柳神妈妈来自生命之源——水中。在北方的大地上，湖泊星布，江河纵横，也有漫长的海岸线，但这里有漫长的寒冬，打井取水较之南方困难得多。其先民曾长期过着"逐水草而居"的渔猎生涯，找到水源是其生存的必要条件。而找到柳就意味着有水，柳成了水的标记，找到了水源又意味着找到了氏族部落生存发展的生命源泉。……柳崇拜就洋溢着先民找到了水源的喜悦感，因此柳祭的基调是那样炽热欢欣。（《满族民俗文化论》）

东北的江河湖边，靠近村屯或渡口附近多建有水神庙，表示对水神的敬意，其中有正式的大庙，也有在江河边的简陋小庙。在吉林地区建有松花江神庙，位置是今吉林东关宾馆门前靠江边处，老船厂东莱门的江北岸，于乾隆四十三年皇帝喻旨吉林将军开始建庙，于乾隆四十四年建成，其规模正殿五楹，大门三楹，配庑三楹。神庙中供有江神和云雨风雷四神。该庙每年春秋两季由吉林将军率衙属致祭，1934年拆除，后出现一些灾害后，又复建了一座小庙，并举行了隆重的祭江神仪式。在伯都纳、三姓等地均有江神庙，在虎林虎头乌苏里江边有关帝庙，在关帝庙大修的时候也有隆重的祭江神仪式。

满族祭祀水神时要用洁净的活水，如井泉水。用江河海水时要取江心、河心和海心的水，用污水和死水对水神是不敬的。满族神话中又视水为众神之酒，而且相信水有明目、祛病的功效。满族先民举行海祭、江祭、水祭、河祭、鱼祭、柳祭等仪式，都是对水神表示敬意，是萨满教崇拜的重要内容。以祈求神灵庇佑部落风调雨顺、农渔业丰收，以及渡河放排等族人人身安全，是满族先民的水神崇拜，反映了满族先民渔猎时代逐水而居时的信仰习俗。

满族的崇石习俗

满族萨满教是万神殿，多彩多姿的祭礼中供奉着各种神灵。这些神灵大致分三大神系：自然神系、动植物神系、英雄祖先神系等。自然神系包括日、月、星辰、光、水、雷、电、雹、雪、风、雨、石、山、河、海等自然物或自然现象，石是自然神系中的一位神祇。在满族创世神话《天宫大战》中，阿布卡恩都哩送给人间瞒尼神（祖先崇拜的众位英雄神）九十二位，其中就有石神。石头蛮尼又叫大蛮尼，是满族先民供奉的祖先神，又称吉祥神。满族有古老的石神"卓禄妈妈，卓禄玛发"。在满族《雪祭》大典中，在雪坛诸神偶中就有石头女神窝何其妈妈，可见满族先民石神崇拜的普遍存在。

满族先民素有崇石习俗，其崇石习俗表现在多个方面。

一 满族先民神话传说中的崇石习俗

英国人类学家泰勒认为："神话起源的真实背景就是万物有灵论的信仰。"马克思说："任何神话都是用想象和借助于想象征服自然力，支配自然力，把自然力加以形象化。"满族先民自然神话产生的土壤，是满族先民的万物有灵，即自然崇拜。

（一）满族创世神话中的崇石习俗

满族神话是其先民所创造和传承下来的珍贵文化遗产大多存在于萨满口头传承，与其生产生活方式和原始思维方式有关。

满族创世神话认为，石头里居住着生命女神多阔霍女神和火神突姆妈妈，因此，石头象征着生命的根基，有崇高的地位。在富育光的《萨满教女神》中写道：

  在满族神话中，有一位生命孕育女神，叫多阔霍。相传，在天地未分的时候，就有这位古老的女神，她是一个住在石头里的、孕育着光与热的宇宙大神。天母被耶鲁里骗进了大雪山，被巨大的雪堆压得冻饿难忍，吞下了雪山底下的石头和石头里的多阔霍女神。多阔霍的热火烧得阿布卡赫赫坐卧不安。一下子撞出了大雪山。热火烧得阿布卡赫赫肢身融解，眼睛变成了日月，头发变成森林，汗水变成了溪河。多阔霍女神实际上是燧石神，一位孕育了火与热即孕育了生命的火母神。

  在满族神话中，还有火母神突姆妈妈的故事甚为典型。相传，她高居九层天宇中的金楼中，身披光毛发，光照中天，她怜悯大地上的人类和其他生灵夜夜摸黑，难觅食物，于是把自己身上的一束束光毛撕下来，抛出去，天上生出了依兰乌西哈（三星）、那丹乌西哈（七星）、明安乌西哈（千星）、图们乌西哈（万星），可是女神变得全身赤裸，只能住进石头里。显然，突姆妈妈的原型即"光照中天"的太阳女神，她为了人类与生灵的生存，将太阳火送到人世间，而变成燧石神——火母神。

突姆妈妈是一位舍己救人的崇高的女神，在她身上寄托着满族先民对火的炽热感情。

满族神话《托阿恩都哩》中，古时候人间没有火，部落里有个叫托阿（满语，火）的男孩，武艺高强，被阿不凯恩都哩送到天上掌管天火库。后又留到天上打石头修天宫。托阿在石灵山打石头，他发现发白的石头凿个洞后什么东西都能装，他就偷来天火，把天火一点一点地装到石头里。找机会把装火的石头运到人间，并把石头里有火的事告诉人们，人们拣回白石用力一磕，有火星出来，从此人间就有了火。

在满族创世神话《天宫大战》中唱道："世上为何宠爱白鹊、白鸟？……千寿万寿的彩石呵，是祖先的爱物，朝夕难分难离。石头是火，石中有火，是热火、力火、生命之火。自从西斯林女神搬石御敌，追打九头耶鲁里，北方堆石成了山岳，石山、石砬、石涧最多，就是那时候留下来的。石岩凝固成蛇脉，石岩凝结成高山。平川河谷就缺少了火石。所以天下暴雪，寒酷非常，百兽百物藏洞求生。阿布卡赫赫一心打败狠毒的九头恶魔耶鲁里,就要强壮筋骨,突姆神告诉赫赫要多据有石火,吃石补身,便天天派侍女白腹号鸟、白脖厚嘴号鸟,飞往东海采衔九纹石。吃彩石就能壮力生骨,吃彩石可以身长坚甲,热照天地……"

据满族富察氏神谕传说,最早的女大萨满是只白海东青从东方背来的,鹰爪中还抱有一个光芒万丈的石饼,和女萨满一起交给了人类。所以人类才有了女萨满。而且女萨满携带有唯一的一件神器——光芒四射的石饼,即太阳的魂魄,又叫"顿恩",含义是"光芒的太阳"。鹰神是人类的第一创始神,而鹰神又与石紧密相连,抱着光芒四射的石饼。可见石与光明有关,说明石的重要性。

火神的崇高地位与北方先民赖以生存的寒冷的自然环境有关,先民们靠着火的威力生活在这片广阔的寒土地上。所以北方先民对火和光明的追求更加执着热烈。以上这几则神话都与石有关,石与火又密不可分,紧密相连,人们由对火的渴望进而对石产生了崇拜,这也说明石在当时人们生活中所起的重要作用。这些神话传说寄托了满族先民对生命和光热的执着追求,聚居着满族先民对太阳和光明的炽热情感。

(二)满族先民石灵(族源)神话中的崇石习俗

图腾崇拜是原始宗教的主要信仰之一。原始人类认为图腾与自己的氏族或部落有着"亲族"方面的血缘关系。图腾是民族历史的化石,是"我从何处来"终极思维的结果。

灵石崇拜观念历史悠久,源于石头创世,石头造人,女娲炼石补天,这石是灵石,是天石。在《红楼梦》中,主人公贾宝玉是女娲补天所遗一顽石化身,是灵石创生成人的艺术化。

在满族创世神话《天宫大战》中,有一个住在九层天穹上的女神佛尼恩都哩(满语,辫子神),她与天地一样高大,她用岩石与黄土造了人类……才一个个力大无穷,斗败了妖魔,开创了人类世界。

在"满族胡姓赵姓萨满神谕"中讲:"鹰神最早从火中叼出一个石蛋,生出一个女萨满,这是东海九十九个噶珊(部落)的七叉鹿角罕王,是东海最远古的女祖女罕。"(富育光《萨满教女神》第248页)神话中的女罕是东海人的始祖,她是从石蛋中生出来的,这石蛋带有浓郁的图腾意味,而石蛋又是鹰神从火中叼出来的,也说明了石与火的密切关系。

在"满族徐姓萨满神谕"中记载："祖居于萨哈连（黑龙江）支流安班刷迎毕拉（大黄河，今俄境结雅河）石洞沟地方，远古栖古洞幽居，受日阳而生人，周身生毛，繁衍为洞穴毛人，随年月日久而人齿日盛，便是黄河古洞人，后成部落。太祖北伐，萨哈连部达率族人归服，随征战萨哈连，移居朝阳、苏登、古沟地方，姓奚克特哈喇，汉音为徐姓，隶正红旗虎可舒牛录统辖。"该氏族南迁后，仍祭石洞，在其祖先神匣内恭放三枚白卵石，传言为远世萨满南迁时从石洞带来，世代恭祀不已，已逾三百余年。祭时，族人向白卵石叩礼，萨满颂道："妈妈的祖石，母亲的祖石，光明的祖石，生命的祖石，万代开基的母石神祖。"（富育光《萨满教女神》第188页）显然，白卵石作为氏族始母是图腾女神。这便是徐姓满族的族源神话，带有石图腾崇拜的遗迹。大黄河，今为黑龙江省北侧支流，俄称"结雅河"。徐氏系为野人女真后裔，祖先最早便居住于结雅河中下游的石洞沟，满语为"委赫霍道"。

满族诸姓氏也有敬奉石头（如梅赫勒氏）为始母神的。

石头创造世界，创造宇宙，是为人类始母，充满灵气，故为满族先民所崇拜。起源神话以幻想的形式追寻民族之根，满族萨满教的产生和其他古老民族一样，都是出于对自己始祖起源、自然奥妙的探求，以及其本身要求征服自然和支配自然的强烈意念，而且在丰富的幻想中创造了自己民族的始母神。

（三）满族先民神话传说中的崇石习俗

灵石崇拜是一种世界性的文化现象，先民们崇拜山石，把山石神化，产生了灵石崇拜观念。如《天宫大战》中神通广大的孙悟空为天生石猴，是灵石崇拜的体现。

满族民间有许多山石神话，如：《神石》《银山》《石龙》《泉水岩》《双石碑的传说》《青石药姑的传说》《望参石》《石头蛮尼》等。《神石》神话反映了对石的崇拜。那不都鲁哈拉在"石头公公"的神授下，用石泥制作了石刀、石枪、石盆等石器，用以打败了敌人，生活过得好起来了。因石头帮助了人们，所以奉石为神，烧香祭祀。人们把人类在生产实践中学会制造和使用石器归功于"神授"。这些神话传说，中心思想几乎都是有人为大家做了善事，牺牲了自己，救了众人，最后变成了石山、石人等，或是人们为了纪念他，用石头雕刻成英雄的石像，体现了满族先民的道德情操及崇石习俗。

二　满族先民萨满舞具中的崇石习俗

萨满舞具腰铃是由十数枚用铁制成的上尖下阔细长喇叭形铁铃，扭动腰肢，使铁铃互相撞击发出有节奏的响声。腰铃，满语为"西沙"，在古时候是用石头制成的。在原始社会时，萨满腰间系的并不是铁的腰铃，当时金属尚未发现，"而是围挂各种形状的粗陋的有色石块和用兽毛纺织的条带，甚至还有石块佩饰坠在萨满神帽上和两耳边以及胸前。萨满跳神时，随着舞步使相撞的石头发出各种和谐的声音，夜间还可能发光"。

远古的石制萨满腰铃被视为神物。据满族萨满史诗《乌布西奔妈妈》和长篇英雄传说《东海沉冤录》《两世罕王传》记载：早期的萨满不仅将某些彩石作为神服上的灵佩，而且用来串作腰铃。跳神祭祀时，随着萨满的舞步，石腰铃相撞的声响，代表着神灵在天宇中行进的脚步声（也有认为是象征宇宙的风雷声），而相撞时发出的微光象征着生命的原光。

传说在黑龙江以北、穆丹阿林以东的著名的玛呼山，曾被满族等少数民族视为神山，萨满们都千里北上攀登此山采集灵石灵佩，如一些萨满神裙、神帽、神鞭、神碗中就有玛虎石磨制成的器物，萨满也用此石块、石板、石盅、石柱、石针占卜医病，成为重要的萨满灵物。

在满族创世神话《天宫大战》中善神阿布卡赫赫地位崇高，神力伟大，她的战裙就是用九座石山和九座柳林编成的，体现了满族先民的崇石和崇柳习俗。

三　满族先民居址建筑中的崇石习俗

（一）借灵石以祈福

石可通神，石头有灵气是满族先民的一种信仰观念。在一些遗存的房址中，房屋居室和灰炕中发现大大小小的石块，有专家认为是居人借灵石以祈福，希望在灵石之灵气笼罩下获得护佑。如牡丹江流域河口、振兴遗址是渤海时期文化遗存，遗址内的房址居室和灰炕中发现零星散布、形状不规则的石块，是借灵石祈福，属于灵石崇拜文化。

（二）灵石能镇妖除邪

满族老屋院内都竖有神杆，这神杆是努尔哈赤为了祭天神而立的。神杆也叫通天竿或索罗杆子，杆上有锡头，也叫神斗，最早的神斗就是石斗。神杆下立有石墩（或叫石座），墩中有孔以插杆。有的底部有三块（或四块）石头，称为"神石"。传说神石能镇妖除邪，神杆下放神石是为了纪念祖先神石头玛发，石头公公。

"取神石"在满族聚居之宁古塔地方有特殊的风俗："神石必至山中选取。由萨满打手鼓，引导入山，进山拉石的大车或爬犁，不准坐人，马要披红。"选好神石后，用水潦三下，再抬到车和爬犁上。由萨满打手鼓唱神辞，引回祭祀之所，主人恭候门前，跪迎至院内。这都体现了人们对石的崇拜。

宁安县保存最好的四合院是宁安第四中学小四合院，院内索罗杆子早已没有了，但杆子下面四块石头仍在。

四　满族先民育儿习俗中的崇石习俗

满族先民小孩子睡的摇车不吊挂时里边得压上一块石头，有传说："有位名叫那丹岱浑的女神，参加天宫大战时败下来了，变成一块大石头，凡是不育妇女坐上就能怀孕。用石头压车就成为满族育儿的一种习俗。"

五　满族先民葬俗中的崇石习俗

用石头构筑坟墓是一种世界性的文化现象。先民们认为，灵石可通天地，亡者死后借灵石以升入天国，这才有石棚、积石冢、石棺墓、巨石阵等陵寝制度。在今辽东半岛、辽东山地及鸭绿江流域，都有用石块和石板修筑的积石墓、石棚墓、石板墓、石盖墓和石棺墓分布。

渤海国是我国东北地区古老的肃慎族系历史上的第一个民族政权，也是出现在黑龙江流域广袤大地上的第一个封建文明。渤海时期的葬俗有多种形式，渤海墓早期墓葬有灵石崇拜文化，其中有石护封土墓、石棺封土墓、石室封土墓、砖室石顶封土墓等。

渤海时期的民间故事《红罗女》是渤海时期靺鞨人英雄传奇故事，故事中主人公红罗女是具有浓郁北方民族性格的巾帼英雄。红罗女死后，是放在红石棺椁中用铁索吊在了瀑布口，反映了渤海时期的葬俗。近年来，考古学者对渤海时期的古墓发掘中也证明了渤海人实行石葬。从中可以看出渤海人崇石习俗。

出土墓葬中的殉葬石器，应均为灵石。贞惠公主墓中有许多大小不等的石块堆积在甬道中，是渤海人灵石崇拜的遗留，属于渤海萨满文化的实例。

金代女真贵族如完颜希尹家族墓用花岗岩石条垒砌的石室墓，墓前立石人、石马等，属于萨满文化的范畴，体现了女真人崇石习俗。

积石墓是一种用自然砾石、石块等砌成的并列或互相连接在一起的多室墓，上面用砾石或碎石堆成积石冢，多位于高山峻岭的顶部。积石墓反映先民信仰石可通神、通天，亡者可以借灵石升天，借助灵石沟通天地。红山文化积石冢群是积石墓文化的开端，也是灵石文化的深入发展。满族先民有用积石冢为葬俗的习俗，如黑龙江省鸡西刀背山的积石冢等，都是满族先民崇石习俗的反映。

六　满族先民生产工具中的崇石习俗

石器是指以岩石为原料制作的工具，早期人类发展历史是用石头写出来的，它是人类最初的主要生产工具，人类学会用石头制作生产工具便进入了石器时代。在旧石器时代，人们过着茹毛饮血的原始生活，处在对自然物简易加工的初级阶段，最初人们只能制作打制石器。当人类掌握了磨制石器的技术以后，人类社会就由旧石器时代进入新石器时代。

萨满教产生于母系氏族社会，黑龙江上游流域在新石器时代乃是通古斯人部族的形成地域，这里的先民以渔猎为生，生产工具以石器、骨器为主。因为认识水平的有限而对某些自然现象特别是对来自大自然的压力无从解释和束手无策，不禁产生了神秘和恐怖之感，久而久之逐渐把这些自然物神化了，并通过各种形式加以崇拜，以达到免灾求福的目的，这就产生了最初的宗教观念。

《晋书》记载：肃慎"有石砮皮骨之甲。檀弓三尺五寸，楛矢长尺有咫，其国东北有山出石，其利入铁，将取之必先祈神……"取石必先祈神，这是满族先民对山石崇拜的痕迹。

石镞是先民狩猎的利器，猎获大野兽的利器。满族先民认为石头有灵气，用石制作的石镞能帮助人们获得灵石神佑，狩猎丰收。石镞成为氏族的灵物，是当时人类的经济生活方式，是灵物崇拜、灵石崇拜。

恩格斯指出:"一个部落或民族生活于其中的特定自然条件和自然产物,都被搬进他的宗教里。"满族先民用石取火,用楛矢石砮猎获动物,用石锄石犁种地,佩戴的也是石饰,石器与人们朝夕相伴,其既能为满族先民造福又能给人们带来灾难。满族先民相信山川树木、日月水火、风雨石山等都是有灵魂的,他们认为这些神灵主宰或影响着自己的生活,只有献祭或祈祷它们才能带来好运。萨满教是满族民族文化的基石,满族的崇石习俗也正是在这样的环境中产生的。

满族的崇犬习俗

在驯养动物中，狗是最早被饲养的。远在中石器时代古人就驯养狗以助猎，《淮南子》有"狗兽以为畜"的说法，说明了驯养动物的开始。在满族聚居地，流传着一句古谚——"鹰狗无价"。狗，满语称为"音达浑"。满族有敬犬之俗，不准杀狗，不吃狗肉，不戴狗皮帽子，不铺狗皮褥子，不打骂狗。养活多年已老了的狗虽然已经不能看家、出猎，但也要精心喂养，狗老病死要埋葬。满族敬狗的习俗与满族先民的生产生活密切相关。满族本身是骑射民族，居住在山林地区，早期以狩猎和采集为生，离不开狗的协助，狗是人们狩猎时的忠实助手，家家都养狗。满族先民养狗用来警戒、狩猎、拉爬犁等，爱狗心理也是在长期狩猎生活中形成的。

一　狗是满族先民的忠实助手

狗是满族先民狩猎时的好助手，是满族先民与野兽搏斗的帮手，有俗语"一猪、二狗、三虎"。野猪是很难捕获的野兽，捕猎野猪时，要凭借狗群将猪团团围住，狗和猪相斗累了，双方便坐下休息，猎人趁机冲上去，猛扎猪的软肋，就能捉住或杀死野猪。吴桭臣在《宁古塔纪略》中记载："猎犬最猛，有能捉虎豹者"。在行猎中，猎物一旦被主人射中，猎狗会像箭一样冲上去夺取猎物；主人遭遇猛兽袭击时，猎狗会不顾一切地冲上去与猛兽搏斗，拼命保护主人安全。采集或狩猎时都要带上几只狗，在山上遇到恶兽时，"头狗"先上，其他狗随后跟上。

狗可以领路，有时猎人在深山里迷失了方向，狗可以领路走出深山密林，回到居住地。

狗可以看家护院,起到保护的作用。当时满族先民住的院子有内外三层,外层是狗住,中层养猪,里层才是人住的地方。夜里来了盗贼或恶兽,狗首先叫了起来,冲上去,这时人就有了防范,或可以把贼或恶兽捉住。《黑龙江外记》载:"人家藉犬为守备,多者畜至五六,性既不驯,状尤狰狞,夜深嗥吠,声彻四城,穿窬者由所瞿瞿也……布特哈田犬,各擅一长,精于虎者不扑野猪者不扑雉兔,其扑雉兔者,雉兔伏数矢外,此能嗅而得之,号闻香狗……"

当时有马市,满族先民去马市赶集,马背上驮着药材和兽皮去交易,都要带上一群狗,起到保护的作用。

在清朝八旗军里,每一旗的牛录中都有军犬的编制,战斗时军犬与骑兵一起冲击敌阵,平时则警戒营地和看护战马。

二 清代统治者对犬的宠爱

清代,宫中饲养的小动物中最受宠爱的是狗。清代的宫中设有专门的养狗处,称为"狗房"。清史中记载许多皇帝都喜欢狗,行围射猎都有狗相伴。

雍正帝喜欢狗,曾多次亲自指令造办处制作狗窝、狗笼、狗衣、狗垫,并对其用料、尺寸、样式、图案等详细指示。

乾隆帝也爱狗,有一年新疆地区进贡,其中有马匹,玉石等,还有两只狗。乾隆帝下令:"马匹可以一路放牧,无须另给草束,而狗则须沿途喂养,因而每只每日给米肉一斤,以防中途倒毙"。

在清祖陵内,将祭坛上至高无上的龙抽象成神似狗的坐龙,在壁画中将狗置于龙身之上,视狗为"天龙"。满族先民狩猎时的忠实助手狗,登上了人们的祭坛,备受敬奉,成为创世之功臣。

三 满族神话传说中的崇犬习俗

满族民间有狗媳妇的神话传说。从前有穷人娘俩,儿子忠厚老实,因家穷娶不上媳妇,他家墙上有一张画,画的是一个小狗。一天,小狗变成了一个水灵灵的大姑娘,嫁给了这个穷人小伙子。后来,还给小伙子生了个大胖小子,还教小伙子从家里挖出了元宝,狗媳妇与小伙子生的大胖小子后来长大了还做了大官……传说中用奇异的幻想，表达了满族先民对幸福生活的向往和追求。

努尔哈赤是满族老辈人中有口皆碑的传奇人物，将满族人崇狗敬狗的习俗推置顶峰的则是"义犬救罕王"的传说。传说罕王少年时到辽阳总兵李成梁帐下当差，李总兵发现他脚下有七个红痣，正是明朝要找的"脚踏七星落地"的混龙出世，李总兵要抓小罕王，当天夜里，李总兵的三姨太给罕王报信，罕王便骑着大青马带着大黄狗连夜出逃。李总兵发现罕王跑了，带兵追赶，大青马累死了，罕王也昏睡在荒草甸子里，追兵没找到人，就放火烧，狗怕火烧到罕王，便跑到附近一个水泡蘸湿全身，打滚用湿毛压倒罕王四周的茅草。罕王得救了，忠诚的大黄狗却累死了。

传说努尔哈赤当年逃难时，得到大青马、乌鸦、狗的搭救，凡对老罕王有过好处的人与动物，在老罕王称帝后都给予了封赏、封神供祭以示悼念。唯独把救他的大黄狗给忘了。他称帝后，沈阳城里的狗都为大黄狗鸣不平，昼夜狂吠，特别是晚上各处的狗更是汪汪叫个不停。努尔哈赤被吵得睡不着觉，问封赏官，一查才知道把大黄狗给忘了。为了报"义犬救罕王"之恩，于是努尔哈赤传旨，封义犬为守护神，让满族子孙都敬犬爱犬，在祭祖时也不要忘记义犬的功劳，并立下规矩，满族人不准吃狗肉。

"义犬救罕王"的传说，歌颂了狗舍己救人的献身精神。传说将犬与努尔哈赤联系起来，反映了满族先民对本民族英雄的崇仰，意在提倡人们崇恩尚义、对忠诚的回报精神。

满族的崇马习俗

　　车、马在古代是穷富的标志，赶车人和车主对辕马特别爱护。如果一匹好辕马死了，不舍得扒皮吃肉，而是埋葬起来。年三十这一天，满族人要把马刷洗干净，尾上挂红布条。一直到正月初六，要用炸米（用开水炸的黄米或高粱米）喂马。许多满族人家敬祭马神，把奉为神马的骏马拉到神堂祭祀。祭祀神马的礼仪十分庄重、虔诚，反映了满族先民民间对马匹的重视。

　　福陵位于沈阳城东20里左右的石嘴头山南麓，是清朝开国皇帝努尔哈赤和孝慈高皇后叶赫那拉氏（皇太极生母）陵寝，为清初盛京第一陵。前临浑河，后依天柱山，神马义犬侍立两旁。昭陵位于沈阳旧城西北5公里处皇姑区境内，是清太宗皇太极和孝端文皇后博尔济吉特氏的陵寝，是盛京三陵中面积最大、建筑工艺水平最高、最完整的一座。正红门内参道两侧有石兽12个，其中"大白""小白"两石马传为清太宗生前喜爱坐骑。福陵、昭陵两陵中的石马也体现了满族先民官方的崇马习俗。

　　马与满族先民的生产生活息息相关，征战、狩猎、运输、农事等方面都离不开马，由于长期饲养马匹、驯化马匹，与马朝夕相处，逐渐形成了对马的崇拜习俗。

一　满族先民关于马的传说

　　满族有许多关于马的传说，反映了满族敬马的民俗心理。

　　满族萨满服饰上有飞马，体现了尊马为神习俗。满族先民认为萨满的灵魂去天上世界时，先是骑飞马。满族人对飞马称之为尼斯库空果罗或嘎哈呼空果罗、带凯勒直图空果罗等，认为马有吉祥之意，马的形象也多在各种萨满绘画、刺绣、剪纸中予以表现。

绥芬别拉是满族赵姓（伊尔根觉罗）祭祀神中的一位，称作马神。祭祀这位神时都在河边举行。满族神话传说《绥芬别拉》中写道："三音霍通在呼尔汉河（牡丹江）右岸，围绕这个霍通有四十八个部落，都是满族的祖先。在这些部落里，有一个伊尔根觉罗部落，紧靠呼尔汉河，所以对这条河的河神非常尊敬，后来河神被黑鱼精害死了，黑鱼精还祸害两岸的部落人，伊尔根觉罗部落穆昆达的儿子绥芬别拉，利用水怪除去了黑鱼精，并把水怪变成了一匹红马为当地部落人造福，后来，阿不凯恩都哩封红马为呼尔汉河的河神。"清代末年，呼尔汉河两岸居民祭河的时候还牵来一匹红马致祭。在这则传说中，马是为民造福的神。

如《大青二青》中的传说：明朝末年，万历帝观天占卜，说东北方向有脚踏七星的真龙天子下凡，传旨辽东总兵李成梁缉拿。李成梁在洗脚时，发现其僮仆小憨脚上有七个红痦子，决计次日将他押送进京。李总兵爱妾喜兰心地善良，乘李总兵熟睡之机，将情况告诉小憨，并让他骑着大青马、二青马，带着黄犬出逃。李总兵率骑队追杀小憨，不幸大青、二青马累毙，后来得助于黄犬，小憨脱险。大青马、二青马救助了被明军追击的努尔哈赤而被累死的传说，今天仍被满族人津津乐道，并传说大清的国号就是从"大青马、二青马"而来。传说中将马与努尔哈赤联系起来，反映了满族先民对民族英雄的崇仰和敬马习俗。

二　满族先民的祭马神活动

马神，民间也叫马王、马王爷，其神像为泥塑，马首人身，红脸大汉身穿绣红袍。马神三只眼，所以有"别不识马王爷三只眼"的俗语。马神来历有一段传说故事，传说它是王母娘娘巡天用紫云辇的龙马，二十八宿中的房星，因发牢骚被乌鸦告发而被贬，从此人间才有了马。马神两旁站有小鬼是勾马魂的，小鬼也受祭祀是为了让它们不去勾马魂。根据民间传说，从清朝开始，还规定了阴历六月二十三为马王爷生日，这一天官民均祭马神，民间凡养马养车户均要祭马神。

1. 祭马神

祭马神从周朝就开始了，是我国各民族的动物崇拜活动之一，历朝官方都制定了祭马神的制度。明朝前，祭马神分为春夏秋冬四时祭。春天万物始生，应祭最早把野马驯化为家马的祖神马祖。夏天牧草旺盛，正是放牧之时，祭牧神。秋天是马入厩之时，祭马社神。还有的说马社神是好乘马者，即第一个骑马的人。冬天要祭马步神，是"为灾害马者"，祭祀它防止马生疾病。

2. 满族官方祭马神的仪式

满族是一个以骑射起家的民族，满洲贵族进入紫禁城后仍然强调勿忘骑射。清朝祭马神活动达到鼎盛，各大城邑均有马神庙。每年春秋两季都要举行马祭，马祭就是祭马神，祈祷保佑险途无阻，盗贼不扰，表现满族之骑射精神。祭马神的仪式在紫禁城内西北隅城隍庙之东，祀马神在这里进行。官方、民间祭马神仪式有所不同。官方祭时，由上驷院（掌管皇家御马的衙署）牧长牵白马10匹，立于闿殿外，殿内案上供祭品及绿细条20对，萨满进殿内叩祷，诵唱神歌，司俎官等奏乐拍板，歌"鄂啰啰"和之，边歌边舞。这一天，复请坤宁宫朝祭神、夕祭神于大内神武门旁之祭马神室，祭祀仪式与宫中相同，细油条则头一日为红色70对，次日为青色200对。祭后，将绿红青油条分送上驷院、大凌河牧场等处，拴于马鬃马尾处，以祈马群繁息。在这种马祭中，乾隆皇帝就曾亲自为御马拴挂缠条。同时，坤宁宫中将祭马神时的胙肉分给上驷院官属，各用佩刀自割而分享。除春秋二祭外，还有堂子月祭，皇帝在祭堂子时也有"祭马"之俗，孟春在上旬三日，其余月则用朔日。地方或军营祭马神，则由地方或军营中管马务或军需官员到马神庙执行，无马神庙的则设一祭马神室。

军营基层中的马归马丁管，马死了，马丁要赔偿，另外战时马与人共存亡。所以军中管马的官兵均要祭马神，以祀求军马平安无事。

3. 满族民间的祭神马的礼仪

满族向祖先神致祭时要拴"他合马"，也叫"神马"，是传承先世养马之习俗。满族每一个家族中，在每一年都要选一匹高大剽悍的"祖马"，于腊月举行祭马大礼。

祭祖马时要事先挑选出最刚劲出色的马，留下长鬃长尾，祭祀时在马的乌志骨放两盅高粱老酒，点燃，把马牵进屋里，头对佛爷板，让马喝黄酒，熏达紫香，请祖先"验鬃"。

满族民间有马神祭祀神歌，各个姓氏的马祭神词是不同的。如赵氏马祭神词，满语是："昂阿德，阿尔扎巴，莫林勃。怀他匹，勃尔哈，莫林勃。孙桌匹，舒鲁阿克他，莫林勃。倭车库恩都哩，多勃话。"汉意为："仅遵许下的拴马的口愿，拣备白色之骟马以祭献，愿上神享用。"

如关姓马神祭祀神歌白话文是："祭典神马，马要洗干净，南屋里，净酒一盅，保院内不进贼匪，六畜兴旺，太太平平，不准借与傍人"。

这匹马便成了祖马，祖马只拉车，但不许女人坐，年节单槽喂以好草料。祖马死后，不许杀吃肉，要埋在祖先的坟旁。满族民间有"老酒祭马——不忘祖宗恩德"的谚语。

祭马神习俗沿袭到新中国成立前，新中国成立后也有养车养马户在农历六月二十三祭马神的，后来随着社会的发展和生产生活方式的改变，基本上无人祭马神了。

满族先民萨满祭祀中的雪祭

满族萨满祭祀有许多，其中大祭中有火祭、星祭、海祭、雪祭、柳祭等。黑龙江沿岸的某些满族宗族在久旱无雪或其他有关氏族部落生死存亡的重大事件时，要举行隆重的雪祭，祭礼的主神就是雪神尼莫妈妈，还有青雕女神等数位女神。祭礼中还有祈子、治病、抓"巴柱"（变形魔鬼）等内容。

富育光、赵志忠在《满族萨满文化调查》中写道："满族古祭《雪祭》《星祭》神本，系家父在伪满时期从黑龙江省爱辉县下马场与兰旗沟家臧姓与徐姓家族中获得的。系清乾隆朝《满洲跳神祭天典例》发表以前的古代民间萨满祭礼模式，主要是表现北方远古人类对神秘的自然界的无限崇拜与粗浅认知，大祭中保留众多人类巧妙驾驭自然力的朴素生存知识，反映原始宗教萨满教最典型的人本主义思想内容。自从《满洲跳神祭天典例》颁发之后，满族萨满教受到了严格的规范，萨满教中原来的自然崇拜、星神崇拜等，就再没有了单独的盛大祭礼，皆被溶入满族的家祭祭程中去了，内容十分简略，众多原始神话故事及丰富多彩的原始舞蹈已被删削净尽，随时光的流逝，满族一些古祭不为后世所知。所以，满族古代雪祭、星祭神谕的发掘与整理，就显出极为重要而富有学术研究价值。……"

富老师与赵云阁老人在谈论此事时，他讲：在三家子，早年因大雪引来雪害，或冬季少雪天旱，即所谓的"白灾"，赵姓家族冬天祭期视灾情而定，可能三五日或五七日不等，杀鹿、狍、猪等献牲，有时还有松花江中的各种大鱼，如勾辛、鳡条、鲤鱼、鲶鱼、细鳞、丫绿等，祭祀相当热闹，像过节一样人山人海。从赵云阁老人的介绍，可见雪祭、星祭不单在黑龙江地方的满族中流传，吉林地方也有这项活动。

据富育光老师在黑龙江逊克、瑷珲一带发现的《雪祭神谕》与有关资料，黑龙江北部地区的满族曾有盛大的雪祭典礼，其主神是雪神尼莫妈妈。

在此用两篇文章节选，即富育光老师的《雪神妈妈》和郭淑云老师的《满族萨满雪祭》，展示满族古老的雪祭。

《雪神妈妈》（节选）

富育光

在满族雪神神话中说：天宇女神中，有一位美丽的白雪女神"尼莫其妈妈"，又叫"沙延妈妈"，全身披着白气白光。当天母与恶魔大战时，她帮助天母用白气白光罩满穹宇大地，黑色的恶魔耶鲁里无处藏身，舜格格（太阳女神）用火光照射，雪神妈妈的儿子冰雹神伯诺库用自己的身躯驱打他，使他无处躲避。风神西斯林也追逐尼亚其美女，可是风神永远也追不上她。她与太阳姐姐虽是好姊妹，但从不相聚在一起。当风神将舜格格追赶至最高最远的时候，尼亚其女神便很快降临大地人间，帮助人类万物至存。当风神远遁，舜格格接近人类的时候，她又悄悄地离去，住在沟壑与高山之巅安歇酣睡。在神话中，北方初民对四季变化的自然现象的解释是多么天真，巧妙而富有情趣。令我们今人感动与神往的是：女神们都有白雪般纯净的心，——为人类辛苦忙碌，奋不顾身。

在满族创世神话中讲：冰与雪是恶神耶鲁里造出来的。耶鲁里与天穹女神阿布卡赫赫争斗，风石抛走了有火的石头，北边天就冷了。

耶鲁里想骗女天神，与她打赌，说世界上最美的颜色是什么？阿布卡赫赫想，最美的是白色，最明亮的是白色，宇宙是金黄的白色，大地上的河流是滚动白色，所以回答说白色最美。哪知耶鲁里把地母马那吉额姆的白发偷来，让宇宙万物身上都披上了永不融化的雪和厚冰，越积越多，像一座座大雪山，万物众生因此死亡了。阿布卡赫赫刚明白过来，已经太晚了，宇宙变成了寒冷的白雪世界。天母叫太阳、星辰照晒，让狂风吹拂，但冰雪太厚，难以融化。所以雪天变暖要经过很长时间。这是满族先民对北方寒土多冰雪的自然现象的认识与解说，这里的冰雪是属于耶鲁里恶神系列的，反映了自然宗教中善恶相对的二元世界的宇宙观。

黑龙江萨哈连部野人女真供奉雪山女神奇莫尼（满语，汉意为

"乳房")妈妈,将黑龙江以北的圣山穆林山作为她的象征。这位雪山女神平时总是赤裸着雪白的肌肤,向着黑龙江侧卧而眠。当她酣睡之时,天空晴朗静谧,大地草沃花香,雪水消融,涓涓细流,沿山而下,滋育着大地,牲畜肥壮。当她睁眼南望时,就会风雪大作,冰雹成灾,人畜死亡。所以,萨哈连人敬她为畜牧女神,这位雪山女神能行善,又能作恶,颇令人敬畏。后来,随着社会形态的发展,一位男性山神"穆林穆林罕"替代了她。

据我们在黑龙江省北部地区满族中发现的《雪祭神谕》,其中雪神尼莫妈妈处于主神地位。

在《雪祭神谕》中有一段《报祭神词》道出了这种祭礼的缘起,现摘录如下:

> 相传,
> 祖先起根的遥远年代,
> 我们先人们,
> 狩猎于黑龙江北宁涉里山。
> 山西住着仇家大部落,
> 人称"巴柱"魔怪。
> 先人受其伤害,
> 被欺赶逃遁,……
> 猎肉没有了,
> 皮裘没有了,
> 火种没有了,
> 先人尸横遍野……
> 巴柱部落追踪赶来,
> 先人啊全藏在雪被里,
> 大雪弥漫如毛裘,
> 像天鹅舒展的翅膀。
> 先人藏在温暖的翎毛腹肚下,
> 恩佑脱险。
> 吉祥啊吉祥,
> 后嗣由此接续,留存。

祖先感激天赐神雪，
代代诚祭雪神……

神歌道出了该部落雪祭由来的神话，几乎近于一个真实的历史事件。这个在雪妈妈天鹅般肚腹下得以新生的部落，当然会祝雪祭为盛大的感恩节，在世代递传中，又融进了许多新内容，变成了丰富多彩的大型民俗活动。

近世雪祭多在雪枯时节，或遇重大祸灾（冬天枯雪就是灾祸先兆），需要雪神妈妈的援救；或是人畜兴旺，渔猎丰收，征战凯旋等重大喜庆，需向雪妈妈禀告、谢祭、还愿。

雪祭是全部落的大事，事先要作各种准备，一切准备就绪，部落长致《报祭词》：

为××事为××缘故，
举行祭礼
黑龙江畔的托克索，
冬月里选择吉顺的月日，
在高高的雪山上敬设神坛。
总祀穆昆达（族长）率众跪叩，
萨满玛发祈祝众神，
阖族集众虔诚雪祭。
九层天上的雪呀，
圣洁的雪呀，
吉祥的雪呀，
阿布卡格赫赐给人间。
阖族同庆，
噶珊的大喜事呀，
子孙绵延，
福寿无疆。

《报祭词》道出了这次雪祭的缘由，因雪是天母所赐，将带来"子孙绵延，福寿无疆"的光辉前程，故是部落的大喜事。

主祭萨满念诵流水般的颂祝词——佛箔密：

> 阖族磕头致祭，
> 刺杀鹿，猪，野鸡，
> 血祭雪神，
> 灌肠呈献。

诵毕，萨满将洁净的雪水倒进鹿耳，鹿耳一耸动，阖族欢呼：安巴乌勒衮（大喜），因为它象征着尼莫妈妈与众神已经领受了族人的献祭牺牲。奥姆达刺杀鹿，女萨满用木碗接血，然后在鼓声中，蹭步来到尼莫妈妈神坛，登上雪坛基，给尼莫妈妈神偶——冰雕天鹅的嘴上抹血，一抹完血，所有族人跪拜行礼，因为这时的神——在族人的心目中——神采飞动，是真正有生命，有魂魄，能洞察秋毫，庇佑族人神力的神灵。女萨满抹完神偶的嘴唇部后，还要以血点目，这样神灵便能"睁大眼睛，看穿千里迷雾，百里恶云"。

女萨满抹完鲜血后，与男萨满依次给雪坛诸神偶抹血，这些神偶代表的神祇是：

力大无穷能劈山开道的熊神；
女体鱼首，破冰而出，带来阳光与生命水的东海妈妈；
能翱翔天穹，目视千里的鹰神格格；
能使男子强壮，富有生殖能力的男子生殖神楚楚阔；
能使妇女早孕子，生儿顺当的女子生殖神佛赫姆；
主治疾病、瘟疫、天花、百次按摩的女神厉害妈妈；
展翅飞翔在峭壁悬崖上的青雕女神萨拉芬；
手握钢叉，拄着棍子，脚踏跳板翻着大跟斗，寻找鬼魂的安邦瞒爷；
骑着雪豹，耳听远天之音的占卜莽尼；
英俊潇洒、本领超群、暴怒怪异、声音震撼众星的巴图鲁蛮爷；
身披九十根翎毛，使万灵孳生、万物复苏的嘎哈山妈妈；
烤吃生干肉片的雪山神尼莽尼阿林瞒尼；
编着长辫，吹着桦皮哨的飞车呼其瞒尼；
大铜镜女神安马拖里妈妈；

弓箭神尼鲁恩都哩色夫；

石头女神窝何其妈妈；

火盆女神菲若呼妈妈；

皮裘神德伦额突库妈妈，玛发；

双眼似闪电流火，看穿雪夜远山迷雾，攀天抓地的沙布木蛮尼；

须发斑白，传经讲古的千岁老者朱奔德西色夫；

山间指路女神勒库里妈妈；

行走于天地之间，统辖着三界（指天、地、水三界）的万兽，阿布卡赫赫的放牧人猎神班达妈妈与班达玛发。

这些神祇（包括雪神尼莫妈妈、有的神祇为男女各一）的功能几乎包括部落日常经济、文化、社会生活中的一切重要方面，相当一部分是文化英雄神，可见雪祭是综合了该部落古代的许多祭礼复合成的。其中女神位，占14位，占据着圣坛的主导地位。考察她们的职能，多与生育有关，不仅是人口的繁衍，还有生灵万物的滋生。其他职能，多与北方妇女在民族生活中的实际作用相关，这就给我们提供了一幅远古风景；在人猿揖别后的漫长岁月，妇女曾在人类的渔猎、衣食、治病、交通等生活基本方面辛苦着，奋斗着，尤其是她们伟大的生育能力，被神奇地高扬着。

实际上，初民认为这整个生命世界就是她们生育出来的，这是母性的宗教升华，是萨满教女神崇拜的根基。

夕阳西下，女萨满用燧石打出的火花点燃了神坛前的香火堆，之后，她在香烟缭绕的神案前，击鼓请神，开始跳神——

第一铺神是熊神，它为尼莫妈妈开山辟路。第二铺神是东海女神德立克妈妈，神附体后，女萨满双手搭住两扇的巨冰，低蹲着往上挣扎着，舞蹈着，表现神谕中的一段神话：洪水时代，先人淹没在水中，变成鱼形动物，唯有心是人的心。后来盗火女神偷来了太阳，阳光照暖了冰水，鱼形动物变成了人身鱼首的东海女神德立克妈妈，她们破冰而出，要将阳光与生命水送给人类。这段舞蹈就是表现女神破冰而出的艰难过程。舞毕，女萨满扔下巨冰，接过鲜艳的七彩带，跳起优美的鱼舞，走向族人。她用七彩带抚擦族人的脑袋、身子，口喷清水，尤其是对孕妇与襁褓中的婴儿，更要喷其一头，因为清水是"妈妈水""生命水"。这七彩带象征太阳神光,将会给族人带来新的生命活力。族人虔诚而喜悦地跪请这生命女神的到来。

第三铺神是鹰神格格,萨满跳鹰神舞:踩八字步——象征一步一顿,步步生风的鹰步,转速弥罗,象征萨满魂魄翔天的神功。又上树,捋毛,吞食,后飞跳下大树,直奔篝火起舞,因为在萨满教神话中,鹰神格格是司火的女神,萨满扇动着两面神鼓,象征着鹰神的巨翅。"巨翅"将圣火扇得更高更旺,其他萨满伏地叩拜,因为鹰神是萨满的母神与主要守护神。

第四铺神是雪坛主祭神尼莫妈妈。主祀萨满在天鹅神偶前拜鼓育《雪神祭词》:

像柳叶一样多的姓氏里,
黑龙江同族各部哈喇(姓氏)集众而来,
敬祀雪神,……
众小萨满拜鼓后,唱迎请歌:
高层九天之上的
阿布卡神母和卧勒多穹宇女神,
栖于北天,统辖众星,
臣勒多妈妈,尼莫妈妈啊,
阿布卡格赫的助神。
尼莫雪神受命从天降,
光耀闪闪。

神歌中说尼莫妈妈与布星女神卧勒多妈妈同是天母阿布卡赫赫的助神,说明尼莫妈妈地位崇高。这深情的请神歌还在山林中低回,山巅上已经出现了骑双鹿,披着洁白斗篷的尼莫妈妈(主祀女萨满),神谕中这样形容她"骑着一对豹花点的白色母鹿,披着银光闪烁的雪山皮斗篷,光抚大地四野"。族人们半跪着,肃穆地凝视着她。骑着双鹿的女萨满来到崖边,跳下鹿,转一个弥罗,轻盈地张开双手,跳落下山崖,象征着尼莫妈妈像雪花一样飘落到人间。

女萨满来到神案前,面对着天鹅神偶,唱起了《尼莫妈妈神歌》:

>尼莫妈妈，
>骑着双鹿，
>挂着雪褡裢，
>惠顾人间了，
>噶珊（部落）兴旺安宁，
>河川，岭谷，
>万道丛林，
>富饶充裕。

女萨满歌毕，突然昏厥，尼莫妈妈附体，众萨满上前争扶，使她安躺在雪地上，用鼓声召请。女萨满慢慢睁开双眼，跳起了尼莫妈妈舞——

女萨满展开双臂，白羽斗篷如同天鹅的两只长翅，展翅而来，时而急迫，时而顿挫，时而舒缓，象征着雪神妈妈穿云破雾，来到部落祭坛。女萨满要到每杆图腾神旗周围旋转起舞，象征着她到过的每一个民族部落，庇佑着每一个族人。女萨满转完所有的图腾旗，来到雪坛中心，跳起"扬雪舞"，她从白褡裢中取出了白雪，边旋转，边舞蹈，边向空中扬撒，族人们簇拥上来，有的张嘴接雪吞吃，有的让雪披撒满头、满身。人们前拥后挤，惟恐这使部落得以再生、繁衍的圣雪落不到自己的身上。最后，大人们都站立一旁，孩童们嬉笑着，在女萨满的"巨翅"下围转蹦跳，女萨满向他们扬雪塞雪，整个雪坛充满笑声欢语，这一段舞蹈象征在雪神妈妈的天鹅肚下走出了倔壮、勇敢的新一代。

舞毕，女萨满回到雪神神坛前，击鼓拜谢，众小萨满唱起了《送神歌》：

>瑞雪降临了，
>吉祥的雪呀，
>幸福的雪呀，
>富庶的雪呀，
>灾难远循，
>病魔驱走，

兽群繁盛。

送完尼莫妈妈，阖族狂欢，击打起一切响器，歌手唱起了《颂神歌》：

> 瑞雪降临，
> 无病无灾，
> 瑞雪兆丰年，
> 唱起乌春歌，
> 跳起玛克亲舞，
> 福禄来临。
> 族人欢应：
> 岁岁富裕，
> 岁岁长寿，
> 岁岁大喜。

在歌声与欢呼声中，族人跳起了光脚的"踏雪舞"，然后是不拘一格的强劲的"野人舞"。

时至深夜，星光灿烂，族人带领众人叩拜先人遗物，献供，念诵本节开头的"族祭词"，实际上是述说尼莫妈妈的神话，缅怀先人创业的艰辛。这是进行族教的庄严时刻。

翌日破晓，族人集聚在雪坛。女萨满唱"尼莫妈妈歌"，将族人带到生殖神跟前致祭，这两位神灵是尼莫妈妈派来的，故要先颂尼莫妈妈。女性生殖神佛赫姆的神偶是冰雕的一个椭圆形环，上有一只小鸟，圆环象征女子性器，小鸟象征童子魂。男性生殖神楚楚阔的神偶形为一个冰雕的圆柱，如向天直立的男子阳具，上缠一蛇，蛇首朝上，阳具与蛇均为男性生殖力的象征。全体族人都要向这两位生殖神祭拜，因为人丁兴旺是部落发展的首要条件。礼拜生殖神后，一般人就散到一旁。新婚夫妇与不孕者进行求子仪式，女萨满给他们吃生殖神底部并排的小冰人，这是尼莫妈妈赐给的孕子灵物，吃下它就可以早孕子。

旭阳东升，族人聚集在雪坛，请下了专治疾病的厉害妈妈，女神附体在一个健美的年轻女萨满身上，女萨满手持钢叉，左挑右扫，前后奔突，又将钢叉举过头顶单手旋转，后左右旋转，四方横扫，八方冲刺，象征着厉害妈妈在与时疾、恶疾各种病魔搏斗。

送走厉害妈妈，又要请嘎哈山妈妈雪山瞒尼、飞车呼其瞒尼、拖里妈妈、石头女神、青蛙女神等神祇，一直到夜空出现七女星，主祀萨满登上圣坛，同天宇遥拜，祈请猎神，男女主祀一起唱"猎神歌"：

> 斑达妈妈，斑达玛发，
> 行走于天地之间，
> 驯服、驱赶、引逗着众兽生灵，
> 养育的禽兽结队成群。
> 你有三个魂啊，
> 洞穴之魂，
> 飞翔之魂，
> 水泽之魂，
> 本性多变，
> 随意改换魂形，
> 阿布卡格赫的放牧人。

歌声落，舞蹈起，男女主祀萨满时而翔天，时而游水，时而钻洞，用舞蹈表现这对英勇的狩猎夫妻神三魂变幻，将万兽万禽赶到人间的壮丽奇景。天母的放牧人对猎民来讲是何等亲切，赶来了万兽万禽又是何等诱人。族人们激动了，感奋了，他们跃马弯弓，奔向水泽，奔向密林，奔向藏有猛兽的洞穴，借月光，借星光，擒凶兽，射猛禽，打江鱼，捞海珠，并放马飞驰，将猎物供献在猎神祭坛上，不这样，不足以表达他们对天母放牧人的深情。

这对天上放牧人的神话观念颇有意味。过去，一般学者都认为狩猎是男子的事业，妇女仅以采集与家务为业，在萨满教雪祭圣坛上却明明有一个女猎神斑达妈妈——天母的女放牧人，何以理解？

我们认为：今天的男人与女人在体格上已有很大差异，但在初民时代，这种差异很小，虽然按男女性别有某些自然分工，但男女同猎的情况并不罕见。在近代北方民族中，如乌德赫人女子常是男子狩猎的重要帮手。今天，在松花江上游的满族与大兴安岭的鄂伦春族、鄂温克族，不少女子骑马执鞭不亚于男子。雪坛上女猎神的存在表明：在太古时代，妇女曾在社会生产中发挥了并不亚于男子的重要作用。

第三日黎明，女萨满在雪坛上请来了青雕女神萨拉苏，祭毕，族人要跟着女萨满到陡峭的冰崖上，女萨满脚穿木制冰鞋，随冰道飞滑而下，族中巴图鲁（勇士）足登冰滑子，身披黄飘带，紧随其下，又跟着女萨满跃过雪谷，冲上雪坡，意味着"展翅飞翔在峭壁、悬崖上"的青雕女神教会了人类滑冰滑雪。这位灵禽女神实际上也是一位文化技艺神。诸神祭完，时值黄昏，部落长双手捧着萨满制成的冰晷，率众回村寨，将冰晷置于庭院阳升之地。突然，听到寨外传来神鼓声，众人聆听着，期盼着，因为尼莫妈妈就要降临到村寨。不久，骑着双鹿，背着雪褡裢的主祀女萨满来到寨口，众人欢呼："尼莫妈妈，尼莫妈妈，……"在欢呼声中，女萨满跳下鹿，边赤足奔跑，边两手扬雪，众萨满与栽里跪迎两旁，唱起了《雪神颂歌》：

尼莫妈妈扬撒的瑞雪，
覆盖大地，
天赐瑞雪，
山川俊美。
巴那吉妈妈予土地以生命，
卧勒多妈妈赐万星以灵魂，
尼莫妈妈给瑞雪以灵性，
润养着万人、万兽，
万鱼、万鸟，
天光闪耀，
赐福人间。

歌声中，这位"给瑞雪以灵性"的"女神"跑得更快了，雪扬得更急了，村寨中的房舍、庭院、马厩、牛棚、鸡舍统统被扬撒上晶莹、洁白的雪花，这象征着整个部落又回到了雪神尼莫妈妈的天鹅肚腹下。

气喘吁吁的女萨满在一个贴着雪花窗纸的满族老屋前停步了，变迷狂为宁静，舒缓地推门而进。屋里一位年轻的妈妈轻轻地推着烫金的摇车，悠着她的孩子，见到女萨满惊喜。女萨满悄悄地走过来，从雪褡裢中拿出最后一团白雪，塞到了婴儿的嘴里，孩子抿嘴吃了，或嬉笑，或大哭，女萨满都会像母亲一样欢欣微笑，因为到此她已经实现了雪祭的主要宗旨——为了后代的健康成长。

冰雪是北方寒冷的标志，它给人类的北迁带来了多少难处，但在雪祭风景中，我们看到人们对雪的感情是多么深沉，多么炽热。这里孕育着一个北方先民创造的文化奇迹，在这个奇迹中，女神——应该说是女人留下了不可磨灭的功绩。

《满族萨满雪祭》（节选）

郭淑云

满族萨满教雪祭以物化的形式、隆重的仪式展示了满族及其先世对冰雪的崇拜观念，具有浓郁的北方文化特色。满族雪祭是对冰雪这一大自然景观的倾情礼赞，满族萨满雪祭主要有四种形式：

一是在无雪的时节，天寒久旱无雪，视为灾祸的先兆。阖族或几个噶珊，联合举行祈雪、求雪的雪祭典礼，祈请奇莫尼妈妈降临大地，惠顾人间。（族中男女老幼怀着崇敬的心情和神圣的祈愿，捕捉鲜活的野兽飞禽，血祭雪山女神，奇莫尼妈妈降临人间，带来了瑞雪，使人间"灾难远遁，病魔驱走，兽群繁盛，子孙平安，冬猎顺当"。）

二是遇瑞雪连降数日，预示着狩猎丰收，来年大地将草沃花香、果实繁茂，牲畜肥壮，瘟疾消失，会有一个美好的夏季。族人感恩举行以庆雪娱雪的雪祭。

三是夏季来临之际，冰雪开始消融，意味着雪山女神奇莫尼妈妈经过长时间的忙碌，将回九天神楼歇息一段，这时族人为送别雪山女神奇莫尼妈妈，赶着大车，一路向雪中投撒祭品。

四是冬季遇到坏天气，大雪连绵不绝，封山阻路等，族人便祭雪山女神奇莫尼妈妈，祈雪快停，防止雪崩发生，保佑人畜平安。

在上面四种雪祭中，最隆重的是第二种雪祭：惠祭雪神。雪祭是全部落的大喜事，各氏族竞相准备祭品，阖族妇孺老幼纷纷参祭。满族萨满教雪祭自始至终充满神圣的气氛。雪祭何时举行，雪祭神坛设于何地，均要事先由德高望重的老萨满卜定。满族雪祭中的女萨满的神服袖上要缝上真正的蛇皮或者用毛皮、布帛缝制的蛇皮模型。届时，老萨满要远离村落，另建一茅屋居住，净身静心，每日渴饮冰水，饥食族人为之特制的肉食、果类，仿佛置身于祖先生活的环境。占卜雪坛时，萨满要用族人取来的江心雪、树根雪净身，擦洗双目、面颊、前后身。然后，来到白雪皑皑的山巅，击鼓请神，旋转起舞，神附体后，萨满突然昏倒，当小萨满跪地呼唤，将老萨满从昏迷状态中唤醒时，老萨满缓缓睁开双目，其目视的方位即是神选的祭场。如由两位萨满卜定，则二人昏迷后所注视的方向必须一致，是为神意。哪怕山高路远，山路崎岖，也不能更改，神意是不可违抗的。族中男女老幼满怀崇敬的心情和神圣的祈愿，为雪祭做好准备：捕捉鲜活的野兽飞禽，祭献神灵；为修筑雪坛，族众纷纷远行，到心中的神圣之地，或高山、河流，或墓地、猎场，用头顶、车拉、爬犁运、牲畜驮，取来洁雪，诚筑雪坛。

雪坛由族人共同修筑，雄伟壮观，松枝彩门，两侧有木制兽头柱守护。十数个冰台，呈梯形，排列有序，上放供品、花果、祖先文物等，旁插各氏族的图腾旗。在冰池、冰圈、冰笼中，饲养着活鱼、活牲、活禽，以备牺牲。两个高大的雪屋，由雪砌筑，供男女主祀萨满占卜、守夜、为族人治病。几尊硕大的冰雕神偶巍然而立，一架冰梯蜿蜒至山顶，上搭冰台，冰台上有图腾旗。整个祭坛气势宏伟，蓝天、白雪、彩旗、松门交相辉映，庄严肃穆，使人油然而生神圣之感。

雪是由天母阿布卡赫赫所赐，是天地间至洁之物。雪祭吉日，各氏族长幼都奔向雪坛，向雪神献上祭品：活牲、天禽、山果、饽饽等等。所有参祭者都要接受雪的洗礼，三大主祭人：萨满、穆昆、锅头必行雪浴，用雪擦身、洗脸，口含冰，化水漱口，祭神用具、神器要用洁雪擦洗。族人经彩门向神坛献祭时，皆用雪净身、净物，涤除污垢和邪秽。萨满和穆昆达将族人采的洁雪扬撒雪坛之地，为雪神妈妈降临，铺设至圣之路。雪神妈妈降临人间，给人间带来了瑞雪，使人间"灾难远遁，病魔驱走，兽群繁盛，子孙平安，冬猎顺当"。

满族萨满教雪祭的主要基调是敬雪、拜雪，因感恩而娱雪，惠祭雪神。在满族雪祭神坛上，有二十几位形态各异、职司不同的男女自然神、英雄神，他们或向人类传授生产、生育等方面的知识，或教授人类各种征服自然的本领和技能，或为人间除祛疾病和瘟疫，或给人间带来吉祥和富饶。在《报祭》神词中，萨满击鼓，向栖于九天的众神祇通报雪祭的喜讯：

黑龙江畔的拖克索
冬月里选择吉顺的月日，
在高高的雪山上敬设神坛。
总祀穆昆达率众跪叩，
萨满玛发祀祝众神，
阖族集众虔诚雪祭。
九层天上的雪呀，
圣洁的雪呀，
阿布卡赫赫赐给人间。
阖族同庆噶珊的大喜事呀，
子孙绵延，
福寿无疆。

尼莫妈妈降临时，骑着一对豹花点的白色母鹿，身披雪白皮斗篷，光抚大地四野，她展翅飞旋，宛如天鹅翩翩起舞。她的降临，给人间带来了吉祥的瑞雪。代表尼莫妈妈的女萨满不断从雪褡裢中取出白雪，撒向天空，撒向族人，撒向村寨，撒向族人生活的每个角落。族人簇拥上来吃雪，好一派惠雪的气氛。这种感情和心理在雪祭中表露得更为淋漓尽致：

尼莫妈妈，
骑着双鹿
挂着雪褡裢
惠顾人间了。
噶珊（部落）兴旺安宁，
河川、岭谷、万道丛林，
富饶充裕，
瑞雪降临了，
吉祥的雪呀，
幸福的雪呀，
富庶的雪呀，
阖族磕头致祭，

刺杀鹿、猪、野鸡，

血祭雪神，

……

  人类对雪怀着崇敬和热爱、感恩的感情，表现出人类取之自然，则回报自然，与大自然浑然一体的精神境界。自娱性是满族雪祭的又一特征。庄严的祈神典礼与走雪迷宫、闯雪阵、跳冰雪滑板、堆雪人、塑冰雕等自娱活动相结合，别有一番情趣。这种娱乐活动多由诸位英雄神率众进行，锻炼、培养了后代勇猛顽强的英雄主义气概和在冰雪里识兽迹、辨方向、缚禽兽以及雪中滑行、跳跃，对雪性的熟识、掌握；表现了他们战胜冰雪后的喜悦、自信的心情。

  多林蛮尼是位善跳跃的英雄神，能连续跳过9个山头。此英雄神起源于氏族早期，在氏族迁徙、逃难等集体活动中，发挥了重要作用，率领族人跨山涧、越河流、过障碍。此神附体时，萨满表现出超人的跳跃技能，常常单腿蹦跳，率族人跳跳板，并在放置于树杈中间的木板上滑行穿越。这种木板通常放在密林的树杈上，树树相连，板板相接，上铺冰雪，成为树上冰桥。各色代表氏族的图腾旗悬于树端，形成各自的活动区，在多林蛮尼的率领下，族中后生竞相在树桥上跳跃、滑行，十分活跃。

  嘎哈山妈妈主司孳育人间万灵、万物。她降临时，指导族中男女英雄穿雪阵、缚禽兽。雪阵由密林、山包、洼地、冰场等组成，中央堆起数个雪包，内藏禽兽，外围用木杆围起，实是一个人工设计的小型围场。为寻觅女神指定的某种禽兽，男女赛手们先后穿密林、跃山包、过洼地，在形状各异的雪包前，凭着狩猎知识、经验，做出正确判断，将女神指定的禽兽从雪包中掏出，即为获胜。雪阵活擒、缚刺野兽更为惊险有趣，既不能使放于雪阵中的野兽逃出雪阵之外，又要将其活捉或刺毙，这不仅需要勇猛，而且需要机智，获胜者被誉为巴图鲁。通过这种特殊而有趣的方式，传播了氏族狩猎生产的经验，培育了后代机智、勇敢的品格。

  走迷宫也是一种颇具特色的自娱活动。用雪坯砌成类似迷宫的雪墙，选出族中最强壮、聪明者参赛，谁能顺利走出，视为吉祥、遂顺，推为总猎达。走迷宫寓含着人类摆脱灾难，走向光明和幸福之意，培养了后代识辨方向等多种技能。此外，雪祭中还伴有堆雪人、做冰雕、雪雕、雪中捉鸟捕兽、雪中捉迷藏等多种娱乐活动，多彩多姿，别具一格。

在满族雪祭中，有一个重要的仪式——求子仪式，其神偶就是冰雕的男女生殖器神，男性神满语称："哈哈恩都哩"，形象为一个朝天矗立的巨型男子性器，外面缠绕一条长蛇，蛇首仰天，蛇嘴张开吞吐着长舌，显然，这里的蛇成了生殖神。参加雪祭的新婚夫妇或长期不孕者都要在女萨满的带领下，膜拜这两位生育神，然后吞吃神偶底部的小冰人——象征童子魂，这样就能早孕得子。其中的巫术意义与前文中萨满跳蟒神舞时用马叉（象征蛇舌）擦抚族人以求子是相同的，蟒蛇担当着氏族人口繁衍的重任。

满族雪祭是对人类世代积累的识雪、用雪、娱雪的经验和智慧的颂扬。反映了满族先世开拓、繁衍于北疆的艰难历程，记录了人类适应、利用、驾驭自然的伟大功绩。从中不仅可以管窥往昔满族萨满教原始祝祭大典的历史面貌，对于认识原始人类与大自然的关系，理解北方先民的心理意识和思维方式，揭示原始萨满教的功能与作用也不无裨益。

满族先民萨满祭祀中的星祭

满族先民有星祭习俗。有一则《北斗星》的传说：早年，呼尔哈河两岸住着珠申，他们靠山吃山，靠水吃水，过着无忧无虑的生活。有一年，从下江闯来一群依兰哈拉野人占了这块土地，让珠申给他们当奴才。珠申人中有七个阿哥不愿当奴才，偷偷地跑到长白山去找阿林妈妈拜师学艺。学了十年，练就了全身的武功，他们又回到了宁古塔和野人大战了三天三宿，赶跑了野人，七个阿哥也累死了。珠申人怀着崇敬的心情，把七个阿哥葬在七星砬子上。就在这天晚上天上出现了七颗星，人们把七颗亮星奉为北斗神星年年祭祀，祈求星神永保人间吉祥。这个故事反映了满族"星祭"的由来。

《萨满教女神》中说："星辰崇拜是萨满教自然崇拜的重要组成部分，它的主要表现形式便是星祭。"满族先民以狩猎为生，在深山密林中容易迷路，靠七女星，北斗七星等众星指方向，星祭就是对星神引路之恩的回报。"七女星""那丹那拉呼"即卧勒多妈妈，是初秋后东天边最早出现的七颗星，是卧勒多妈妈的星图。

《吉林通志》载："祭祀典礼，满洲最重，一祭星，一祭祖。"可见星祭在满族是多么的重要。而祭星习俗早于祭祖习俗。满族早期星祭中礼拜的多是北方星空中常见的冬冷星宿，俗称"祭冷星"或"祭夜星"，星祭是萨满祭礼中的重要组成部分。

富育光在《萨满教与神话》中写道："萨满教最古老最原始的宗教崇拜，是对宇宙天穹间日月星辰等诸种自然现象的神圣膜拜，或曰祭天……星祭，正是远古人类对自然界宇宙现象的崇拜、依赖与祈禳，是祭天大祭中重要组成部分，是满族等北方古代民族沿袭很久的既隆重而又有影响的传统古习之一……我们从大量满族诸姓萨满神谕中，可以窥见满族祭星古俗的概貌……近些年，我们在黑龙江、吉林等地实地考察满族祭星……祭者穿白色祭星服者居多……"

《龙城旧闻》载："是夕祭星于东房烟筒前，祭时熄灯，一人白衣跪地祈祷，左手持木刀刺猪，祭毕仍与亲友共食。"《呼兰地方旗籍礼俗》载黑龙江省呼兰河一带满族："夜晚祭星，在正房东烟筒前，避灯，有穿白衣人跪地祝祷，毕，用左手持刀宰猪。"

东海窝集人星祭一岁两举。初雪时祭星为祭冬围丰盈；要在奈呼乌西哈（俗称七女星，昴星座）升上东天时，烧伐倒大木九座，浓烟升腾如九条通天白柱，称为"星桥"，可与天通。

满族各姓的星祭各有特色。徐姓星祭时，比其他姓氏多祭一个星座——斛斗星（仙后座）。相传，该族先人在山中遇雪崩，靠"斛斗星"照路，才逃生几人，后又繁衍成大族。

满族中还有几个姓氏萨满会聚祭星的盛典。往昔，在吉林凤凰山一带的满族，在严冬祭时，各姓共推德高者为总祭星达，白羊、白马、白兔皮均可制祭服，穿上祭服的各姓萨满分管凤凰山四处，击鼓诵唱"唤星神赞"，参祭的男女老幼彼此呼应，其间还要杀牲献血，往火中投洒血、肉、谷粒等，然后用白石垒灶燔肉。祭星后族众围聚在一排排列满山阳的大槽盆四周，手蘸盐水会餐"天火肉"，若有外族过客，视为送喜，奉为上宾，因祭众越多，布星越齐，年景越佳。……是时，用白雪冰块堆成的观星台颇像银塔，每节筑有塔窗，可从中间冰梯登顶。另在山顶用雪堆成神兽、神鸟等，如神祇降地，奇妙壮观。在数是的星祭中，若偶有蛇从火堆下热洞爬出，则欢呼"火蛇来啦，冬天不长了。

《赵氏族中大祭活动纪实》中写道："初更天，星斗齐全，熄灭屋内灯火，清静无声，在正房西头烟筒后面向东设祭桌……身穿白色袍服的祭星察玛，怀抱一块镜子，镜面冲里向东走……让猪头朝东坐在案子上……最后全族人按辈分站好队伍，仰脸向东望一分钟，称之'望七女星'"。为什么星祭要以东为方向呢？这是因为七女星高居东天，为众星的领星神，她们从立冬到惊蛰，都要导引冬令众星日暮时由东天升起，缓缓向天空移动，光照人间。

满族的崇白习俗来自满族先民对日、月、星辰的崇拜

由王宏刚、王海冬、张安巡著的《追太阳》一书中写道:"白色是太阳的颜色,太阳光是生命的源泉,因此白色是生命的颜色,吉祥的颜色。北方民族普遍崇白。"

王宏刚在《满族民俗文化论》中写道:"住乌苏里、黑龙江江滨的某些满族则保留了可以称为'水上婚'的古俗。他们的求偶方式仍相当自由……其标志是男的给女的头上插洁白的天鹅翎式雪亮的野鸡翎,或是头插五彩野花,中间那朵是白的,唯有白色是日、月、星辰的本色,这是最富有生命的年轻的颜色。"

他又在星祭部分写道:"在祭礼中统称'图门乌西哈'(万星)、'明安乌西哈'(千星),或叫'奥伦渥车库'(辰星祀坛)或乌西哈玛发(星神)。这些星群……它们用闪光的白翅膀成群结队,秩序井然地由东朝西飞行着……把白色的光耀带给人间。所以,星祭是萨满祭礼中的重要组成部分。"

往昔,在满族背灯祭时,萨满要身围白裙……象征布星女神卧拉多妈妈飞翔在天的英姿……神词中道出了卧拉多妈妈的非凡来历,她是创世之姊妹神之一,她人身鸟翅,身穿白色鸟羽皮袍,背着装满星星的小皮口袋。萨满要求她赐给白翅膀,指派星辰向导,借助"星桥"歇脚,才能跋涉远程,登上九层甚至三十余层的宇宙高天之上,去寻访宇宙神祇、动物神祇和本氏族祖先神祇。

满族素有崇白习俗,"金人尚白""完颜部色尚白"(《金史》卷2),由满族星祭仪式可见,满族的崇白习俗来自满族先民对日、月、星辰的崇拜,因为白色是日、月、星辰的本色,这是最富有生命的年轻的颜色。

满族先民的崇偶习俗

萨满教是万神崇拜的宗教，多姿多彩的祭祀中供奉着各种神灵，包括自然神祇、动植物神祇和英雄祖先神祇。原始先民由于征服自然的能力有限，对自然界变化多端的现象无法理解，因而在人们的意识中产生了一种幻觉，成为一种超自然的力量，这力量控制着人们的思想意识，便产生了原始宗教信仰，因而有了祖先崇拜，图腾崇拜，动植物崇拜等带有原始宗教色彩崇拜行为。而先民们实施这种崇拜行为中，需要一种神物作为载体供人们膜拜，萨满神偶，就是原始宗教崇拜中的被赋予神格化了的，被神话而具有超凡神性、神力的某种灵物或偶像，被确信为具有超凡的神性、神力，能作用于人类或能影响与庇佑于人类的生命，是萨满教灵魂世界的幻想神体，是祭祀、供奉、崇拜的对象。

《史记》载："为偶人，谓之天神"。《汉书》载："以土木或金属所制神佛之像也"。古籍载："霍去病过焉耆山，得休屠王祭天金人，此中国偶像之最古者。"我国古籍曹廷杰著《西伯利亚东偏纪要》、魏声和撰《鸡林旧闻录》，以及《宁安县志》《吉林通志》《黑龙江外记》等著作中，都有关于神偶崇拜的记载。

偶像崇拜在国内外世界各民族中都曾广泛存在。在我国东北地区生活的赫哲、鄂伦春、鄂温克、达斡尔、锡伯乃至西伯利亚境内诸民族都有神偶崇拜。赫哲人信仰的神灵，多数是与生产、生活关系十分密切的动物神灵和拟人神灵，这与他们的渔猎生产、生活有关，也跟他们的自然崇拜和"万物有灵"的认识论密切相关。在对北方诸民族神偶崇拜方面，凌纯声先生对赫哲人的信仰神偶的习俗描述是比较详细的。"在赫哲人家中，可以见到他们供在西炕的隔板上的祖先神偶，平头是男性，尖头是女性"（凌纯声《松花江下游的赫哲族》第141页）。据曹廷杰《西伯利亚纪要》载："赫哲族中刻木为动物形或人骑马形，盛以木匣藏于家中，名为'额其赫'，亦曰'搜温'，冬入山搜貂，出悬林木上，杀猪奠酒而跪祷之。"赫哲族把狩猎神（穿行于神与人之间的拟人中间神），用木头雕刻成神偶。平时在家将神偶藏在一长木匣内，挂在屋檐之下，家祭时则挂在西炕墙上。出猎则连匣负在背上，带至山中"出悬林木之上"供奉。

关于神偶崇拜，富育光老师在其著作《萨满教与神话》中有详细的论述，他认为："偶像崇拜产生于母系社会时期，在旧石器晚期到新石器初期至中期。"灵物或偶像崇拜，有的是以人形为主的偶体崇拜，有的是以物质或动物体奉为神秘的灵物崇拜。偶像崇拜在萨满教中最突出最集中的形体便是人形神偶崇拜。人偶崇拜的特征是采用诸种物质，如绘画、编织、雕塑等手法制成的各式人形神偶，作为神祇的代表加以奉祀。

富育光老师曾做过神偶的社会调查，在他搜集的人形神偶中，最晚是在民国年间制作的。他认为："从《龙江纪略》、《黑龙江外记》、《吉林汇徵录》、《龙江县志》、《宁安县志》、《爱辉县志》等地方志和调查报告中，包括俄国、苏联、日本的一些民族调查、考古研究等著作中得悉，北亚、东北亚信仰萨满教诸族几乎都有神偶实物和神偶崇拜现象。从地图可见，从黑龙江发源处乃至入海口，包括它的南北各个支流和沿海各岛以及乌苏里江东侧广大区域所居住的各民族，都非常普遍地崇奉多种形态的神偶。神偶崇拜是北方萨满教文化圈原始文化一大重要特征。神偶千姿百态，展现了北方萨满教文化的璀璨多彩。"

一 满族先民的神偶崇拜

满族萨满教对各种自然神祇、祖先神、英雄神、动物神，都有直接的观念表达。自然崇拜神偶，有日、月、星辰、光、水、电、雹、雪、风、雨、石、山、河、海等自然物或自然现象。以火神为首。动物神偶包括虎、豹、狼、野猪、水獭、蟒、蛇、鹰、雕、乌鸦、喜鹊等。以鹰神为首。植物神偶常见的有柳、榆、柞、桦等，以柳为主。

英雄祖先神偶有的是氏族的祖先，有的是部落的英雄。满族人的祖先崇拜意识很强，满族先民的神偶崇拜早在《金史》等典籍中有记载。在清代一些史志、笔记中也有关于满族家屋崇信神偶的记载。他们信奉"祀神为先，敬祖为大"。《宁安县志》载满族："每年两次举行家祭，祭时于上房西炕排列木人或各色绫条，用以代表祖先"。满族人善雕刻，有用木头雕刻神偶的习俗。"萨满供奉的神及祖先是削木为偶，身裹熊皮，男女各一，平时供在西墙上的阁板上面，家祭时排入诸神之列"（《满族史论》第 182 页）。萨满最尊敬的神，有吉星神，"木制，头顶为圆锥形，头的四周刻九个人面形，每面刻目、鼻、口，惟在两面之间，有一目公用，身成圆柱形，下面四座脚，左右两木偶，为其使者，亦木制"（《满族史论》第 187 页）。

东北地区是产生和存在神偶的土壤，萨满教调查者在满族聚居区，曾获得了大量神偶，而且因满族居住地域、诸姓族源族史、经济状况各方面的不同，崇拜的神偶也各自有别。近年来，在民族文化调查中，还可以看到某些满族老屋的西炕上仍恭放着世代供奉的"窝辙库"——神龛，其中的神匣内珍藏着代表神灵的神幔帐、神偶和敬神的各种神器等。

二 满族先民的神偶种类及形制

各氏族所祀奉的动物神、祖先英雄神等多有神偶。从种类上分，有宇宙自然神、祖先神、英雄神、动物神。

满族神偶职能涉及人类生产生活许多方面，有能力大的，也有能力小的。渗入满族及其先民的物质生活、精神生活的各个方面，按神偶的功能职责可分为：守护宇宙安宁，保佑风调雨顺的自然神；保护儿童神偶；护身神偶；保佑生产顺利神偶；护宅神偶；育婴神偶；保佑战事平安神偶；替身神偶；吉兆神偶；缅祖神偶，

萨满神偶有兽形、鸟形、虫形、拟人形、半人半兽形等多种形态。萨满教神偶有男性和女性之分，女性的主要标志有尖顶、三角形刻饰或记号、发饰等。

萨满教观念认为，不是任何种类的偶像都是有灵验的灵体。神偶都是极庄重而珍贵的传世神物，也不是随意谁都可以制成的。神偶必是萨满经过一定宗教过程而使神偶赋有神韵。神偶的产生须经萨满梦取、病许等形式，并经过庄严的嗜血仪式，使宇宙间气化、神化、灵魂化的物质寓于其中，必须经过萨满的祈祷、焚香、求偶等神祭程序，才被敬奉为神偶。从而使神偶像具有洞察秋毫、祛病除邪、卜测除灾之功能，成为保护族人的真神。

神偶是经过萨满特殊挑选和"神验"的。如有的满族姓氏供奉树神"恩都哩毛"，制造其神偶的神木必须是萨满翻过九个山冈，并闭着眼九次砍在一棵树上，这树便是经过神验的，可以用来制作树神神偶。"神验"的方式有多种，

如将制作神偶的皮帛、木头放在江水中泡洗；置高山上让日月星辰的天光长期照射；用"神火""熏烤"；用野牲鲜血洗涤，甚至放在鱼肠、兽肠里浸藏等。神偶的刻制是由家族中的萨满或长者来完成的，刻制后要举办请神偶仪式，凡萨满原有的所有神偶都要摆出来，摆放位置为萨满所选的榆柳木架的神床、床上要铺干草、桦树皮、兽皮，神床上撒满兽牙、兽骨和野花等，杀野牲并将其血撒在神帐周围，然后以血代酒进行祭祀。此时萨满则昏睡过去，待其醒来便击鼓跳神，讲述其得到什么神梦，该神偶叫什么名，什么形状，用什么材料制神偶，该神偶管什么事，何特长及喜憎，以及摆放位置及顺序等等，只有这样祭过的神偶才有灵验。神偶被制作出来以后，就失去了物质的意义，成为代表神的象征。

　　萨满神偶平时恭放在神匣中（也有放置在"妈妈口袋"或"先人口袋"中的），不得打开触摸，祭礼时由净过身的萨满或族长请到神案上，受族人叩拜供奉。丢失的神偶复又找回，必须"过火"才能供奉。有的姓氏平时也在家中的"窝辙库"（满语，神龛）上供奉神偶，外人进屋切忌仔细察看。在满族先民的野祭中，萨满用新鲜牲血点抹神偶的嘴，表现了萨满教以血荣魂的宗教观念。

　　萨满神偶，是祭祀中代表该姓氏所崇祀的灵物，只能由本族萨满密传，世代传承。每个家族，每个家庭根据祖先及家族萨满的信仰及居住地区特点，生产习俗及家庭祖先在历史上经历过的重大事项，还有的根据家族萨满的梦境等，均可形成本家族本家庭的神偶形象。有的形象是民族和氏族共有的，有的是一个家庭所独有的。一个家庭中可以有一个神偶，也可以有几个神偶。

　　满族萨满神偶的制作材料常见的由石头、兽骨、树枝、树根、木料、布帛、皮革、草等材料制作，各氏族不一。神偶初用泥、兽骨、石、木、革、草制造，后随着生产的发展，开始用绢布、铜、铁、银、金、铅等制偶。

　　富育光老师曾做过神偶的社会调查，并搜集了大量的神偶，在调查中，富老师发现："东北亚的神偶分布区域遍及我国东北。以吉林、黑龙江为最突出。满族神偶主要分布区域在珲春、吉林、瑷珲诸地有代表性……"

三　新开流文化遗址中出土的满族神偶

　　1972年7月，黑龙江省博物馆考古部在新开流东1.5公里的湖岗上发现一处距今7000年前的新石器时代遗址，同年9月11日到10月23日，考古队在遗址的西北部的墓地进行发掘，出土了两千多件石器、陶器、骨角牙器等，新开流文化遗址中出土了陶塑人首、骨雕鹰首、角雕鱼形，是"萨满文化"的遗存，原始宗教（萨满教）象征，或者说是表现其含义的艺术品。笔者认为，这是我国境内满族先民最早的神偶了。新开流人已经有了偶像的崇拜，有了自己的原始信仰。

1. 陶塑人首是新开流人供奉的人形神偶

陶塑是以泥土为材料，有陶塑人物、陶塑动物和陶塑器物等。在新开流遗址上曾采集到陶塑人首像一件。这一陶塑人首是细眉圆睛，神态安详，样子很像赫哲人崇拜的爱米神偶。新开流遗址出土的陶塑人首，有几则描述记录：①"在墓地东南遗址中采集陶塑人首一件，形象端正，夹砂灰陶，似与墓地同时期"；②"1972年秋采集于黑龙江密山新开流遗址的墓葬区，造型颇似人物胸像，以夹砂灰陶制成，锥划出五官，作尖顶、睁眼、有须、方颏的模样，风格古朴，具有古代渔民的装束特点，属距今约6000年前的新开流文化遗物"；③"20世纪70年代中期，在黑龙江新开流遗址采集到1件新开流文化的陶塑半身像，呈葫芦形，头呈圆顶三角形"。从这三段描述中我们可以窥见此人首像的全貌。此陶塑人首是新开流文化遗存中比较特殊的一件文物，在历年来的新闻报道和宣传中极少被提及，也少有人知道此物。经笔者咨询当年曾参加过新开流遗址发掘工作的魏国忠教授，得知其很少被提及的原因是：此人首像并不是在正式发掘时从地层里面挖掘出来的文物，而是在地表上采到的；故不能和那些在地层中发掘出来的文物等同视之。也就是说它不能算作是正式出土文物。……但它毕竟是在遗址的地表上采到的，而且所用的陶土与同一遗址出土文物中的陶土大体一类，显然不是后代或现代的产物，故至少也应视之为新开流文化中的参照物，即大体上为同一时代的产物。

有学者认为，偶像崇拜的产生是源于祖先崇拜观念，是对人类自身祖先灵魂的崇拜，其核心观念是深信祖先的灵魂仍然存在，族人为了缅怀和求祈其祖先护佑族人，便制作简单拙朴的神偶，作为祖先的替身和象征，尊其谓神祖，予以虔诚祀拜。

满族的萨满教有"灵魂不死"的观念，在这种观念的基础上，又产生了祖先崇拜的宗教意识。萨满教在宗教活动中，把那些在本氏族中占有重要地位、为族造福、颇有贡献的首领和酋长死后奉为祖先神，在祭祖活动中，本族的族长要虔诚地跪在祖先神位前，宣读本族族规，如恰克拉满洲祭祖时供祀的是28

尊木制祖先神偶像，苏木哈拉满洲所供奉的是一位木制男祖神像。

满族及其先世女真人、赫哲族，均尊称供奉祖先神偶、神谱、神器之所为"恩都哩包"，"包"是帐篷、家舍之意，即"祖先神的家"。祖先崇拜与灵魂不灭的观念紧紧相连，先人的灵魂、行为在影响着他的后代。他们可以保佑家族、部落，为后代造福，又可以责罚后代，给后代带来灾难，所以人们要祭祀祖先。

新开流文化遗址出土的陶塑人首是新开流人供奉的人形神偶，是新开流先民祖先崇拜的产物。神偶"尖顶、睁眼、有须、方颏"，鼻部挤压出的三面形体的模样，是男性，由此可以推断，新开流先民已由母系社会向父系社会过渡。此人首像是作为氏族部落的祖先形象受到崇拜，是灵魂不灭观念的反映。人死了，其灵魂仍可佑护后世，是萨满教意识的反映，也是满族先民渔猎文化的体现。

萨满教是流行于我国古代北方地区的最原始的宗教，我国古代北方的少数民族，都曾信仰过萨满教，所以有满族学者把新开流文化遗址出土的陶塑人首看作是"最古老宗教萨满教的前期印证"。现此陶塑人首珍藏于省博物馆，不对外展出。

2. 骨雕鹰首是新开流先民供奉的鹰形神偶

1972年，新开流文化遗址中出土了骨雕鹰首，骨雕是指以动物骨骼为材料进行雕刻制作的艺术品。按雕刻技法可分为浮雕、透雕和圆雕。在新开流遗址发现了在一块兽骨上雕刻的骨雕鹰首，有资料描述："兽骨磨制，刻划出鹰头和颈部，嘴的上下和两侧刻有平行短道，眼和嘴十分逼真，长7.3厘米。"这件骨雕，雕刻手法简洁流畅，各部比例恰当，是一件成功的圆雕珍品，是这些出土文物中具有代表性的雕刻艺术珍品。原始氏族的渔猎生活，在他们的艺术作品中体现出来，生动地刻划出了猎鹰海东青的形象，反映出人们借助长期驯养的海东青从事捕猎生产的真实生活。

原始先民对动物的崇拜，原因之一是猛兽对他们的生存具有威胁，在恐惧心理和神秘感的支配之下，先民们把一些动物神化了，对它进行崇拜。图腾崇拜是先民认为某一种或数种特定自然现象或动植物和自己有一种特殊的血缘关系，每一个氏族都以这种动物或植物作为自己氏族的祖先而加以崇拜，是人类对自然界现象和生物灵魂的崇拜，是全体氏族成员共同崇拜的自然物或动植物。图腾是神化了的祖先，是本部落的特殊标记，氏族的标志。远古图腾的产生，一般都以这个氏族最为熟悉的事物作为自己氏族的图腾符号与标志。在我国北方民族中，从古至今广泛流传着鹰神崇拜的神话传说，在考古中发现满族、赫哲族、蒙古族、鄂伦春族等都有相当古老的崇拜鹰的历史。

满族先民素有崇鹰习俗，将鹰尊为神。在满族萨满教的创始神话中，鹰是参与创世的大神，被奉为各种动物之首。在满族创世神话《天宫大战》中，女神阿不卡赫赫在众神的帮助下战胜了恶魔耶鲁里，成为一位永远不死、不可战胜的穹宇母神，维佑天地，传袭百世。"阿不卡赫赫又派神鹰哺育了女婴，使她成为世上第一个大萨满"，"神鹰受命后便用昆哲勒神鸟衔来的太阳河中的生命与智慧的神羹喂育萨满，用卧勒多赫赫的神光启迪萨满。使她能晓星卜天时，用巴那姆赫赫的肤肉丰润萨满，使她运筹神技，用耶鲁里自生自育的奇功诱惑萨满，使她有传播男女媾育的医术。女大萨满才成为世间百灵百慧百巧的万能神者，抚安世界，传替百代"。从神话中可见，鹰是上天派到人间来的，带着一定的使命，世上第一个女萨满，是女神派鹰哺育出来的。

早在7000多年前的"新开流文化"时期，兴凯湖附近的渔猎部落就开始驯养海东青捕猎，鹰有敏锐的双目，锐利双爪，矫健与凶猛，能翱翔在天空，是人做不到的，新开流先民希望自己也能有鹰的力量和功能，希望自己能像鹰一样翱翔，有利爪可以捕食，先民把鹰视为祖先，作为图腾进行崇拜，骨雕鹰首是新开流先民的鹰形神偶，鹰崇拜的产物。

原始先民在生产实践中对鹰的生态习性作了深入细致的观察，所以能够生动地刻画出鹰的形象。这件艺术珍品已被列为国家一级保护文物。被黑龙江省博物馆收藏。

3. 角雕鱼形是新开流先民供奉的鱼形神偶

在新开流遗址发现了最早的鱼的雕刻艺术品，这鱼的雕刻艺术品，是刻在马鹿角上的，鱼形厚重，形象鲜活，给人一种虔诚的敬畏感。在考古资料中有描述："将鹿角纵劈一半，两侧磨光，前端斜收似鱼头形，后段上翘，由两侧削窄，末端稍宽，中有缺口，似鱼尾鳍，全形像一条在水中游的鱼。"

对动物崇拜有据可查的典籍是《山海经》的记载，书中把许多动物描绘成"其状如鱼而人面"，"其神皆鸟身而龙首"等。

鱼崇拜由来已久，在各民族中都有此习俗。生活在我国东北的赫哲族以及生活在苏联境内的那乃人和果尔特人，都曾崇信萨满教，他们最初神偶也多为虎形、鱼形、鸟形等神偶。

形成鱼崇拜的原因大致有两个，其一是把鱼作为生育神来崇拜，其二是对鱼的恐惧和敬畏。

鱼的形状与女性生殖器相似，还有鱼多籽、繁殖率高，鱼作为多子的象征，在母系社会，人们的寿命普遍偏短，而大量繁衍是人类得以延续的重要方式，所以原始人类渴望多子多孙、人丁兴旺，因此把鱼作为生育神来崇拜。红山文化曾出土了人首蛇颈鱼身女神，女神复合鱼身，有其深刻生殖繁衍与女神崇拜的信仰内涵。《生殖崇拜文化论》的作者赵国华先生研究了半坡先民的"鱼祭"信仰之后，指出了鱼象征女阴的生殖崇拜内涵。他认为："母系氏族社会早期古人以鱼象征女阴，象征女性身体的一部分，大约在母系社会晚期，由部分到整体，鱼又发展为象征女性的意义。"

马克思指出："人们为之奋斗的一切，都同他们的利益有关"。在渔猎时代，鱼是人类赖以生存的食物之一，鱼一直与人类生活息息相关，鱼是他们食物生活的保障，因此这种感觉决定了他们对鱼的崇拜。当水中出现凶猛的恶鱼与人争食鱼类，对人类的食物及安全形成威胁，先民由先前对鱼的崇敬则变成了恐惧和敬畏。

满族先民曾有鱼祭礼仪，祭"必拉妈妈"和"妈妈威呼里"。"必拉妈妈"为河神，"妈妈威呼里"即船神，也称"威呼里额真"，是一对姊妹神，其神偶安在一条形似"威呼"（山船）的木板上，并肩的两位女神身上都缠着树皮细绳，表示风浪再大，也能保佑行船平安。

过去久居东海窝集部的满族等一些姓氏，都保留有鱼形神偶。史诗《乌布西奔妈妈》中的鱼祭也记载了满族先民对鱼的崇拜。往昔，满族及其先人，捕鱼下网前都要举行隆重的鱼祭，庇佑族人渔产丰收。因为时代久远，祖先没能给后人留下鱼祭的图像资料，但口碑文学满族史诗《乌布西奔妈妈》却弥补了这一空白，记载了东海窝集人的鱼祭盛典。祭祀前，族人要用金风扬选大黄米做成鱼形饽饽，作为祭祀的神糕，并用河边的新柳粗杆制成两三人大小的鱼形神偶，其翅是用洁白的天鹅翎制成的，全身用鲜嫩的柳枝柳叶围成。有跳跃形、飞腾形、潜游形、双鱼追尾形等。

新开流文化遗址上下层的出土文物中渔猎工具十分丰富，从出土的动物遗骸看，鱼类有青鱼、鲤鱼、鲇鱼、鲢鱼等，在遗址中还发现了鱼窖，里面整齐摆放着一层一层的鱼，层次历历可见。由这些捕鱼的工具和鱼窖来看，新开流的原始居民，他们所处的是典型的渔猎经济时期。7000多年前的新开流远古人类是过着以捕鱼为主、兼营狩猎的经济生活形态。渔猎时期，鱼是原始先民食物的主要来源，鱼的繁殖能力很强，鱼的生生不息，使人们感到惊奇，由于受思维认识的局限，先民对鱼这种现象无法解释，使人们对其产生了崇拜。可见，角雕鱼形是新开流人的鱼形神偶，是鱼崇拜的产物。

骨雕鹰首、角雕鱼形，是满族先民作为氏族存在所依赖的客观实体的心理寄托，并作为一种动物图腾神灵化后的崇拜物。

四　具有代表性的满族神偶

自然崇拜，是古代先民在与自然的长期相处中，生存依赖大自然，又无法控制大自然给人类造成的巨大伤害，由于无法理解自然现象而产生了恐惧心理和神秘感而产生的。原始人在对自然界诸种现象无法解释和幻求得以庇佑的心理状态下，只好对其产生祈求和崇拜，产生神圣崇拜的宗教意识，祈求荫护和赐降神力。

堂子，为满族祭神祭天之所，是部族信仰所寄托的圣地。神堂，满语称"恩都立色"。早期，先民为了便于携带，把崇奉的神偶、神谕、祭祀用的神器恭放在桦皮匣、柳匣、骨匣、石罐中，代表着众神祇所居的"金楼神堂"。后来，多放在长方形抽盖式的木匣中，俗称"神匣"。

富育光、王宏刚在《萨满教女神》中写道：满族神偶比较多，其中有皮制的、布制的、木制的等。20世纪80年代初期，在富育光与王宏刚的满族文化调查中，"在吉林地区发现了珍藏在满族莫哲勒氏的一个桦皮匣，其高约15厘米，长约20厘米，口和底为柳叶形，最宽处约4厘米，底部带孔。桦皮匣正面有凹刻的柳叶图案，七片柳叶底部集中在匣面中心，呈圆形放射状，叶脉清晰可辨。据莫哲勒氏耋老讲，这个桦皮匣象征着其信奉的萨满教中九层天上三位宇宙女神居住的金楼神堂。神偶是由三根圆木雕刻而成，神偶长约10厘米，面部为人脸形，脸部形态古拙、生动，整个神偶雕刻得简练、生动，眼部突出，眼睛炯炯有神，朝着三个不同的方向，因为女神所居的一个方向不用观看，故女神们看到的三个方向，即代表能看到宇宙的一切方向。这三位女神是古老的天穹主神，三位女神底部连在一块木板上，表示她们同生同降，同时主宰宇宙。她们所居的金楼神堂——桦皮匣底部带孔，就意味着他们能勇贯天地，主宰着宇宙万物。所以，平时神偶恭放在桦皮匣里，不得随意触摸打开，往昔只有该阖族隆重的萨满祭祀中，由净身洗面的萨满请到'窝辙库'——神龛上，作为主要的神灵供奉祭典。桦皮匣上的柳叶图案，象征着本族后代像大地的柳叶那么茂盛。"

宇宙三女神表明她们代表自然界最原初和最终极的宇宙大神，身上囊括了萨满教的祖先神、萨满神、自然神的所有方面的观念性质，被作为具体的形象受供祀，雕成连体木制神偶，装入代表宇宙的桦皮盒内，盒正面刻有云朵，水和柳叶，象征光明和生命。

富育光与王宏刚在满族一姓氏还发现了四个皮衣神偶，据该姓萨满讲，原来神偶有六个，是草原的守护神，六个女神则代表分管东、西、南、北和上、下六个方位，就能庇佑整个草原的安康吉顺。

吉林学者江汉力近年在吉林省吉林市郊区乌拉街、杨木县、永吉县、双阳县、盘石县、伊通县等满族家中搜集到几十枚骨刻神偶。神偶小者两三厘米，大者也不超过六厘米，多为薄片形，少有圆柱形，上端多有一孔或在神偶中轴线上下穿一通孔，是为了穿丝线悬挂的。这些神偶有人面太阳神，有妈虎子魔鬼脸，有刺猬神，有蝴蝶，有树叶，有羽毛，有白胡子老头头像的山神爷，还有鲤鱼神，也有符号、文字与图案的。其制作材料主要是猪骨、鹿骨、熊骨、狼骨、虎骨等。制作年代有的在三四百年以上，晚期的大约在民国初年。早期的纯手工制作，刀工线条粗犷，稍事打磨，制作粗糙。近期的则利用了一些现代工具打磨的比较光滑，线条清晰，刀工细腻、圆滑、造型也比较逼真。

很多满族姓氏在十年"浩劫"中，冒着风险，把本姓的神偶保留了下来，为我们今天研究满族神偶提供了珍贵的实物，在萨满教中，制作神偶的主要目的是用来祭祀，其雕刻技艺、形象处理等方面都比较古朴、粗糙，也就更具原始艺术的独特风格。满族神偶形体是活着的"具有时代特征"意义的精神文化的各种物化形式，是反映满族先民文化艺术水平的结晶，以其淳朴性反映出原始宗教的特点。对满族萨满教神偶的研究，为深刻了解认识满族萨满教信仰中种类繁多的神祇，提供了物化形象。对于我们认识满族神偶文化的内涵及其在民族学、宗教学、文化史方面，有着重要意义和提供宝贵的实物佐证，对于研究满族先民的原始心理活动与原始思维有着宝贵的价值。

祭祀是满族出于对自然和祖先的崇拜而举行的活动，是体现其民族特点的重要习俗。满族的祭祀活动是同其宗教信仰和生活习惯相联系的，带有原始迷信色彩，他们把自然力人格化、神秘化，变成超自然的神灵，同时把神灵观念和祖先崇拜作为家族体系的精神支柱，希望通过神、祖的力量得到幸福，反映了其纯朴的、美好的愿望。作为一种社会历史现象，这是各民族都普遍存在过的，随着社会的发展、满族人民文化科学水平的提高，人们对祭祀活动已经有了一个明确的认识，开始运用科学的观点全面地、历史地对待祭祀活动。

满族先民的崇柳习俗

满族萨满教中供奉的各种神灵,分三大神系,第一为自然神系,第二为动植物神系,第三为英雄祖先神系。其中植物神系有柳、柞、榆、桦等树木神,而柳神崇拜在满族民俗中占有显要地位。

一 满族早期创立神话中的柳崇拜

神谕,满语称为"渥车库乌勒奔",是最有权威的老萨满在生产实践中悟出的关于宇宙、生活的哲理。具有珍贵的文化传播、承继、研究价值,是人类文化的遗产。早期,神谕是靠萨满口耳相传,随着社会历史的发展,出现了用文字记载的神本。神谕的主要内容有:满族诸姓祭祀神的种类、祭祀时间、祭祀地点、祭祀仪式、祭祀祝词、祭祀器具、祭祀禁忌等各种祭祀规程,还有满族诸姓的创世神话、族源族史的传说,以及历代萨满的神奇、英雄的业绩等。神谕由老萨满传给最得力、最器重的弟子。

满族崇柳是认为人类源于柳的说法。在一些满族萨满神谕、满族神话传说中,都记述了柳是人类的始源,人类是柳的子孙的观念,将柳作为神或生命的象征。

(一)柳是生命的载体、人类的祖先

在牡丹江满族富察氏神谕中,柳枝成了美女,在富育光、孟慧英的《满族萨满研究》中写道:"在古老又古老的年月,我们富察哈拉祖先居住的虎尔罕河突然变成了虎尔罕海。白亮亮的大水淹没了万物生灵。阿布卡恩都哩用身上搓落的泥做成的人只剩下了一个。他在大水中随波漂流,眼看就要被淹死了,忽然水面漂来一根柳枝。他一把抓住柳枝,才免于淹没。后来,柳枝载着他漂进了一个半淹在水里的石洞,化成了一个美丽的女人,和他媾和,生下了后代。"

珲春满族喜塔拉氏萨满神本子中记载这样一则神话:黑龙江宁安有个洪水神话,说当时洪水泛滥,淹没生灵,只剩一块石头叫乌克伸和一棵柳树叫佛多玛玛,两人平息了洪水,天神阿布卡赫赫让他俩结为夫妻,生下的一对儿女中,繁衍了今日的满族。

傅英仁满族神话中说:传说天神造人之前先造了地,满山遍野都是柳树。他用天上的白梨树和地上的柳树做人的骨架造成男女两个人,用天泥造成人身。刚刚造完忽然刮来一阵大狂风,把女人吹到西方,男人留在原地,只有男人没有女人没法留下子孙。这时在原野里有一株老柳树叫佛托,它见过女人赤身露体的形象,于是变成一个女人与留下的男人结婚并生子。她产子一胎四五个,养活的方法也不同,她用柳枝叶喂养小孩,这样她养的孩子越来越多。她还用柳树叶给孩子们做出各种美丽的衣服,可当佛托妈妈不在的时候,谁也不会用柳树做各种东西,只好等她回来。有时大家饿了就喊她:"妈妈快回来,我们没吃的东西了!"佛托妈妈听见后就赶快回来。所以当时的子孙不但叫她妈妈,还叫她赐福妈妈。

终于有一天被风吹到西方的女人回来找到了自己的男人,佛托妈妈只好又变回了柳树的模样。人们念念不忘她的恩情,凡是求子求福都拜这位原始的老母亲佛托妈妈,这是满族先人留下的传说。

在以上这几则神话中,柳不仅是生命的象征,而且已经成为生命的载体、人类的祖先,具有了远古植物图腾崇拜的痕迹。

(二)满族的生命起源神话中的柳崇拜

1. 母系氏族社会时期的女子性器崇拜

在满族早期创立的神话中,作为天穹、宇宙的主神——天神最初是没有形体的,它像水一样流溢,像云一样缥缈,后来,阿布卡赫赫成了天神,由此派生了许多柳生人类和宇宙万物的神话。满族的生命起源神话中说:大水中漂浮着柳叶形物质,它们在水上逐浪而行,永不沉没,越变越多,长成了"佛多毛"(柳叶)或叫"佛佛毛"。它遍布四方,无处不在,从中生出了人类,生出了花呆树木，生出了鸟兽鱼类，生出了万物生灵。

满族《富察氏萨满神谕》说："宇宙初开遍地汪洋，黑夜中旋转着黑风，在水中生出生命。最先生出的是佛多，是毛恩都哩（神树）。佛多生得像威虎（小船），能在水上漂，能顺风行，它越变越多，长成了佛多毛（柳树）。世上人为啥越生越多，遍布四方？凡有水的地方就有佛多毛，佛多毛生出花果，生出人类。"

在牡丹江地区富察氏的萨满神谕中记载：在天连地，地连天，普遍大水的时候，人们无法生活下去了。是阿布卡赫赫给人世万物扔下了神奇的柳枝，拯救了生灵……

珲春满族喜塔拉氏萨满神谕中记载了这样一则神话："阿布卡赫赫与耶鲁里大战时，善神们死得太多了，阿布卡赫赫只好往天上飞去，耶鲁里紧追不放，一下子把她的下胯抓住，抓下来的是一把披身柳叶，柳叶飘落人间，这才生育出人类万物。"

由考古证实，人类最初的祖先，是母系祖先，以上这几则神话说明生命孕生于柳叶中，这是因为柳叶形状酷似女子性器，这里透露出远古氏族社会时期的女子性器崇拜，是对女子生殖能力的崇拜，这是原始初民在"只知其母，不知其父"的母系社会中产生的重要的崇拜对象和宗教观念，寓含着原始初民深层的生存意识，这种意识逐步演变成了图腾崇拜与始祖崇拜。"阿布卡"是"天"，"赫赫"是"女人"，这几则神话里柳是生命的母体，在满族母系氏族社会萨满教萌生期，天神崇拜、柳崇拜、女性崇拜紧密相连，柳的神话世界是一个生命世界。满族有许多神话都反映了这种柳崇拜观念，反映了满族先民悠远的崇柳古俗，透露出初民对女子性器崇拜的原始宗教意识。

2. 父系氏族社会柳叶也同样具有生命的价值和意义

到了父系氏族社会，满族先民供奉的天神由女性演变成了男性大神，如吉林珲春满族那木鲁都氏的神谕中说："很古很古的时候，世上还刚刚有天有地，阿布卡恩都哩把围腰的细柳叶摘下了几片。柳叶上便长出了飞虫、爬虫和人。大地从此有了人烟。"在这里，天神阿布卡恩都哩摘下来的几片叶子变成了动物和人类，柳叶也同样具有生命的价值和意义。

二　满族先民民俗中的柳崇拜

满族及其先民有饰柳、崇柳、祭柳、娱柳的传统。柳树是东北的常见树。

满族民间有"前不栽杨,后不栽柳"的习俗,表现了满族对柳树的尊崇。如今,仍有遗留。吉林市乌拉街镇杨姓家族,在举行家祭时,要选择村中树龄最长、根深叶茂的柳树作为神来奉祀;九台市其塔木镇罗关家族在举行"家祭"时,要选择枝繁叶茂的柳插在正房外东南角处。

(一) 满族先民饰柳习俗

《北平风俗类徵》记载:"清明,妇女儿童有戴柳者,斯时柳芽将舒卷如桑葚,谓之柳苞";又载:"清明戴柳于发"。

在满族民间故事中,也有饰柳习俗。在《乌布西奔妈妈》中记载,东海窝集部的鱼祭中,女首领身佩用柳枝雕成的柳珠饰,主祭的女萨满和族众都身围柳叶,男女儿童头戴用柳树皮编成的各种鱼形小帽……柳饰,源自满族的萨满神话,包含着深邃的原始宗教思想和神话观念。

(二) 满族先民的崇柳习俗

柳树在满族先民民俗生活中有着超凡的地位。儿童习射,首箭多选用柳竿。满族先世女真人曾以柳木为家法,供于堂上,可代祖宗责不肖子孙,甚至金代官吏笞罚罪人,也用柳枝。清以来的满族民间,族人如违背了宗规族法,族长可在用宗谱或祖宗画像前用柳枝、柳木板鞭笞惩治。在东北出土的大量文物中,也可以证实满族先世对柳树的崇敬之情,如在石器上经常雕柳叶花纹,箭头、骨针也制成柳叶形状。

(三) 满族先民的柳祭习俗

在吉林省已出版的满族说部中,再现了满族先民柳祭的场面。

满族先民曾有围柳求雨的习俗,是由族中女子腰围柳叶求雨。在《东海沉冤录》中,记载了明代东海嘎忽坦河部族的祭柳盛典。每当遇到大海潮退,江河干涸,瘟疫骤起或柳叶长出了绿色的小虫包时,该部族就要举行阖族的柳祭,以消灾解难。是时,女罕斯呼林选美貌女子九人、十三人,甚至达三十三人,全身赤裸,仅在腰间围上用柳枝编成的柳围裙,代表柳神或海神、水神。族人们围着这些神女,往她们身上洒鹿血、米尔酒和洁净的江水,柳神女边歌边舞,边走边喊,族众呼喊应之。然后,女萨满甩开腰铃,击起神鼓,柳神女随之从部落住地到山野、峰巅,再到河岸、溪畔、海边,把族人经常活动的场所都走遍，一路歌舞呐喊，壮烈火爆。走过的地方都要甩洒鹿血、河水，以祭柳神、水神、海神诸神，以使神灵庇佑部落风顺人安鱼丰。在祭祀期间，柳神女露宿水上。20世纪30至40年代，珲春还有类似活动，但代表柳神女的众女已经穿上衣服了。

在《乌布西奔妈妈》中记载，东海窝集部的鱼祭中，祭祀前，族人用河边新柳的粗杆，做成有二三人大小的鱼形神偶，这种神偶除了鱼翅是用洁白的天鹅羽翎别成外，全身都是用鲜嫩的柳枝、柳叶围成的，这种翠绿的鱼形神偶有跳跃形、飞腾形、潜游形、双鱼追尾形、咬尾（交配）形等。祭祀时，……女首领用柳枝雕制的柳珠作佩饰，主祭的女萨满和族众都要身围柳叶。儿童头戴用柳枝叶、柳皮编成的鱼形帽……隆重的鱼祭要进行三天三夜，族人们扶老携幼住在江边、海岸或者水上的"威呼"中，欢娱水滨，尝柳叶……吃鱼虾……这是一个鱼的世界，柳的世界……

东海窝集人的柳祭礼仪是古代萨满祭礼中最壮丽的一幕，柳在满族先民的信仰意识中，有生殖崇拜的痕迹，是对妇女生育能力的礼赞，也有人把柳祭看作是一种祈子礼俗。从《乌布西奔妈妈》《东海沉冤录》中两种柳祭仪式中，柳祭的主旋律是对新生命的呼唤，柳也是满族先民的守护神。

（四）满族先民的射柳祭天习俗

清《帝京岁时纪胜》云"帝京午节，……仍修射柳故事，于天坛长垣之下，骋骑走解"。《北京岁时记》也云"端午日，天坛击球决射，古来射柳遗意。"天坛是祭天的场地，其目的是祈求风调雨顺。据《大金国志》记载，辽代女真人就有"重五则射柳祭天"的习俗，满族人的这种射柳习俗实际上是其先祖女真人的遗存，《金史·太祖本纪》载收国元年（1115年）五月"甲戌，拜天射柳。故事，五月五日、七月十五日、九月九日，拜天射柳，岁以为常。""射柳祭天"仪式中将射柳与祭天联系在一起，可见柳的重要性。

（五）满族先民的娱柳习俗

随着社会的发展，满族的宗教活动射柳祭天演变成了满族的娱柳活动——别具风情的民族体育活动。《金史·礼志八·拜天》载："射柳，击球之戏，亦辽俗也，金因尚之，凡重五小拜天礼毕，插柳球场分两行，当射者以尊卑序，各以帕帜其枝，去地约数寸，削其皮而白之。先以一个驰马前导，后驰马以无羽横簇箭射之,即断柳又以平接而驰去者为上,断而不能接去者次之,或断其青处及中,而不能断与不中者为负。每射,必伐鼓以助其气。"有的部落在射柳活动中,还可以用投枪扎,这是古代的标枪,人们还将射下"九王柳"的人推举为首领。

《两世罕王传》记载了明末清初的一种娱柳活动。传说建州部大罕王杲到乌拉部访多罗罕时,看到众女孩在玩一种游戏——跑柳城,也叫"抢柳王"。比赛双方各推一貌美女子当"虎头女罕",也称"柳王"(身穿虎皮暖袢,头围柳叶圈,身围柳叶裙),双方各用柳枝搭成一门,代表柳城,门前后左右各站一女,把守角号一响,双方相扑,争夺对方"柳王",并极力护卫自己的"柳王","柳王"直到最后归一方者为胜。王杲观后,将此游戏传到建州各部,后来在满族中流传开来,一直沿至清朝中叶才逐渐衰落,这种游戏源出于古老的柳祭。

三 由满族先民柳崇拜演变来的女性神祇"佛多妈妈"

柳崇拜是满族民间信仰中的一个突出现象。满族柳崇拜最具代表性的是关于一位重要的女性神祇——"佛多妈妈"的祭祀,"佛多"因满语方言的不同,被称为佛托、佛朵、佛都、佛里、瓦利等,但满语都是指柳或柳枝。"佛多妈妈"也称"完立妈妈""万历妈妈",也有人称为柳枝妈妈,柳枝娘娘。"佛多妈妈",又称"鄂谟锡妈妈"或"柳神"。鄂谟锡,义为多子孙。

清代宫廷堂子祭中,"佛多妈妈"称为"佛里佛多鄂谟锡妈妈",是为"保婴、育婴而祀",为祖龛上的子孙奶奶,是以柳为代表的始母神,负责从天上往下送婴魂,有"柳、始母、子孙娘娘"三层含义,佛多妈妈就是由满族先民的柳崇拜演变来的一位始母女神。在清代宫廷与民间都普遍崇祀"佛多妈妈",近世许多满族姓氏也都祭供佛多妈妈。柳从最初的生殖崇拜演化成始祖崇拜,已经成为满族的重要女神"福神"——掌管福禄嗣的"子孙娘娘"了。

(一)祭祀佛多妈妈用柳的情形

《清史稿·礼四》卷85记载祭祀用柳的情形:先一日,司俎官与奉宸苑官去西苑砍取整株柳树,树干直径三寸,然后在坤宁宫廊下将柳树竖置石上,柳树上悬净纸,戒绸。崇柳的用意何在?《钦定满洲祭神祭天典礼·奏折》说:

"树柳枝求福之神称为佛立佛多鄂谟锡妈妈,知为保婴而祀。"民间祭祀不用整株柳树,而是折取一束柳枝,拴系在神竿旁另立的木杆上。

(二)"佛多妈妈"祭礼仪式(换锁、求子)

佛托妈妈的神位平时由一口袋代表。而在萨满祭祀时则常把口袋内的绳子牵挂到室外栽立的柳枝上。其形象大致有两类,一类为裸体神偶,另一类是用黄布或白布制成的上尖下圆的"妈妈口袋","妈妈口袋"内装有子孙绳(满族儿童降生,门上悬柳枝及小弓箭作为吉祥的标志,待满月后,将小弓箭拴到"佛托妈妈"口袋的子孙绳上),子孙绳上系着象征子孙的物件,如弓箭、彩布等。

"佛多妈妈"祭礼仪式是:萨满从西炕神龛下的"妈妈口袋"中取出子孙绳,一头联在"窝辙库"上,另一头拽到门外的柳树上,子孙绳上有彩色布块,萨满将彩布挂在本姓孩童的脖前,布块拿回家后放在安放"窝辙库"的西炕上,到下次萨满祭祀时再换新的。满族先民认为,在柳始母的庇佑下,男孩长大能成为一个勇士,女孩能长得俊俏健壮。

"佛多妈妈"祭礼仪式中门外的柳树代表神树,取其枝叶繁多,寓意该族子孙众多,人丁兴旺,平安吉祥。将"子孙绳"一端系在柳枝上,就是将子孙的生命与柳联系在一起的虔诚做法和寄托,柳与人类本身及繁衍子孙有密切关系。直到20世纪60年代,许多满族人家仍然保持祭柳换锁的隆重仪式。

满族先民在临产前,要请萨玛在佛托妈妈前祈告,保佑产妇身体强壮。满族先民年过三十而不得子,便请萨满求子,此俗在金代女真时期就有,黑龙江的满族在"送子娘娘"背后立一柳枝,上面用草秸筑成鸟巢的形状,这就是小孩灵魂寄托的地方,向其祈拜,就能求子。

柳与天神有着某些相同的寓意。它们都代表生命力,也代表能给人类以生命的宇宙大魂。通连神位(口袋)的柳是连接上层宇宙神灵的符号,通过它的联通作用,人类的生魂可以不绝,人们由此也可获得祈福驱灾方面的心灵效用。由口袋、子孙绳、柳枝等立位的护婴女神,以其实物特征,使得人类可以接天触地,人们可以通过对这些符号实施某些萨满巫术,达到和太阳般的宇宙生命相沟通从而生生不息等目的。在珲春的郎、那、关姓满族中,新中国成立前后,还保留着古老的神树祭。萨满选择高大的柳树作为神树,在神树下进行火祭。在满族尼马察氏、石特克立氏等不少姓氏中,祭女神——奥朵妈妈。奥都妈妈是部落争战中英勇女酋演变而来的女战神,这位女战神的神偶恭放在柳枝底下。

象征着满族的女战神只有和柳神——母亲神在一起，才能具有无敌的神威。

（三）满族清明节中的插佛托民俗

《北平风俗类徵》载：金代女真人清明时分"儿童插柳，祭扫坟茔"。女真人有以柳为祖的观念，"男女簪柳出扫墓"。

《北平风俗类徵》载：金代女真人清明时分"坟墓插遍'佛多'（满语柳）以祭"。佛托，远看像花一样，故也称坟花。东北满族清明上坟常插佛托，其做法是用苞米瓢子上贴五色纸，或用秫秸头上糊金银箔，下面糊五色纸等，苞米核或秫秸象征着佛托妈妈赤裸的身体，糊上五彩纸，象征用衣服遮盖上。插佛托，源自满族的萨满神话，原始含义就是对氏族子孙"瓜瓞绵绵"的长久祝愿。

满族及其先民饰柳、崇柳、祭柳、娱柳，从辽金时期女真人"射柳祭天"，明清时期的柳祭，近世满族萨满教中仍普遍祭奉的"佛朵妈妈"，至满族清明节插柳戴柳的柳饰，都和古老的柳崇拜观念有关。在北方辽阔的土地上，人口相对稀少，因此北方各族特别重视人类自身的生产也就是种族的繁衍。满族人视柳为生命，为图腾，是因为柳的生命力极强，而且在世界的任何地方几乎都可以看到柳树的生长。对柳树的崇拜，是对生育繁衍的女神崇拜的变异和残留，是对于本氏族昌盛繁茂的一种希冀。

原始先民对人为什么能生的不理解，产生了原始人类的性崇拜，满族神谕及神话传说说明满族先民在氏族社会时期，将柳视为本氏族的始祖母、保护神，认为本氏族的人们是柳的子孙。也说明满族先民曾存在过女性性器的崇拜，这里蕴含着满族先民萨满教的生存意识，深层的民族心理，有丰富的文化内涵，这也是生殖崇拜——柳崇拜的实际价值。

满族图腾海东青名称探析

海东青是满族的最高图腾，中文名鹬鹰，即肃慎语"雄库鲁"，意为飞得最高和最快的鸟，有"万鹰之神"的含义，代表勇敢、智慧、坚忍、强大、进取、永远向上的精神。康熙曾写过一首《海东青》：

> 羽虫三百有六十，神俊最数海东青。
> 性秉金灵含火德，异材上映瑶光星。
> 轩昂时作左右顾，整拂六翮披霜翎。
> 期门射生谙调习，雄飞忽掣黄绦铃。
> 劲如千钧激砮石，迅如九野鞭雷霆。
> 原头草枯眼愈疾，砉然一举凌高冥。
> 万夫立马齐注目，下逐鸟雀无留形。
> 爪牙之任安可废，有若猛士清郊垌。
> 晾鹰筑台存胜迹，佳名岂独标禽经。

海东青属隼科，学名矛隼，我国已将海东青列为国家第一类保护动物。那么海东青的名称是怎么来的？

《本草纲目·禽部》记载：雕出辽东，最俊者谓之海东青。

李白有诗：翩翩舞广袖，似鸟海东来。

富育光的《七彩神火》故事中写到天雕来自亨衮河以东，满族话叫"松昆罗"，意思是天雕从亨衮河飞来的，汉语把它译成"海东青"。

海东青常见于海滨及江河附近的广大沼泽地，据《契丹国志》记载："五国（即黑龙江流域的五个部落）之东接大海出名鹰……"

海东青全称海东青鹘，它产于辽之东北境外五国部以东海上，故称海东青，亦称海青。"其物善擒天鹅，飞放时，旋风羊角而上，直入云际"。据黑龙江省嫩江县的一位邵姓老人回忆说，他曾经在1943年捕获过一只海东青，当地的鄂伦春猎人称它为"吐鹘鹰"。

《三朝北盟会编》卷三：天祚嗣位，立未久，当中国崇宁之间，浸用奢侈，宫禁竞尚北珠。北珠者，皆北中来榷场相贸易。……美者大如弹子，小者如梧子，皆出辽东海汊中。……又有天鹅，能食蚌，则珠藏其嗉；又有俊鹘号"海东青"者，能击天鹅；人既以俊鹘而得天鹅，则于其嗉得珠焉。海东青者出五国，五国之东接大海，自海东而来者，谓之"海东青"，小而俊健，爪白者尤以为异。必求之女真，每岁遣外鹰坊子弟趣女真发甲马千余人入五国界，即海东巢穴取之，与五国战斗而后得，女真不胜其扰，……由是诸部皆怨叛。

有学者认为，女真族的族称亦与海东青有关。"女真"一词的汉文译法有女真、女贞、虑真、诸申、朱理真等等，《三朝北盟会编》卷三曰："女真，古肃慎国也。本名朱理真，番语（按即契丹语）讹为女真。"今天人们一般认为"朱理真"的译法比较接近"女真"一词的本音。根据金光平先生所拟定的语音，女真语中"东方"读作"zhul"，"海青"读作"shen"。两词拼合到一起，读作"zhulshen"，与"朱理真"的读音相当接近。其意为"从东方大海飞来的海青"，即"东方之鹰"，汉语意译为"海东青"。因此，"女真"亦即"海东青"，这是女真人对其本民族的自称。

由以上的文字记载可以得出，海东青的名字由来有两种，一种说法是根据产地来命名的，其产于辽之东北境外五国部以东海上，自海东而来者，谓之"海东青"；另一种与女真族族称有关，其意为"从东方大海飞来的海青"，即"东方之鹰"，汉语意译为"海东青"。

不论哪种说法，都脱不了与东方这个方位的关系。所以其为"海东青"。

《乌布西奔妈妈》中满族先民的崇鱼习俗

满族传统说部《乌布西奔妈妈》带有浓厚的创世史诗的意韵，以波澜壮阔的气势记述了满族先世东海女真乌布逊部落的一位女萨满——乌布西奔富有传奇色彩的一生，热情讴歌了她一生为氏族部落呕心沥血，最后统一东海诸部，开拓东海海域的丰功伟绩。

中国渔业源远流长，有着悠久的捕鱼史，早在旧石器时代，先民们就已从事捕鱼作业。从考古发现来看，原始人类捕鱼的工具制作已达到精细、实用的程度，可见原始人类的生活已与捕鱼业十分密切。

一 各渔猎民族的鱼祭仪式

中国许多处于母系氏族社会遗址出土的陶器上，都绘有或刻有鱼纹。1972年新开流遗址出土了带有网纹、鱼磷纹等的陶器（距今6000—7000年）；20世纪50年代，中国西安半坡的仰韶文化遗址（距今6000多年）出土了一批带有鱼图案及带有人面鱼纹巫师形象的彩陶。国内研究学者石兴邦认为半坡氏族是一个以鱼为图腾信仰的氏族（石兴邦《西安半坡遗址发掘报告》）。

学者赵国华《生殖崇拜文化论》认为："半坡鱼纹彩陶是半坡氏族祈求人口繁盛的鱼祭的祭器。在母系社会，由于生存环境恶劣，人们的寿命普遍偏短，而大量繁衍是人类得以延续的重要方式，所以原始人类渴望多子多孙、人丁兴旺，因为鱼多籽、繁殖率高，因此人们把鱼作为多子的象征，作为生育神来崇拜。原始人类的生殖崇拜是一种遍及世界的历史现象，由此产生并形成了一种内容丰富、表现独特、影响深远的生殖崇拜文化。"

鱼祭仪式并不是半坡氏族独有，从古至今许多渔猎民族中一直都有这种仪式，如：

1. 高山族达悟人的飞鱼祭

在现代的台湾，有高山族，达悟人（也叫雅美人）是高山族的族群中唯一的渔猎民族。是台湾土著中最原始的一支。集中居住在有"海上公园"之称的台湾兰屿岛上，该民族祭仪繁多，还保留有原始宗教的信仰和仪式，其中飞鱼祭是达悟人为酬谢飞鱼王，祈神丰渔的一种传统祭仪。每年农历四月到八月是飞鱼季节，祭典多在黎明前进行。祭毕，在夜晚燃起芦苇扎成的火把，飞鱼追逐火把，渔人以大网捕鱼，满载而归。

达悟人飞鱼祭源于神话：兰屿岛是太平洋黑潮暖流的必经之地，有很多鱼类，飞鱼最多。据传远古时，达悟先人因混吃不同类的鱼而生病，达悟先人梦见黑翅（鳍）飞鱼王教导达悟族如何捕食、辨认各类飞鱼，及有关禁忌等等。达悟先人遵嘱行事，渔获丰硕。达悟人从此视飞鱼为圣鱼，以猎捕飞鱼为业，此后以隆重祭仪酬谢飞鱼工。

从达悟人的传说来看，其鱼祭包含两个愿望：祈求渔获丰硕，健康平安。

2. 浙江省舟山的鱼祭

在浙江省舟山，人们如今还在举行鱼祭活动，渔民们敲锣打鼓，燃放鞭炮，焚香叩拜，并举行盛大的"鱼祭"活动。

鱼能大量产子，舟山人把鱼看成多子的象征，作为生育神来崇拜。

浙江省舟山鱼祭活动包含的愿望是：生殖崇拜、祈求平安。

3. 满族自古就有的鱼祭礼仪

满族自古就有鱼祭礼仪，在中央民族学院出版社出版的《满族风俗志》中："祭'必拉妈妈'和'妈妈威呼里'。'必拉妈妈'为河神，'妈妈威呼里'即船神，也称'威呼里额真'，是一对姊妹神，其神偶安在一条形似'威呼'（山船）的木板上，并肩的两位女神，身上都缠着树皮细绳，表示风浪再大，也能保佑行船平安。往昔，满族人捕鱼下网前，由'网达'率领渔民选一处江湾子深汀，燃年息烟，醮酒，供鸡鸭，饽饽等，由'网达'或萨满祈祷，众人叩拜河流。祭毕，才下江捕鱼。丰收时，'网达'率众祭祀，向河神谢恩。遇到鱼儿不下网，也祈求河神保佑恩赐。居住在大江边的渔民，或远猎，或长途运输，或要在江里举行奇特的'水上婚'，则要在江边祭典船神。"

长春师范学院历史文化学院萨满文化研究所有一件由富育光老师捐赠的至

少有两三百年历史的雕塑"东海魔女神偶",是女人的头和上半身与鱼的下半身的合体。富育光老师认为:"此神偶在满族先民中是掌管歌舞和记忆的女神,是东海女真人的航海保护神。在明清时期甚至更早的金元时期,当时在东北黑龙江和乌苏里江流域栖息着满族先人女真人的一部,他们在靠近今天日本海(当时女真人称之为'东海')生活,还处于母系氏族社会和母系向父系氏族过渡时代。他们信仰原始萨满教,以渔猎和捕捞为生,被称为'东海女真',其渔民将'东海魔女'作为保护神,将其神偶钉在船舱中靠近舵手的位置,还要经常给她上香、供鱼,以求其保佑渔民航海时驱避风浪、平安吉祥。"

从上面两段文字可以看出满族自古就有鱼祭礼仪,其愿望主要是祈求行船平安,及渔业丰收。

马克思曾经说过"人们奋斗所争取的一切,都同他们的利益有关。"从母系社会的半坡氏族鱼祭,满族自古就有的鱼祭,到现代的达悟人鱼祭,浙江省舟山鱼祭,所包含的愿望共有三层:生殖崇拜(祈求多子多孙、人丁兴旺)、渔获丰硕、健康平安。

在渔猎时代,人们需要近水生存,鱼是人们的主要食物来源,与人类生活息息相关,所以不论从生殖崇拜,健康平安,还是食物来源,都决定了原始人类对鱼的崇拜。

二 《乌布西奔妈妈》中满族先民的鱼崇拜

谷长春在满族口头遗产传统说部丛书《抢救满族说部纪实》"总序"中说:"满族是一个创造源远流长、光辉灿烂文化的民族……说部以浩瀚的内容,恢宏的气势展示北方民族生动、具体的历史画卷,提供了各个历史时期活生生的人文景观……是满族及其先民在一定历史时期、一定社会中的一种意识形态的反映,其中蕴藏着丰富、凝重的社会、历史内容……具有文学审美价值,充满了对美好生活的向往……为我们展现了满族及其先民的生产生活景观、五光十色的民俗现象、生动的萨满祭祀仪式和古时的天文地理、航海行舟……为研究北方诸民族的人文学、社会学、民俗学、宗教学等学科提供了具体、真实、形象的资料……"

满族传统说部,是一部部口碑文学满族史诗,为我们展现了满族及其先民的生产生活景观、五光十色的民俗现象、生动的萨满祭祀仪式,为宗教学等学科提供了具体、真实、形象的资料。"

《满族说部》内涵如此丰富，其中是否也有崇鱼的内容呢？如果有，其形式又是怎样的呢？

1. 东海窝集人热闹的鱼祭

往昔，满族先人捕鱼下网前都要举行隆重的鱼祭，庇佑族人渔产丰收。

满族史诗《乌布西奔妈妈》讲述了东海窝集人的鱼祭仪式："祭祀前，族人要用金风扬选的大黄米做成鱼形饽饽，作为祭祀的神糕，并用河边的新柳粗杆制成有两三人大小的鱼形神偶，其翅是用洁白的天鹅翎制成的，全身用鲜嫩的柳枝柳叶围成。有跳跃形、飞腾形、潜游形、双鱼追尾咬尾（交配）形等各种形态。栩栩如生，气魄宏大。女首领身挂柳枝雕成的柳珠饰，主祭的女萨满和族众都身围柳叶，男女儿童头戴用柳树皮编成的各种鱼形小帽，其中还有罕见的鲸鱼头形和飞鱼头形。祭祀时，女首领选择族中善游水的男女青壮年钻进江边林立的鱼形神偶，忽动腮、忽摆尾、忽潜忽浮，如群鱼闹水。欢乐的渔舞，高昂的渔歌，整个祭祀犹如到了水底鱼宫，看到众鱼出世。隆重的鱼祭要进行三天三夜，族人们扶老携幼住在江边、海岸或者水上的'威呼'中，欢娱水滨，尝柳叶，吃鱼虾，喝鹿血，饮江水，唯有这样，神圣的鱼神莫德喝恩都哩才能庇佑族人渔产丰收。"

相对于前面提到的各民族的鱼祭仪式，东海窝集人鱼祭仪式描述形象，生动，具体，场面热闹，欢畅，壮观，欢乐的渔舞，高昂的渔歌，简直就是欢乐的海洋，令人神往。我们看到了先民们对鱼的崇拜：

崇鱼——鱼形饽饽、鱼形神偶、双鱼追尾。用大黄米做成鱼形饽饽，作为祭祀的神糕；用河边的新柳粗杆制成有两三人大小的鱼形神偶，各种鱼形小帽，其中还有罕见的鲸鱼头形和飞鱼头形。人们把自己扮成鱼的同类，欢乐的渔舞，高昂的渔歌，整个祭祀犹如到了水底鱼宫，看到众鱼出世。

东海窝集人的鱼祭是祈望神圣的鱼神莫德喝恩都哩庇佑族人渔产丰收。

2. 满族先民神话中的崇鱼习俗

国际著名的萨满教研究专家、吉林省民族研究所研究员富育光老师在《乌布西奔妈妈》的流传及采录始末中说："在我国东北白山黑水广袤沃野之外，自古还有一片美丽、富饶而神秘的土地。那便是闻名于世的乌苏里江以东、濒临日本海的古东海窝集部土地。"在史诗《乌布西奔妈妈》书中第三部分"创世歌"中，写的是天母阿布卡赫赫派神鹰、神燕创世造海的神话："一天……

雷声里，一只金色的巨鹰，从天而喽。鹰爪紧抱着一颗白如明镜的鸟卵'乌莫罕'。巨鹰……将白卵'乌莫罕'抛地，顿时耀眼的光芒闪聚。这光芒迅即将雪岩，融化出一汪清水……水泡中跃起火燕一只……化成一位鱼面裸体的美女。鱼面美女随冰水滚动……幻成万道耀眼的霞光……寒苦的东方，从此凝生一条狭长无垠的狂涛……在陆地上化成了一条橄榄形奔腾的海洋——东海。"

这位鱼面裸体的美女是谁呢？在第四部分"哑女的歌"中，东海妈妈"她平时喜化形女身裸体，鱼首丰乳，安坐鼓上，这是人、鱼、海、鼓的幻化神像"。书中在此部分中作了说明：

  天地初开之时，
  阿布卡赫赫鏖战恶魔耶鲁里，
  不慎被耶鲁里擒缉。
  在最危难时刻，
  地母巴那吉赫赫
  用口水喷射耶鲁里。
  耶鲁里被狂热地泉惊遁，
  躲隐入小岛屿，
  使阿布卡赫赫无法辨识。
  地母口水恰巧滴落在神鼓上，
  化形出一位半坐在鼓上的
  鱼首裸女大神——
  德里给奥姆妈妈。
  巴那吉赫赫无比欢喜，
  请星辰小妹卧勒多赫赫女神
  将这面奇妙神鼓，
  迅交天母阿布卡赫赫驭使。
  天母炯炯日火照育神鼓，
  顿使鱼首裸女焕生双倍伟力
  阿布卡赫赫击响神鼓
  ……
  阿布卡赫赫转败为胜
  ……

> 东海奥姆妈妈女神,
> 因是地母巴那吉赫赫口水幻化,
> 又是阿布卡赫赫炯炯日火凝生。
> 故此,她具有地母天母,
> 双神体魄、慧目、慈心,
> 无上神威神圣,
> 永世给人类播送热与光明。
> 东海奥姆赫赫女神,
> 在众宇神之中,位列在
> 阿布卡赫赫光明大神、
> 巴那吉赫赫沃土大神、
> 卧勒多赫赫星辰大神之后,
> 统驭宇地、海洋、生死、光明,
> 是尊贵万世的第四位母神。

鱼面裸体美女,就是东海女神——德里给奥姆妈妈,她"具有地母天母,双神体魄、慧目、慈心,无上神威神圣,永世给人类播送热与光明。……在众宇神之中,位列在阿布卡赫赫光明大神、巴那吉赫赫沃土大神、卧勒多赫赫星辰大神之后,统驭宇地、海洋、生死、光明,是尊贵万世的第四位母神"。

从此部分说部中,我们可以看出,满族先民对鱼的崇拜:

这部分说部中赞美的东海,是一位伟大的女性,安坐鼓上的鱼面裸体美女是满族先民处于母系氏族社会和母系向父系氏族过渡时代的显著标志。

鱼面裸体美女,就是东海女神——德里给奥姆妈妈,她统驭宇地、海洋、生死、光明,是尊贵万世的第四位母神。而这位女性又是鱼面,此部分中体现出满族先民的崇鱼习俗,及处于母系氏族社会的满族先民的自然崇拜、对女性的生殖崇拜。

3. 满族先民在海祭等仪式中的崇鱼习俗

在远古时期,人们的生活完全依赖于他们谋生的环境。人们对自然界的强大力量无从理解,对自然界变幻无法解释,于是就对自然产生了敬畏之心,在满族传统说部《乌布西奔妈妈》书中,满族先民对供给其食物的大海,也充满了敬畏之心,满族先民多次举行海祭,用鱼血祭海,在海祭中鱼血是圣血,是海祭中不可缺少的。如：在第六部分"女海魔们的战舞歌"中，举行圣祭，乌布西奔跪祭在鲸鱼祭坛前，诵念神诗，后用鲸鱼血进行海祭，称为圣血；在第七部分"找啊，找太阳的歌"中，乌布西奔举行谢海大祭，用鱼血祭海；在第八部分"乌布林海祭葬歌"中，乌布西奔女罕两次祭洒鲸鱼血为出海远征队送行。

神验，也称"神判""神断"，是萨满教中一项庄严的祭程。在第五部分"古德玛发的歌"中，古德罕跪在神坛前，准备接受神验，身上抹满献牲的……鱼血。

中国古人把鲸鱼称呼为"鲸"，鲸是哺乳类，不是鱼类，是像鱼的兽类，所以古人以为是鱼类，把它当鱼崇拜。由于鲸身材巨大，古人对鲸鱼的崇拜是一种敬畏，一种对巨大鱼类的敬畏，把其奉为神圣的地位，其血也就成为圣血，在此部分中，圣血是海祭中不可缺少的。

4. 满族先民海葬仪式中的崇鱼习俗

在第八部分"乌布林海祭葬歌"中，乌布西奔在探海东征途中逝世。威名盖世的女萨满乌布西奔临终前交代，萨满魂骨不得掩埋，要海葬，身下铺满鹿骨、鱼血……头枕象征东海形象的萨满法器鱼皮神鼓。

鱼血及鱼皮神鼓在女萨满乌布西奔心中是神圣的，从这部分我们可以看出，满族先民对鱼的崇拜及满族先民浓厚的萨满意识。

综上所述，满族史诗《乌布西奔妈妈》一书中，世代以渔猎为生的满族先民，鱼不但是人们最常见的捕猎对象，在长期的相处中，鱼也成为人们的神圣崇拜物。

谷长春在满族口头遗产传统说部丛书"总序"中说："说部的历史价值在于它是原生态的历史记忆……满族说部是满族及其先民用自己的声音记述自己的历史，对各个部落、氏族重大事件的生动描写，细致记录……有些专家称满族传统说部是北方诸民族的'百科全书'，其言不为过誉。"如果说满族传统说部是北方民族的"百科全书"，那么，史诗《乌布西奔妈妈》也可称为一部生动记录东海满族先民生活的百科全书，其不但语言优美，且内涵丰富，在此文中我们只能撷取关于崇鱼习俗的一个点来加以论述，如果说半坡遗址用陶器记录了崇鱼仪式，满族先民则是用说部的形式为我们描述了丰富多彩的崇鱼习俗。

满族萨满文化中的女性崇拜

古老的萨满文化是以自然崇拜、图腾崇拜、祖先崇拜等原始信仰为基础,发展演进了原始宗教、哲学、艺术等自然科学和社会科学的内容,具有综合性的历史文化价值,是如今一项十分重要的非物质文化遗产。它充实着民族的传统习俗,是古老文化和民俗遗存形式的重要载体。

萨满教是北方民族的原始信仰,起源较早,在母系制度的社会里已经非常发达与成熟。在满族早期的萨满文化中,部落酋长、氏族首领往往兼任萨满,而且多为女性,而对女性的崇拜遍布于自然崇拜、图腾崇拜与祖先崇拜中。

一 自然崇拜中的女性崇拜

在远古时期,那时人们的生活完全依赖于他们谋生的环境。人们对自然界的强大力量无从理解,对自然界变幻无法解释,于是就对自然产生了敬畏之心,既依赖于自然界又惧怕它。在人的信仰里,认为在人类社会之外有神的存在,便有了太阳神、月亮神、风神、雨神、雷神、电神等自然神,于是便产生了原始宗教的最初内容——自然崇拜。

下面我们来看看满族自然崇拜中的女性崇拜。

1. 太阳神

在满族神话中,太阳神是天上的一位善神,叫舜安波妈妈,是一位重要的自然女神。她身披光毛火发,所有的毛发都与九天同长,每一根毛发都能直垂大地。她的光毛火发能给万物以温暖,照耀万物生长,使大地充满生机与活力。

舜安波妈妈每天都按照固定的路线奔跑,把光和火的精灵送到大地。舜安波妈妈奔驰的路线离大地近的时候，就暖日融融、万物萌生、绿树成荫；当离大地远的时候，就寒风凛冽、冰封雪飘。由于舜安波妈妈难以按照原有的路线奔驰，所以有的地域无法经过，便形成了终年积雪的冰川，物种稀少，毫无生机。

2. 月亮神

月亮神比牙是太阳神舜安波妈妈的妹妹，她们一同负责给大地送来光明。白天，由舜安波妈妈送来明亮温暖的阳光，夜晚由比牙送来柔和妩媚的月光。

3. 星神

卧勒多赫赫星袋里的那丹女神，是满族布星女神，也称卧勒多妈妈、穹宇妈妈。她给人间送来光明。在没有太阳的夜色中，她给人间带来光亮、希望和生命，世代为人们所敬仰。

4. 火神

在远古只有天上有火，地上的人茹血生食，与蝼鼠同住，十有一生。天上的善神其其旦到地上游乐，见到人类的惨状十分同情，便向阿布卡请求赐给人间天火火种，但阿布卡怕人类难以驾驭天火，不同意送给人间。看到大地又进入了寒冬时节，其其旦心急如焚，她决定冒险盗火。她到天火库中，趁人不备将天火吞入腹中，送到大地。在盗火和送火的过程中，其其旦被天火烧伤，烧得面目全非，改变了神形，变成了虎目、虎耳、豹头、豹须、獾身、鹰爪、猞猁尾的一只怪兽大神。大地上的人们为了感谢牺牲了自己美貌，给人类送来火种、送来光明和温暖的其其旦，便把她尊奉为拖亚拉哈（即火神），世世代代举行盛大的火神祭礼。

满族自然崇拜中的太阳神、月亮神、星神和火神都是女神，她们给人间带来的是光明、生机、活力、温暖等，为人们所敬仰。

二 图腾崇拜中的女性崇拜

图腾崇拜是原始社会人类的精神支柱，所有的古老民族都是在图腾崇拜的社会阶段成长起来的。萨满教是我国古代北方民族普遍信仰的一种原始宗教，北方地区由于气候寒冷，采集业带有季节性，狩猎成为北方民族的重要生活来源。人们在捕杀动物的过程中，同时对它们又产生了亲近之感，逐渐把某种动物或植物作为自己氏族的图腾加以崇拜，图腾崇拜便产生了。

下面我们来看看满族图腾崇拜中的女性崇拜。

1. 鹰神

善神阿布卡天母神，为使大地生灵能及时领受天神旨意，维系大地安宁，阿布卡便命守护天宇的鹰神哺育大地上的一位女婴，让她成为人、神的中介。神鹰将以巴那姆、卧勒多、耶鲁里、舜安波各自奇异的智慧和神功教授她，让她做了人间第一位萨满。这位女萨满为人类与天神沟通、传播媾育之术、占卜自然天相，使人类获得了繁衍生息、战胜自然的智慧和力量，给人类带来了莫大恩惠。女萨满还把自己的智慧和力量通过一代代萨满传承下去，帮助人类排忧解难。由于世人对这位女萨满无比崇敬，所以女萨满的哺育者——神鹰，便成为世人无限崇拜的天神，受到极高规格的祭拜。

2. 鹿神

传说，很久以前，有一个叫阿兰的姑娘，能与鹿沟通，族人称她为"抓罗格格"，即鹿姑娘。她同鹿生活在一起，并阻拦部落里的人捕鹿。由于鹿姑娘的保护，捕鹿的人越来越少。群鹿还经常将草药和鹿角送到部落，给人治病，和部落的人成为朋友。几年过去了，附近的野鹿也都跑到鹿姑娘的部落。有个叫乌斯的部落，非常凶残，他们看到要捕的鹿都跑到了鹿姑娘的部落，便发起战争。形势危机，鹿姑娘难御强敌，便到长白山向鹿祖求援。鹿祖说："要想救部落和鹿群，你必须做出牺牲，改变人形，头上要生出鹿角。"鹿姑娘毫不犹豫地同意了。于是鹿姑娘戴着一对鹿角回到了部落，在与乌斯人作战时她的鹿角变成无数神光利箭，射向敌人，很快战胜了乌斯人，保护了部落和鹿群。后来各部落都把她敬奉为鹿神——抓罗妈妈。

在上面的图腾崇拜中鹰神、鹿神都是女性，她们与自然和谐相处，让人类生活获得宁静与祥和。她们也使人类获得了繁衍生息、战胜自然的智慧和力量，给予人类莫大恩惠。她们还把自己的智慧和力量，通过一代代萨满传承下去，帮助人类排忧解难。

三　祖先崇拜中的女性崇拜

母系氏族社会进入了新石器时代以后，磨制石器、制陶、农业的出现，以及对野生动物的驯养，使人与自然特别是与动物的关系发生了极大的变化。对动物的神秘感开始慢慢的淡化，这个阶段是母系社会繁荣时期，由于在母系家族的范围内同一家族成员的共同劳动、共同生活，所以她们之间的血缘观念就会变得更为直接和亲密，女性家长有更多的机会抚养和照看本家族的子女。所以，人们对自己的女性长辈比较尊重，她们死后自然就会受到后代的崇拜，于是祖先崇拜出现了。祖先崇拜是自然崇拜、图腾崇拜的延伸与发展，是万物有灵观念的重要内容。

下面我们来看看满族祖先崇拜中的女性崇拜。

1. 九乳妈妈

九乳妈妈是萨满教中的地母神，是供奉非常普遍的神灵之一。她的身躯象征着广袤肥沃的大地，硕大的九个乳房象征着大地对人类的滋养，因此在萨满教中地位仅次于天神，是萨满教晚期才出现的大神。

2. 博额德音姆萨玛

萨满教创世神话《天宫大战》中描述了《天宫大战》的传讲者博额德音姆萨玛，"博额德音"满语意为"家里已经走了的"，即"已死的"，她讲的《天宫大战》也就是萨满魂魄传讲的"神龛上的故事"。天上彩霞闪光的时候，萨哈林（今黑龙江）跳着浪光的时候，天上刮下来金翅鲤鱼，树窟里爬出四腿的银蛇，不知是几辈奶奶管家的年头，从萨哈林下游的东方迎来了骑着九叉神鹿的博额德音姆萨玛（即萨满）。她百余岁了，仍红颜满面，白发满头，年富力强，是神鹰给她的精力，是鱼神给她的水性，是阿布卡（天母）给她的神寿，是百鸟给她的歌喉，是百兽给她的坐骑，百技除邪，百事通神，百难卜知，恰拉器（扎板，神器的一种）传谕着神示，厚爱族众的情深呵护犹如东方的太阳神（光）照彻大地……

在祖先崇拜中，九乳妈妈的身躯象征着广袤肥沃的大地，硕大的九个乳房象征着大地对人类的滋养；骑着九叉神鹿的博额德音姆萨玛，百余岁了，还红颜满面，白发满头，年富力强，百技除邪，百事通神，百难卜知，恰拉器传谕着神示，厚爱族众的情深呵护犹如东方的太阳神照彻大地……

四 综 述

萨满文化产生于原始母系氏族社会的繁荣时期，所以对女性的崇拜贯穿于最初的宗教观念——万物有灵之中。从前面的叙述中就可以看出，满族早期萨满文化中的女性都是善神，给人们带来明亮温暖的阳光、柔和妩媚的月光，使人类获得了繁衍生息、战胜自然的智慧和力量，给予人类莫大恩惠；厚爱族众，为人类的生存、绵衍、平安与幸福而奉献自己。

原始母系氏族社会，萨满都是女性，她们带领人们趋吉避凶、寻找食物，领着人们追踪猎物，指导和组织围猎。那时的萨满就是氏族领袖，她团结本氏族的成员，给人以精神力量，排难解忧。这也是萨满文化中女性崇拜产生的原因，也是原始母系氏族社会的重要特征。

社会发展到父系社会以后，萨满也随之变化，随着社会中男性主导性的增强，男性萨满出现了，女性萨满式微，渐渐退出历史舞台。在今天现存的萨满中女性萨满已经很少了，但是在人类发展的过程中她们在人类与自然界的抗争中起到过非常重要的历史作用，伴随人类走过了漫长的历史进程，至今我们还可以从许多流传下来的满族萨满神话传说中看到她们的风采。

经济习俗

JING JI XI SU

东珠史话

珍珠即蚌蛤珠，是在江河里的河蚌体内蓄积而成，是一种古老的有机宝石，具有装饰和药用价值，又名真珠、蚌珠，古时称之蠙（pín）珠。英文名称为 Pearl，是由拉丁文 Pernulo 演化而来的。它的另一个名字是 Margarite，由古代波斯梵语衍生而来，意为"大海之子"。

根据地质学和考古学的研究证明，在两亿年前地球上就已经有了珍珠。

中国是世界上名副其实的珍珠古国，有关珍珠的记载可以追溯至公元前2200年。据《尚书·禹贡》载："淮夷蠙珠暨鱼"。淮河产淡水珍珠，取蚌剖珠在我国已有相当长的历史，当时还将珍珠定为贡品，在《周易》和《诗经》等古籍中均有关于珍珠的记载。

在古代，珍珠被看成是权势和富贵的象征，中外帝王的王冠珠、朝珠、龙袍珠、盔甲珠、权杖珠等都是国家最高权力的象征。

大英帝国女王的王冠上镶有227粒珍珠，俄罗斯女王叶卡捷琳娜二世的皇冠上镶有价值连城的大珍珠80粒，慈禧死时殉葬珍珠有2万余颗，乾隆的朝珠也是用108颗珍珠做成的……

珍珠按产地可分为西珠、东珠和南珠。南珠是指中国南海北部湾一带出产，西珠是澳大利亚和欧洲出产的。东珠有两种：一是中国东北产的淡水珠；二是日本产的海水珍珠。我们文中谈到的东珠都是指淡水珠。

我国东北地区的采珠活动，宋、辽时代便有了记载，《辽史·食货志下》载：靺鞨、于厥征收的贡品清单里就出现了蛤珠，也就是东珠。

一 东珠的名称、颜色及产地

东珠，满文写作 tana，满语为塔娜，因产地在东北，故称东珠。东珠又称北珠、胡珠、湖珠、大珠、美珠等,那么这些名字是怎么来的呢?

北珠,《金史》中称生女真所产之珍珠,因其地理在熟女真之北,名为北珠。明人曹昭在《格古要论·珍奇论》中云:"北珠出北海……"。

胡珠,北方民族所产的珍珠,类似于胡萝卜、胡椒、胡瓜等称呼。

湖珠,产生在江湖中的真珠。

大珠,东珠与一般珍珠相比更晶莹透彻、圆润巨大,东珠最大者直径可达半寸,即大珠的由来。清初的地方志中有记载,当时河流中还产有大如鹅卵、长可径寸的明珠。

美珠,其色泽有多种,微粉红色的称为"美人湖",即美珠。

东珠色泽常见的有白色、天青色、淡青色、淡金色、粉红色等,《柳边纪略》载:"色微青者即东珠,其中圆而粗者价甚贵,天子诸王用以饰冠。"微青色的称为"龙眼湖",以匀圆莹白有光者为最名贵,并且能散发出五彩光泽,用它制成的首饰光彩熠熠,更显王者尊贵。其中色若淡金者更加贵重,颇具珠中王者之像。有一种说法,"东珠难得,淡金东珠更难得"。清朝康熙年间,常熟人徐兰曾征战于吉林、黑龙江等地,亲眼看到北珠的开采盛况,著《塞上杂记》,其载:"岭南珠色红,西洋珠色白,北海珠色微青者,皆不及东珠之色如淡金者其品贵……"

俗话说:"关东三件宝,人参、貂皮、靰鞡草"。这是民间的三宝,此外还有一宝"东珠",其价值远在前三宝之首。东珠是东北一带的江河中出产的淡水蚌蛤里取出的一种野生珍珠,是珍珠中的上品。《吉林通志》载:"东珠出混同江及乌拉、宁古塔诸河中,匀圆莹白,大可半寸,小者亦如菽颗"。

满族故地以产东珠而盛名,满族人把珍珠当作光明和幸福的象征。东珠与人参、貂皮、鳇鱼齐名,在大清帝国之前,一直是历代王朝的专享贡品。东北是蚌珠生长繁育的天然宝地,以松花江、混同江、嫩江、瑷珲河、牡丹江、兴凯湖等水域所产的质量最佳,这些江河统称为"捕珠河"。东北的产珠地区非常广阔,如我国古籍中就有许多对这些江河的采珠记载,如下:

辽东海汊东珠。宋人徐梦莘撰《三朝北盟会编》卷三说:"北珠美者大如弹子,小者如梧子,皆出辽东海汊中。"

鸭绿江东珠。明朝黄道周《博物典汇·四夷附奴酋》说:"唯建夷产珠及参与貂,……界鸭绿江而居。珠,江出也。"

松花江东珠。松花江上游许多河流产珍珠蛤,如珠子河,所产之蛤十之五六含珠。《黑龙江外记》载:"东珠产吉林河中,岁有珠户采取人贡。而珠户亦时至黑龙江，嫩江一带泅采……珠户皆旗人，世居吉林境内布特海乌拉城，俗称打牲乌喇。"

桐城人方观承在《松花江行》中写道："松花江，江对面，布塔年年采珠献，清泥破雾有多名，渔人偷识光如电。"可以说明松花江采捕东珠的盛况。

清代翰林院侍讲高士奇撰《扈从东巡日录》，指出松花江一带土产人参、水出北珠，打牲壮丁，夏取东珠，秋取人参，冬取貂皮，以给官府之用。北珠和人参、貂皮同为东北的贵重特产，也是进献朝廷的贡品，所以又称北珠为"贡珠"。

松花江支流富儿河东珠。《长白山江冈志略》载："天命朝四旗兵队，月夜渡河，见水中火光点点，密如星布，众疑为怪，趋而过，及岸回视，光明如故，急归营所。有白旗一兵，名富尔汗者，告本旗牛录曰：此河产珠，今夜光必珠光也，何妨入河取之。牛录率本队返入河中，按火光探采，果得蛤蚌，视之皆珠，尽力索取，所获无算，大者如鸽卵，及晓不见。后以珠易银，充作兵饷，知者以为蛤珠献采，实有天助。"

牡丹江东珠。牡丹江由于珠多物美，有"珍珠河"的美誉。据《梵天庐丛录》记载："牡丹江上游，宁安城南，其余巨流中皆有之。"宁古塔旧城，濒临虎尔哈河之曲，河内多蚌蛤，盛产东珠。

《鸡林旧闻录》载："东珠生蛤中，吉（林）省江河巨流皆产此，尤以牡丹江上游为多。宁安府城南，并有珍珠河之称，但色多带绀黛，少浑圆，中半常现一纹，然佳者则光彩晶莹，亦远胜南省之产物"。

吴桭臣《宁古塔纪略》载："（宁古塔）河内多蚌蛤，出东珠极多，有粉红色、有天青色，有白色。非奉旨不许人取，禁之极严。有儿童浴于河，得一蚌，剖之，有大珠径寸，藏之归。是夕，风雨大作，龙绕其庐、舒爪入牖，攫取其珠而去，风雨顿止。""西则一朗岗、木丹、沙岭村庄颇多。"即现在靠牡丹江西岸的海浪镇依兰岗村、牡丹江村等地，当时出产河蚌珍珠特别多。

宁古塔所产东珠，个体大，色泽晶莹，多用于镶嵌在清朝官员的顶戴上。据傅英仁讲："宁古塔所产东珠除了色泽，还有一个显著特征，多数东珠上都有一个隐约的月牙图案。"

兴凯湖东珠。民国徐曦著《东三省纪略》载："兴凯湖亦曰新开湖，音译之异也。……湖中兼产蚌珠、水獭等物，尤为贵重难得之品。"这里的蚌珠即东珠。

三江流域东珠。三江流域水产资源十分丰富，居住在这里的赫哲族曾常年以东珠、人参、鳇鱼等"三珍"向清廷进贡。因为乌苏里江及各支流夏秋之际水温都很低,大约每几十个河蚌里才有一个能剔出珍珠。伊曼河下游卡尔通附近、瓦库河都是盛产珍珠的地方。

海兰河东珠。在城西北五十余里,源出海兰窝集,东入虎尔哈河。此河出东珠,每年由吉林乌拉总管珠轩下派官丁往此捕打贡珠。

混同江及乌拉东珠。清人阿桂等撰《满洲源流考·物产·东珠》记述说:"东珠出混同江及乌拉、宁古塔诸河中,匀圆莹白,大可半寸,小者亦如菽颗。王公等冠顶饰之……"

张缙彦的《宁古塔山水记》载:"胡珠,宁古及乌喇各河中俱有,但多在深渊……"

二 东珠兴衰史

(一)采珠源于肃慎,为生存

最早采集东珠者,是居住在我国东北广大地区内的肃慎人。当时正处于采集和渔猎历史阶段的肃慎人,采集东珠是传统生产方式,也是生活的主要来源。采珠工具主要是船只、撑杆、小刀等。春季江河解冻人们开始采珠,也是采集东珠的最佳季节。肃慎人的男女老少,都乘坐独木舟,到达采珠地,青壮年男子憋一口气赤身潜入水下摸蚌,一次能捞上几个或十几个,几次下水后箩筐里的蚌就装满了。采蚌人把筐送到岸上,便穿上衣服,坐在岸边烤火取暖,老人、妇女和儿童用小刀剖蚌取珠。每得到一颗珠,肃慎人都会很开心,认为是河神的赐予。

采珠在秋季或结冰之前结束。"冬季海边坚冰数尺,人无法凿冰取珠。当地有一种天鹅,专以珠蚌为食,食蚌后将珠藏于嗉内。海东青素来喜欢捕捉大雁,有以大雁脑浆为食的习性。于是,肃慎人便训练海东青捕捉这种天鹅……,然后得珠。"

女真人得东珠后,放在鱼皮袋囊和桦皮盒里,作为交换的物品或纳贡的商品。经过一年采集,如果获得丰收,肃慎人就会在结束采集的八月十五全族人聚在一起,跳起独特的萨满舞,感谢河神。同时也会跳起模仿采珠情景的原始舞蹈庆贺。此时的采珠活动是自发的个体阶段,是为了生存,是一项辛苦但愉快的劳动。

(二) 东珠是商品与贡品,系兴衰

辽金时,东珠曾作为重要的商品与贡品,记载于史册。满族先民很早就已经开始采捕东珠作为进贡朝廷和边境互市的珍品。闽县人林寿图撰《启东录》写道:契丹强盛时,女真人每年以北珠、貂皮等物贡于契丹。

北珠的采珠史可追溯至后汉,早在三国时期人们即知美珠多出于夫余国。《后汉书·东夷传》说:"夫余国……,出名马、赤玉、貂狖、美珠,珠大者如酸枣。"《三国志·魏书·乌丸鲜卑东夷传》说:"夫余在长城之北……其国善养牲,出名马、赤玉、貂狖、美珠,珠大者如酸枣。"辽时,小国铁离曾用东珠、貂皮等物品和辽国易货贸易。此后的渤海东珠,远销中原,也以东珠向汉室朝贡。早在唐代已有"紫靺鞨"名珠为僧人所得传入内地,卖给胡商,得之者可以"入水不濡,入火不焚"的传奇故事。

到北宋神宗熙宁年间,"朝贵已重尚之,谓之北珠"。北珠是女真人向契丹人出售的商品。契丹人从女真人那里得到东珠,通过榷场与宋作交易,以重价转售于宋。因当时宋廷皇室奢靡,宫中"竞尚北珠",大臣们争购北珠进献以邀宠。

宋人徐梦莘撰《三朝北盟会编》说:"宋崇道、熙宁间竞尚北珠。北珠者皆北中来榷场相贸易。美者大如弹子,而小者如梧子,皆出辽东海汊中,每八月望,月色如昼,则珠必大熟。乃以十月方采取珠蚌。而北方沍寒,九十月坚冰厚已盈尺,凿冰没水而捕之,人以病焉。"《北珠怨》是宋代方回写的一首诗词:

北方有奇蚌,产珠红晶荧。
天鹅腹中物,万仞翔冥冥。
此贪孰能致,俊鹰海东青。
钩戟为爪喙,利刀以为翎。
采之肃慎氏,扶桑隔沧溟。
无厌耶律家,苛取不暂停。
中夏得此珠,艳饰生芳馨。
辽人贸此珠,易宝衔□䎬。
东夷此为恨,耻罍嗟馨瓶。

渡兵鸭绿水，犁扫黄龙庭。
夹山一以灭，河朔无锁扃。
幽燕及淮江，赤地战血腥。
徒以一珠故，百亿殃生灵。
两国失宗社，万乘栖囚图。
旅獒戒异物，圣人存为经。
徒以一珠故，天地生虫螟。
此事有本原，獾郎柄熙宁。
力行商君法，诡勒燕然铭。
延致众奸鬼，坏败先乾廷。
焉得致渠魁，轘裂具五刑。
钟山有遗瘗，漾这江中泠。
我作北珠怨，哀歌谁忍听。
……

东珠给满族先民带来的不只是财富，自从东珠被辽、宋权贵重视以后，给女真人带来更多的是不幸。辽末天祚帝时期，宫中竞尚北珠，辽帝经常向女真各部落索取东珠、海东青等名贵物产。早春，此时河水尚未解冻，契丹人便强迫女真人凿开冰封的江河，为他们下水摸河蚌，剖取东珠。契丹人在岸上的帐篷里享乐，而许多女真人却因捞蚌惨死江中，引起民族间的仇恨……公元1114年9月，女真完颜部首领完颜阿骨打起兵反辽，辽国灭亡，完颜阿骨打建立了大金国。

宋徽宗赵佶喜爱东珠，只要谁给他送东珠，他就给谁加官晋爵。《宋史·梁适传》载："北珠出女真，子美市于契丹，契丹嗜其利，虐女真捕海东青以求珠。两国之祸盖基于此，子美用是致位光显……"后来赵佶断送了北宋王朝，宋朝开国近170年所积存的石器、书籍等被劫一空，库存的423斤珍珠，北珠40颗……都被金人抢走了。

金末，为与蒙古议和，金帝将其所藏东珠献给成吉思汗。金、元、明三朝，对东珠的喜爱程度加深，而有关女真人采珠、献珠的记载则更是不绝于史册。

东北地区盛产东珠，为满族先民积累了重要财富，对满族的兴起起到了巨大的促进作用。明神宗万历十六年（1588年），清太祖努尔哈赤征服完颜部、占领建州女真全境后，即开始以土产东珠、人参、紫貂等物，在抚顺之地与汉人互市，日益富强。茅瑞徵撰《东夷考略》载："长白山在开原城东南四百里，其岭有潭，流水下成湖陂，湖中出东珠，今其地为建酋努尔哈赤所有，故建酋日益富强。"

努尔哈赤从大明万历十八年（1590年）起，8次率众进北京朝贡。第一次，努尔哈赤带领一个108人的大朝贡团（以后最多的一次500多人），赶着马群，推着车辆，满载人参、东珠、海东青、貂皮、猞猁狲皮等名贵土特产，排成长长的队伍，沿明朝规定的路线，经抚顺、沈阳进山海关，到达北京。

明末，清太祖努尔哈赤为麻痹明廷而进献东珠，大获恩赏……后努尔哈赤兴起，欲夺取朱家天下，此时努尔哈赤去世时，明臣袁崇焕派人前去吊唁，提出议和，在来往的信件中，清太宗皇太极写道："既和之后，两国言归于好，往来通使。每岁我以东珠十粒、貂皮千张、人参千斤馈送于尔。"在此信件中，东珠十粒居第一位，且系国之兴衰，可见东珠在当时的地位与价值。

（三）官方采捕机构——打牲乌拉总管衙门

原为海西女真乌拉部的乌拉城，在吉林市西北的乌拉街，东北依丘陵，西南东三面临松花江，当时被称为东陲第一大城。努尔哈赤灭乌拉部之后，在其领地改设打牲乌拉府。后来称为"打牲乌拉衙门"或"打牲乌拉总管衙门"。

努尔哈赤统一女真各部之后，允许诸贝勒派出各自的阿哈（奴隶）到乌拉地方打牲，其中主要就是采捕东珠和挖参，所获之物各归其主。天命八年，后金政权取消了分散打牲的旧制。改为集中采捕，所获物品按"八分"分取。

清入关以后，顺治、康熙、乾隆三朝都是忙于扑灭各地的反抗势力，到乾隆时期统治政权已基本稳定下来，想起了南海的珍珠。清政府为了巩固他们的统治地位，对汉族及其他少数民族进行了残酷的镇压，当时在各阶层特别是劳动人民中仇清的情绪还很浓，在组织采南海珍珠时，采捞者下水后故意捡无珠的贝或者尽量少捡拖延时间。采用消极怠工的方式取得了效果，乾隆皇帝看到三次采珠都没有收获，放弃了在南海采珠的念头。

清初东珠一度跃居"东北三宝"之首。清代朝廷将产自满族故乡的东珠作为皇室、王公的专用饰品，为了满足朝廷的需要，自皇太极时代开始将东珠列为贡品，在吉林乌拉街设打牲乌拉衙门总署，实行东珠垄断性官采，设立为宫廷采捕贡品的专门机构"打牲乌拉"，又名"布特哈乌拉总管"。"布特哈"为满语，渔猎、打牲之意；"乌拉"则意为"江河"。采珠生产由民间个体劳动转变为官方控制的采捕机构。

经济习俗

总管衙门在今吉林市东的乌拉城，专门办理清朝皇室、宫廷特需的东北地区特产物品，如东珠、人参、鲟鳇鱼、松子、蜂蜜等。其中，采珠是这一机构中最重要的工作，为此还在乌拉打牲衙门内专设了"珠轩"，即采珠组织，专营采珠，使珠业兴隆。乌拉打牲衙门每年都要分派官兵到牡丹江、松花江、嫩江诸江河中去采珍珠。每当年初开江之后，即为采珠季节，由打牲总管、协领率各珠轩兵丁乘舟起航，按其预定线路，分头采捕珠蚌。杨宾在《柳边纪略》中记载：对于"柳条边外山野江河产珠、人参、貂……雕"诸物，"设官督丁，每岁以时采捕，俱有定所、定额，核其多寡而赏罚之，或特遣大人监督，甚重其事"。

据《清朝野史大观·清宫遗闻》卷一载："东珠出混同江及乌拉、宁古塔河中，匀圆莹清，大者可半寸，王公以饰冠顶。采珠者为打牲乌拉包衣、食粮人，合数人为一起，谓之珠轩，以四月乘舟往，至八月归，各以所获纳之官，加供赋然，旧时三十三珠轩，岁征珠五百二十八粒，或阙或溢，以数十赏罚。乾隆间增四十二珠轩，征珠六百七十二粒，后又增十二珠轩，征珠一百九十三粒。"

顺、康年间，乌拉打牲衙门的管理制度日臻完善，设立了33个珠轩，每个珠轩有打牲丁20名至26名，设正副头目2名。东珠采捕到了康熙中期已达到相当规模，官方的采珠规模不断扩大，如康熙三十九年（1700年），打牲乌拉上三旗额定采珠528颗，实际采了2180颗，超产1600多颗。

康熙十二年规定，每只船每年交贡珠一颗。自乾隆五年起改由按珠轩为交贡单位。当时有42个珠轩，每年需交珠672颗。至乾隆十二年，采珠达3010颗。至乾隆三十七年，布特哈乌拉已有65个珠轩，每珠轩设打牲兵丁30名。乾隆五十四年以后，每珠轩每人每年交珠16颗。乾隆朝共计采珠达10万余颗。

乾、嘉之际增至94个珠轩，额定任务1504颗。嘉庆三年采珠4900颗，超产2867颗。嘉庆十七年采珠超产1600多颗。嘉庆时期采珠最多，把满族的采珠业推至顶峰，这时采珠的礼俗也更加隆重。

《吉林外记》载："每年乌拉总管分派官兵，乘船裹粮，溯流寻采。遇水深处，用大杆插入水底，采者抱杆而下，入水搜取蛤蚌携出，同采官剥开，或百十内得一颗，包裹用印花封记，至秋后方回。将军同总管挑选，如形体不足数，或不光亮，仍弃于河，以示严禁，不敢自私。至冬底入贡验收，按成色给赏绸缎布匹，近来折发银两。"对采到的珍珠要专门包裹封存，待到秋天采珠结束时要将采到的珍珠呈送给将军挑选，好的送京进献皇上，如外形不佳或不光亮者要扔到河里以示严禁私自采珠。

"出发采珠时,珠轩达身着朝服,高居在有彩棚的轿船里,率领着采珠威呼,装着粮肉,采珠器具,行进在盛产珠蚌的江河中。遇到河口、高山、古树都要鸣锣,击鼓,摆香供,燃鞭炮。采珠船队到了采蚌的地方,先扎营盘,选好水场。搭锅立灶,焚香叩头,祭拜河神。采珠开始,江边点起大火堆,打牲丁都赤身露体地上了采珠船,半蹲跪在船上,盯着珠把式。珠把式站立船头,顺水直下,他根据水流和浪级,就能判断水下藏着什么蚌和蛤,如他发现了水下有蚌、蛤,立即把长杆往河底一插,船马上停住。打牲丁们胯下兜一块软皮,憋足一口气,按顺序一头扎进水里,潜到插杆地方摸捞蚌蛤,得手后跳出河水,烤火取暖,再下河捕捞,所得蚌蛤,由珠把式在船上当着珠轩达面开蚌取珠。珠先放在净水碗中,后集中放在吉林将军署印制的纸袋里,封固注明。"(王宏刚《满族民俗文化论》)入冬时将采得的东珠按等级装成盒,上等的珠要写清单,其余的也要注明,再用黄缎敷盖,用插有贡字小旗的专车送往京师,车夫要净身斋戒三日才能起程,吉林将军、盛京将军及山海关副都统都要派官员护送。据《志典全书》载:每次要派翼领以下到珠轩达,共33名官员,接替护送。途中还要有许多保镖护送。从吉林到京城,路程共2000余里,要经12个驿站到盛京,后经13个驿站到山海关,再经10个驿站到京城,路上共需要20多天。

打牲乌拉总管衙门管辖范围。采捕朝贡的打牲乌拉总管衙门,拥有许多采贡山场和采珠河口。"打牲乌拉"开始由盛京内务府管辖,后归宁古塔将军监督管理,有打牲丁4000余人,最多时达6000余人。管辖范围周界500余里,管界人口5万余人,最远达黑龙江、乌苏里江流域,遍布吉林、黑龙江两省。

(四) 东珠凝聚着满族打牲丁的血汗

采珠是一项非常艰苦的劳动,蚌蛤体内孕育珠子到一定程度后,就会沉入水底,蚌体中的珠子越大,越会沉入深水之中。清人方式济在《龙沙纪略》中说:"有珠之河水冷而急"。凡有珠子的河水冷而急,他们"一人驶船江心用篙撑稳,复执长杆缘船身至水底,捕者裸体抱杆,闭息深入,身伏水底,左臂抱杆,右手扪蚌,得则口衔,缘杆而上,置蚌舟中,三次易人,趋岸,爇火烤之,驱寒免疾。日夕,领队同众聚蚌剖脊,解壳得珠,置净水碗中,少许,纳诸印袋(特制专供装珠并盖有官印的纸袋),封固注明,按日如此"。打牲丁们非常艰辛,夏季蚌中的珠子并未长成,只有到了秋季或冬季蚌体中的珠子才长成,如要采到质地较好的珠子,需要破冰采集。采珠需要潜水,呼吸困难,随时有生命危险,也会有遇到大蚌伤人的事件发生。清人许秋索《闻见异辞》载:"闻合浦生珠,入水捞取者不少,惟中有大蚌,嘉庆年间,有水鬼(采珠人)跳下探珠,蚌喷涌时,呼吸之间,壳一张人即夹死,波中惟泛血水而已。得珠岂易易哉?"

采集东珠的打牲丁们,半是差役半是奴隶,最初由当地居民和附近的边民组成,后来也有流人子弟和无籍的流民加入。清廷等统治者在东北的采珠,是对劳动人民进行的压迫与剥削,东珠凝聚着满族打牲丁们的血汗。

有一则《采珍珠》传说,说的是乌拉街一个侯爷给皇帝搜刮贡品,向乌拉街渔民派下了打珍珠的官差,每家每户交多少珠子,都有规定,在鱼楼附近住着一个满族小伙子,采了几天都没采上来一颗珠子,正犯愁呢,江上一个姑娘给了小伙子一颗比酒盅还大的夜明珠。小伙子把珠子交给侯爷,侯爷高兴坏了,把珠子交给皇上,心想这回能弄个京官当当了,没想到珠子到了皇上手里怎么都不发光。皇上一生气,把侯爷推出午门斩了。传说中既有神奇的幻想,又充满了生活气息,反映了满族先民英勇反抗压迫的斗争精神和不可征服的精神力量。

(五)东珠资源的枯竭消亡

东北的江河湖泊中产珠的地方多,从地方志的记载中可以看到清初东北地区江河各支流产珠的盛况,卖得重金,以充军饷的情景。当时河流中还有大如鹅卵、长可径寸的明珠,或大如簸箕的千年老蚌,可见当时关东之富庶。据清代档案统计,康熙和乾隆年间为东珠盛产时期,寒冷地带的蛤蚌繁殖率低,蚌蛤育珠是偶然生成的,含珠的蚌是有限的,捕获百蚌有时也难得一珠,而每得一珠则需杀数十蚌。据上岁数的老年人讲,当年东北地区产珠的江边沙滩上铺满了碎蚌壳,可见当时杀蚌之巨。狂采滥捕使得东北地区的东珠资源迅速萎缩,正如乾隆帝在御制诗《采珠行》中发出的感慨:"百难获一称奇珍"。雍正年间,已很难采到东珠,"偶有所获,颗粒甚小,多不堪用"。由于清廷的过度采捕,东北的河蚌日趋减少。《永吉县志》载:"珠罕而难求,往往易数河得一蚌,聚蚌盈而不产一珠"。

乾隆初年,就已开始实行轮采制度。一条江河,遵旨停采3年或5年,采珠官率领牲丁到其他江河采捕。乾隆年间奉旨停采5年,嘉庆朝停采3年,道光年间长期停采,咸丰、同治、光绪、宣统四朝凡61年共采珠3次,合计采珠

2000余颗。咸丰朝以后，随着清帝国的衰落，沙俄势力的侵入，以及东珠资源的枯竭，东北地区的江河流域的东珠采捕业逐渐走向了消亡。

打牲乌拉总管衙门自顺治四年起至清末宣统三年（1911年）结束，先后持续了264年，有近300年的历史。

（六）东珠传说

1. 严禁民间采集东珠

清廷严禁民间采集东珠，于"康熙二十年题准：宁古塔、乌拉人在禁河内……偷采东珠者，照偷人参例，为首者拟绞监侯，为从者枷两月，鞭一百"。光绪《大清会典·事例》载，绞监侯，是死罪。乾隆年间，对隐匿与盗卖者又作了详细的处罚规定。为了防止东珠流入民间，在山海关设置关卡，根据检查获取珠子重量的多少给予相关人员立功、奖赏，达到了东珠"非奉旨不准许人取"的朝廷专属。

采珠活动必须得到朝廷的批准，要有"圣旨"才能采珠。吴桭臣《宁古塔纪略》中记载一则故事："有儿童浴于河，得一蚌，剖之，有大珠径寸，藏之归。是夕风雨大作，龙绕其庐，舒爪入牖，攫取其珠而去，风雨顿止。"牖是窗户；大珠即东珠。故事中说：儿童在河里戏水玩耍时采得一蚌，取出东珠直径有一寸余，于是拿回家私藏起来。晚上风雨大作，有天龙来到他家房前，将爪子伸到屋内，取东珠后离去，风雨顿时就停下来了。这是一个口传的神话故事，被吴桭臣记录下来，说明东珠的神秘，非王者不得保存此物，只有皇族才有权享受这十分珍贵的东珠，百姓们如私藏圣物必遭上天的报应。

2. 文学作品中的东珠

采珠故事。满族童谣《耍灯笼》，东珠故事《采珍珠》《塔那格格》《珍珠门》《珍珠船》等所反映的采珠生活，是当年采珠、贡珠的艺术反映，是采珠人受压迫受剥削的真实写照，以及他们对美好生活的向往。

《红楼梦》中的东珠。《红楼梦》中有一段写道：湘云来了之后就给宝玉梳头，还记得他辫子上的东珠原是四颗，现在少了一颗，问丢哪儿了。

邓云乡的《红楼梦识小录》中认为，平儿所带的虾须镯所含应该是东珠。其大小如莲子。

《清稗类钞》中的东珠。清人徐珂在《清稗类钞》中描述了扬州玉肆中一只精美的项圈锁："嘉庆时扬州玉肆有项圈锁，……东珠凡三十六粒，每粒重七分，各为一节，节节可转，为白玉环者九。……锁下垂东珠九鋈，鋈各九珠，……"书中说这只项圈锁原为一个豪门小姐所有，谁料偌大家业陡然败落，这件宝物几经周折后来到了玉肆中待售。有人对这件项圈锁作了估价，其值"累万"——即值银万两，堪称是项饰中的上品了。

3. 东珠趣闻

和珅与东珠。另据清代私人笔记《查抄和珅家产清单》记载，清点物品方面有"大自鸣钟十座……珠宝金银朝珠杂佩簪钏等物共二万零二十五件，桂园大东珠十粒，珍珠手串二百三十串，大映红宝石十块共计重二百八十斤……无不应有尽有"。根据嘉庆皇帝宣布和珅的罪状中有一条："家内所藏珍珠手串竟有二百余串，较之大内多至数倍，兼有大珠较御用冠顶尤大，其大罪十五也。"

年羹尧与东珠。雍正二年，皇帝胤禛赏给当时在西北地区帮他镇压人民的四川陕西总督年羹尧一颗东珠，年羹尧"恭设香案叩头祗领"。

六世班禅与东珠。清代乾隆四十四年，西藏的六世班禅初次入京朝觐，皇帝赏赐给他的物品中有一颗五等的东珠，可见清代最高统治者对东珠的重视。

三　满族方物东珠已殇

回顾东北先民几千年的采珠历史，东珠伴随肃慎族系之始终。作为东北大地上满族先民的方物，不论民采、官采，一代名珠已经消失了。

淡水珍珠的人工养殖，在中国的南方宋时就已经出现，北方却没有实现。东珠，只给我们留下了宝贵的文化与遗产，东珠、北珠、大珠、美珠、胡珠、湖珠等也成为历史上曾有的名词。

满族先民传统的尚武习射习俗

满族先民,素以射猎著称于世。满族有一则弓箭起源的神话:在宁古塔一带的东海窝集人,曾供奉弓箭神多龙格格,这是一位有镇山天弓和九支射妖神箭的女性英雄神。相传,她原是穆昆达(部落首领),骑马、射箭、狩猎、捕鱼样样精通。有一年,从海那边飞来一群萨哈连大鹏,祸害尼马察地方和东海窝集人,为了两个氏族的安宁,多龙格格不远千里到长白山寻师学箭,多龙格格苦学了一百天,练成一身好武艺。到一百零一天时,白山主交给她一张镇山天弓、九支射妖神箭,并告诉她说:"射出一支箭能变百支箭,箭箭射妖鹏眼;射出八支箭,妖鹏全射完,留下一支传给人间。"多龙格格回到家乡,制服了东海凶雕,保护了部落的安全,她向部落的人说:"你们要好好生活,祖祖辈辈练习弓箭。"说完留下神箭向长白山飞去,白山主封她为多龙妈妈恩都哩。

东海窝集部和尼马察地方祖祖辈辈祭祀这位降妖鹏之神。他们练的弓法箭法,一直到清朝初年,在东北满族人里最出名最神奇,据说这是多龙妈妈流传下来的。每年秋祭,尼马察族(杨)祭祀这位女神时,先请出神像(木制人面长着两翅的怪鸟像)供在北炕供桌上,摆上糕、米酒、野鸡一对,烧达子香供上弓和箭,然后由专门侍候这位神的萨玛戴神帽、穿神衣、扎腰铃、执手鼓、诵祭词,并作飞舞状,表示神已附身。这时全族人跪在地上,不许抬头,一直祭祀完毕才站起来,气氛肃穆。这则《多龙格格》神话保留了母系社会的痕迹,神话说明满族先民在母系氏族社会就已经开始流行使用弓箭,体现了远古满族先民在狩猎过程中所走过的艰难历程。

满族先民肃慎是最早见于中国古代文献记载的我国东北地区古老居民。在上古舜禹时代,肃慎人已经会制造"楛矢石砮",并以此作为友好的信物与中原通好,有诗为证:

玄菟句丽北沃沮,挹娄建国接扶余。
石砮楛矢周时贡,肃慎先征孔氏书。

这首七绝是清末诗人沈兆褆所写《吉林纪事》中的一首。其中的"石砮楛矢周时贡"用的是《国语·鲁语》中的故事。《国语·鲁语下》记载:"仲尼在陈,有隼集于陈侯之庭而死,楛矢贯之,石砮,其长尺有咫,陈惠公使人以隼如仲尼之馆,问之。仲尼曰:'隼之来也远矣,此肃慎氏之矢也。昔武王克商,通道于九夷百蛮,使各以其方贿来贡,使无忘职业,于是肃慎氏贡楛矢石砮,其长尺有咫。先王欲昭其令德之致远也,以示后人,使永监焉,故名其栝曰肃慎氏之贡矢,以分大姬,配虞胡公而分封诸陈。古者分同姓以珍玉,展亲也;分异姓以远方之职贡,使无忘服也,故分陈以肃慎氏之贡,君若使有司求诸故府,其可得也。'使求,得之金椟,如之。"这是战国时期陈惠公向孔子请教"楛矢石砮"的故事。此时中原已进入发达的青铜器时代,陈惠公不认识隼身上贯穿的"楛矢石砮",派人去请教孔子。孔子说:"这是肃慎氏之矢。"说明当时肃慎人方处于新石器时代,正在使用这种磨制石器。孔子还讲了"武王克商"之时,肃慎族曾来中原进贡"楛矢石砮",说明肃慎和周王朝很早就建立了关系。《国语》中讲述的孔夫子说的周武王时,东北方肃慎族"楛矢石砮"的故事说明了肃慎人的猎术猎具已经驰名中原。

一 满族先民的猎具"楛矢石砮"

弓和箭是人类最古老的武器之一。古人称箭为矢。据《释名·释兵》载:"矢,指也,言其有所指向迅疾也。"因它向前发射,故又称作箭,箭头称作镞或镝。

早期的弓箭制作粗陋,最初的箭本无箭镞,"弦木为弧,剡木为矢",找来一片木条(或竹竿)拴上弓弦,再把削尖的木棍或竹竿当作箭,经火烤加固硬化后制成。这样就可以使用了,杀伤力较低,且易折损,于是改进流程产生了最初的箭镞——骨石箭镞。据考古学专家们考证,骨石箭镞在华夏大地至少有3万年的历史。

石镞,石制的箭头,即肃慎典型器物"楛矢石砮"中的"石砮"。楛矢石砮，尧舜至南北朝时期一直是肃慎向中原进贡的方物，前后约两千年。我国古史对肃慎族系的记载多源自"贡楛矢石砮"。"楛矢石砮"作为一种原始狩猎工具和武器，是肃慎族社会发展到一定阶段的标志，在中国历史上成为肃慎与中原联系的纽带，也几乎成了"肃慎"的同义词，具有文化象征意义。

（一）"楛矢石砮"的材质

《孔子世家》中对"楛矢石砮"的描述是"此箭非木；非石非铁"。多年来，曾有许多专家学者从不同角度来研究"楛矢石砮"，对于"楛矢石砮"的制作材料，一直存有争议，众说纷纭，莫衷一是。

"楛矢石砮"究竟是什么？汉代许慎的《说文解字》对"砮"字的解释是："石可以为矢镞"，意为石质的箭头，是原始弓箭的重要组成部分，被绑在箭杆上的，与弓配套使用。原始弓箭是用竹木制造的，极易腐朽，很难完整保存至今，所以在考古发掘中往往只能见到镞。

后世中外文人对"楛矢石砮"也进行了探索和考证，如下：

《辽东志》卷九"生女真"条："江（黑龙江）口有石，名木化石，坚利，可锉矢镞，土人宝之。"

《大明一统志》卷八九载：女真地土产石砮，"黑龙江口出，名水化石，坚利入铁，可锉矢镞，土人将取之，必先祈神"。

清人吴桭臣《宁古塔纪略》载："近混同江（黑龙江下游），江中出石砮，相传松脂入水千年所化，有纹理如木质，绀碧色，坚过于铁。土人用以砺刃，名为'昂威赫'，即古肃慎氏所贡楛矢石砮是也。予父携归，示诸亲友，王阮亭载之《池北偶谈》中。"

清人杨宾《柳边纪略》载："楛长三四寸，色黑、或黄、或微白，有文理，非铁非石，可以削铁，而每破于石。居人多得之虎儿哈河。相传肃慎氏矢以此为之。好事者藏之家，非斗粟、匹布不可得。楛矢，自肃慎氏至今，凡五贡中国。勿吉、室韦之俗，皆以此为兵器，或曰楛矢，或曰石镞，或曰楛砮，历代史传，言之娓娓。今余所见，直楛耳，无有所为镞与砮也，不知镞与砮，又何以为之也。"

清人俞樾《茶香室丛钞·昂威赫》记载："楛矢自肃慎氏至今凡五贡中国……或曰'石镞'，或曰'楛砮'。"

《东北古族古国文化研究》（下册第157页）写道："在中国古代历史文献记载中，黑龙江流域古代民族中的肃慎、挹娄人，曾使用过一种石镞，被称作

'楛矢石砮'其中的'楛'的发音与日本语中的'黑'字的发音十分接近，显然是中原汉人对当地少数民族语音的一种标音文字。中国的学术界一直对'楛矢石砮'大感不解。我个人认为'楛矢'可能就是'黑色石镞'之义，即用黑曜石制作的石镞。"

"楛"是什么树木？有学者主张是黑龙江流域特产的一种乔木——桦树，认为《后汉书·孔融传》注"今辽左（辽东）有楛木，状如荆，叶如榆也"所指就是桦树。桦树木质密致，木理顺直，做箭杆可以使箭在运动中保持平衡和定向。《黑龙江外记》和《柳边纪略》等清初地方志都记载桦木箭杆曾是宁古塔将军、黑龙江将军每年进献朝廷的例贡。

从语言学上看，"桦木"和"楛矢"的满文汉字注音同为"索拉勒恩"，证明桦木即"楛矢"。"桦树"的蒙文汉字注音为"楛矢"，说明"楛矢"是桦木箭杆（《齐齐哈尔历史述略》第25页）。

以上文献所记"昂威赫"，是古代树木的化石，又称硅化石、硅化木、树化石，被誉为吉祥的象征，因其坚硬过铁，为制造石镞的好材料。《论辽代五国部及其物质文化特征》中记述：在绥滨三号墓地出土"昂威赫"两件，……木变石、木化石、水化石、砺石、昂威赫等实为一物多名。明清时代的著作家往往以之比定为"楛矢石砮"之类，……绥滨三号墓出土的两件砺石，即满语"昂威赫"，亦即地质矿物学称谓的"矽化石"，俗称"木变石"，呈长条状，有纹理如木……"矽化石"虽坚硬，且有木纹而易修整，适于制石镞。矽化石是不可再生的，是大自然的远古遗产，然而来源有限，不可多得。

而"楛"应为一种木类。"楛矢"，即以"楛"制的箭杆。"楛矢石砮"，即以"楛"为箭杆，以石制作箭头的箭。清人吴桭臣没有把"楛矢"与"石砮"区分开；杨宾则"历代史传，言之娓娓"，却把矽化石认作"楛木"，以致"不知镞与砮，又何以为之也"，也是错误的。

黑曜石的颜色由于乌黑，如同墨玉，故而得名。"楛矢石砮"就是用黑曜石制作的石镞，也是错误的。可见，对于古人的记载，我们也不能照单全收，要用质疑的态度去对待。

近代考古学的兴起为我们研究满族早期历史提供了重要的实物资料。考古学是一种实证科学，满族先民虽然古代没有自己的文字史料，中原王朝的文献里的记载又很有限，但是他们毕竟是在东北地区生活、发展、壮大起来的。今天我们可以利用考古学手段，可以通过发掘满族先世几千年来留下的居住遗址、墓葬等，初步恢复满族早期历史。如密山新开流文化遗址出土的石镞、宁安市东康遗址中的箭杆,科学地用证据破解了"楛矢石砮"这一历史之谜。

《话说唐朝的海东盛国》中写道:"20世纪60年代在黑龙江省宁安市东康遗址中的发现,破解了这一历史之谜。在东康遗址中发现,大约几百支箭装在1件桦树皮制成的兜袋箭囊里,其中的箭杆(即'楛矢')已全部炭化,……经鉴定为荆类灌木。荆类灌木质坚而韧,确是做箭杆的优质原料。箭头(砮)则是用骨头磨成,或用石料磨制,其中的柳叶形石质箭头无疑就是所谓的'石砮'了。"这与《黑龙江外记》记载"山谷多桦木,土人以为箭笴(箭袋)、为鞍版、为刀柄。皮以贴弓"相吻合。

对于箭在运动中保持平衡和定向的问题,有这样的记载:"有槽石器为箭杆整直器:丹恩(E. J. Dunn)在20世纪初对南非布须曼(Bushmen)人的民族学调查中发现,布须曼人仍然以砂岩、泥岩或石英岩制作这种工具,用于矫直箭杆。据他的记载,布须曼人以生长在河岸边的芦苇秆做箭杆坯料。芦苇秆很少有笔直的,轻微的弯曲也会影响箭的飞行。布须曼人因此制作有槽的箭杆整直器,槽的宽度正好放入芦苇秆。先将整直器放入火中加热,再将芦苇秆放在槽中,上加压力,反复拖拽,可将弯曲处矫直。待冷却后,芦苇秆会保持笔直。大多认为U形槽石器为箭杆整直器,基本功能是通过加热后摩擦使箭杆端直。中国出土的U形槽石器,形态与世界其他地区非常相似,可以推测,其中至少一部分很可能也是箭杆整直器。"

有了箭杆整直器,解决了箭在运动中保持平衡和定向的问题,"楛矢",楛木制作的箭杆,杆材就可以就地取材使用质地性能较为坚韧的木料。楛木,应该是随手可得的,量大的,如用忍冬、王八骨头、色树、戚树、苕条、桦木、暴马子等灌木制成的。

1972年9月11日—10月23日黑龙江省考古队首次在兴凯湖地区进行了发掘(《密山县新开流遗址》,《考古学报》1979年第4期)。在新开流遗址中,发现墓葬32座,在对墓葬的发掘中发现了随葬品,出土了121件"石砮"(其中120件石镞,1件牙镞),有打制的,也有磨制的。通过查看新开流文化考古资料,石镞的材料除一小部分是页岩外,大部分是用黑曜石制成的。根据文献记载和考古发掘,黑龙江、吉林两省都曾出土过大量"石砮",这是远古部落广泛应用弓箭的丰富物证。在出土的许多石箭头中,发现有许多是由黑曜石、燧石、玛瑙、碧玉、石髓一类的石材制成。所以,石镞("石砮")的材质应该是黑曜石、燧石、玛瑙、碧玉、石髓、页岩等石材磨制而成。

（二）满族先民创造的"楛矢石砮"的发展变化过程

满族素有"引弓之民"之称，反映了弓箭与满族先民的密切关系。制造弓箭是满族先民的早期手工业之一。"楛矢石砮"虽说是石制的箭头，但杀伤力很强，说明当时手工磨制技术已经相当高。

新开流遗址是肃慎先民的遗存，新开流遗址中出土的石镞中涵盖了平底石镞、带铤石镞、凹底石镞、圆底石镞、桂叶形石镞和柳叶型石镞等六种典型样式，且制作精致。石镞大部分是用页岩、黑曜石制成的，可以说是用料讲究，工艺精湛。一件牙镞中穿一孔，镞锋有脊，近底部有凹槽，其锋利程度可以射杀大型禽兽类。遗址中出土有大型猛兽的动物遗骨和不易捕获的多种禽鸟的骨骼，以及大量的石镞，都可以看出当时弓箭的普遍应用和狩猎活动的普遍存在与活跃。新开流先民的狩猎生产在当时当地达到了较高的水平。黑曜石材质石镞的使用，说明当时人们已经能够娴熟地使用弓箭，高超的石镞选料技术，是肃慎先民新开流人工具制作工艺的智慧结晶。

肃慎人，制"楛矢"。据孔夫子说，周武王时，东北方肃慎族"楛矢、石砮（镞）其长尺有咫"。《晋书》记载：肃慎"有石砮皮骨之甲。檀弓三尺五寸，楛矢长尺有咫，其国东北有山出石，其利入铁，将取之必先祈神。周武王时献其楛矢石砮。逮之周公辅成王，复遣使入贺。"公元前1066年（周武王十一年），周武王将肃慎所贡楛矢石砮分赐给诸位王侯珍存，此为我国史籍中关于楛矢石砮的最早记载。

挹娄时期狩猎用的工具还是以弓箭为主，《后汉书》卷八五《挹娄传》记载："挹娄，古肃慎之国也……又善射，发能入人目。弓长四尺，力如弩。矢用楛，长一尺八寸，青石为镞"。虽然挹娄还用其先人肃慎的"楛矢石砮"从事狩猎生产，但在狩猎工具和狩猎技术方面已经有了很大改进和发展，据宁安县东康遗址出土的箭头，有仿金属工具制造的圆铤双翼石镞和三棱形骨镞（《东康原始社会遗址发掘报告》），且能施毒药于箭头，"镞皆施毒，中人即死"（《后汉书》卷八五《挹娄传》），射术高超"……邻国人畏其弓矢，卒不能服也"（《三国志》卷三十）。挹娄人"制毒矢"，"簇皆施毒"，"以射禽兽，中者立死"。挹娄人在石（骨）镞上施毒药猎取野兽，在制作材料和形状上也有了较大的变化，在肃慎时期原有的基础上又被进一步发扬光大。早在公元前5000年的冷兵器时代，中国满族先民挹娄就拥有了毒药制造技术，他们将毒药涂在箭头上，用于射杀猎物和敌人，是一项发明创造。在历史的长河中，人类在与大自然的抗争中,给我们留下了许许多多智慧与创造的果实,"楛矢石砮"便是这样的一个佳作。

勿吉人"人皆善射,以射猎为业,角弓三尺,箭长尺二寸,常七、八月,造毒药,赙箭镞,射禽兽,中者便死"(《北史》卷四十九)。《隋书·靺鞨传》载:"人皆射猎为业。角弓长三尺,箭长尺有二寸。常以七八月造毒药敷矢,以射禽兽,中者立死。"

到渤海、辽金时期,女真已经掌握了选矿、采掘、冶炼、锻造等工业技术,已普遍使用铁镞。渤海时期,狩猎技术和方式有了很大改进,不再像以前那样使用"楛矢石砮"集体围猎,而是采用铁镞、弓箭、刀、矛和棍等作为狩猎工具,并广泛地使用鹰、鹘和犬捕猎。渤海时期重视骑射,常派使臣到国外参加骑射比赛。据日本文献载,渤海国曾多次派使臣参加日本宫廷的"大射"和"内射",精湛的射箭技术,让当时的日本人刮目相看。

程令名《筹辽硕画·东夷努尔哈赤考》载:当时在努尔哈赤所建的佛阿拉城"北门外则铁匠居之,专治铠甲。南门外则弓人、箭人居之,专造弧矢"。建州女真的"弓箭皆强劲,设风炉造箭镞皆淬之",说明当时冶炼技术达到一定水平,而且用唐(指关内汉地)牛角或本地牛角造弓(《李朝睿宗实录》),用兽皮蹄筋制弓弦,用硬木制箭杆。所谓角弓,内有弓胎,用榆、桑等木制成。"其面传以牛角、背加筋胶、外饰桦皮,固以筛,加暖木皮于外,曰弓靶,两以桑木为之……镶以牛角,刻锲于末,以受弦,峭与胎平简相接处,光削一面,以鹿角为方,叫垫弦"(《钦定大清会典事例》),这种角弓射程远而有力。

清代弓箭种类名称繁多,按战斗、田猎、校阅、信号等不同用途有不同式样,仅皇帝围猎所用的箭就有十余种,如鱼叉箭、射虎包头、射虎披箭等。八旗军队里用于战斗的弓箭比较简单,弓用鹿筋做弦;箭有两种,一种叫梅钺,箭镞为尖形,一种叫鈚箭,箭头薄而阔,都是战斗时用的。用桦木或柳木做杆,长3尺,铁镞长3寸。到清末,弓箭逐渐被鸟枪等火器代替,失去了战斗意义。

(三)"楛矢石砮"也曾是满族先民的一种信物

"楛矢石砮"不仅仅是一种狩猎工具和武器,也是一种信物,它诉说着友情和敬意。

《竹书纪年》记载:"帝舜有虞氏二十五年,息慎氏来朝,贡弓矢。"在上古舜禹时代,肃慎人已经用"楛矢石砮"作为友好的信物,与中原通好。在民间,弓箭常作为新老族长权力交替的信物。

二　满族先民的尚武习射习俗

满族先民生活在白山黑水地带，其地山高林密，"山中百兽俱有，虎豹为常兽，不甚可畏，往往与人相望而行，人苟不伤之，亦不伤人。熊最猛，苟遇之，无不伤人者，且善与猎人斗。盖虎豹背枪而走，熊则迎枪而扑，失一枪不中，猎人无不肢裂。其次猛兽为野猪，亦多伤人。狼最险，其害人能出人不意"（《鸡林旧闻录》）。《打猎歌》是一首反映满族先民狩猎生活的民歌，表达了满族先民在自然环境恶劣、生活条件艰苦的情况下战胜困难的信心。

　　　　风吹号，雷打鼓，
　　　　松树伴着桦树舞。
　　　　哈哈带着弓和箭，
　　　　打猎进山谷。
　　　　哟哟呼，哟哟呼，
　　　　打猎不怕苦。
　　　　过雪坎，爬冰湖，
　　　　躲在猛虎必经路。
　　　　拉满弓来猛射箭，
　　　　除掉拦路虎。
　　　　哟哟呼，哟哟呼，
　　　　除掉拦路虎。
　　　　吃虎肉，卖虎骨，
　　　　全家老少紧忙乎。
　　　　熟好虎皮床上铺，
　　　　真呀真舒服。

满族是马背上的民族，有尚武传统，善骑射，在满族说部《天宫大战》中，阿布卡恩都哩送给人间瞒尼神九十二位，其中就有"尼牙库瞒尼"（马上射箭的英雄）。宁古塔一带的东海窝集人曾供奉弓箭神多龙格格，在满族雪祭仪式上的雪坛诸神偶中有弓箭神尼鲁恩都哩色夫。

狩猎曾是满族先民氏族生活中的大事，那些骁勇善战、舍己为人的巴图鲁（英雄）受到人们的尊重和赞美。满族的习俗，生男儿则在房门左框上挂一木制小弓箭，俗称"公子箭"，祈望他将来成为一个"巴图鲁"。满族幼儿有睡悠车的习俗，人们在幼儿的胳膊肘、膝盖、脚脖子三处，用四五寸宽的布带捆绑起来，让孩子在长大时拉弓射箭能保持胳膊平直，骑在马上腿能端正。幼童六七岁开始用"斐兰"（木制的弓箭）习射，"小儿以榆柳为弓曰斐兰，剡荆蒿为矢，翦雉翟鸡翎为羽"（《满洲源流考》第二十卷），并学习骑马。12岁开始吊膀子。吊膀子，就是将少年的双臂绑上扁担，吊在树上，每天吊一次，坚持不懈，可以练出有力的双臂，可拉硬弓。十一二岁的少年就能骑马驰骋，十三四岁开始随父兄参加行围射猎。而满族女子"执鞭驰马也不亚于男子"。满族在除夕之夜，于门柱上悬挂弓矢，意谓居安思危、提高警惕，这种悠久的民族传统形成了许多奇特有趣的风俗和高超的猎技，铸就了满族坚韧不拔、骁勇善战的性格。

（一）满族先民生产习俗的狩猎方式

满族先民渔猎习俗由来已久，长期的渔猎生活构成了民族文化的底蕴，狩猎是满族先民生产习俗的重要组成部分，满族先民在行猎之前首先要选猎达（狩猎头领），原居在东海窝集部的满族先民常举行阖族盛大的神树祭。是时，他们用野牲野禽和鱼类作供品，在神树前祭祀古老的天母、猎神、星辰等宇宙神祇，又由族长和萨满摆起火阵，火阵有的像岭上飞舞长蛇巨蟒，有的像卧虎、奔马，十分壮观。猎手们或骑马或徒步，三五成群来穿火阵，其中有火中棒打驰兔，火阵缚鹿，火中射鸭，火中抓取石珠石盏、嘎拉哈，以及马上的各种火技等活动，谁过火阵次数最多便被全族敬为巴图鲁（英雄），推当猎达。

满族先民的狩猎方式很丰富，最精彩的是打围，金太祖完颜阿骨打曾言："我国中最乐无如打围"（《三朝北盟会编》卷三）。打围，就是隐藏、张网、散开、围拢，将各种大小野兽围在一个大圆圈里，然后聚而歼之，称之打围。打围分古猎法、打小围、打大围、打火围、聚众合围等方式。

1. 古猎法

古猎法，最初是按氏族组织的。古时，"不论人之多寡，照依族寨而行"，各出箭一支，十人中立一总领。属九人而行，各照方面，不许错乱。此总领呼为"牛录（重箭）厄真（主）"。金代的猛安谋克制、清代的八旗制，由此发展而来。

2. 打小围

打小围，清代满族民间狩猎仍袭古俗。一般打围是10余人至30人不等，俗称"打小围"。春、夏、秋三季打小围。猎时，先圈占一处围场，所得虎、豹、野猪、熊、獐、狐、鹿、兔、野鸡、雕羽等，其肉与族邻分食，其中黑狐、元狐、貂鼠、猞猁、狲、虎、豹、海獭、水獭、青鼠、黄鼠等皮张也用于互市贸易。"打小围"也有每户单独出去打猎的。《宁古塔纪略》记载："四季常出猎打围。有朝出暮归者，有两三日而归者，谓之打小围。"

3. 打大围

打大围，冬至之后行大围。满族先民在大型狩猎前，要祭祀山神。祭祀活动一般都是在冬至举行。冬至这天，杀猪宰羊，举行祭祀。人们吃喝歌舞，祈盼狩猎平安，且获得丰收。祭祀之后，就可以进山狩猎了。大围是一种集体出猎的形式。初由族长率领，按人数编成若干队，每队选一有经验的猎手为猎长，负责指挥。满族先民驰骋在崇山峻林之中，穿山越岭，跨涧涉溪，全神贯注。发现兽群后，听猎长的命令，将兽群围住并高声呼喊，逐渐缩小包围圈，将猎物往中间开阔地带赶，这叫赶杖。待猎物进入射程后，猎长下令，猎手们万箭齐发。在狩猎结束时，要在山上祭猎神班达玛发。在围结束日落时分，在猎达的指挥下拢起篝火，燔烧野物，美名其曰"天火肉"。众猎手不分你我，共享野味，饱食痛饮后便是欢快，热烈的歌舞，兴足而归。大围一般20天左右，如果赶上猎物太多，一次出猎也可达两三个月之久，直到过年的前几天才赶回部落。

4. 打火围

打火围，这是女真时期的古猎技。当时，部落长率领族中猎手到达兽群啸驰的山莽，先洒酒叩祭猎神班达玛发，然后敲石呐喊烧山，凭风势火威追剿猛兽。火熄猎毕，用肥大的九头野牲谢天，然后众猎手刮洗潦肉，围火共享"天火肉"。

那清安写的《赋得猎火一山红》，描述了皇帝亲自参加的一次夜间火猎，场面壮观而热烈，有浓厚的民俗风格。

野阔围全暗，俄掠一派红。
山光胜杀气，猎火散天风。

>白草霜成卷，苍鹰夜眼空。
>
>照开云墨墨，飞澈焰熊熊。
>
>万木号朱雀，千峰走祝融。
>
>箭明禽左右，烟涨谷西东。
>
>撒幕沙痕外，韬旌烧影中。
>
>焚莱瞻御弥，离曜静彤弓。

（二）满族先民军事意义的狩猎方式

满族先民的传统出猎方式是聚众合围。《大金国志》载：金都"四时皆猎，……每猎则以随军密布四周，名曰'围场'……"八旗制度建立后，围猎按旗分进行，每旗都有固定的围猎山地。《柳边纪略》载宁古塔地区满族行围："十月，人皆臂鹰走狗，逐捕禽兽，名曰'打围'。按定旗分，不拘平原山谷，围占一处，名曰'围场'。无论人数多寡，必分两翼，由远而近，渐次相逼，名曰'合围'。或曰一合再合。所得禽兽，必饷亲友。"

介福的《合围》是一首描写满族先民集体围猎的情形。诗中景物萧条，动作紧张，具有战斗气氛，体现了满族先民的精骑善射的尚武精神：

>塞外秋搜候，宁同羽猎称。
>
>霜花明似雪，石骨瘦如僧。
>
>撒捩弦声发，超腾马力能。
>
>一围更一岭，步武不相仍。

到清代，满族先民打围的规模达到空前程度。康乾盛世，清廷每年组织一次由皇帝亲自主持，王公大臣和各族首领参加的木兰秋狝，又称"秋狝之典"，这已经不是生产意义上的围猎，而具有练兵的意义了。

"木兰秋狝"在塞外热河地区的木兰围场进行。"木兰"是满语，其意"哨鹿"。秋季是鹿的发情期，公鹿和母鹿相互鸣叫，寻找情侣。一鹿鸣叫，众鹿接踵而至。猎手身披鹿皮，头戴鹿头皮帽，口衔用桦树皮制成的口哨，模仿鹿鸣，引鹿而至，射杀或枪击。"秋狝"一词，本是帝王外出打猎的意思，应四时之变，秋为"狝"、冬为"狩"。木兰围场地势开阔，共占地15000平方公里，南连燕山群峰，北接蒙古坝上草原，森林密布，层峦叠嶂，林木葱茏，鹿狍遍野，虎狼成群，适合行围打猎。由于鹿的数量多于其他野兽，在行围中鹿是主要的猎取对象，而秋天正是鹿求偶分群的季节，哨鹿正是利用鹿的这一特点将鹿群从山林中引出来进行围射。

1. "骑射国俗"与木兰围场

"国俗骑射"是满族的主要民族特征，也是其民族文化的重要组成部分。辽金时期的女真人，"苦辛骑，上下崖壁如飞，济江河，不用舟楫，浮马而渡"。这时，已把步射发展为骑射，"骑射成了金清两朝的'国俗'"。女真人积累了丰富的狩猎经验，"每见野兽之踪，能蹑而摧之，得其潜伏之所"，"以桦皮为角，吹出呦呦之声，呼麋鹿，射而啖之"，"辽王秋岁入山，女真常从呼鹿射虎捕熊，皆其职也"，"金国酷喜田猎，昔都会宁，四时皆猎"。《大金国志》载：金太祖完颜阿骨打曾箭射飞鸟，三发皆中，被辽使称为"奇男子"。金世宗"善骑射，国人推为第一"。金章宗创造了"三日之间，亲射五虎"，"一发贯双鹿"的纪录。

清王朝曾以"弓矢定天下"，入关后，承继女真古风，视"骑射"为"祖制家法""国俗"，坚持满族文化的民族特色。历代清帝反复告诫："骑射，国语及满族之本务，旗人之要务。"（《大清会典·事例》）康熙皇帝说："我朝以武功定天下，而国书翻译贯穿经史创千古所未有。凡考试满洲进士，举人，必先是二者，及准入闱。以其为国家本务，不可逐末而忘夫肇始，是以功令所在，八旗有不与试之士，而无不能射之人；入则含毫挟册，出而跃马弯弧，要旨皆为有用之学。"文武并重是满族教育的基本方针。

满族教育的普及面甚广，八旗幼童十岁以上入学，学习满语及骑射。满族教育在清代起了重大作用，康熙、乾隆等满族皇帝精于汉学，而且弯弓跃马，立下赫赫战功。在平定三藩的战争中，许多国子监满族儒生奔赴战场，发挥了重要作用。如顾八代这样的翰林院学生，能力挽十二石弓，矢不虚发。

清朝历代皇帝都精骑善射，骁勇尚武。康熙皇帝"自幼至老，凡用鸟枪，弓矢获虎一百三十五，……"（《清宫遗闻》），是超级打虎英雄。乾隆皇帝曾创造了"一枪中双虎"及"一枪中两鹿"的奇迹。康熙乾隆不仅本人是神箭手，而且常亲自检阅王公大臣文武官员的射箭优劣。"弓马"曾是八旗子弟晋升的主要标准。清代帝王在政务闲暇之际，勤于演练，身体力行。清帝练习弓术主要包括骑射和步射两种方式，在清代宫苑中设有多处演习步射之所，如畅春园的大西门、圆明园的出入贤良门、避暑山庄的宫门、紫泉行宫的箭厅等。

康熙执政初期，在处理政务的同时，重点着手致力于民族问题，尤其是如何团结和进一步密切与蒙古民族的关系。鉴于满蒙八旗军在入关以后，尚武转向尚文，日益滋长骄逸的作风，原来八旗将士的吃苦耐劳、勇于战斗的军事素质和骑射技能，已经成为强弩之末、余威殆尽了。康熙惟恐承平日久，不好扭转这种局面，会直接影响到清王朝的长治久安。为了防微杜渐，使八旗子弟居安思危，不断提高骑射本领，康熙决定把满族在创业、建国近半个世纪的无数次征战中发挥了巨大作用的"骑射"传统继承下来，决定在北京附近开辟围场，锻炼部队，经他亲自勘定，康熙二十年（1681年），承德府北建立了御用围场——木兰围场。并把木兰秋狝视为"祖制"，奉为"家法"。

满族在入关之前，就曾圈占了大片的山林作围场，吉林就有几个围场："乌拉街在京师东北2300里，我朝发祥之始为满洲虞猎之地，其吉林围场很多，有吉林、伯都讷、阿拉楚喀、四合霍伦贡山、龙岗山"《吉林外记》等处。康熙二十一年（1682年），康熙帝巡视吉林，指示将军巴海、副都统萨布素等："围猎以讲武事，必不可废，亦不可尤时。冬月行大围，腊底行年围，春、夏则视马之肥瘠酌量行围。"此后遂成定例。每年仲冬打大围，腊底打年围，一般都在20天左右。从此"每岁举行秋猎之典，历朝因之，绳法先猷，永远遵行"。

2."木兰秋狝"的方式、盛况及意义

行围季节，塞外时而风雨交加，时而漫天飞雪，皇帝亲率皇子皇孙、王公大臣、八旗官兵万余人马，出喜峰口，经喀喇河屯行宫，会合当地蒙古王公贵族，长驱北上，一路扬鞭策马，射鹿猎虎，风雨无阻。

来到围场，狩猎开始，先是侦察性的小型围猎和哨鹿，继之便是大规模围猎；先由管围大臣率万余名骑兵将士按预先设定的范围，从宿营地出发，兵分两翼，举蓝旗分驰。黎明时，来到向导大臣选的猎物后，由隐藏在圈内密林深处头戴鹿角和身披鹿皮的清兵，吹起木制的长哨，模仿雄鹿求偶的声音。雌鹿闻声而来，雄鹿为夺偶而至，其他野兽则为食鹿而聚拢。合围靠拢，形成了方圆数十里的包围圈，并逐渐缩小。

将士们齐声呼喊，连撵带赶，等到包围圈缩得很小，野兽已在射程以内的时候，把野兽围到皇帝跟前，大臣就请皇上首射，皇子、皇孙随射，然后其他王公贵族骑射，皇帝率皇子等人入围射杀，后又指挥将士围猎。最后是大规模围射。侥幸逃出的野兽，由埋伏在第二线的射手伏击，如猎物过多，皇帝便下令围开一面，任其逃窜。这样的围猎，一天可进行两次。傍晚，将士们向皇帝呈献猎物，皇帝论功行赏，史官注册备案。然后，在原野上点起千百堆篝火，皇帝和士兵围火野餐，共享野味，饱食痛饮后便是欢快、热烈的歌舞。

木兰围场开辟以后，康熙皇帝几乎连年不断，一般是由蒙古王公陪同到围场行猎，木兰秋狝规模盛大，人马众多，如1711年（康熙五十年）随康熙赴围场的官兵竟达3万人。一年一度的围猎每次要进行20天左右，最多时达72围，为满足大批人马食宿休息、储蓄物品及皇帝处理政务的需要，从北京到围场修建20余座行宫。由于此项活动不断升级，康熙皇帝在北巡途中发现承德不错，于是决定在这里建立行宫，作为木兰秋狝途中的一处重要驻扎地。

乾隆皇帝的一生，受圣祖康熙皇帝的影响至深，对祖父推崇备至，处处仿效。乾隆继位后，深知"射是朝家夙所长，承平犹豫哪能忘"，于是"岁举木兰"，终生不息。

在清代诸多帝王中，乾隆在军事方面的才能比较突出，晚年曾自称"十全武功"。乾隆皇帝的步射活动也最为频繁，最早始于康熙六十一年（1722年），当时他12岁，连中五矢，博得皇祖赞许。乾隆皇帝在宫苑中的步射活动以习射、较射、观射为主，参加人员除了乾隆皇帝、皇子皇孙外，还有少数民族首领、使臣，以及诸臣、侍卫与侍从。特别是秋围前的较射活动，已成定例。多年的步射活动，不仅提高了皇族成员及八旗将士的习射技能，对于团结边疆少数民族也起到了积极的促进作用。

在乾隆二十六年建的《永安湃围场殪虎》诗碑中记述了乾隆用祖传神枪一发打中猛虎，使随从"咋舌脱帽"惊服其技。乾隆却说："此亦偶然何足奇？"文中还记述了乾隆与群臣以树为帐，以草为席，炙熟鹿肉，同食珍味的情景，还强调了世守灵器，即神枪锐戈、好弓竹箭一起珍藏，意为武备永不可懈。乾隆十七年在"岳乐围场"建的《神虎枪记》碑和现存的殪虎洞，及另一幅巨帧《乾隆木兰行猎图》，都形象地说明了乾隆马上驰骋、重武善射的精神。

乾隆皇帝曾在避暑山庄行猎，其在《获鹿》诗里写道："苑中之鹿恣其游饮深山壑，与木兰无异——故每亲御火枪'毙'之"。他在《园中获鹿》诗序中写道："偶于园中试发火枪，辄即中鹿。"乾隆皇帝曾一枪中两鹿。他以身作则，精于射术并率先演练，从一侧面反映出其尚武善射、率先习武的治国方略，也是要告诫子孙臣民：在太平盛世也要居安思危，不可因贪图享乐而忘记祖制家法。

满族民间画师兴隆阿所绘的《乾隆木兰秋狝图》巨帧，长380厘米，宽135厘米，真实再现了清帝乾隆继承和发扬满族的骑射传统，到木兰围场举行狩猎的盛况，侧面地反映出"驻跸大营"的面貌及秋狝的盛况。

"木兰秋狝"是一种史诗般的举动，是人类狩猎史上的壮举。这既是狩猎，也是练兵，对当时御外敌、平内乱起了不可低估的历史作用。所以，在清朝鼎盛期，吉林等围场每年"冬月行大围，腊底行军围，春夏则视马之肥瘠，酌量行围"，吉林将军管辖下的司营、官庄等都派人参加，如有不整肃者，照例惩治。这种狩猎方式曾培养出"威名震慑，莫与争锋"的八旗劲旅。

骑射之地木兰秋狝大典是康熙皇帝首创，乾隆皇帝确立，盛行于康乾时期，传至嘉庆皇帝的木兰秋狝之礼，持续了140余年，共举行木兰秋狝105次。木兰秋狝，实际上也是骑射的大检阅、大比赛，通过习武射猎进行了大规模的军事练兵活动，提高了满蒙八旗兵的战斗力，对巩固北部边防、锻炼军队、提高战斗力、怀柔蒙古及其他少数民族起到了积极的作用。

3. 木兰秋狝的终结

清中叶前，整个满族的射箭水平都相当高。到了乾隆五十二年（1787年）七月，乾隆观皇子、诸王、御前大臣步射，竟然无一得中三矢。嘉庆二年（1797年）六月，87岁的乾隆皇帝在宫门前阅嗣皇帝（嘉庆）射箭，共发五矢，中三矢。这两次较射，可以看出乾隆末年已出现尚武习射的松弛。

而隆重盛大的木兰秋狝至道光年间，因国势微弱，已无举行秋狝典礼之力。这一制度在光绪七年（1881年）废止。清中叶以后，在东北地区昔日盛大的打围已经逐渐看不到了。

文孚曾写过一首《三姓四围场感怀》，诗中提倡恢复满族先民当年射猎尚武的精神，保留围场，加强习武，保持全民皆兵的武力优势。

（小序）乾隆甲寅，余随湘浦参知谳案吉林，草木蒙茸之区尚多。道光戊子，使车再来，满目牛山矣。又闻伯都讷围场近已招垦，惟三姓等处四场尚存，乃服前人用意深远。

长白灵秀钟，天授丰镐地。圣人有四海，更重根本治。
龙蟠山河形，虎啸风云契。辽东多将才，淳朴无一嗜。
春耕畜妻孥，秋狝喜武备。兵农本不分，超然合古制。
破阵弦如雷，能令贼胆悸。节钺班师还，论功赏延世。
承恩画凌烟，褒鄂丰神异。白首挂冠归，倚杖课农事。
买牛教子孙，优游升平岁。例禁无稽民，荷锄不得至。

既防浮华染，且恐精锐坠。圣训咸煌煌，案牍千载记。
近年守士官，因循遂小惠。流寓日以多，驱之渐不易。
禾黍望连阡，已成积重势。或云姑升科，聊以佐经费。
所利在皮毛，所伤乃元气。往往成法更，铺张眼前利。
谁能挽狂澜，言之堪裂眦。幸闻有四城，围场在郊次。
犁锄尚未加，草木云霞蔚。寄语良将门，好奋长风志。
复我弧矢威，勉作干城器。谨书告后贤，常守筹国计。

关于满族先民建立的渤海国速亡问题，我国著名东北史学家金毓黻先生认为："渤海灭亡何以如此之速，其中一个原因就是：渤海贵族习尚其宗主国之礼俗文艺，已将往日刚强好武之风，锒蚀殆尽。……"而清朝的衰亡，原因有多方面，清朝后期尚武习俗的衰落，没有与时俱进，应该也是原因之一吧。

三　满族关于尚武习射的诗歌、谚语等

满族民间的射箭比赛一直到清末才逐渐消沉下去。满族素以"城郭射猎之国"著称，有精于骑射的传统，为了生存，曾进行了长期大规模的活动，留下了许多关于习射的诗歌、谚语等，反映了满族先民习射尚武的习俗。如：贵昌的《游猎》，是一首描写打猎生活的诗，诗风刚健雄拔，体现出一种尚武精神。

散猎平原外，悬知狡兔肥。
盘雕旋日下，怒马抱云飞。
晴树天光远，层山野色微。
莫言无一获，谈笑带禽归。

猎歌《射大雁》表现了猎人的高超技艺，说明"神射"在满族先民中相当普遍。如：

排成行，扯成串，
根儿啦嘎拉过大雁。
南吃雁，北吃蛋，

>　　中间啥也捞不着，
>　　仰着脖子往上看。
>　　你也看，我也看，
>　　阿哥射在大雁头，
>　　没有头雁满天散。
>　　……

永忠的《习射》是一首即兴咏射的诗，歌咏满族先民习射尚武的民族传统，抒发诗人在习射有得时的喜悦心情。如：

>　　祖传垂家训，勤习敢怠乎？
>　　射原男子事，不可耻非夫。
>　　勉励休忘武，恭敬念教吾。
>　　连发欣破的，题句寄情娱。

努尔哈赤建立八旗制度以后，将军事活动与民族生产、生活融为一体，并使满族的军事力量加强，八旗军队也终于凭借武力在马背上夺得了天下。《搭擂台》这首民歌也表达了满族先民的尚武精神。如：

>　　柳树歪，柳树歪，
>　　柳树底下搭擂台。
>　　草包饭桶一边站，
>　　真正巴图鲁你上来。
>　　比骑马，比射箭，
>　　七天七夜不吃饭。
>　　赢了就跟罕王走，
>　　输了回家打头练。
>　　练出一身好武艺，
>　　明年今儿个再见面。

《跑马城》是满族儿童玩游戏时唱的儿歌，跑马城游戏是为了培养孩子们的骑马打仗能力，使他们从小就树立不怕吃苦、勇于胜利的信念，长大了为国立功。如：

> 机机灵，武艺能，
> 骑上快马跑马城。
> 三声喊，马城开，
> 我给小姐送信来。
> 贝勒被困在山后，
> 叫我搬兵去援救。
> 小姐你，莫心惊，
> 快找罕王发大兵。
> 小姐立刻上金殿，
> 讨来令旗和令箭。
> 聚将鼓，咚咚敲，
> 骑兵步兵尽我挑。
> 三路元帅就是咱，
> 挑选骑兵整三千。
> 十员战将有奇能，
> 山后一仗定太平。
> 班师回朝齐庆贺，
> 罕王封我勃极烈。

弓箭是满族先民狩猎和作战的武器，与满族人民有着密切的关系。满族关于骑射的谚语有：弓和箭是兄弟；帮人需要弓之力，救人需要箭之速；拿弓的人忘不了箭，骑马的人忘不了鞭；不会拿弓不要去打仗；一枪没打着——白送子；拉弓不放箭——虚张一下；隔山射虎——全凭硬功（弓）等。

满族冬捕节史话

寒冬时节，东北各地竞相举办冬捕节，举行盛大的冰下捕鱼活动。冬捕节是北方高寒地区所特有的，是北方冬季最盛大的以冰雪文化为内容的祭神节庆活动。生活在冰雪生态环境下的中国一些少数民族，如满族、鄂伦春、赫哲族等，曾信奉萨满教。萨满教起源于原始渔猎时代，是在原始信仰基础上发展起来的一种民间信仰活动。萨满教的理论根基是万物有灵论。流传于中国东北到西北边疆地区操阿尔泰语系满－通古斯、蒙古、突厥语族的许多民族中，鄂伦春族、鄂温克族、赫哲族和达斡尔族到20世纪50年代初尚保存萨满教的信仰，其对这些民族的生产生活和社会习俗等各个领域产生过重大影响。

满族先民向来逐水而居，视水为生命之源，视冰雪为圣洁的象征，尤其冬捕在满族人心中更显得尤为神圣。满族人首次凿冰下网捕鱼之前，先举行祭水神等仪式，祭祀结束随着"渔把头"一声"起红网喽"，人移网动，各种活鱼涌出冰面，成千上万条大鱼在冰面上翻腾跳跃，场面壮观。满族冬捕节通过渔猎民族传统的祭水神的方式为冬捕节开网……感谢水神为渔民奉献出丰盛的食物，祈福新的一年里水草肥美、渔业丰收。通过仪式来表达敬畏，祈求福泽。满族先民古老的捕鱼方式与传说，经过千百年的口口相传一直延续至今，长此以往便形成了神奇的冬捕习俗，世代传承。如今冬捕已是我国非物质文化遗产。

冬捕之前，渔场派出"渔把头"到湖面上"勘察"地形，寻找鱼儿藏身的"窝点"。有经验的渔民师傅说，冬季湖面结冰，冰下温度在4℃左右，这时候的鱼扎堆儿且不喜欢游动，要凭经验判断鱼群的位置。对渔民来说，这种祖先流传下来的捕鱼方式，是他们赖以为生的一种古老而神秘技能，每年的冬捕是当地渔民一年中最重要的事，冬捕的好坏关系到渔民来年一年的生活。

那么，满族冬捕节起源于何时，因何而起，又经历了怎样的演变过程呢？

一　满族先民冬捕是为了生存

冬捕节这种渔猎文化起源于史前，兴盛于辽金，至今已有几千年的历史，是一种世代相传的古老渔猎方式。

满族先民在几千年前处于采集渔猎阶段，其地山高林密，江河纵横，禽兽密集，鱼蚌游衍。满族先民是过着以捕鱼为主，兼营狩猎的生活形态。满族先民有着悠久的捕捞历史，主要是捕鱼、采珠等内容。昔日的满族先民将下江河捕鱼、采珠、出海捕猎都称为"打牲"。

（一）采珠丰收是冬捕节的雏形

东北的江河中有蚌蛤，内有东珠，采珠是昔日满族捕捞业中的一个重要内容。最早采集东珠者，是肃慎人，其所采的珍珠称为"东珠"或"北珠"，是黑龙江、松花江、牡丹江水系河蚌中的一种名珠。后来，居住在南起松花江上游、北至瑷珲河、东到牡丹江广大地区内的女真各个部落也都从事采珠活动。最初的人们用来做饰品，后来就用来易物，是他们维持生计的主要来源之一，渤海、辽金时，是重要的商品和贡品。

每年的春夏之时，是女真人采集东珠的季节。此时，女真人的男女老少，都参与采珠。他们乘坐独木舟，来到采珠地点，先祭祀水神，然后青壮年男子赤着身子潜入水底，摸取河蚌。几次下水，装蚌的筐就满了。采蚌人把筐送到岸上，守在岸上的老人、妇女和儿童便把河蚌一一剖开，寻找珍珠。并不是每个河蚌里都有珍珠，每得到一颗女真人便会高兴得又唱又舞，感谢水神赐予。冬季江河湖海会结冰，人们无法采珠。当地有一种天鹅，喜欢吃珠蚌，食蚌后将珠藏于嗉内。而海东青喜欢捕捉大雁，以大雁脑浆为食。于是，聪明的满族先民便训练海东青捕捉这种天鹅，以获得东珠。满族先民这个时期的捕捞，无论是哪个季节，虽艰苦却充满欢乐和希望，是苦中有乐的劳动。

当时正处于采集和渔猎历史阶段的女真人认为东珠是水神的恩赐，因而视东珠为光明和幸福的象征。一年的采集，如果获得丰收，女真人就会在结束采集后的八月十五，全族人聚在一起，跳起萨满舞庆贺，答谢水神。同时也会跳起模仿采珠情景的原始舞蹈，这便是今天珍珠球游戏的雏形。珍珠球游戏所表现的正是当年东北女真先民们采集珍珠时愉快劳动场面，即冬捕节的早期雏形。

可见，满族冬捕节起源于庆祝采珠丰收。

（二）满族先民悠久的捕鱼作业史及丰富多彩的捕鱼方式

渔猎一直是满族先民的重要经济生活，其渔猎之法世代传习，形成了具有地域特点和民族特色的捕鱼风俗。

1. 满族先民悠久的捕鱼作业史

居住在兴凯湖畔的满族先民早在七千年以前就开始捕鱼，1972 年在新开流文化遗址中出土了大量的捕鱼工具，其中有鱼镖、鱼钩、鱼卡、鱼叉，以及石矛、镞、陶网坠、骨穿针等，发现了鱼窖十座。兴凯湖一带的原始先民们当时的捕鱼作业已达到了相当高的水平，捕鱼方法已多样化，有网捞、钩钓、叉捕、诱捕、锥捕及箭射等，捕获数量大，一时食用不完，便采用窖藏方法储存起来。其方法是挖直径 1 米，深半米左右的圆或椭圆的坑穴，层层放入鲜鱼，上加棚盖，并以沙土掩覆（《密山新开流遗址》）。另外，出土的陶器上有多种纹饰，其中大小鱼鳞、网状纹及水波纹等，富有写实色彩，是原始先民捕鱼生活的真实写照。在牡丹江宁安县东康遗址和林口县三道通古城遗址的出土文物中，也发现了鱼钩、鱼叉等捕鱼工具。

1899 年到 1907 年（清光绪二十五年至三十三年）清政府在蜂蜜山设招垦局，兴凯湖一带的捕鱼渔具由鱼钩、鱼标（形似标枪）、鱼叉发展到挡冰障（用苇箔围截鱼群的大型定置捕鱼设备）、栅亮子（即截断水流，用木杆、竹竿等材料编制的亮排捕鱼）、丝挂子等较高级捕鱼设施和渔具。

2. 满族先民丰富多彩的捕鱼方式

往昔，东北的江河湖泊中鱼的品种很多，常见的有：鲤鱼、鲫鱼、鳌花、哲罗、鳟鱼、雅巴河、达发哈、鲟鱼、鳇鱼、白鱼、法罗鱼、鳝鱼、草根、鳊花、重唇、鲶鱼、鲢鱼、凤尾、鲮鱼、狗鱼、牛鱼、雅鱼，以及河蟹、水獭等水珍。

满族的很多古屯，是猎村，又是渔村。满族先民的网具有"围网""荷包网""袖子网""抄罗子"等。捕鱼的方式有很多种，常见的方式有压白杆子、漂白杆、叉秋水、渔叉捕鱼、下虚笼、下亮子、漂倒子、下夜钩等。

满族先民捕鱼时，要看鱼的种类、地势、水势、风向等来选择用什么方式或网具。很多人习惯于使用前人传下来的围网，满语叫"胡里改"。满族的直系祖先女真"胡里改"部，就是以"围网"作部落名。通常一幅围网需七人共同操作，领头人叫"网达"。网达先带领大家祭水神，然后指挥大家围捕，所用的船是两丈多长的"威乎"（独木舟）。网达多是有威望的长者，捕鱼能手。网达能识别"网口"（渔场），每条江河、每个湖泊都有鱼群集中的网口。网口分布着不同的鱼群，如：镜泊湖的东大泡、西大泡盛产湖鲫，达达泡盛产鳟鱼、鲤鱼，夹吉必拉盛产红鱼等。满族人的围网是非常大的，往往一网下来能捕获数百斤。那时的围网捕鱼数量巨大，《黑龙江外记》载："渔网极大，得鱼多，非数十人拽之难出水"。其中鲤鱼最大的有一百多斤重，草根和青根等也有一百多斤的，黑鱼和鳇鱼就更大了。捕鱼季节渔民们以鱼为饭，满族劳动歌谣《月儿圆》中唱道："月儿圆，月儿大……长大嫁给船老大，鱼皮鞋，鱼皮袜，鱼裙鱼袄鱼马褂……冬天冷，夏天长，一年四季鱼当粮……"吃穿用都离不开鱼，形象地反映了渔民生活。

　　由于捕获鱼的数量较大，不能及时运出去，满族渔民就养成了晒奥尔克奇（鱼干，也叫干鱼胚子）的习惯。据《黑龙江外记》载："故五月间产皆市鱼，剖而绳属之，晾屋上，谓之晾鱼胚子，终岁用之不竭"。如今生活在江边的渔民们仍有晾干鱼胚子的习惯，每年五六月间到湖畔渔家还可以看到家家院内晾着的干鱼胚子。

　　常见的捕鱼方式有：

　　压白杆子。在哨口浅水处拦江河，安上两根相对一丈宽的白桦木杆子，渔民夜间提着灯笼拿着鱼叉，见到大鱼紧贴木杆而又不敢跳时，一叉下去便可捕获，凡上叉者都是几十斤以上的大鱼。

　　漂白杆子。在小威乎的船帮上镶一根白色桦木杆子，鱼在夜间到江边觅食，小船摆在二流儿，从上往下漂游。白木杆的一边对着江边，鱼一听到响动就往回跑。看见水面有道白线，就急于想跳过去，这样鱼就正好跳进了船舱里。此法捕到的鱼多是麻口、青鳞子，也有几十斤重的岛子。

　　叉秋水。入冬以前，水凉，鱼都喜欢归深汀，此季节河水清澈见底，可以看到水中鱼群的活动，渔民趴在船上，手里拿一柄长柄鱼叉，事先将叉头放到距河底一尺多的地方，船在水面慢慢地划动，待鱼叉游到大鱼的头上时，一叉下去捕获，此法叉到的鱼皆是几十斤重的怀子、鲤鱼、青根、鳌花等。

　　渔叉捕鱼。用前端带铁钩的木杆渔叉掷水取鱼。鱼负叉后马上沉入水中，渔人放送叉杆上栓系的长绳，并使船随鱼而行，人们称之"溜鱼"。等鱼游不动了，便划船牵鱼至江边，拖鱼上岸。这种方法常可捕获十几斤或百八十斤的鳡条鱼、乌互路鱼、七里牲鱼、大马哈鱼、草鱼、黑鱼、胖头鱼等。

持竿钓鱼。清代，人们喜欢打鱼、吃鱼，也喜欢持竿钓鱼。《宁古塔纪略》载：宁古塔"南门临牡丹江……江中有鱼，极鲜肥而多。有形似缩项鳊，满名'发禄'，满洲人喜食之，夏间最多。予少时喜钓，每天晡夕，持竿垂钓，顷刻便得数尾而归。又有一种生于江边浅水石子下者，上半身似蟹，下截似虾，长二、三寸亦鲜美可食……"

3. 满族先民集中的捕鱼季节

满族先民集中捕鱼多在春、秋、冬三季，即春捕、秋捕、冬捕。

春捕。春天，躲在冰下深水涡子的鱼群憋了一冬，成群结队逆水上游，这时网达带领族人在网口下网捕捞。为了让鱼集中，用石块筑起拦坝，坝中留出通水口下网，俗称"鱼亮子"。张晋彦在《宁古塔山水记》中记载了下亮子捕鱼的情况："捕鱼以石，横截水中，留水口，以柳条织如斗样，下急湍中，名曰亮子。鱼来流入其中，不能回转，尽取之。若捕大鱼，则在水坑中，用网数面四围，尽绝其流，满载而归。若网止一面，则用牛骨系绳上，沉水，二人牵之，远远而来，至网则举网，鱼畏白骨，尽窜入网矣"。到了鱼汛高峰期，江河两岸的满族全家出动，驾着"扎哈"（能坐二三人的木制小船）和"威呼"（独木舟），带着鱼肉、鱼叉、鱼钩、鱼笼等穿梭在江面上，网、叉、钩、笼、堵各显神通，夜以继日，满载而归。在黑龙江省宁安县境内牡丹江江面上的"三道亮子"，就是清廷拨款用乱石截江水而修成的捕鱼亮子，当时是为瓜尔佳氏（满族黑妃传说故事中的皇门关家的原型）所修的。"三道亮子"至今仍被宁安县石岩镇四合村所使用。

秋捕。白露时分，满族渔民驾着小船，穿梭在江河上，白天晚上连续捕捞，这是捕鱼的黄金季节。鳇鱼、鲟鱼、大马哈鱼，渔民们满载而归，开始晾晒奥尔克奇。鳇鱼是我国黑龙江中的"鱼中皇"，又称秦王鱼、大鳇鱼、达氏鳇。据史料记载，它长两三丈，小则重数百斤，最大的足吨，是历代王朝的贡品之一。乾隆皇帝曾在《咏秦王鱼》诗中写道："有目鳏而小，无鳞巨且修。鼻如矜禽戟，头似戴兜鍪。"满族是富有智慧的民族，渔民们凿大木槽埋于地中，把活鱼饲养其中，可以常吃鲜鱼，渔民们把活的鲟鳇鱼等珍贵鱼种装上大水车，送至京城。

冬捕。冬天捕鱼是靠刨冰眼。《黑龙江外记》载："冬则河水尽冻，厚四、五尺。夜间，凿一隙如井，以火照之，鱼辄聚其下，以铁叉叉之，必得大鱼。"当江河冻实之时，满族先民在冰上凿开冰层，有如井口，俗称"冰涡子""冰眼"。冰下缺氧，鱼喜光亮，鱼群蜂拥而至，渔民便用钢叉叉、鱼钩钩。到了夜晚，渔民用松明火把照亮"冬涡子"，鱼便聚在冰口，用钢叉叉，可得大鱼。往昔，当渔人凿冰眼举火把叉鱼时，会有许多人看热闹，清代诗人玄龟吟有"片帆待向松江渡，看取冰鱼夜火明"诗句。渔民常在"冰眼"旁搭个"撮罗子"（窝棚），可以夜以继日地在江上捕鱼。

冻网。满族先民凿冰窟窿下围网捕鱼，俗称"冻网"。人们把网下到江中，夜间则燃起松明火把诱鱼，过一段时间后则可提网收鱼了，一网可捕鱼几百斤或几千斤。清代诗人沈兆禔曾对这些关东特色的捕鱼方式有生动形象的描述：

秦王最大列天筵，
鲋鳇鲻鲟等小鲜。
敲冰不妨探水底，
叉鱼夜火烛冰天。

选择在冬季捕鱼，一是因为这个时候的鱼好吃。淡水鱼大多是冷血动物，为了度过漫长的冬季，鱼在入冬之前都会大量吃东西，以储存脂肪、积蓄能量，一旦水温低于7℃，它们就会进入半休眠状态，在深水区缓慢游动。不吃东西的鱼，体内干净而且没有腥味，这时的鱼肥鲜味美。二是冬捕上来的鱼好储藏。江面酷寒，活蹦乱跳的鱼一出江面便冻成硬块，这种冻鱼格外新鲜，又便于运输。

（三）满族先民创造的有关捕鱼文化传说及谚语

在繁忙的鱼汛期，渔民们忙里偷闲，会传讲许多捕鱼采珠的动人传说，其中有《大马哈鱼救渤海郡王》《大马哈鱼救萨布素将军》《骄傲的鲤鱼》等传说。大马哈鱼是黑龙江的特产，它生在河里长在海里，最后死在江里。相传，大马哈鱼本来住在东洋大海，这种鱼长得特别快，有一天一条鱼问大马哈鱼，你长这么快，长大了干什么呢？大马哈鱼吹嘘说："我一天长一尺，十天长一丈，长到三年吃龙王！"碰巧这话被巡海夜叉听到了，报告了老龙王，老龙王大怒，把大马哈鱼叫到跟前大骂一顿，还贬大马哈鱼一辈子只准过一个年，让巡海夜叉把它们大大小小都撵出东洋大海。大马哈鱼央求，等甩完了籽再走行不行，老龙王不答应，立马都给撵出了大海。

传说渤海郡王打了败仗，带领兵丁退到了三江口。过江以后，没吃的了，有个兵跟渤海郡王说:"这里离东海近,给老龙王写封信,借点粮草吧。"渤海郡王就给老龙王写了封信,老龙王就派虾兵蟹将把大马哈鱼赶进海口,解了燃眉之急。此后便留下了大马哈鱼救驾的故事。

还传说萨布素将军率兵打罗刹时,在黑龙江畔断粮,写黄裱祭告天神。天神派喜鹊神通报东海龙王送粮,龙王将盖龙宫的碎木板乱木屑推到了黑龙江,变成了大马哈鱼,人吃马喂,救了清军,收复了雅克萨。

故事《骄傲的鲤鱼》说的是聪明伶俐的鲤鱼看到别的鱼类不是被钩就是被网,它认为自己是世上最聪明的,便和尼亚玛(人)打赌,如被尼亚玛抓到威呼上,就世世代代啃青根。尼亚玛摸透鲤鱼的弱点,在香饵旁另坠一个带绳的钝钩,终于捕获到威呼上,从此鲤鱼只能啃草根吃了。故事中融入了满族先民的生产知识。

满族先民生活的这片土地上江河湖泊众多,为早期先民们提供了捕鱼的良好环境。这里的人们依山傍水而居,在与大自然的长期相处中形成了许多有关捕鱼文化的谚语,这些谚语生动鲜活,生活气息浓厚,且趣味性强,是这片土地上早期的先民生产生活的真实反映。如:

千斤的鱼在深水急流,
咬汛的鱼在浅滩水沟。
鱼儿顶浪游,
钓鱼要钓风浪口。
白露鲑鱼来,
秋分鱼籽甩。
开江撒下蒙根网,
能得白银千百两。
浅水浅滩捞小鱼,
大江大河网大鱼。

二 辽代"春捺钵"(冬捕)是为了政治统治

契丹是东胡族系鲜卑的后裔,东晋末年史称契丹。一千年前,辽代契丹族是一支驰骋草原的游牧民族,这种独特的生活方式使得其建立的辽廷形成了一种独特的议政方式:捺钵制度。捺钵是契丹语,汉语意为行营、行在、营盘,指辽朝帝王的行营。辽代四时捺钵制是游牧文明的产物,一切重大政治问题均在捺钵中随时处理决定,是政务处理的行政中心。

辽帝一年一度的春捺钵,主要有四个意图:一是从事政务活动,约见各族首领、接纳贡品,商议国事,特别是与北方的女真、室卫、五国部(兀惹、渤海、奥里米、越里笃、越里古)修好;二是携皇族、百官,大宴群臣和使节,享渔猎之乐;三是占岁(观岁星以预测一年的年成好坏,属于对星辰的自然崇拜);四是献庙(祭祖祭天)。

春捺钵的地点通常有两处:一处是混同江;一处是长春河一带。即主要是现在的吉林省前郭尔罗斯蒙古族自治县境内的查干湖和吉林省大安市境内的月亮湖地区。辽代从圣宗皇帝到最后的天祚帝,都喜欢到这里"春捺钵"。

春捺钵的时间是,皇帝正月上旬从辽上京起牙帐出发,沿今乌尔吉木伦河东行到阿鲁科尔沁旗和乌力吉木仁,再北上到今突泉双城辽古城,然后沿洮儿河到四家子古城,最后到达塔虎查干湖。

春捺钵的主要活动是钩鱼和捕鹅猎雁,举行"头鱼宴"和"头鹅宴"。钩鱼时,在冰面上搭起帐篷,凿开四个冰眼,中间的冰眼凿透用以钩鱼,外围的三个不凿透用以观察。鱼将到时观察人等告诉皇帝,皇帝就到中间的冰眼用绳钩掷鱼。鱼中钩负伤带绳逃走,先放松绳子任其去,等鱼游得没劲了,再用绳子把鱼拽上来。钩得的第一条鱼谓之"头鱼",得头鱼后皇帝要举行头鱼宴。

《辽史丛考》所记,契丹人冰下取鱼有渔叉叉鱼、钓竿钓鱼、绳钩掷鱼等方式,实际上是将拉网作业与叉鱼结合到一起,布网、收网在先,而叉鱼则是同捞鱼具有同等意义。

待冰消雪化之时,移帐陆地,开始放出"海东青"捕鹅猎雁。其时,猎得的第一只鹅称之为"头鹅"。皇帝得到头鹅后首献宗庙,祭祀祖先,然后群臣纵饮作乐,举行"头鹅宴"。

历史上,女真各部落曾在契丹族建立的辽国统治下生活了 200 余年。北宋末年,开封上流社会皆以从契丹输入的"北珠"为贵,契丹统治者为从北宋换取大批有用之物,每年都派出官员前往女真生活的地区掠夺北珠。契丹的"银牌天使"至女真,向女真人索要海东青,契丹人放出海东青,擒杀天鹅,以获取珍珠。

辽末天祚帝于早春到女真部落去度"春捺钵"。此时,河水尚未解冻,契丹人便强迫女真人凿冰下水捕捞河蚌，以获取北珠。契丹人在岸上的帐篷里享乐，而采珠的女真人却常冻死冰下……引起民族间的仇恨。

《辽史·本纪》记载，公元1112年春捺钵时，辽天祚帝要求东北各部首领及在千里之内者皆要朝见进贡。酒席间天祚帝命首领们依次歌舞，女真族首领完颜阿骨打"端立直视，辞以不能"。阿骨打在头鱼宴上受辱之后，回到完颜部，经过两年紧锣密鼓的准备，毅然举起了反辽大旗，并一举灭辽建金。契丹人对女真人的海东青和北珠的掠夺也是阿骨打灭辽的原因之一。

辽代的这种冬捕称为"春捺钵"。捺钵是具有一种政治意义的风俗，非营业性食用捕捞，不属于渔业生产，但规模不小，娱乐的也是极少数人。而满族先民女真人则生活在水深火热之中，是无缘参加和享乐的。虽然也是在满族先民生活的地方进行采珠和捕鱼等活动，却是满族先民被辽奴役、剥削、统治下的一种痛苦的经历。

三　金代"春捺钵"（冬捕）是为了操习骑射

金国建立后，也在查干湖畔建起了捺钵制度，到这里钩鱼、捕鹅、猎雁。金代的捺钵只分为春水和秋山两个系列。正如傅乐焕先生所说，春水即春猎之水，秋山即秋猎之山，金朝的捺钵之制，使得春水秋山行宫成为处理国家内政外交的重要场所。而金朝建立后，女真族基本已进入农业社会，金代的捺钵只是女真人对传统渔猎生活方式的象征性保留。金朝诸帝一年之中往往有半年以上的时间不住在都城里，而所谓的春水秋山当然也并不只是娱乐嬉戏而已。金朝的秋山围猎，除了娱乐和避暑外，还有一个目的就是借此操习骑射。

有关金朝捺钵的最早记载，见于马扩的《茆斋自叙》。宋人马扩于宣和五年（1123年）出使金朝，是年三月十一日"朝辞，阿骨打坐所得契丹纳跋行帐，前列契丹旧教坊乐工，作花宴"。这里说的"纳跋"是行帐的同义语。

王禹浪先生于2004年在《黑龙江民族丛刊》上发表了关于"莫力街"为金朝初期春捺钵之地的观点，其论文题目为《金朝初期春水捺钵之地的考察》。

辽代捺钵多以政治活动为中心，金代则多为嬉游和操习骑射为主。

清朝皇帝也部分地保留了捺钵风俗，历代皇帝多以"避暑热河，秋猎木兰"。清康熙皇帝曾亲自在松花江撒网打鱼，曾作诗《松花江网鱼最多，颁赐从臣》：

松花江水深千尺，揆柁移舟网亲掷。
溜洄水急浪花翻，一手提网任所适。
须臾收处激颓波，两岸奔趋人络绎。
小鱼沉网大鱼跃，紫鬣银鳞万千百。
更有巨尾压船头，载以牛车轮欲折。
水寒冰结味益佳，远笑江南夸魴鲫。
遍令颁赐扈从臣，幕下燃薪递烹炙。
天下才俊散四方，网罗咸使登岩廊。
尔等触物思比托，捕鱼勿谓情之常。（《盛京通志》）

满族的捕鱼文化由来已久，冬捕一直是满族及其先民的捕捞及渔业生产习俗，始于远古先民的渔猎生活，风行于辽，盛行于清朝，经历了200多年的辉煌之后，又随着大清王朝的覆灭走向没落。

四　冬捕是重要的文化旅游资源

冬捕是一种有着悠久历史的民族渔猎文化，如今已经成为重要的文化旅游资源，演变为地方旅游和招商项目，对地方的社会文化、经济发展具有重要的推动作用，能为地方渔业经济带来可观的效益。通过冬捕这项集体活动，旨在弘扬古老的渔业文化，打造冬季旅游品牌。近些年，冬捕活动逐渐在各地兴起，但各地的风格有所不同，比较有影响的是：蒙古族风格的有查干湖冬捕（辽代"春捺钵"地点之一）、卧龙湖大辽文化冬捕节（以辽代祭祖仪式为主）；赫哲族风格的有同江八岔赫哲族冬捕节；满族风格的有抚顺新宾满族自治县的冬捕节、镜泊湖冬捕节和兴凯湖冬捕节等。

1. 抚顺新宾冬捕节

新宾满族自治县，在辽宁省抚顺市辖区，位于辽宁省东部，全国第一个满族自治县，满族人口占全县人口的70%以上。1587年努尔哈赤在新宾永陵赫图阿拉城建立女真国，万历四十四年（1616年）春在赫图阿拉城即汗位，建立后金。

为打造新宾冬季旅游品牌，保护和传承满族渔猎文化，抚顺市旅游产业发展委员会、新宾满族自治县人民政府，于2014、2015、2016、2017连续四年在新宾举办满族冬捕年货节，活动充分展示了新宾多彩的民俗文化、浓郁的满族风情、旖旎的冰雪风光和丰富的土特产品，吸引了省内外数万人慕名而来，现场观看了满族秧歌、舞龙舞狮、萨满祭水神表演、满族醒网仪式和冬捕大拉网等，参与了头鱼拍卖及滑冰车、打冰尕、坐马爬犁等满族冰上娱乐项目。村内农家院里准备了最具民间特色的满族流水席，正宗、新鲜的杀猪菜及满族八碟八碗和满族火锅等供游客品尝，游客近距离地领略了满族渔猎文化魅力，满族捕鱼文化在这里得到了传承与发展。

新宾作为中国满族第一县，曾是清王朝发祥之地、满族肇兴之地，将新宾满族冬捕年货节作为特色冬季旅游项目之一，极大地提升了抚顺新宾的知名度，成为新宾乃至辽宁冬季旅游的品牌节庆活动，成为新宾"遥远的赫图阿拉"民俗文化旅游区的重要组成部分，为新宾文化旅游事业的蓬勃发展奠定了良好的基础。

2. 赫哲族冬捕节

2017年1月14日，"中国·同江八岔首届赫哲冬捕文化节"在同江市八岔赫哲族乡的十里荷花泡上隆重开幕。赫哲族是中国北方唯一的世代以渔猎为生的、至今仍保持渔猎传统的民族。主要分布在黑龙江省的同江市、饶河县、抚远县等。

八岔是我国赫哲族的主要聚集地之一。位于黑龙江省同江市东北140公里处的黑龙江南岸，全村现有人口152户430人，占同江市赫哲族人口总数的29%。村域内泡泽、河流众多，有著名的"四泡一河"，是东北鱼种最全的产地之一。江上捕鱼是赫哲族人从古至今保留下来的生产习俗，虽然岁月更迭，但赫哲冬捕的神奇、神秘与神圣依旧。

赫哲八岔首届冬捕节的主题是"欢乐冰雪，激情同江"冰雪嘉年华，吸引了来自周边及各地的近四千人前来观赏。冬捕节上回顾展示了赫哲族历史冬捕的过程、历史冬捕人拉网的过程、古老冬捕捕鱼队等。冬捕节举行了具有赫哲人特色的冬捕萨满祭祀仪式，萨满祈福，头鱼祭祀，拍卖，温吉尼原生态歌舞——八岔渔家女跳萨满舞，赫哲渔民凿冰捕鱼，文艺演出，体验了赫哲族传统捕鱼方式：冬钓比赛、冬泳、抽冰尕、铁锅炖野鱼、大拉网、雪地足球、滑雪板比赛、千人同喝鲜鱼汤、马拉爬犁等，后续还有畅游赫哲风情园、泼雪节等活动。

八岔首届冬捕节第一网打鱼3万多斤，有花鲢、白鲢、草根、鲫鱼、鲤鱼等。这次冬捕节作为同江市冰雪嘉年华活动的一部分，旨在通过举办"赫哲族冬捕文化节"对赫哲民族传统文化进行挖掘、整理，围绕打造同江赫哲渔猎体验区，进一步保护和传承赫哲族传统文化，从而加快推进八岔赫哲族乡的旅游文化产业发展。

同江市正在构建"三区一带"文化旅游格局，即把城区打造成历史文化和非物质文化遗产集中展示区，把街津口赫哲族乡打造成赫哲民俗文化传承保护区，把八岔赫哲族乡打造成赫哲渔猎文化体验区。将三个旅游节点连点成线，构建"赫哲族文化旅游辐射带"，同江市的冰雪文化旅游品牌的知名度将会产生更大的影响力。

3. 镜泊湖冬捕节

镜泊湖是中国最大、世界第二大高山堰塞湖，是我国纬度最靠北的淡水湖之一，位于黑龙江省宁安县境西南部的松花江支流牡丹江干流上，距宁安城50公里。

2017年1月6日，第六届镜泊湖冬捕节在镜泊湖西湖岫子冰面如期举行，本届镜泊湖冬捕节最具亮点的当属"头鱼放生仪式"，与传统方式不同的是，鱼把头将网内最大的头鱼在放生口重新放归冰湖，以感恩大自然对人类慷慨的馈赠，有回归本真、保护生态的寓意，也是对真正萨满渔猎文化内涵的遵循和传承。

镜泊湖冬捕曾创下一网捕捞86万斤的产量，创中国冬捕纪录，至今还无处能及。满族先民打冰眼捕鱼的习俗沿袭至今，现在镜泊湖水产养殖场冬天仍然打冰眼下大网捕鱼，只是现在捕鱼的工具和拉网的动力比古时先进了。1979年镜泊湖水产养殖场工人在西湖岫子打冰眼下大拉网，一次捕鱼1万多斤。

为促进牡丹江冰雪旅游事业的发展，镜泊湖在冬季旅游产品打造上以萨满文化为主题，传承和展现镜泊湖渔猎文化，将冬捕、冰瀑、冰湖、雪堡、萨满村落和自然美景完美融合，充分发挥镜泊湖冬季旅游独特的冰雪资源优势，实现了由观赏性冰雪项目向参与性冰雪项目的转型。镜泊湖冬捕活动将持续到2月份，冬捕期间游客可以看到牡丹江雪堡、萨满祭祀、满族传统射箭、小网挂鱼、鞑子秧歌等一系列活动，游客也可以参与冬捕全过程，参观并亲自体验小网挂鱼或冰上钓鱼、加工、烹制美味湖鱼等，是黑龙江省一项生产与旅游相得益彰的渔猎文化。

镜泊湖是满族先祖肃慎人故地，满族先民在镜泊湖畔繁衍生息，创造了灿烂的文化。镜泊湖流域有着悠久的渔猎文化,本届冬捕节开幕式民俗文化活动表演有省级非物质文化遗产项目——宁古塔正白旗叶赫勒氏家族第十四代传承节目"大浪花秧歌渔家乐",以及镜泊湖景区新推出的一张旅游新名片——镜泊湖的萨满村落,移步其中,可以看到旖旎小镇、木屋雪堡、田园农家、袅袅炊烟,体验一壶酒、一杯茶、热炕头等温暖,充满了浓郁的少数民族冬季旅游特色。

4. 兴凯湖冬捕节

兴凯湖位于密山市境内,原为中国内湖,总面积4380平方公里。1860年中俄《北京条约》签订后,变成了中俄界湖,北部属中国,南部属俄罗斯,是国家AAA级度假、养生、旅游胜地,素有"东方夏威夷"之美称,是亚洲边境最大的淡水湖。兴凯湖中名贵鱼种有二三十种。兴凯湖白鱼是中国四大淡水名鱼之一,在唐代就以"湄沱之鲫"名扬九州岛,并与乌苏里江的大马哈鱼、绥芬河的滩头鱼并称"边塞三珍"。

1958年后水产养殖场场长李正福把冬捕的大白鱼运往北京,通过王震将军,扬名京城。中央领导说:"大白鱼不肥、不腻、低脂肪,鱼鲜味美。"

兴凯湖湖岗上有条小河,沟通大小兴凯湖之水,河上单独有闸。在小兴凯湖一端的河口是个渔港,因在这一带湖面冬捕一网曾捕获鲤科鱼类280吨,1958年时任主管财贸的省委书记处书记杨易辰将此地命名为"鲤鱼港"。

冬捕是满族先民的生产习俗,满族渔猎文化历史悠久,满族先民肃慎人7000年前就在兴凯湖畔创造了灿烂的古代渔猎文明——新开流文化,古老的冬捕方式一直延续至今,将冬捕活动与萨满渔猎文化相结合是古老肃慎族系渔猎生产、生活的历史遗留。

中国人祈求幸福安康是永远不变的主题。冬捕节一般都是在春节前举行,也可以说是迎春纳福、喜迎新春的祈福仪式。冬捕节现场,千里冰封的湖面,生活在湖边的渔民们,头戴狗皮帽,身穿羊皮袄,在现场进行盛大的冬捕活动。

如今的兴凯湖冬捕,打破了传统的捕鱼方式,早已由昔日的人工凿冰眼、人工布网、马拉绞盘牵网改为机械破冰、布网、绞盘牵网。冬捕节上,能亲眼看到几十位渔民拉网捕鱼的壮观场面。数十位渔民将一张千余米的渔网从一个个冰洞穿过,渔网在冰面下形成了一个巨大的环形,经过冰面上渔民的同心协力拖拽,一条条活蹦乱跳的鲜鱼被捕捞上岸,原汁原味地再现了严寒时期满族先民冬捕的场面。满族捕鱼文化习俗在这里得到了完整的传承和发展。

冬捕出网时冰面万鱼跳跃，鱼堆绵延数百米，人们感受着满族渔猎文化的盛大场面，嘎牙子、草鱼、鲫鱼、鲤鱼、大胖头大量出水，第一网中最重的鱼称为头鱼。

作为以冬季捕鱼为主打的文化活动，头鱼拍卖是人们关注的焦点之一。头鱼代表吉祥如意，如果谁幸运地博得头鱼，将预示着赢得新一年的好彩头。

冬捕节现场，游客可以近距离感受满族文化，还能在"兴凯湖渔家宴"中品尝当地最负盛名的大白鱼、湖鲤、白鲢、鳌花等生态鲜鱼的醇美，感受北方肃慎古老民族的渔猎遗风，更深刻地体会到满族曾经的历史。同时，也开拓了市民冬旅的新路线，从细节见证城市发展，使民俗文化游的发展具有特殊的意义。

赫哲族历史上的冬捕方式

赫哲族是中国东北地区一个古老的民族，其先民的历史可追溯到密山新开流文化时期。

到了清代，赫哲人集中生活在松阿察河、大兴凯湖一带。据相关资料记载：当时兴凯湖中鱼类十分丰富，尤以鳇鱼个头为最大，长者一丈或八九尺。沿岸赫哲人以捕大马哈鱼（鲑鱼）、鳇鱼、大白鱼、鳊花、鳌花为生计。他们喜欢吃鱼卵，食用鱼脂肪。选用体形大的鲑鱼、鳇鱼、鲤鱼、鲶鱼、鳡条鱼的韧皮缝制衣、裤、帽盔、靰鞡，所以人称"鱼皮鞑子"。

赫哲族每年下江河湖泊打鱼前，都要用酒祭拜水神（江神、河神等）。赫哲人有谚语："下江敬江神，入山拜山神。"

赫哲族捕捞是传统经济活动，主要方式有：大拉网、冬钓、坐冬库、挡亮子。捕捞工具有：鱼叉、鳇鱼钩、甩钩、快钩、毛毛钩、浪当钩、撅达钩、底钩、拉网、待河网、抬网、挂网、圆锥网、淌网、圈网、扒网、咕咚网、铃铛网、丝挂网等。

不同的环境给各民族文化造就不同的生存方式，赫哲人生活在严寒地区，冬捕是赫哲人赖以生存的一项生产活动，他们冰下捕鱼方法即有网捕又有钩钓。大拉网有百米多长，怎样下到冰层以下需要一套熟练的技巧。下网前，经验丰富的赫哲老渔民通过审视冰面的颜色，选择下网的地点，然后在冰面打好两排冰眼，把网纲在冰下穿过，逐渐围拢，最后在出网口把冰下的渔网拉到冰面上。冬季，无论采用什么方法捕捞，人们都习惯随身携带鱼叉，使用鱼叉叉鱼是一种传统的捕鱼技巧，分不脱柄和脱柄两种鱼叉，他们根据不同的情况来用不同的鱼叉。

"凿冰捕鱼"是存在于赫哲族等北方渔猎民族中的一种传统的捕鱼习俗，具有悠久的历史。冬季以捕鱼为业，形成了赫哲族以"凿冰捕鱼"为主的丰富多彩的捕鱼方式。

赫哲人创造了冰封江面时的干钩钓鱼法，是一种在江面上凿冰捕鱼的方法，男女老幼都十分喜爱并精于此道。他们先在冰面上开一个面盆大小的冰眼，然后把系在短棍上的鱼钩放进江水中，线的前端系着一个木质或金属质小鱼，小鱼身上带钩。以假鱼为诱饵不用任何饵料，只需轻轻抖动手中的短棍就可以了，水中的鱼儿看见金属小鱼，误以为食物在抖动而赶紧吞食，这样鱼就轻易地上钩了。

"下挂子网"捕鱼也是赫哲人凿冰捕鱼的一种传统方法。每当"下挂子网"捕鱼时，人们先用冰镩、冰崩等工具，每隔三丈远的地方凿一个冰眼，然后以两个人一组下挂子网。下网冰眼一般长二尺、宽二尺。届时将网穿在水线杆上，从冰眼处徐徐穿过去就行。

"坐冬库"也是"凿冰叉鱼"的一种形式。届时，赫哲人在鱼经常活动、水深约有1米多的江面上，搭一个上尖下宽的圆锥形草房，在草房中间的冰面上，凿一个直径约有1米左右的冰眼。捕鱼时，为了不让外面的光亮透进来，人们将草房门关紧，一个人手握渔叉在冰眼旁蹲着、静静地等候鱼的游来。因为草房门已经关严，外边亮、屋里黑，当鱼游来的时候从屋内的冰眼看得很清晰。这时，只要举鱼叉叉过去，就能叉到哲罗鱼、细鳞鱼、鳡条鱼、狗鱼等贪吃活食的冷水鱼。

冬季，赫哲族渔民在江河湖泊的冰面上凿冰眼捕鱼，捕到鱼后在江边架起火堆，一边烤鱼（或煮鱼）饮酒，一边唱伊玛堪。赫哲人的冬捕是艰苦的，但也充满了乐趣。

赫哲族是古老的渔猎民族，其生活的地区盛产鱼类，在捕鱼过程中产生了许多传说、谚语及民歌等。如《鳌花姑娘的传说》，说的是打鱼郎用口弦声引来了千年大鳇鱼，向他要到离水宝珠，和鳌花姑娘结为夫妻。富人巴彦玛发想霸占姑娘，逼她三天之内缝制一件百鱼衣，鳌花姑娘按时给富人送去了百鱼衣，富人一穿上身，鱼皮变活鱼，你一口我一口地把富人吃掉了。神话传说体现了赫哲渔民与富人抗争的精神。《挑女婿的传说》讲的是古时候赫哲人挑女婿有三个条件：一是划船快；二是叉鱼快；三是削烤鱼竿快。

赫哲族有关捕鱼的谚语有：

吃不尽的伊玛哈（鱼），
穿不尽的鱼皮衣。
大江一开春天到，
冰排一淌鱼满舱。
撒网提网纲，
抓鱼压网铰。
……

赫哲族有关捕鱼的民歌，如《赫哲人的手和眼睛》：

哲罗鱼窝在百尺深水，
鳌花鱼藏在千庹深流。
赫哲人的双手能翻江倒海，
再狡猾的鱼精也难逃走。
赫尼那唻赫尼那……

满族先民的牧业经济——养马、驯马习俗

满族是一个尚武的民族,其先民以"骑射"著称天下。养马是满族的民族传统,有悠久的牧马历史,早在我国两晋南北朝时期,满族先世肃慎人就开始饲养马,他们"有马不乘,但以为财产而已"(《晋书·肃慎传》)。挹娄人饲养猪、马、牛。勿吉人饲养牛、马,却不知如何使用它们。勿吉人与中原王朝交往密切,先后与北魏、北齐交往多次,据《魏书·勿吉传》载:"去延兴中,遣使乙力支朝献。太和初,又贡马五百匹。"

一 靺鞨时期开始驯马和大量使用马匹

满族先民驯化和大量使用马匹始于靺鞨时期,靺鞨人开始驯服野马。养马在靺鞨人家畜养饲养中占有重要地位,马成为靺鞨人的骑乘、运载和狩猎工具。马匹用于射猎,从以前的步射发展成了马上骑射,如虎添翼。渤海时期,畜牧业有较大发展,培育马、猪、兔等优良品种。靺鞨人擅长饲养良种马匹,《新唐书·渤海传》中载:"俗所贵者,曰太白山之兔,南海之昆布,栅城之豉,扶余之鹿,鄚颉之豕,率宾之马……",渤海时的"率宾之马"为当时名骏,是靺鞨人向唐王朝进贡的马匹,在青、齐、登、德等十五州"货市渤海名马,岁岁不绝"。

二 女真时期出现牧马盛况

辽代女真人骑马,用马驮车载物,已经有了鞍具。

经济习俗

金代，女真人善骑射，已经熟练地掌握了使用马匹的技巧，驰骋于马上射猎，他们"骑上下崖壁如飞，济江河，不用舟楫，浮马而渡"（《大金国志》）。东北地区适于养马。女真时期，畜牧业主要养马和猪，经过几百年的发展，到满族兴起之时"已是骏马遍野，人有骑乘，六畜兴旺，惟马最盛，将胡之家，千百成群；率胡之家，不下数十匹"（《建州闻见录》）。《明实录》《李朝实录》多有女真使者贡马、牧马的记录。富家养马"千百为群"，一般人家养马十几匹，马是所有女真人善养的家畜。据《金史》记载：金世宗时"蕃息之久，马至四十七万"，这仅仅是一个不完全统计，但可看出女真人牧马的盛况。

女真马种的特点与欧洲马相比，多矮小、耐劳、脚力超群。但与朝鲜马相比，则是"体大良善"。女真育马品种有蒙古种、朝鲜种、雅库特（鄂温克）种和满洲种，主要产地在三姓（依兰）、临江、富锦（富克锦）等地。而向南地的穆棱河地区，则是产马特区。

女真时期，马在军事、运输、生产、贸易等方面都曾发挥过重要作用。

女真时期，马匹主要用途是在军事方面，部落强弱以骑兵多少为标志。在各部落酋长迎接贵宾或双方和谈时，有骑兵迎宾列队之俗，少则百骑，多则数百骑，更多时则达千数百骑。

女真时期家家都饲养马匹，尤其普通农家用马匹拉车，马是满族先民主要的畜力。早期满族先民在深山密林中，需要用畜力运输，那时多为单骑驮运，用狍皮或其他兽皮制成的口袋横放在马背上，或一边挂一个，俗称"驮子"。清初到京师进贡，去马市贸易多用这种马驮子运载货物。当时树多林密，野兽成群，人们往往结伴成队行进，领头的马称为"头马"，在马队里最为重要，一匹头马的价值相当于普通马的三至五倍。

金代女真"富者以牛、马为币"。婚配嫁娶，多以马为聘礼，夫婿到女家，根据贫富不同，赠马从多则"百匹"到少则"十匹"。三年后妇归时，甚至以"牛、马数十群，每群九牝一牡，以资遣之"。

马是各部落之间相互赠送的赠品，或向明朝皇帝进贡的礼物。女真人通过与明朝互市，朝贡马匹，获得自己的经济效益，促进了地区社会经济的发展。

明朝政府规定，各个部落按不同等级向明朝政府贡马，一般部落每次贡马在十数匹、几十匹或数百匹不等，有时多达千匹。"女真人进贡的物品中，以马为大宗，岁贡马万匹，为东丹国贡马数的十倍"（《辽史·货志》）。贡马给女真带来高额收入，明朝规定："惟贡马匹即留用，赴京领赏，不论脊肥，每马价十四两"。

明朝永乐年间，在辽东设马市三处。马市中，马的交易成了市场的主导，故当时的边关集市也称为马市。开原马市最盛时入市人数达2万多人，可见当时马匹之多。辽东马市最初只是为了购买军用马匹而设，并由官方包办。"凡马到市，官为之，余师诸人为市。"（《明宣宗实录》）即待官方买卖完毕，方准民间交易。明朝官员用绢、布、米、盐等交换女真人的马匹，也是一种实物交换。明朝初年，在开原、广宁马市上，一匹最好的马，给米15石，最次的马给8石。永乐三年，开原、广宁马市的马价为"上上马，绢八匹，布十二匹；上马，绢四匹，布六匹；中马，绢三匹，布五匹；下马，绢二匹，布四匹；驹，绢一匹，布三匹。"永乐十五年，辽东马市的马价为："上上马一匹，米五石，布绢各五匹；中马，米三石，布绢各三匹；下马，米二石，布绢各二匹；驹，米一石，布二匹。"（《辽海丛书·辽东志》）

马市每岁市马约"十万匹"或"约数十万匹"。（《明经世文编》卷293）

女真的优秀马匹，通过马市交易，输入明军之中，武装明军，加强了边防。女真的养马贡马习俗对于中原与东北边疆地区政治、经济和文化交流与发展都作出了重要的历史贡献。

三　清朝时期养马机构与牧马场

1. 饲马的环境

当时满族先民居住的东北地区，特别是黑龙江区域地广人稀，野兽经常在夜间乘人不备伤害幼畜。咸丰十一年五月仓场侍郎成琦、吉林将军景淳与丁寿畸共同从京城赴兴凯湖勘界。丁寿畸日记如下："十七日，乙亥，据探报云，穆棱河水涨，威忽（注：独木舟）不能渡。威忽者刳（注：刳kū，刳开挖空）木为之，仅用一人，无桨无舵，顺流而济，稍有倾侧即溺于水矣。……二十五日，癸未，雨。住东沟，对山有虎，夜行目光如炬。二十八日，丙戌，住乌什库（注：今密山二人班乡一带）。阳雨经旬，人卧淤泥中，子刻就枕。有虎下山攫马群，骑狂奔，人声鼎沸，多时始定，计伤马四匹。……"为了对付野兽的偷袭，满族先民想出了一些巧妙的办法恐吓野兽："狼夜入城（村），残害牲畜，人家往往缚草为人置墙头，盖以形似者怖之。"（《黑龙江外记》）

2. 养马机构与牧马场

清代的满族承袭其先祖的旧俗，仍然重视畜牧业。民间养马，上层统治者也重视养马、驯马，国家也有专门的养马机构和专职的牧人。

由于满族先民饲养马的时间较长、区域范围较广，在饲养过程中积累了很多饲马的经验。饲养马匹的方法分为散牧与圈养两种。散牧在春、夏、秋三季，选择水草肥美的牧场，有专人负责。牧马多在山林间的草甸子放牧，几十匹或几百匹一群。因满族牧民深谙养马技术，牧场又草丰水美，所以，培育出一批批精良马匹，而且驯养有素，"惟意所适，在山岭险路上奔跑，可以从早到晚不喂草，或有卸鞍之暇便放牧于野，不必用心照管，也不喂以菽粟，到晚间喂些各草或穆草即可。如有急情，则五六昼夜不吃草亦能驰走"（《建州闻见录》）。

在当时满族人比较集中的宁古塔地区，衙门也派拨什库率领兵丁帮助民众放养和训练马匹，每年"冬至令兵丁各山野烧，名曰'放荒'，如此则来年草木更盛。又每年岁端午后，派八旗拨什库一人，率领兵丁几名，将令宁古塔之马，尽放于百里之外有水草处。马尾上系木牌，刻某人名。至七月终方归，此时马已极肥。俱到衙门内，各认木牌牵回"（《宁古塔纪略》）。

冬季则采用厩养，主要的饲草是"羊草"，由牧人秋季准备充足的青贮饲草，晒干储备，无草季节饲用。《黑龙江述略》对当时满族人割饲草的方法作了记载："土人（这里指当地居住的满族人）刈草用芟刀，如镰，柄长七八尺，近刀处置木护刃。刈时立执而左右之，远视若扫雪然。"《黑龙江外记》载："齐齐哈尔羊草畅茂，马食辄肥。远行者微加粱、豆，余不用，故养马最易，有阿敦者十家而九。阿敦，译言牧群也。"

努尔哈赤时期，畜牧业的发展已经相当可观。天命五年（1620年），李朝一名官员向其国王汇报说："所经婆猪江、万遮岭之间，六、七十里之地，放牧马群，漫山蔽野，不知其几万匹"（《栅中日录》第25页）。

《盛京通志》载：满族人关前曾经设有辽东牧场和辽西牧场。辽东牧场初设"官马十群"，辽西牧场初设"官马四十群"。辽东牧场到康熙三十二年（1693年）马群已增至20群，康熙五十年又增马6群。

满族入关后即划定各王及八旗牧场，牧场规模较入关前成倍扩大，牧业在清朝有了广泛的发展，经济效益相当可观。牧马场遍及东北三省，以及北京、天津、张家口五百里方圆一带，宁夏银川、陕西西安、甘肃、新疆伊犁、乌鲁木齐、湖北武汉、四川成都、广东广州等地，都有满族人的牧马场。仅以东北地区大凌河牧场为例，乾隆中叶时大凌河牧场饲养马群34群，每群400匹，计13600余匹。此时满族饲养之良种马多产于蒙古和高丽。官牧场所养之马，用作军需或宫廷用度。

清代特别重视对战马的饲养和训练。太祖时期曾经下令，各官必须善养马匹。如果战马"瘦则打马之主"，如果属下管理不善，马瘦一匹，取主管官"银一两"。努尔哈赤经常察看战马的膘情，马壮者赐酒，马弱者鞭责。朝鲜使臣曾说：建州女真养马"最盛"。

清初设立了御马监，顺治十八年改为阿敦衙门，康熙时改为驷院，并专设医官治疗马病，他们对马的饲养和训练特别精心，"罕有菽粟之喂，每以驰骋为事，俯身转膝、惟意所适、暂有卸鞍之暇，则脱羁而放之。栏内不蔽风雪寒暑，放牧于野"（《黑龙江述略》）。

清代牧业经济的发展，保证了清八旗兵的战斗力和政权的稳定，也为康、乾盛世提供了基本保证。

四　大批良马给满族骑射奠定雄厚的基础

满族堪称马上民族，清军入关前，马匹大部分用于军事，八旗甲兵需自备马匹作乘骑之用。八旗人视马如命，都有高超的养马技术，家家都是饲马能手。

骑射在清朝初年成为国俗之一，所谓骑射，是射箭和骑马技艺的综合。

骑射离不开马匹，清朝上自皇帝、亲王等，下至各级官吏、披甲兵丁都配有随时参战的马匹。

皇太极曾说：男子大丈夫追求的最大目标，莫过于"鲜衣骏马"而已，他曾把大量的马匹作为赏赐，鼓励将士杀敌。满族悠久的养马、驯马习俗，饲养出了大批良马，给满族的"骑射"奠定了雄厚的物质基础。满族先民在当时经济、文化比较落后的情况下，能够统一东北，入主中原，其主要原因是依靠好的战马和骑射之长。

满族八旗军队，兵悍马壮，所向披靡，常令明军望而生畏、不战而逃，甚至闻风丧胆。正如《满洲源流考》所述："我国士卒初有几何，因娴于骑射，以野战则克，攻城则取，天下人称我兵曰：立则不动摇，进则不回顾，威名震慑，莫与交锋……以铁骑奔驰，冲突肉搏蹂躏，无不溃败。或用少击众，以一当千，固因我神武之姿出于天授，贤臣猛将协力同心，亦我驱熊罴之士有勇知方，骑射之精，自其夙习而争先做忾信焉故也"。可见，骑射在满族先民长达半个世纪的无数次征战中，发挥了巨大作用。满族先民精心饲养和驯化马匹，娴于骑射的传统，对于培养民族精神，锻炼民族体魄，增强八旗战斗力，维护祖国统一，都有其积极意义。

清朝中叶以后，由于政治腐败等原因，牧业经济开始走向衰落，八旗兵开始丧失原有的战斗力，至宣统三年（1911年），八旗兵中的骑兵已名存实亡。

满族入关前是狩猎业经济，马匹占主要地位，满族形成的经济基础是农业，近世满族随着农业的发展，马也多用以农耕，牧马的规模也小了，多为一家一户放养。但也有一些满族，仍有高超的骑术，不用马鞍，便可疾走如飞。

五　马在满族传统文化中的反映

满族有许多关于马的民歌、谚语、童谣、歌谣、地名、神话传说等，都反映了满族先民传统的尚武精神。如：

满族谚语。例如："不会骑马不要去打猎，不会拉弓不要去打仗""武艺精不精，单看马箭功""好马在赛场上见识，好汉在战场上识别"等。

满族地名。例如：满语"穆棱"（毛鳞、木伦、木楞），汉译"马"之意，即马生息繁衍之处或牧马场。

满族民间神话。例如：《率宾马》《金马驹》等。

满族民歌。例如：《出征歌》中唱道："拍拍马，整整装，高头大马把脖扬，咴咴叫，铃铛响，郎君上马手持枪。"

满族战争歌谣。例如：《康熙大帝打罗刹》中唱道："康熙大帝打罗刹，派了五百夸兰达，背长弓，骑大马，大酒葫芦腰上挂。马队排了三百里，兵丁就象高粱茬……"

满族新城戏中有马舞，是根据满族古代骑射的舞姿，吸收戏曲传统"趟马"程式而成，多见于单人策马疾行，亦见于群体圆场奔腾。

满族儿童游戏。满族进入辽沈地区后，出现了一种闯关守城的儿童游戏，叫作"跑马城"。儿童边游戏，边对答儿歌。具体玩法：在空旷之地，两队儿童相距十几米，手拉手排成两横列。甲队喊，乙队答，听到点名后冲关。满族童谣《跑马城》中唱道："急急令，跑马城，马城开，打发妞妞阿哥送马来！要哪个？要红缨，红缨不在家，要你青格萨！青格萨不会喝酒。……要你干草垛。干草垛插兵刀，我的兵马由你挑！"反映了满族先民当年戎马边疆的情形。

满族先民的通信习俗

满族先民的通信习俗包括通信工具与通信方式。

一 满族先民的通信工具

狗与马都是满族先民的通信工具,可以传递信息。

1. 狗的血传

狗的血传——满族长篇英雄传说《两世罕王传》记载了建州女真首领王杲和蒙古土默特部的通信方法:王杲和蒙古土默特部王爷商定了联合出兵事宜后,带走了有九个小狗崽的母狗。过了两个月,王杲把建州兵马准备好,便把母狗的肚子割一小口,把写在刮光的小羊皮上的密信塞到伤口里,用丝布裹上,放母狗回去。母狗翻山越岭,穿过草地,回到了土默特部,九个小狗崽激动不已,簇拥上前。蒙古王爷从母狗身上得到密信,准时出兵,取得了战争的胜利。氏族时代,各部落之间的通信方式经常借助这种狗的血传。

猎人远出,需向家人传信时,也经常用狗传信。如在曹保明的《乌拉鹰猎家族》中,捕鹰人要出发前,族长穆昆达要向捕鹰首领赠"礼物",其中一件礼物是"狗"。这狗是族长从部落中精心挑选出来的,主要是会记道,也就是能找到家,无论走过千山万水,它也能把捕鹰人捎回家的"信"带回,同时又能领着家里的人找到捕鹰人住的地方或遇难地方,甚至连尸体摔在哪块石砬子下,它们都记得清清楚楚。

狗,一般都选些黄狗。满族人认为黄色发白发亮的黄狗忠厚,带上黄狗是为了"救"和"保护"捕鹰人。古时,族长牵着要赠予捕鹰人的狗说:

> 黄啊，黄，
> 你跟鹰首领去吧。
> 别人睡觉你醒着，
> 别人走道你记着，
> 千万清清醒醒的，
> 一切事刻在你脑子里
> ……

2. 跑马送信

传递信息，马是驿道中的主要力量，满族民间称为"官道"，是古代交通的陆路干线。历朝都重视驿道的管理，并设驿站驿丁管理驿道，传递信息。渤海、金代、清代都有发达的驿站和完备的驿站制度，保证了官方公文的顺利传递。清代驿站不分昼夜常备12匹快马，拴在墙外铁环上。来往信使驰来时，会对营房驿卒高喊差送的是哪一级"奏章"，驿卒听见喊声，立即解下缰绳，把马牵至驿道等候。信使至，驿卒侍候信使换马，尔后目送信使扬鞭策马而去，谓之换马不换人。驿卒把信使的坐骑缰绳绕到马脖子上，马便会原路返回上站。沿途走屯串街，旗人、民人都不会擅自牵扰。有满族歌谣《公差哥儿跑得欢》中唱道：

> ……
> 老爷庙前是驿站，
> 黑马白马都备鞍。
> 狠打马，紧扬鞭，
> 公差哥儿跑得欢。
> 过大岭，翻高山，
> 换人换马不换鞍。
> 跑得大马两腿弯，
> 大马跑死三千六，
> 小马跑死六千三，
> 不送银子不送钱，

只把军情来回传。

在紧急的边务中，八旗驿丁斗志昂扬，表现了他们炽热的爱国主义情感。

二　满族先民奇特有趣的通信方式

满族先民的通信方式奇特有趣，氏族、部落之间传递信息的方式有多种，其中箭、石都可以充当通信的信物。

1. 神石为凭

在萨满教的自然崇拜中，卓禄妈妈、卓禄玛发（均为石神名）是重要的神祇，有不少满族先民敬奉石神卓禄妈妈、卓禄玛发。古时，一个氏族要分支迁徙，分居时将一块神石摔成几块，每一枝人都要持一块，以后分居的族人以神石为凭，即可认同。如有危难，分居的族人可凭神石求援，对方会义不容辞地解难救危。

2. 巨石信号

往昔，居住在崇山峻林的满族先民出门外猎，当有要事告诉在家的族人，便在族寨人能望见的高山坡上，用白石摆成多种巨大的图案，向族寨输送信号。一般用圆圈表示平安，用方形表示将要有盛大聚会，而一个锐角三角形的尖端所指的方向，即是有重大事端的地方，或喜或忧，族人们会根据巨石信号作出相应的准备和反应。

3. 传箭制度

远古时期，通信不发达，人们怎么联系呢？"楛矢石砮"可以承担这个重任，满族在其先世明代女真人以前，一般常用的通信方式基本上处于"跑马送信""探报"等比较原始的阶段。到15世纪中叶，居住在浑河上游苏子河畔灶突山下的建州女真人，在女真各部中已开始流传一种"传箭制度"。凡遇情况紧急、出兵打仗需要联络时，就在各部间以"传箭"为号，部落之间在箭杆上刻上双方都懂的符号："T"是宴请的请阑；"三"就是有了险情；"×"表示否决；铁箭头则是强硬的宣战等等。传箭制度应是满族先人最早产生的一种通信手段。

满族先民的交通运输工具

满族是渔猎民族，世居白山黑水之间，一年中有近半年是冰雪覆盖的寒冷季节，在长期的生产生活中，积累了丰富的冰雪交通方面的生活经验。满族先民在以渔猎为生的时候，深山密林中有许多地方畜力不达，只能用人力运输，冬季常用人拉爬犁，因比畜力爬犁小，故称"小爬犁"，在冰雪地上拉货行走，格外灵便。畜力运输是马、牛、狗都可拉爬犁，在冰雪上行走，十分方便。

一 满族先民传统交通运输工具——爬犁

爬犁，就像滑冰车。"爬犁，国语曰法喇，制如凌床，而不施铁条，屈木为辕，驾二马，行雪上疾于飞鸟"（《黑龙江外记》卷四），爬犁也称"冰车"。满族先民长期生活在高寒地区，在生产和生活实践中制造出一种适应冬季在雪地里行走的交通运输工具——爬犁。

爬犁制作简单，用木头制成，在下面加上两道铁条（最初为硬杂木杆），原料可到村周围的山上就近取材，使用起来却非常方便，"似车无轮，似榻无足"，不仅适合于进山狩猎、打柴、砍伐木材用，而且是冬季最好的交通工具。冬季大雪封山，江河封冻，大风雪经常把道路淹没，没了"道眼"，车辆很难行走，只有爬犁可以不分道路，只要有冰有雪，便可行走如飞，爬犁在雪上行走非常方便，"在寒带地方为冰雪交通的利器"（《后汉书·东夷传》）。

较大的爬犁可坐三四人，由人拖着在冰雪上奔跑，也可由马或狗来拖，"狗拉爬犁"在我国如今的少数民族地区冬季仍可以看到。

唐代渤海国的内河水运交通，主要利用忽汗河、粟末水、那河、率滨水、夫余川、室建河、鸭绿江、图们江、海兰江、辉发河和乌苏里江的自然水道为纽带，构成连接渤海国各京、府、州、县的水路交通网。渤海国境内的河川纵横，水网密布，陆路交通也要靠渡口来衔接，故对水运的依赖性较大。封冻之后（每年的11月下旬到来年的4月），人们仍可以利用江道，即以狗爬犁和滑雪具来承担交通运输。

爬犁兼具车的功能，在元代被称为狗车。元代官府曾在黑龙江下游一带沿途设立狗站，用女真人的狗车传信牌，每辆车以四狗拉之。《元一统志》记载："狗车，以木为之，其制轻简，形如船，长一丈，阔二尺许，以数狗拽之。"在大兴安岭、黑龙江、松花江畔的女真人多有此俗。

爬犁或许与船有一定的联系，当江河封冻时，人们为了运输把船放在冰面上滑行，久之，又根据具体情况对船进行了改造。明代奴尔干都司岁贡海东青等物，皆由狗车运送。人们在实际运用过程中不断对其改进，至清代爬犁外形已类似车，形状像小车而无轮，此时的爬犁已经完全脱胎于船的样式。早年居住在松花江下游的满族乌扎拉氏曾供奉一位教人拉爬犁的狩猎神。

《吉林地志》载："满清未兴以前，在东海三部之东北，而与渥集部紧相连者，则清纪概以使犬、使鹿别之。"史书又载，自伯力东行1200余里，沿松花江两岸居住的黑斤人，冬季"以数犬驾舟，形如橇，长十一二尺，宽尺余，高如之。雪后则加板于下，铺以兽皮，以钉固之，令可乘人，持篙刺地，上下如飞"。

《吉林乡土志》载："清初，有所谓使犬部者。如今临江等处，每于江上结冰，用狗扒犁。俄境亦有之，其狗皆肥壮而驯，一扒犁以数狗驾之，而头狗价最昂，俄人购者往往一狗值五百羌洋也。"

清代，乾隆皇帝东巡到吉林，对爬犁产生了兴趣，即兴赋诗："架木施箱质莫过，到处遥引重利多。冰天自喜行行坦，雪岭何愁岳岳峨。骏马飞腾难试滑，老牛缓步未妨磋。华轩诚有轮辕饰，人弗庸时奈若何。"

爬犁架子大，最大的有大马车大。如果拉人，还可以支上"睡棚"，在里边坐卧都很舒服。"睡棚"又叫暖棚或皮棚，是用各种动物的皮子搭的，左右各留一个小窗，里面还有火盆、脚炉等。长途旅行可以过夜和抵挡风寒。清末民初，一种专用于载人的暖爬犁出现了，旅居吉林的浙江诗人沈兆禔写有诗句"好比耙犁当传轺，泥行真比似箕橇。关河风雪篷围暖，快马冰头路一条。"

如今，爬犁已演变成东北儿童的一项冰雪游艺活动，现在东北地区的农村儿童在冬季都喜欢玩"冰爬犁"。经常会看到成群少年儿童在封冻的泡子上或江河中尽情地用这种冰车戏耍，还有的儿童坐在用木板制作的小爬犁上，利用山坡的自然坡度由上向下自由滑行，也有一些少年儿童们聚集在一起从山坡上一个接一个地向下滑,还有人在江边或高岗上浇水作为冰道,进行冰车玩耍。现在一些冰雪娱乐场的雪圈,应该说是在满族传统的冰车基础上发展起来的。

二 满族先民的交通运输工具——狗

狗是交通运输工具。

冬季,狗可以拉爬犁,是满族先民最好的交通运输工具。狗车,满语称"乌得气"或称"台里台气"。"狗车,以木为之,其制轻简,形如船,长一丈,阔二尺许,以数狗拽之,……可于冰上雪中行之"(《盛京通志》)。元代官府也用女真人的狗车传信牌,沿途设狗站,在大兴安岭、黑龙江、松花江畔的满族先民多有此俗。居住在黑龙江、松花江、乌苏里江会合处及黑龙江下游的使犬部,每户都养狗。夏季狗可以拉拖船,冬季能帮助狩猎、拉爬犁。在赫哲人的嫁令阔里有一首民谣:

项着烟儿泡,
我们乘坐五狗托拉乞,
去过依兰哈拉。
七条狗拖着威胡船,
逆水拉着纤绳,
我们采过雅格达。
在深山老岳里,
和山中的猛兽搏斗,
猎犬是我们得力的帮手。
在密林里驻营,
在篝火旁边打小宿,
猎犬是我们的忠诚卫士。
那乃人和音达穆,
世世代代形影不离,
朝夕相伴,
赫哲人和猎犬,

狩猎捕鱼的故事，

辈辈相传……

爬犁和狗都是满族传统的交通工具，随着社会的发展现代化的交通工具逐渐取代了它们。但是，在东北的一些乡村或是冰雪旅游景区，这些传统交通工具仍有需求，受到人们的喜爱。

生活习俗

SHENG HUO XI SU

满族火锅溯源

火锅是以锅为器具,最初是以火为热源烧锅,以水或汤导热,来涮煮食物。火锅也叫"锅子""涮锅子",其特色是边煮边吃,吃的时候热气腾腾,汤物合一;围绕世间烟火,洋溢着热烈融洽的气氛,体会的是人情的味道。火锅是中国所特有的食用食品的方式,是最极致的团圆,火锅是圆形设计,食者围成一个圆圈,体现了中国人对于热闹、团圆的中国传统文化习俗。

火锅,自然是与火有关的,在旧石器时代早期人类就已经开始用火了。用火是继石制工具发明之后,人类获取自由征途上一件划时代的大事,是人类征服自然的一次大的飞跃,是原始文化中最伟大的成就之一。在我国出土元谋人化石的地方,也发现距今170万年的灰屑和两块黑色烧骨,证明我国是目前世界上发现用火遗迹最早的国家之一。在满族神话中,有着众多的火神神话,火神的崇高地位和北方先民赖以生存的寒冷的自然环境有关,先民们靠着火的威力,生活在这广阔的寒土地上。相传远古时候,北地朔野寒天,冰河覆地,雪海无垠,万物不生,人类茹血生食,常居于地下同蝼鼠无异,雪消出洞,落雪入地,人蛇同穴,人蝠同眠,十有一生。其其旦女神见北地寒天,冰雪覆盖,万物不生,盗走天神阿布卡恩都哩的神火下凡。在运火的过程中,被神火烧成了火神拖亚拉哈大神……她驱冰雪,逐寒霜……为大地和人类送来火种,招来春天。饮食是人的生存需要,在火被发现之前,人和动物一样,通过自然采摘和觅食来维持生命。恩格斯说:火的使用,第一次使人支配了一种自然力,从而最终把人同动物分开。自从人类发现并运用了火以后,人类才跨进了文明的门槛,从此结束了茹毛饮血的蒙昧时代,进入了人类文明的新时期。

火的使用,给人们带来温暖,带来光明,长期吃熟食也可增强营养,促进人体和人脑的发育,同时饮食习俗也随之出现了。饮食习俗作为传承文化的重要组成部分，分为饮和食两部分。满族火锅属于食的菜肴部分。

一 满族火锅的起源与演变过程

（一）满族火锅的起源

《黑龙江述略》中称赞火锅为"北方之佳品"。满族火锅起源于民间，历史悠久，是满族先民的一项发明，也是满族人冬令最为喜爱的一种饮食方法。

东北古老的土地上有着丰富食物资源，这里曾流传着一首民谚："棒打獐子瓢舀鱼，野鸡飞进饭锅里"。在如此富饶的自然环境中，满族先民在长期的社会实践中形成了本民族极富特色的饮食习俗。满族火锅源于东北古老渔猎民族的烧烤炖煮。最早的火锅是泥锅或陶瓷锅，架在火炭上炖肉煮菜，围坐而食。火锅最早流行于东北的寒冷地区，是满族的传统食俗。

狩猎采集是满族先民的生产方式，古时，居于白山黑水的满族先民们狩猎野餐时，将猎物和采撷的山珍野菜常用篝火烧陶壶陶罐采取炖、煮的方法食用，把猎来的各种兽肉放在锅中加盐煮熟，围锅用刀割着吃。塞外高寒，边烧边吃，火一直燃着，锅里热气腾腾，驱走的是寒冷，品尝到的是暖意，这是火锅的雏形期。鸡西密山县境内的新开流文化遗址，是新石器时代肃慎先民创造的文化，遗址中发现了大量的陶器，有的就是炊煮具，说明七千年前的新开流先民不但能使用火，而且已经进入吃熟食的文明阶段。在宁安县肃慎人原始社会遗址，出土的陶器中有甑、釜等蒸煮器，说明当时的满族先世也已经有了用烧、煮、蒸方法吃熟食的习俗。陶罐是满族先民"炊食合一"的炊食器具，传留至今的满族风味食品"坛肉"，即是其演变而来。

据《松花江下游的赫哲族》记载：赫哲族在出猎时所用的吊锅，土名"哈其法"，这种吊锅是由狩猎生活方式所决定的，利用吊锅来烧水、煮饭、煮肉。吊锅是赫哲人在长期的狩猎生活环境中，创造的最适合狩猎的炊具，不过赫哲人的吊锅是木制的。据考古资料表明，在黑龙江地区出土的一些金代窖藏铁器中都发现了这种吊锅，这说明赫哲族的吊锅和女真人的吊锅有着同样的渊源。

（二）满族先民的火盆火锅

随着社会的发展、人类文明的进步，满族先民也从穴居走向地上建屋而居。

原来露天的野餐,也走进了屋内。同时,由于东北冬季天气寒冷,满族先民在长期与严寒作斗争中发明了一种取暖器具——火盆。火盆是用黄泥制作的,即可以用来取暖,又可以烧烤做饭,当时的火锅就是泥火盆上面放着一个器皿,汤锅开了大家就围坐在火盆旁下肉下菜吃。后来有人在炕桌中间开一个大孔,把火盆放进去用沿担着,顶上放置锅盆,就可以在饭桌上吃了,这就是火盆火锅,即满族民歌中的"火盆桌",也是最原始的可在室内炖煮山珍野味的火锅。火盆桌也彰显了满族家具的鲜明个性。在满族嫁娶习俗中,炕桌和火盆桌都是满族人家生活中的必备器物。时至今日,一些边远的满族人家还保留着这种吃法,据说这样的火锅能保持肉菜原味,味道纯正、鲜美。

还有一则关于火盆火锅的传说,相传康熙皇帝到吉林一带微服私访,一农户请他吃饭,只放一个碳火盆,盆上放一个铜勺,勺内有肉、蘑菇与白菜。康熙吃得很香,便问菜名,主人随口答道:"炭火锅。"

火盆火锅后来有了改进,《宁古塔纪略》中有满族先民吃火锅的记载:"食用时将套桌中间可自动开合的圆板取下,锅放在空当处,下有火盆加热。锅中炖满白肉、血肠、酸菜、粉条,众人围坐,从锅中夹菜而食,饮糜酒,食糊米粥。"满族火锅至今仍保持其传统大沿火锅,即锅有沿,锅沿上可放麻酱等各种小菜。如今流行于辽宁省满族自治县岫岩县的满族火锅,就是把白肉、血肠、酸菜、粉条做好后,把锅端到饭桌上,饭桌上有一自动开合的圆板,将其取下,坐上火锅,把燃着炭火的火盆放在锅下。也有的人家是备用宽沿大火盆,把火锅放在火盆上特制的支架上。食者每人一个酱碟,内放调料,大家围桌盘膝而坐,锅中嘟嘟作响,吃起来别有一番风味。

(三)满族先民的铜火锅

随着金属用品的广泛应用,铜火锅正式诞生。远在一千多年前的辽金时代,东北地区有了铜火锅,并且成了满族先民行军出猎的随行饮具。1984年,内蒙古昭乌达盟敖汉旗出土了一幅墓葬壁画,画中绘有三个契丹人席地而坐,围着一个火锅,有一人在涮羊肉,画上有桌,桌上放着两个盘子,还有酒杯、酒瓶、羊肉块等,描绘的是我国辽代人涮羊肉火锅的情景。

二 渔猎时期满族先民火锅的特点与种类

满族先民的"天火肉"衍化出名目繁多的满族火锅。

早期的满族先民曾以渔猎为生,那时野猪、狍、鹿、獐、熊、虎、山鸡等猎物和各种鱼类是他们的主要食粮。猎毕,猎人们在猎达的带领下,选肥大野牲九头谢天,然后点燃篝火,燔烧野牲。这种燔烤的野牲肉被称作"天火肉",寓意吉祥,众猎手不分你我,共享野味,饱食痛饮后,便是欢快、热烈的歌舞,兴足而归。猎人们在分食的时候往往会留下野物中最美味的部分,如心、肝、里脊等,带回去恭敬族中老人。

这种山林中的原始吃法一直延至近世。后来,满族先民的"天火肉"衍化出名目繁多的满族火锅。

在满族历史上,曾出现过雀火锅、天上锅、水中锅等多种具有满族风格的火锅。

雀火锅。雀火锅是一种陶制的小火锅,仅能放一只或数只山雀,所以这种火锅往往成群放在篝火中烧煮,活雀入锅,味道当然鲜美别致,又往往在野外就餐,更增添几分野趣。

天上锅。天上锅实际上是飞禽锅。满族先民有着浓烈的灵禽崇拜观念,食用百鸟是使人敏捷、吉祥的喜事,所以雁、鹬、天鹅、水鸭子、鹌鹑、山雉等皆可入锅,当然以飞龙为上品。

水中锅。水中锅即鲜鱼锅,专吃江海鲜味。古时常用一种石制方形锅,下部加水煮烧,鱼放进去时往往都是活的,所以其味鲜美。

地上锅。地上锅指专吃林莽间野牲,即用走兽肉制作的火锅,配上木耳、蘑菇等山珍,就更别具一格了。

野意火锅。这是入了清廷官膳单的满族火锅,实际上是上述几种火锅的综合和发展。火锅是满族名馔,也是最早流行于东北寒冷地区的一种美食,曾被满族人称为"野意火锅",讲究"山珍海味,汤鲜肉香"。《奉天通志》记载了这种火锅的特点:其"以锡为之,分上下层,高不及尺,中以红铜为火筒着炭,汤沸时,煮一切肉脯、鸡、鱼,其味无不鲜美。冬月居家,宴客常餐,多喜用之",兼备参、筋,佐以猪、羊、牛、鱼、鸠、鸡、鸭、山雉、虾、蟹子肉等原料,十分丰富。野意火锅所用的锅具一般用铁、锡或红铜制作,炭火,底座较窄，中间开一洞，木炭放进去可以点燃，上半部较宽，呈圆锅池形，中间立有一烟囱，与下面的火灶相通。中间与下部为燃炭加热处，食时将肉汤或鸡汤入锅煮沸，然后把切好的酸菜丝与粉丝、肉片（涮猪肉、羊肉、鸡肉、鱼肉）陆续投入，食者围锅而坐，边煮边吃。此火锅锅具中间上下相通以利于炭烟流出，是满族式锅灶、火炕与烟筒原理的再应用。

地道的满族山珍火锅并杂以狍、野鹿、山雉、飞龙等野味，有的也用各种山蘑菇调汤，如榛蘑、元蘑、草蘑、海拉尔蘑等，使火锅味道更为鲜美，且可御寒。有诗云："比邻春酒喜相过，薄肉酸菜火一锅，海菌千茎龙五爪，何家风味比人多！""薄肉"是指入火锅的切如薄纸的各种肉类；"海菌"是指产于海拉尔的鲜蘑；诗中的"龙"指飞龙鸟；诗中的"五爪"是指飞龙鸟足生五爪。由于气候寒冷，满族先民冬季是没有青菜的。在寒冷的环境里，作为生存手段，必须食用大量的肉类食品，使体内积蓄较高的能量，方能抵御严寒。因此，满族野意火锅是以各种肉为主，很少有青菜。

三 清朝时期的满族火锅

满族火锅随着社会的发展，内容也不断丰富起来。满族火锅不仅成了传承悠久、独具一格的民族风味，火锅品种也越来越多样。清中叶以后，火锅由原来的单一的涮猪肉、羊肉、兔肉，发展到了"什锦火锅""三鲜锅"等，别具风味；还出现了选取各种去骨肉切成薄片的"四生""八生""十二生"（一盘生肉为一生）的菊花火锅。满族民间流传一句顺口溜：穿蟒缎，服宫绸，铜火锅羊羔肉。可见满族人对火锅的喜爱程度。火锅真正发展的鼎盛时期是清代。由于满族先民是从渔猎生活走过来的，仍然对山珍野味为主料的火锅情有独钟，在清代无论乡村百姓、市肆酒楼，还有贵胄皇宫御膳、红喜事、朝廷大典，皆将火锅作为一道压桌主菜，即使中华名宴"满汉全席"亦有火锅压桌。

（一）清朝时期的满族火锅种类

渍菜白肉火锅。这种火锅容积大，装的东西多，为各类火锅之冠。其吃法是，将冷冻的白肉刨成刨花状，放入锅中，即已溶化，再配以酸菜、粉丝、冻豆腐、大海米、蛎黄、冰蟹，并点上口磨汤，肉嫩汤肥，腴而不腻。吃时，蘸以酱油、韭菜花、腐乳，更增添几分鲜美。这种火锅不仅在东北盛行，而且在北京、天津的名饭店中经营。以酸菜、猪肉、粉条为主要材料的火锅是满族最喜欢的菜肴之一。

乌拉满族火锅。鲜香醇厚，历史悠久，承载着北方渔猎民族的味觉偏好，兴盛于沿江的吉林乌拉城，所以叫乌拉火锅。乌拉满族火锅在清朝中叶备受皇家推崇，相传，康熙年轻时曾到吉林水师营和船厂视察，后乘坐龙舟来到打牲乌拉城，时任打牲乌拉总管富察满达尔汉用自家火锅招待了年轻的皇帝，康熙吃过火锅后，对火锅的味道、厨师的厨艺及用景泰蓝制作的火锅都赞不绝口，当即决定，让随从将余下的火锅菜肴、炊具火锅和厨师一同带回皇宫。从此乌拉富察氏火锅便成为皇家主要御膳，清朝皇帝也常到乌拉吃火锅。乌拉满族火锅烹煮的方式和锅具都颇为讲究，属东北传统火锅系列，但又独具特色。其原因主要决定于乌拉地方满族人的遗风遗俗，以及地方特产和传统做法，主要特点有：一是锅大、汤美、野味浓，如下锅菜肴以山蘑、黄花菜、山鸡、河鱼、湖虾为主；二是以地方特产乌拉大白菜所渍制的酸菜为主菜；三是以干菜为主；四是以猪肉为下锅主肉，再配以牛、羊、狍、鹿等肉。乌拉满族火锅在下锅搭配和肉菜摆放上也有其独到之处，即乌拉流传的"前后走，左鱼右虾，四面撒菜花"。"前后走"是指切好的走兽之类的各种肉，放在火锅的前后；"左鱼右虾"是指火锅左边放鱼肉，右边放虾及海鲜产品；"前后撒菜花"是指将切碎的葱花、香菜等吃时要向火锅四周撒，以便调味均匀。乌拉传统火锅很受人们欢迎，尤其秋冬之时，每天食客盈门。有"到吉林必尝乌拉火锅"的说法。

什锦火锅。在丰腴的汤锅里，放下切成薄片的牛、羊肉，味道醇厚，也是满族的一道名菜。

满汉全席。又名"满汉蒸翅烧烤全席"，形成于清中叶，由于满、汉官员经常互相宴请而形成。它不仅是满汉饮食的集萃，也吸取了蒙、回、藏等民族食品的精华，满汉全席是我国一种具有浓郁民族特色的巨型宴席。堪称中华食品之巅峰。满汉全席是中华民族饮食文化的重要组成部分。

在满汉全席中，火锅类、涮锅类和砂锅类菜肴也占突出地位，这类菜肴都与满族风味有关。满族的烧烤、蜜饯、锅类烹法及甜点粥品成了满汉全席的基调。在世界饮食文化中，中国烹饪首屈一指，而满汉全席是中国饮食文化的瑰宝，已经引起世界各界人士的注目，在这里满族作出了杰出的贡献。

（二）清代皇帝与满族火锅

满族的火锅起源于东北，即野意火锅。今日北方之涮羊肉，原名为"野意火锅"，是随清兵入关而传入中原的。在清宫中，历代皇帝都喜食火锅，常常是御膳中的主菜。满族先民曾有"贵壮而贱老"的历史记录，早期是没有庆寿礼习俗的，后来的满族却以敬老尊长的民族传统闻名于世。金代以来，庆寿礼仪在女真人中兴起，到了清代庆寿礼已相当隆重。满族庆寿礼是根据主家条件举办规模不等，有二日、三日、五日、七日之说。晚辈要与寿星共餐满族火锅。直至今世，满族人家的寿宴中火锅还是主食，其气氛还是热烈、隆重。

清代皇帝与千叟宴。清代皇帝曾先后4次举办千叟宴，是历史上最盛大的火锅宴。1713年康熙六十寿诞庆典，在畅春园举办了第一次千叟宴，把当时的耆老硕彦召到宫中，赐予御宴，宴请老人达1000余人，康熙皇帝玄烨作诗一首《千叟宴诗》，从此有了"千叟宴"一词。康熙在1722年正月初二，为了预庆70岁生日，在乾清宫再次举办千叟宴，宴请满、蒙、汉文武大臣及65岁以上老人；正月初五，又举办一次，宴请65岁以上老人。两次共邀请了1000多位老人。据清宫档案记载，乾隆四十八年正月初十日辰正二刻，皇帝在乾清宫筵宴宗室，办530桌宫廷火锅，食材有羊肉、野鸡、狍肉鹿尾等相关野味。乾隆皇帝六下江南，每到一处都吃火锅，致使大江南北火锅盛行。千叟宴始于康熙，盛于乾隆，乾隆时期的"千叟宴"是以火锅为主的御宴。乾隆五十年（1785年）正月初六，也曾于乾清宫举办千叟宴，邀请老人达3000人。最后一次举办千叟宴是嘉庆初年。嘉庆元年（1796年）正月初一，嘉庆登基大典，在宫中设"千叟宴"，由于此时是清朝国力极盛时期，皇帝钦命举行，邀请人数3516人，是清宫中规模最大、与宴者最多的盛大皇家御宴，席上用了1500多个火锅，可谓场面恢宏，是历史上最盛大的火锅宴。此时的火锅，不但以全铜替代了泥陶，而且还有金银火锅。千叟宴成为中国饮食文化中美食美器的一次大展示，也是饮食礼仪的大表演。宴桌分一等、二等，一等为王公、一二品大臣及外国使节等，二等为三至九品官员及无官品的兵民等。一等桌张设摆膳品是：火锅两个，即"银、锡锅各一个"，猪肉、羊肉、鹿肉等。二等桌张摆在丹墀甬路和丹墀以下，为三品至九品官员、蒙古台吉、顶戴、领催、兵民等宴桌，每桌设摆膳品是："铜制"火锅两个，猪肉、羊肉、狍肉等。

如今狩猎生产方式已不复存在，保护野生动物成为当今的社会风尚，野意火锅的食材也有了质的变化。

四　汉族的火锅——生火锅

据《考吃》记载，火锅有"生火锅"与"野意火锅"，生火锅指汉族火锅，野意火锅指满族火锅。《清稗类钞》载："京师冬日，酒家沽饮，案辄有一小釜，沃汤其中，炽火于下，盘置鸡鱼羊豕之肉片。俾客自投入，俟熟而食，故曰生火锅。"

汉族的火锅——生火锅，也经历了漫长的发展过程。

汉族火锅早在商周时期就已经出现，据《韩诗外传》记载，古代祭祀或庆典要"击钟列鼎"而食，即众人围在鼎四周，将牛羊肉等放入鼎中煮熟分食，这就是火锅的萌芽期。能参加列鼎而食的人是享受豪奢生活的贵族。鼎内的食物当时叫作"羹"，火锅又叫"古董羹"，就是因投料入沸汤中发出的"咕咚"声而得名。鼎也经历了从陶鼎到金属鼎的过程。到西周时代，各种陶器也改良制作成较为小型的金属器皿，适合一般人使用。而大的鼎则延伸为权力的象征。

据北齐的《魏书》载，曹丕代汉称帝时期已有铜制火锅出现，其"铸铜为器，大口宽腹，名曰铜爨，即薄且轻，易于熟食"，是当时火锅一类的炊具，但当时并不流行。三国时期出现了一种类似火锅的"五熟釜"，锅中分五格，可调五种味道，类似现在的"多味火锅"。

《中国陶瓷史》中介绍的"樵斗"，即东汉的出土文物"镳斗"，据考证是东汉时期的火锅，是放在火盆之中，以炭火温食。

浙江等地曾出土了5000多年前的与陶釜配套使用的小陶灶，北京延庆县龙庆峡山戎文化遗址中出土的春秋时期青铜火锅，有加热过的痕迹。奴隶社会后期，出现了一种小铜鼎，高不超过20厘米，口径15厘米左右。有的鼎与炉合而为一，即在鼎中铸有一个隔层，将鼎腹分为上下两部分，下层有一个开口，可以送入炭火，四周镂空作通风的烟孔。有的鼎腹较浅，鼎中间夹一炭盘，人们称这种类型的鼎为"温鼎"。汉代出现一种称为"染炉""染杯"的小铜器，构造分为三部分：主体为炭炉；上面有盛食物的杯，容积一般为250至300毫升；下面有承接炭火的盘。可以推断这就是古代单人使用的小火锅。

唐宋时，火锅开始盛行，官府和名流家中设宴，多备火锅……唐白居易曾写诗："绿蚁新醅酒，红泥小火炉。晚来天欲雪，能饮一杯无？"描述了当时食火锅的情景。诗中的"红泥"，即指陶瓷。

到宋代，火锅的吃法在民间已十分常见，在整个火锅历史的演变上描写火锅最为传神的是南宋时代林洪所著的《山家清供》，也是我国最早有文字记载吃涮肉者。在当时，林洪前往武夷山拜访隐士止止师，快到山峰时下起大雪，一只飞奔的野兔滚下石来，被林洪抓到，林洪想烤来吃，问止止师会不会烧兔肉，止止师回答他说："我在山中吃兔子是这样的，在桌上放个生炭的小火炉，炉上架个汤锅，把兔肉切成薄片，用酒、酱、椒、桂做成调味汁，等汤开了夹着片在汤中涮熟，蘸着调味料吃。"林洪吃后觉得如此吃法非常鲜美，便为这一吃法取了"拨霞供"的美名，取自"浪涌晴江雪，风翻晚照霞"的美丽光景。

还有一传说，依兰三姓是火锅的发源地，并称是北宋末代皇帝徽宗赵佶首创。话说当年乾隆与刘墉微服私访，到了三姓，进入一家火锅店，店主竟是徽、钦二帝的后人，徽宗赵佶二十四世长门长孙赵人龙，是三姓地面的赵氏族长。赵人龙讲述了火锅来历。

北宋"靖康之变"以后，徽、钦二帝被金兵掳至五国城"坐井观天"，由于当时此地尚不开化，饮食习惯与中原截然不同，缺少五谷，没有蔬菜，成天吃牛羊肉，少有炊具，不善于烹调，只是水煮、火烤，半生不熟，徽宗赵佶从在李师师处看到的手炉而受到启发，便把瓦盆盛上汤后放到炭火上，将牛羊肉切成薄片放在汤里煮炖，汤里放上调料。后来，赵佶又让匠人做了个中间突起、四周凹陷的夹层铁锅，中间烧火、夹层煮肉，赵佶将此锅命名为火锅，将原来的瓦盆锅命名为砂锅。这种吃法传到金人那里，从锅的质地到食材不断改进逐渐兴盛起来。乾隆、刘墉听完赵人龙的讲述，又品尝了三姓的赵氏火锅，感觉味道不错，乾隆便让刘墉把火锅的吃法带回京城，受到欢迎，于是火锅走向全国。传说毕竟是传说，说明了人们对火锅的喜爱，及当下人们抢夺文化资源的现象。

有人说四川的火锅是最正宗的，有学者认为，四川的火锅是满官员带过去的，只不过是当地人加了辣椒而已。

笔者认为，满族火锅和汉族火锅应该是各有起源，按着各自的轨迹发展。在发展的过程中偶然有了交汇，互相取长补短，日趋完美，成为你中有我、我中有你的状况。因火锅味道鲜美，气氛热烈，而成为人们餐桌上一道美味佳肴，风靡中华大地。

五　近现代满族火锅

到了清朝，随着八旗入关，八旗官兵到全国各地驻防，使满族火锅遍及全国。

满族火锅在全国流行后，各地居民把本地佳肴食俗融入火锅，出现了许多新品种，百花纷呈，风味各异。

到了清末民初，全国已形成了几十种不同的火锅，火锅的发展也入乡随俗，实现了"本土化"，现在全国可基本上分为五大类，即东北传统火锅、北京宫廷火锅、港粤海鲜青菜火锅、江浙海鲜火锅、四川麻辣火锅，应该说各有特色。著名的如广东的"海鲜火锅"、苏杭一带的"菊花火锅"、云南的"滇味火锅"、湘西的"狗肉火锅"、重庆的"毛肚火锅"、杭州的"三鲜火锅"、湖北的"野味火锅"、东北的"白肉火锅"、香港的"牛肉火锅"、上海的"什锦火锅"等，都别具特色。

一锅在手，温暖一冬。缺少火锅的冬季，是不完整的冬季。寒冬来临，中华大地随处火锅飘香。随着科技的进步，火锅品种也丰富多彩，从燃料区分有木炭火锅、煤气火锅、电火锅、酒精火锅等；从质地区分有锡制火锅、铝制火锅、不锈钢火锅、搪瓷火锅等；从结构区分有连体火锅、分体式火锅、鸳鸯式火锅等；按烹饪风格区分有汤卤火锅、清炖火锅、水煮火锅等。

火锅器皿的变化不大，燃料使用的变化却很大，从柴火到木炭，从电炉、酒精到瓦斯、电磁炉，以木炭的使用历史最久远，也最有风味。现代的火锅制作更是五花八门，已将当代科技用在火锅的制造上，于是出现了电火锅，并且使用当代科技用电脑自动控制温度，人们虽然享受到现代高科技带来的方便，但总感到不如原来炭火锅那样一种自然的气氛。传统木炭火锅带来的口感和营养价值是在现代电加热火锅难以品尝到的，原始的满族火锅，吃法原始自然，吃起来会令人联想起"噼啪"作响的山林篝火，"吱吱"作响的小吊锅，因此，烧炭的满族铜火锅仍有一席之地，被现代人们所喜爱。

2016年7月26日，吉林市街头立起了5.55米高、直径5.35米、总重量3.3吨的大火锅，大约有两层楼高，它通体金色铜质，印有两条金龙，花费40余万元人民币，是"最大的乌拉满族铜火锅"，创吉尼斯世界纪录。

美味遍地有，火锅最销魂。火锅花色纷呈，无论何种食材、形色各异，置于火锅中翻滚，百锅千味，荤与素，生与熟，麻辣与香甜，都能和谐相融，方圆间海纳百川。文化有传承才能延续，满族文化、中华民族传统文化也在满族火锅中得以传承，发扬光大。

满族先民的佩饰

满族先民素有佩饰习俗,其中有骨饰、石饰、珠饰、金饰、柳饰、羽饰等,满族先民这些佩饰有的代表着神灵的庇佑,有的象征着勇敢无畏,有的计岁……它们或实用,或凝聚着审美情趣,或积淀着宗教观念、民俗意识等。而满族先民佩带珠饰、石饰的习俗,是满族佩饰习俗的组成部分。

一 清朝礼服的重要佩饰——东珠朝珠

满族先民素有崇珠习俗,满族入主中原后,把佩戴珠饰的传统带入宫廷,把珠饰定为服饰典制,成为清朝礼服的重要佩饰——朝珠。朝珠以东珠朝珠最为尊贵,由于东珠朝珠存世量少,又与清代服饰典制密切相关,所以具有重要的研究价值。现今存世的东珠朝珠极为珍贵,定为国家一级文物。而它的珍贵凝结着无数工匠的智慧和心血。

(一) 满族先民崇珠习俗

满族先民素有崇珠习俗,珠饰是满族先民的佩饰之一。有七千年历史的新开流文化遗址中出土了两件扁平圆形的石珠,可见满族先民的珠饰习俗之悠久。

金代女真喜欢珠饰,贵族以东珠作顶珠。据《金史·舆服志》载:"金人……贵显者方顶循十字缝饰以珠,其中贯以大者,谓之顶珠"。金以后以金、银、铜、玉翠、玛瑙、珊瑚所替代。

女真老人常以"令珠"计岁,每年岁首增一珠,挂以胸前,死后同入葬。《建州闻见录》的作者申忠一亲眼见到"奴酋(努尔哈赤)常坐,手持念珠而数",可见明末女真人挂珠的风尚。

满族先民还选取鱼瞳仁做珠,《册府元龟》载:"开元七年,靺鞨献鲸鲵鱼睛"。可见鲸睛是一种重要贡品。在满族长篇传说《东海沉冤录》中讲述了东海窝集部的女真人以鱼睛作佩珠,并选鱼睛珠三百颗,贡与乌拉王。据传鱼睛珠知海潮,湿润不燥,炎夏佩戴凉爽。《金史》记载了渤海王朝曾以鲸鲵鱼睛为珠并入贡中原、鲸鲵鱼睛是珠的仿制品,以此为珠也是满族先民崇珠的表现。

(二) 朝珠颗数寓意

满族入主中原后,把佩戴珠饰的传统带入宫廷,把珠饰定为服饰典制,成为清朝礼服的重要佩饰——朝珠,是挂在清朝礼服中颈项间,垂于胸前的一种重要配饰,是清代特有的冠服配饰之一。

朝珠的颗数是 108 颗,其寓意有如下几种说法。

1. 朝珠与佛教的渊源

朝珠是清朝的独创,二十四史中其他朝代都没有这种规定。朝珠与出现更早的僧侣项下的佛珠样式相同,珠数相等,也是 108 颗。僧人的佛珠是念经用的,可以用来计数诵读经文的遍数。

有人说朝珠原是佛教数珠的发展,清代皇帝笃信藏传佛教,梵文称满洲为"曼珠"的转音,佛教徒对清朝皇帝有"曼珠师利"大皇帝之称,"曼珠师利"就是文殊菩萨。因此,清代冠服配饰中的朝珠也和佛教数珠有渊源。

2. 朝珠与节气的渊源

朝珠隆重、威严、尊贵,朝珠的各部分构成是有特定寓意的。它的 108 颗数字,表示一年十二个月、二十四节气、七十二候(古时五天为一候)之总和,四个佛头(四个大珠)象征春、夏、秋、冬四个季节,下垂于背后的佛头、背云则寓意"一元复始",有三串绿松石小珠,称作"记捻",小珠共有 30 颗,记捻表示一月中的上、中、下三个旬期,总和为 30 天。

(三) 东珠朝珠的佩戴制度

按清代冠服制度,君臣、命妇凡穿朝服或吉服必于胸前挂朝珠。朝珠是清朝君臣朝服上必须佩戴的珠串。据《大清会典》记载,戴朝珠有严格的规定,自皇帝、后妃到文官五品、武官四品以上,皆挂朝珠。皇帝通常拥有四串颜色各异的朝珠,以陪衬多样服饰出席不同仪式祭典。

朝珠质地有东珠、珊瑚、青金石、密珀、翡翠、玛瑙、水晶、红宝石、蓝宝石、碧玺、玉等。皇帝和群臣所用的朝珠，在材质上有着极其严格的区分。皇帝佩戴东珠、青金石、珊瑚石等珍贵材质的朝珠，其他王公大臣一般佩戴琥珀、金珀、水晶、珊瑚、玛瑙、象牙、翡翠、密蜡、碧玺等名贵材质制成的朝珠。朝珠以东珠朝珠最为尊贵，只有皇帝、皇太后、皇后及一品文武大臣方可佩带东珠朝珠。清朝皇室一直以东珠为至宝，以能够佩戴东珠为至尊。《清宫词》中有"朝元法服先收拾，亲拣东珠缀宝冠"的句子，乾隆皇帝有诗赞曰东珠："大地沉潴清渊沦，光涵玑斗潜效珍"。

东珠受到清代宫廷的青睐，在皇帝和后妃的首饰及器物装饰中普遍使用，用以镶嵌在冠服饰物上。按制度皇帝戴东珠朝珠，皇太后，皇后戴一盘东珠两盘珊瑚，皇帝、太后、皇后的朝冠都有三层珠顶。《清史稿·舆服志二》载："皇帝朝冠……顶三层，贯东珠各一，皆承以金龙四，饰东珠如其数。"《清史稿·舆服二》说：皇帝的朝珠"用东珠一百有八……大典礼御之"。后宫只有皇后级别的可以使用三颗以上同戴。皇后、皇太后的冬朝冠，缀饰的东珠与珍珠约300颗，冠顶东珠13颗，珍珠51颗，余如耳饰、朝珠等也用东珠镶嵌，皇帝、后妃、亲王、皇子、公、侯、伯、子、男爵等的冠、带上也要饰以东珠。

东珠在清朝一直被奉为上品，王公冠顶的饰物上其东珠按大小、多少分成不同等级，代表着地位的高低，因此受到嫔妃和王公们的珍爱。有乾隆咏东珠诗为证：

出蚌阴精称自古，大东毓瑞未前闻。
混同鸭绿圆流颗，合浦交州狃产分。
取自珠轩供赋役，殊他蜓户效殷勤。
纬萧亦识留名喻，沽誉难更旧制云。

清朝官员等级分"九品十八级"，每品有正、从之别，不在十八级以内的叫作"未入流"，在级别上属于从九品。官员服饰上的东珠有具体规定：
文官：
一品仙鹤补，朝冠顶饰东珠一颗、上衔红宝石，……
二品锦鸡补，朝冠顶饰小宝石一块，上衔镂花珊瑚，……
三品孔雀补，朝冠顶饰小红宝石，上衔小蓝宝石，……
……

武官：
一品麒麟补，朝冠顶饰东珠一颗、上衔红宝石，……
二品狮子补，朝冠顶饰小宝石一块，上衔镂花珊瑚，……
三品豹子补，朝冠顶饰小红宝石，上衔小蓝宝石，……
……

珠饰成了皇家威严的标识，是显示身份和地位的标志之一。朝臣中，什么级别用多少东珠都有严格的规制，不可滥用。平民百姓在任何时候都不许佩挂东珠。

（四）东珠与清代后妃

1. 东珠与孝贤皇后

长春宫是西六宫之一，也是明清两代后妃居住的宫殿。清代乾隆皇帝的母亲孝贤皇后曾在这里住过。孝贤皇后去世后，为了纪念，乾隆帝下令保留长春宫孝贤皇后居住时的原陈设，凡是她使用过的奁具、衣物等全都保留，一切按原样摆放，并将孝贤皇后的画像、生前用的东珠顶冠和东珠朝珠供奉在长春宫，这种陈设和做法一直保留了很多年。

《清实录》亦载：谕、长春宫向有孝贤皇后东珠顶冠、东珠朝珠等件。……所有长春宫供奉孝贤皇后东珠顶冠、东珠朝珠等物，嗣皇帝即位后，皇后即可服用……

2. 东珠与慈禧太后

咸丰皇帝临死前，将一颗大如鸡卵的东珠赐给了东太后慈安。有一次，慈禧生病高烧不退，慈安听太医们说把那颗硕大的东珠握在手中有退烧的神奇功效，便将这颗东珠取出来，亲自送到慈禧的寝宫，让她握在手中。果然慈禧退了烧，可后来这颗东珠被慈禧据为己有……

晚清的慈禧太后，被称为"珍珠饕餮"，生前占有难以计数的珍珠，死后将数量巨大的珍珠带进了棺材，作为殉葬。

慈禧穿朝服戴朝冠垂帘听政时，脖子上挂一串长长的朝珠，这朝珠是用珊瑚和东珠穿成的，每串朝珠有上品东珠400多颗。慈禧死后，入殓时，……她脖子上挂的是三串朝珠，一串由红宝石串成，两串由800多颗能释放出五彩光泽的东珠串成。慈禧的手中，握着从东太后慈安那里弄来的那颗大如鸡卵的硕大东珠……有文物考古专家计算过，光是慈禧尸体上的穿戴和铺盖上缀的、镶的珍珠就多达 23540 颗。

（五）有代表性东珠朝珠

所有质料中以东珠串结而成的朝珠最为珍贵，而有代表性东珠朝珠如下：

1. 同治朝珠

同治朝珠周长 139 厘米，清宫旧藏，朝珠由 108 颗东珠穿成，珊瑚结珠四个，珊瑚佛头一个。记捻三串，串珊瑚珠，系银蕾丝为托的碧玺坠角。佛头穿黄丝带系背云，银蕾丝点翠为托，中间嵌翠，背云下是银蕾丝为托的翠质小坠。朝珠共有米珠 14 组。盒中附黄签，书："穆宗皇帝"（同治），"上戴现用东珠朝珠一盘"。

2. 雍正朝珠

这串东珠朝珠长 140 厘米，主体由 108 颗圆润晶莹的东珠组成，间以深红致密的上等红珊瑚佛头四枚，每一佛头两侧各附青金石伴珠一枚。顶端佛头下连系缀东珠绿松石佛头塔，塔下以明黄色绦带穿系椭圆形金蕾丝嵌青金石背云，背云上下各有缀东珠及红珊瑚制蝙蝠形结一个，背云尾端垂缀东珠和金蕾丝托红宝石坠角。三串记捻由绿松石组成，每串 10 粒，尾端垂缀东珠及金蕾丝托红宝石坠角。

3. 咸丰朝珠

咸丰朝珠由 108 颗东珠穿成，四个结珠（亦称分镶）等分之，两侧有蓝晶石，中间结珠连佛头，有孔与背云相接，相接处穿东珠一颗，中间有结牌，嵌东珠六颗，结牌上下各有珊瑚结、刻蝙蝠，下有翡翠坠角。朝珠两侧有记捻三串，每串穿绿松石十颗，下有嵌红宝石、蓝宝石和碧玺坠角。朝珠附黄签，墨书"文宗显皇帝"（咸丰）。

（六）现存世的东珠朝珠

满族服饰具有独特的少数民族色彩，在中国服饰史上占有重要地位。由于东珠朝珠存世量少，又与清代服饰典制密切相关，具有重要的研究价值，现今存世的东珠朝珠就显得更加珍贵，因而全部定为一级文物。北京故宫博物院所藏数百件朝珠中，东珠朝珠仅 5 件，其中 2 件为顺治帝御用，另 3 件分别为道光帝、咸丰帝和同治帝御用。另在沈阳故宫博物院也藏有一件东珠朝珠，是末代皇帝溥仪当年被驱逐出宫时带出的,几经辗转归入沈阳故宫。

台北故宫博物院收藏有一件金镶东珠朝冠顶,此朝冠顶在民国初期收藏于皇帝的寝宫养心殿内的保险箱中,可见清帝珍爱之情。这件朝冠顶通体以金工中的镂空蕾丝技法制成,顶衔一颗大珍珠,下方分成三层,层与层之间贯一颗东珠为间隔,每层承以四只金龙,半球形底座层之金龙首朝下,上方两层之金龙张口朝上,各龙之间饰以东珠一颗。

台北故宫还藏有一件清皇贵妃冬朝冠。冬朝冠是正式上朝穿着礼服时的冠帽。全冠以黑色貂皮为边,朱色纬线覆盖顶面,七只密嵌珍珠的金凤和一只嵌猫睛石的金翟缀于周边。冠顶高耸起三只金凤上下相叠,以东珠相间隔,堪称华美异常。

2008年,在内地举办的一场春季拍卖会上,有一串东珠宝石朝珠上拍。当时的成交价为72.8万元人民币。

2010年4月8日,香港苏富比拍卖行,要拍卖一串清朝18世纪御制东珠朝珠。这件东珠朝珠,由108颗"色若淡金"的上等东珠串成。拍卖开始,在10分钟内叫价61次,最终由一名电话投标者以6000万港元投得,连买家佣金成交价高达6786万港元,刷新御制珠宝世界拍卖纪录。这串东珠朝珠,与现藏北京故宫博物院的《雍正朝服像》画中雍正皇帝所佩戴的朝珠极其相似。

东珠朝珠是清代独有的服饰标志,大清帝国王权的一种象征,随着清朝的建立步入历史舞台,也在清亡之后逐渐退出人们的视野,它凝结了无数工匠的智慧和心血,也见证和承载了清王朝荣辱兴衰的历史。东珠已定格于那个时代,现代人只能在博物馆和影像资料中感受它们的尊容,以及感受这块土地上的先民曾有过十分辉煌的采东珠历史。

二　满族先民的石质佩饰

满族先民素爱石质佩物,如燧石、板岩、页岩、石英岩、砂页岩、水晶、玉髓、碧玉、玛瑙、松花岩等。佩带石饰的习俗有着悠久的历史,早在初民时期,出外打猎的猎人腰挂燧石,以随时取火煮食,这是石饰的雏形,此时的燧石是神圣的,具有实用性的。

满族先民新开流文化遗址中也出土了石珠佩饰,据考古报告中描述:珠两件。扁平圆形,中间由一面穿孔,直径0.5厘米(《密山县新开流遗址》,《考古学报》1979年第4期)。在吉林两半山新石器时代遗址中曾出土磨制的白石管珠,此时的石珠说明满族先民已经有了审美意识,也说明满族石饰历史之悠久。

在乌苏里江流域发现的古代文化遗址中就有用带斑点的玛瑙精磨而成的石珠,有的地方一次出土上百件,有管状形、球形、舟形、斧形、菱形、多角形等,汪清百草沟出土的有绿松石珠、软玉石串珠、三棱形管状石珠、石串珠等,已有较高的工艺水平。所选用的石料,品种繁多,有燧石、板岩、各页鱼岩、水晶、石英、辉长鱼、各色玉髓、碧玉、玛瑙、松花岩等。东辽石驿乡古墓群中,出土玉石串珠123件,石料有白石、绿松石等。这些丰富的石饰,证明了当时的先民已有了审美意识,对美已有了追求。

渤海时期的墓葬随葬品中也多有石质佩饰出土。

辽金至清初,满族从上层社会到民间乡里,佩饰石质和制作工艺更为精湛。

清代满族男子有戴帽子的习俗,其中分为礼帽和便帽两类,便帽帽檐靠下的地方正中镶有帽石,是满族先民灵石崇拜的遗风。

清代贵族,官员的顶戴也是石饰中的一个种类,是满族先民石饰习俗的延续。"顶戴(佩石)花翎"是清代特有的标志品秩的方法。顶戴,俗称"顶子",是指贵族、官员所戴冠顶镶嵌的宝石。按清《大清会典》规定:清朝从皇帝到各级官员,无论穿礼服、套服,及至常服,在所戴的朝冠或吉服冠的冠顶之上镶嵌各色宝石和素金,以示品秩,以辨等威。最初定制,一品用红宝石,二品用珊瑚,三品用蓝宝石,四品用青金石,五品用水晶石,六品用砗磲顶,七品用素金,八九品用镂花金顶,到雍正、乾隆朝后,逐渐用颜色相同的玻璃代替宝石,素金顶也被黄铜所代替了。

在《红楼梦》中主人公贾宝玉是衔石而生的,这石——通灵宝玉是他的命根子,这个情节潜含着满族崇石的民俗意识,反映了满族古老的崇石观念。

富育光老师在《萨满教女神》中写道:"往昔,在黑龙江、松花江沿岸的村落中,一间间明亮而又温暖的满族老屋里,悬挂着精美的婴儿悠车。悠车上挂着长辈及亲友们赐给的礼物——各种神偶及一些色彩斑斓的灵石、牙饰。这些神偶中大多数是妈妈神,灵石和牙饰是她们的佩物。这一切寓意着酣睡的婴儿从小就受到了妈妈神的护卫和抚慰。"

满族石饰的丰富,与其生活的地方矿岩饶裕、盛产名石有关,也和其萨满教的灵石崇拜有关。随着经济的发展、观念的变化,满族的石饰逐渐被金银配饰所替代了。

旗袍起源及演变过程

旗袍，中国女性的传统服装，被誉为中国国粹和女性国服，中国传统女性服饰的代表，最具风情的中国符号之一。

旗袍最初是"旗人之袍"，因为它是"旗人"所特有的一种长袍发展而来，后来人们就叫它"旗袍"。不过，在清代文献中从来没有出现过"旗袍"一词，清代旗人称呼自己的长袍为旗服或旗装，满语称为"衣介"。满族先民长袍"衣皆连裳"（古时上为衣，下为裳），与汉族的上衣下裳（自宋明以来汉族女子服饰都是上为衣、下为裳）的两截衣服有着明显的区别，古时泛指满洲、蒙古、汉军八旗男女穿的长袍。

旗装服饰的特点是：圆领、捻襟（大襟）、左衽，四面开衩、束腰、有扣绊、窄袖（有的有箭袖），这种衣着便于上下坐骑和马上动作，适合骑射民族的生活习惯，左衽和束腰不仅紧身保暖，还利于马上活动，而且使人的自然体态得到完美的表现。行猎时，可将干粮、用具装进前襟。箭袖，满语叫"哇哈"，在袖口前边接一个半圆形袖头，一般最长为半尺，形似马蹄，平时绾起，出猎作战时则放下，覆盖手背，冬季可御寒。（《满族民俗文化论》）

《辞海》关于旗袍的注释："旗袍，原为清朝满族妇女所穿用的一种服装，两边不开衩，袖长八寸至一尺，衣服的边缘绣有彩绿。辛亥革命以后为汉族妇女所接受，并改良为：直领，右斜襟开口，紧腰身，衣长至膝下两边开衩，袖口收小。"

卞向阳在《论旗袍的流行起源》一书中认为："所谓'旗袍'，指衣裳连属的一件制服装，同时它必须全部具有或部分突出以下典型外观表征：右衽大襟的开襟或半开襟形式，立领盘纽、摆侧开衩的细节布置，单片衣料、衣身连袖的平面裁剪等。尽管有观点认为旗袍包含清代旗装的袍和民国女性的袍，但是

· 166 ·

通常意义上的旗袍,一般是指20世纪民国以后的一种女装式样。"

1937年《现代家庭》杂志上署名昌炎的作者在其《十五年来妇女旗袍的演变》一文中写道:"什么是旗袍,可说是民国纪元后适合新时代中华女子经演变出来的一种新产物,也可以说是,中国女子仿制以前清旗女衣着式样的一件曾经改制的外衣。"

郑逸梅也认为:"原来女子在清代穿短衣,不穿旗袍,旗袍在民国后始御之"。

从前面的研究者观点来看,旗袍的细节描述有所不同,但是于民国以后形成、源于满族先民的长袍发展演变而来已达成共识。那么,满族先民的长袍又起源于何时?经历了怎样的一个发展过程?

我们知道,满族是肃慎族系的一部分,其族系演进源远流长,在我国境内最早的可以追溯到七千年前的肃慎先民新开流文化,其后又经历了肃慎、挹娄、勿吉、靺鞨和女真,下面我们来看看满族先民服饰的发展过程。

一 满族先民服饰的发展过程

(一)肃慎、挹娄、勿吉、靺鞨时期的服饰

人类懂得缝纫衣服的历史,可追溯到距今2万年前的旧石器时代晚期。海城仙人洞发现了用象门齿和动物骨骼制作的骨针,骨针制作工艺较精致,针体表面磨制纤细。这表明是经过长期使用的,要比山顶洞人的骨针精细得多。

肃慎及其先民时期处于原始社会,目前没有发现对其服饰的文字记载。

新开流文化遗址中出土了骨针,骨针的制作是经过了细致加工磨制的。骨针是缝纫衣服的工具,骨针的出现意味着最早的服饰已出现了,说明新开流的先民已经懂得缝制衣服了。这时的衣服应该是用鱼皮或兽皮制作的。

衣饰是人类文明的标志之一,肃慎族系是渔猎民族,其先民有穿皮衣的传统,但早期并没有自己的文字,他们的历史都是由汉族史籍简单记录的。在《晋书·四夷传》中记载:肃慎人"无牛羊,多畜猪,食其肉,衣其皮,绩毛以为布。有树名雒,常若中国有圣帝代立,则其树生皮可衣"。又载:"俗皆编发,以布作襜,经尺余以蔽前后。"《山海经》载:"肃慎之国在白民北,有树名曰雄常,圣人代立,于此取衣。"肃慎人冬季穿毛皮,夏季穿鱼皮、猪皮,还

用树皮遮身,用毛织布,用经尺余的布来蔽前后。

肃慎人到了汉代,称挹娄。挹娄时期,其服饰习俗有着明显的历史传承。《后汉书·东夷传》记载:"挹娄,古代肃慎之国也……有五谷麻布、出赤玉、好貂……好养豕,食其肉,衣其皮,冬以豕膏涂身,厚数分以御风寒,夏则裸袒,以尺布蔽其前后。""有五谷,麻布……好养豕,食其肉,衣其皮","冬以豕膏涂身,厚数分以御风寒,夏则裸袒,以尺布蔽其前后"。(《晋书·肃慎传》)可见,挹娄人不会纺棉布,其布是"绩猪毛以为布"或"绩貂毛以为布",用麻来织布。冬天在身上涂上一层厚厚的猪油,夏天只是用一块粗布蔽其前后,或以猪皮裹体遮羞而已。

魏晋南北朝时期,肃慎又称勿吉。勿吉、靺鞨时期服饰比挹娄时期有了发展,出现了季节的变化,也有了男女的区别,《魏书·勿吉传》记载:"妇女则布裙,猪犬皮裘。"唐初称靺鞨。靺鞨时期的服饰,《隋书·东夷传》有载:"妇人服布,男子衣猪狗皮。"勿吉、靺鞨人以毛麻织布为裙,以猪犬之皮制裘。

到唐代,靺鞨大祚荣自立为震国王……去靺鞨号,始称渤海。渤海时期由于受盛唐的影响,服饰有了很大的变化。《新唐书·渤海传》载:"渤海的服饰是以品为秩,三秩以上服紫……五秩以上服绯……六秩、七秩浅绯衣,八秩绿衣,……"有了等级观念,且有"显州之布,沃州之绵,龙州之绸",即渤海时期服装已有了布、绵和绸的种类。但渤海时期社会发展很不平衡,处于边远地区的居民服饰并没有大的改善。

(二)女真人时期的服饰

辽金时期,满族先民称为女真。居住在塞外的高寒地带,是所谓的"不毛之地"。早期女真人以皮毛制品为主,本身是骑射民族,就地取材,他们用猪毛纺线,用猪皮、鹿皮、袍皮和鱼皮制作袍褂。《女真传》载:女真居地"冬极寒,多衣皮,虽得一鼠,亦褫皮藏之,皆以厚毛为衣,非入室不撤,……"到了冬季,无论贫富贵贱"皆以毛皮为衣","厚毛为衣,非入室不撤",即女真人早期的衣、裤、帽子、袜子都是用皮子制成,穿着可御寒风的侵袭。

女真居地多林木,田宜麻谷,不事蚕桑,已有细布,后来与中原开始交往贸易,服装有了丝绸棉等,但冬季还是以皮服为主。《金志》中对女真人的服饰有详细记载:"……金俗好衣白,……至于衣服,尚如旧俗。土产无桑蚕,惟多织布,贵贱以布之粗细为别。又以化外不毛之地,非皮不可御寒,所以无贫富皆服之。富人春夏多以纻丝、锦绣为衫裳,亦间用细皮布。秋冬以貂鼠、青鼠、狐貉或羔皮,或作纻丝绸绢。贫者春夏并用为衫裳,秋冬亦衣牛马、猪羊、猫犬、鱼蛇之皮,或獐鹿麋皮为袴为衫。……至妇人衣,曰大袄子,不领,如男子道服。裳曰锦裙,裙去左右,各阙二尺许,……"

女真人喜欢穿袍服,但多用盘领,腰间束以革带。妇女喜欢穿袍衫。"其衣色多白……窄袖,盘领,缝腋","其长中骭(小腿),取便于骑也"(《三朝北盟会编》)这是辽金时期的女真人男装的袍服。其胸膺间或肩袖处饰以金绣花纹。女性和男子一样,从小骑马射箭都穿袍,没有穿裙子的习惯,女真人女性的服饰,后期受契丹女性服饰影响,女式则"服袒裙(围裙),多以黑紫",上身穿团衫,用黑紫或皂及绀,"直领,左衽,掖缝"。(《金史·舆服志》)

"年轻妇女上衣着团衫、直领、左衽,用黑紫或黑色。团衫前面拂地,后裙则拖地余尺。腰间用红黄色的布带扎系,带端双垂至足。下穿黑紫色袍裙,裙上绣金枝花纹,并有六道折裥。……"古籍上的记载与金代旧都上京会宁府摩崖石刻像相符合。石刻为金人贵族夫妻并坐画像,男像头顶盔,身穿圆领窄袖长袍,下部绾起,……女像头戴帽,衣左衽,两手合袖盘膝端坐,这是金代女真人的典型服饰。

女真部落的发展并不平衡,到了清初仍有满洲的边远部落,将几张大块毛皮稍加裁剪,缝成袍或衽护体。据《柳边纪略》记载:"我于顺治十二年流宁古塔,尚无汉人,满洲富者缉麻为寒衣,俦麻为絮,贫者衣袍、鹿皮,不知有布帛……袍、鹿之皮出鱼皮国者佳,犬与狐等,每皮四五钱……"可见,当时宁古塔地域的满族先民主要衣料还是毛皮。

(三) 清朝时期的服饰

努尔哈赤统一女真各部后,其中有许多汉族和蒙古族也被编入八旗之中,民族间的服饰相互影响,旗装的样式也不断完善,其特点是:圆口领、窄袖、左衽,衣摆开衩,有扣袢、束腰带。男袍下摆肥大,适体长至脚面。这些特点尤便于骑射,故也称"箭衣",往往在袍的窄袖口部加上一个半圆形的袖头,因形似马蹄,又叫"马蹄袖",冬季骑射可暖手防冻,利于射箭,故也称"箭袖",满语称"哇哈",平时挽起,冬季打猎或作战时放下,覆盖手背以御寒。最初的旗袍两面开衩,便于骑射,本无贵贱等级之分。皇太极时期,长袍开衩变成了区分等级的标志。皇族宗室开四衩,官吏士庶开两衩,并以开衩之袍为官服、礼服。不开衩的袍为便服,俗称"一裹圆"。(《中国满族通论》)

满洲的服饰，基本上沿袭了其前世女真族的传统，具有浓郁的民族特色，反映了我国北方骑射民族的生活特点。

满族自其先祖以来，布匹依靠对汉区贸易，自己从"不以织布为意"。明末清初，由于同汉区贸易断绝，东北布匹稀缺，"库中无余布，尚无十匹之储"。富者缉麻为衣，贫者由于穿衣"极贵"，造成"部落男女殆无以掩体"，多衣狍、鹿、猪皮，有些人扒取死者衣服护体，即"战场僵死，无不赤脱"。可见衣服之稀缺。在这种情况下，服饰难以规范。进入辽沈地区后，从汉族居住区输入布匹、绸缎，已经有了布帛之衣，服饰上就以棉布为主了。后学会了植棉纺布，才恢复了金代女真人的传统袍褂，女性开始穿裙，都缝成筒式套在腰上，当时上衣较长，裙子露出较短，不遮双足。由于社会生产力有了较大发展，又受契丹、汉族、高丽等其他民族的影响，服饰随之也发生了较大变化，其服饰不仅具有明显的地域特点、固定服型，而且出现了贫富和等级。

明清时期，衣裳以袍、褂、衫为主，定都北京以后，满族统治者广布剃发易服的政策，汉族也改变了原来宽袍大袖的服装，代之以长袍，于是长袍马褂成为国统一的服装。受汉族"大领大袖"的影响，长袍马褂不仅面料上有了变化，样式上也有了很大的变化。

清朝建立初期，旗装是没有领子的，习惯是衣领分开，在袍褂上不缝领子而是外加一条假领，这条假领称"领衣"。

明朝时期，汉服中就已经出现了立领，受汉服的影响，女式旗装长袍在原来圆领长袍的基础上加上了有1寸多高的立领，袖子和领子等都有了变化，下摆由宽大改为收敛。

我国古代是用长长的衣带来束缚宽松的衣服，没有纽扣的概念，盘扣起源于明朝后期，由汉人发明，明代以后，渐渐用盘扣来连接衣襟。盘扣也称布扣、盘纽，源自古老的中国结，美到极致的古典记忆，由汉族发明，分直扣（一字扣，是最简单的盘扣）、花扣和琵琶扣三种，在明代后期出现（也有说法是在宋代出现）。1997年于江苏省常州市武进区发现的明代王洛家庭墓中出土的两件女装上有直盘扣，此服装上也有系带，应该是衣带和盘扣过渡时期，这也算是中国纽扣的鼻祖了吧。盘扣最初只用于女性服装，后来在满族服饰中大量使用，用于各种服装。清朝满汉民族大融合，盘扣是民族文化融合发展的产物，是中国传统服装文化中的经典配饰，传统服饰的标志性元素，开创了中国纽扣的历史。在旗袍中，衣襟上的盘扣能起到画龙点睛的传神作用，民族风韵浓缩其中。从古时的衣带逐步发展为兼具实用及装饰为一体的旗袍附属品，形成了独特的手工技艺，包含了中华民族的独特文化内涵。

道光时京城《竹枝词》云："珍珠袍本属官曹，开楔衣裳势最豪。"清中期以后，服装有了很大发展，开楔儿成了区分等级的标志，其中皇族蟒袍四开衩，其他两开衩，外褂两旁有开衩，便于骑射。妇女的长袍与男子相同，但讲究装饰，在领口、袖头、衣襟等处镶嵌几道化绦或彩色的牙子，清末北京等地曾流行"十八镶"，即镶十八道牙子才算时尚。

辛亥革命后，衣裙的长短变化较大，至30年代，满族男女都穿直立式的宽襟大袖长袍，男长袍下摆至踝，无纹饰。女旗袍下摆及骭（小腿），有绣花纹饰。30年代中期，旗袍流行，衣身加长，两边的开衩升高，腰身紧绷，注重女性的曲线美。40年代，受西方短裙的影响，女旗袍不断演化，衣长缩短，减低领高，由宽袖变窄袖，缩短或无袖，直筒变成紧身贴腰，臀部略大，下摆回收，长及踝，外形如流线型，变得更加合体。40年代后，男旗袍逐渐消失。

清太祖努尔哈赤、清太宗皇太极、清高宗弘历为了统一衣冠，都曾厘定衣冠制，品位、等级分明。

二　现代旗袍的形成与沿革

旗袍由满族先民女真时期的长袍演变而来，但不等于旗装。旗装是满族先民的民族服装，线条平直，衣身宽松，两侧开衩，做工、款式都不尽相同，是现代旗袍的"原始款"。

当今学术界主要的观点认为"旗袍"指民国旗袍，在民国时期发展成熟并形成的女子袍服。包铭新在《中国旗袍》一书中认为："把旗袍视为旗人之袍或旗女之袍，虽看似无大错，却难免有望文生义之嫌，旗袍的内涵要比旗人之袍或旗女之袍丰富得多。广义的可以说旗袍经历了清代旗女之袍、民国时期的新旗袍和当代时装旗袍三个时期的发展，其中以民国时期的新旗袍最为典型也最为重要。狭义地说，旗袍就是民国旗袍，当然也可以包括民国以后基本保持民国旗袍特征的旗袍。"

"旗袍"一词最早出现是在1918年沈寿口述，张睿笔录的《雪宦秀谱》一书中："绷有三：大绷旧用以绷旗袍之边，故谓之边绷"。

随着中国最后一个封建王朝的灭亡，服制上的等级渐渐淡化。民国建立，中国开始对外开放，融入世界潮流，人们的思想开始解放，上海一直崇尚海派的西式生活方式，是妇女寻求解放的前沿，而旗袍正是在这个时代背景下所诞生的服饰。

20世纪20年代，上海出现了穿长袍的女子，这也是旗袍流行的起点，在开风气之先的人群中首先流行起来。张爱玲认为旗袍的流行在1921年以后。"束身旗袍，流苏披肩，明暗的花纹里透着阴霾"，这是张爱玲笔下的上海女人。上海女人把旗袍演绎得千姿百态，乃至从发源地上海风靡至中国各地。

自汉代后，汉族女性"穿两截衣"，即上衣下裳式，穿袍服是男士的专利。"两截衣"成了封建礼教压迫女性的象征，有《女儿经》写道："为甚事两截衣女儿不与丈夫齐百凡事体须卑顺不得司晨啼母鸡"。

张爱玲在《更衣记》中写道："一九二一年，女人穿上了长袍。发源于满洲的旗装自从旗人入关以后一直与中土的服装并行着，各不相犯。旗下的妇女嫌她们的旗袍缺乏女性美，也想改穿妩媚的袄裤，然而皇帝下诏，严厉禁止了。五族共和之后，全国妇女突然一致采用旗袍，倒不是为了效忠于满清，提倡复辟运动，而是因为女子蓄意要模仿男子。""一截穿衣和二截穿衣是很细微的区别，似乎没什么不公平之处，可是一九二零年的女人很容易地就动了心。她们初受西方文化的熏陶，醉心于男女平权之说，可是周围的实际情形与理想相差太远了。羞愤之下，她们排斥女性的一切，将女人的根性赶尽杀绝。初兴的旗袍是严冷方正的，具有清教徒的风。"

王宇清认为："旗袍，这后来流行大半个世纪的女装，却原来竟是新潮女子们争女权争平等的副产品呢。"而称女士为"先生"也是从那时而起的。此后，社会名流、时髦人物都纷纷效仿新潮女子们穿旗袍，逐渐形成流行。

卞向阳《论旗袍的流行起源》一文中认为："较早倡导旗袍的群体是都市中受西学影响较深、追求男女平等反对封建礼教的学生等群体，她（他）们绝大多数是汉族人，之所以用'旗袍'这个称呼，是因为清代汉族女性并不穿袍式常服，而旗女主要常服确是袍服，因此在民国旗袍开始出现的时候，给普通人一种这是'旗袍'的误解。"

周锡保在其著《中国古代服饰史》中认为："满族妇女的长袍……这种长袍开始时极为宽大，后来也渐变为小腰身，其时间已接近于辛亥革命前夕。这种长袍，到后来却演变成为汉族妇女的主要服饰之一，即后来称之为旗袍者。他还以1923年的画报等资料推断所谓旗袍在其时的上海数十人中不过一二。在1925年5月以前的《申报》等报纸上很难查到有关旗袍的文字，而大量资料为旗袍在1925年的出现提供了佐证。在作为旧帝都的北京，也有记载表明旗袍时尚始于1925年。因此,将旗袍流行的起始时间视为1925年。中华民国政府于1929年确定为国家礼服之一。"

经过不断改良的旗袍,又经过西方潮流的洗礼,从美学上、服装结构上、制作工艺上,旗袍的面料质地、纹样选择都有了大幅度变化,已经成熟定型。改良后的旗袍摒弃了封建时代的拘泥保守、矫饰之风,转而发展为简洁、淡雅、舒适得体、开放大方的风格,体现出女性的自然之美,彰显了新时代女性的魅力,成为体现中国民族特色的女服之一。

旗袍在20世纪30年代完成了走向经典的过程,达到灿烂的顶峰,进入了黄金时代。40年代是旗袍黄金年代在时间上的延续,此后的旗袍万变不离其宗,再也跳不出30年代所确定的基本形态。从20年代到40年代,是近代中国女装最光辉灿烂的时刻,这时中国才有了真正的时装、现代意义上的时装,形成了自己特有的服装文化。旗袍在广大妇女中迅速流行起来,几乎成为中国妇女的标准服装,上至总统夫人,下至平民百姓,均以旗袍为日常穿着,一度成为中国妇女的主要服装。

名人又将旗袍之美发扬光大,让中国旗袍开始名扬海内外。据说宋美龄对旗袍格外钟情,其衣柜中的旗袍可以达吉尼斯世界纪录。宋氏三姐妹在国内外公开重要场合对旗袍的穿着,在一些外交场合将旗袍升华成了中国妇女的国服,成为中国女性独具特色的、凸显东方风格美的时装之一。

后来,旗袍与西式外衣搭配,使旗袍进入了国际时装行列,进入了国际化与现代化。

阮玲玉曾在电影中展示过各种旗袍的造型,民国第一美女胡蝶也曾穿着旗袍走秀,其中六件旗袍被送往美国芝加哥,中国服饰第一次走进了世博会。1933年,旗袍在芝加哥世博会上获银奖。

1949年以后,旗袍在大陆渐渐受到冷落,"文革"时期旗袍被冠以"资产阶级情调""封建糟粕""四旧""封、资、修"的象征等遭受批判,并被大量毁坏,之后曾沉寂数年。80年代随着传统文化逐渐受到重视,旗袍重现复兴,慢慢寺又流行开来。

综上所述,旗袍与旗人的女袍形制有一些共同之处,旗袍中裙摆侧面的开衩,整个衣服的板型,是旗装的满族元素;但旗袍中的立领和盘扣是汉人元素;旗袍又吸收了西方时装修身得体的风格,是西方的元素。

旗袍起源于满族先民的长袍,却是民国时期汉族女性为了追求男女平等、倡导男女平权运动兴起的产物,旗袍也是多民族融合的文化结晶,多元文化的完美统一体。

我们现在所看到的旗袍是20世纪上半叶由民国服饰设计师参考满族女性传统旗服和西洋文化基础上设计的,有中国特色的,体现西式审美,用西式剪裁的一种时装,是中国古典文化与现代文明的交融,是一种气质与高贵完美结合的经典。

中国的旗袍,作为世界上影响最大、流传最广的中国传统服装,是中国女性服装的经典,中国灿烂辉煌的传统服饰的代表作之一,旗袍曾在巴黎世界服装展上一枝独秀、令世人称奇,它孕育着中国古老的传统文化和现代美学的融合。

如今,中国的旗袍不仅在东方的一些国家流行,而且连欧、美等地一些身材苗条的妇女也竞相效仿。即当今流行的中式领和开衩的旗袍裙等,都脱胎于旗袍样式。法国著名时装设计大师皮尔·卡丹曾说:"在我的晚装设计中,有很大一部分作品的灵感来自中国的旗袍。"

目前,旗袍在世界上受到各国各民族妇女的欢迎,在国际时装节上频频亮相,被作为一种有民族推荐代表意义的正式礼服出现在各种国际社交礼仪场合,为中国服装走向现代化奠定了基础,是满族对中国民族服装的贡献,也是中华民族为人类文明的一大贡献。

延伸阅读

旗袍起源传说

关于旗袍起源,有一个黑娘娘的传说:

宁古塔南边紧挨着牡丹江,牡丹江是一条笔直的江河,宁安县住民习惯地将其称为"十里长江"。在宁安县广泛流传着《十里长江出娘娘》《黑妃的故事》。康熙年间,镜泊湖边上有个关姓的满族渔女,是满族瓜尔佳氏的后代。整日跟着阿玛在湖里捕鱼,脸晒得又红又黑,大伙儿都叫她黑妞儿。黑妞儿心灵手巧,炕上的活计,过眼就会,捕鱼的本领,就更不用说了,甩杆撒叉、登船撒网、下拦河绳、挡冰水亮子，样样精通。

黑妞儿长到 18 岁，成了镜泊湖边上的俊俏姑娘。清朝入关，满人一统天下，旗人的服装传入中原。那时候，在旗的女性都穿着古代传下来的肥大衣裙（一统江山裙）。黑妞儿捕鱼常在江边转，树裸子刮刮扯扯很不方便，她就自己剪裁一种连衣带裙的长衫，两侧开衩，下河打鱼的时候，可把衣服撩起系在腰上，平时就把扣袢儿一直扣到腿弯儿，当裙子用。

黑妞儿的姑姑住在东京城附近，一天黑妞儿去看姑姑，正赶上皇上选娘娘，黑妞儿被选上了，当了黑娘娘。黑娘娘到宫里，为贫民做了很多好事儿。后来，她发现宫里穿的长裙子太费布，就把宫里的长裙子改成她穿的那种连衣带裙的长衫，让宫里的女性都穿这种既节俭又方便的衣服。

后来。黑娘娘去世了，在旗人家的女人为了怀念黑娘娘，都穿起她剪裁的那种连衣带裙的长衫。这种长衫后来就被称为"旗袍"了。说来奇怪，凡是穿上旗袍的人，不论是旗人、汉人都变得苗条秀美。据说，那就是黑娘娘暗中资助装扮的。

《黑妃的故事》是一个传说，但在历史上，黑妃确有其人，她就是清康熙皇帝的妃子——淳怡皇贵妃，满洲镶红旗人。她的一生经历了康熙、雍正、乾隆三个朝代，她带大了乾隆帝，乾隆登基元年被封为淳怡皇贵妃。

淳怡皇贵妃，瓜尔佳氏（冠汉姓关），乳名旱九春，满洲镶红旗，宁古塔三道亮子人。康熙二十二年十月十六日（1983 年 12 月 3 日）生，京旗三品协领祜（瑚）满之四女。17 岁被选秀入宫，成为康熙的妃子，册封为和妃。和＝黑，"黑"源于满语，与她的肤色无关。

满族先民的寝居习俗

如今满族的聚居区,与其他民族已经没有什么大的差别,特别是城镇化的现在,更是千城一面、千屋一面,而在早期不同民族有着不同的居住习俗。满族先民随着社会发展的不同历史阶段,居住的形式也经历了漫长的发展过程。人类的居住习俗基本上是从巢居、洞穴居、树居、穴居、半穴居、地面居走过来的,满族先民的居住习俗也是这样走过来的,经历了一个从树上到地下、从地下到地上,由简陋到复杂的漫长过程。这个过程体现了满族先民初民阶段的艰苦,以及漫长发展过程中进步的行程和伟大的创造。

满族先世肃慎人自古以来就生息、繁衍在长白山以北的松花江和黑龙江中下游这一广阔的区域,过着渔猎、采集的原始生活。由于受地理条件、气候条件、生产方式和社会发展的不断影响,逐渐形成了具有本民族特点的别具特色的寝居习俗。

一 肃慎时期居住习俗

渔猎时期的住房,是满族先民居住条件最差最简陋的住房。这个时期是满族先民历史上最漫长、生活最艰苦的时期,渔猎民族都以氏族为群体,凡同一"哈拉"(满语,汉译为"姓")的人都阖族而居。这一现象与血缘氏族的社会历史范畴相适应。阖族而居的习俗可以追溯到遥远的年代。

居住习俗与地理环境和气候条件有着密切的联系。东北地区冬季气候寒冷,在人类物质文明极其低下的条件下,冬季是不能在地面的简易建筑中生存的,为了御寒,古代先民选择了冬季穴居。《晋书·四夷传》载:肃慎"夏则巢居,冬则穴处"。这里所记载的巢居，就是利用树枝、树叶、野草在树上搭起的巢棚，既避地气潮湿，又防野兽侵袭，这样的居住习俗，在文化史上称之为巢居。巢居即树居，穴居即地下"穴室"。

（一）巢居

巢居，即树居，即在树上筑起如鸟巢式的居室，古代先民从飞鸟在树上做巢得到了启示。满族先民最早的房子也是巢居。由于年代久远，我们已经看不到遗迹，但在满族说部《恩切布库》中女神恩切布库教人们怎样巢居："恩切布库女神领着野人们，在附近的山间辟地、造房，建起了地室，搭起了树屋。野人们从此懂得居住。……恩切布库女神教会愚蠢的野氓学用干枝藤草围架篷帐，冬夏偎依在古树古藤之中，躲藏雨雪雷电燥热风狂。"

女神恩切布库又教人们怎样洞穴居："野民为何不进洞窟安居呢？黝黑而深邃的洞窟，被成群的猛兽和巨蟒……霸据着，野氓们哪敢靠近。……女神恩切布库带领族众赶走了熊罴们、蟒蛇、野豹、野狸、猞猁、蜈蚣、蛐蜒和地蝼蛄，……搬进了亘古未住过的古洞，有了不怕风吹日晒，不怕霜寒雪打，温暖舒适的家园……人们还在洞中凿掘泥土，洞中挖洞，洞中有居室、有地仓，……从此，人们学会了建筑地屋，围起木墙，盖上梁木，地屋里又发明了地下火灶，洞屋修缮得越来越精巧耐用。"

但是地室总是将人们和阳光隔绝，空气不通畅，且常有沼气袭人。女神恩切布库和众位妈妈，共同仿学禽鸟鹰隼之能，引导艾曼的族众在树上筑巢、筑屋，这就是赫赫有名的树屋。族人们选择在百余年的古树上筑起大小不等的各种房屋，有的粗壮的树上搭有两到三个不同的小屋，都绑钉与地面相通的软梯子……住在高树屋里，阳光充沛，清新畅爽……树屋越建越多，越建越完美。后来又出现了单巢、双巢、连环巢。林海中树屋相连，像数不清的鹊巢。

但树居并不都是"巢式"，有的已经出现了长方形的木建大屋。在《两世罕王传》中，建州女真大罕王杲在东海窝集部看到的树屋奇特巍峨，已非"巢式"，其造法是："选择一片狍鹿也难挤进身的密林，砍去紧挨相邻的一排树木的上部，在离地一定距离的众多树桩上，铺上一层木头做地板，在其上积木为屋，以木梯上下。因当时居俗是阖族而居，所以树屋盖得很大，甚至出现二层或三层的'楼阁'。树屋离地较高，松油的香味可防蛇蟒。"

满族神话《多龙格格》中写道：尼马察乌拉地方属于东海窝集，这个地方住的人，都是满族的先民。那时候野兽多飞禽也大，人们害怕野兽，都像鸟一样把房子搭在树上。大房子利用四棵或六棵邻近的大树做架子,搭起连二或连三的房子,叫连桥。也有的在一棵大树上搭个小屋,叫马架子。

(二)洞穴居

洞穴居是满族先民曾经历过的居住习俗,即选择自然形成的洞窟居住。洞穴居在人类历史上早已流行,《易经》载:"上古穴居而野处。"由于满族先民生活的地区冬季气候寒冷,人们无法在地面上生活,为了抗御冬季严寒的气候,他们形成了"洞穴居"的生活习俗。从考古方面来看,已发现有新石器时期的倭肯哈达洞。此洞穴于1950年发现,原是一个天然洞穴,经人为加工,洞内石壁人工砌筑。经专家学者研究,倭肯哈达洞是满族先民肃慎人居住之地,后来废弃,成了墓穴。

(三)穴居

黑龙江省宁安县镜泊湖南湖头莺歌岭遗址是商周之际肃慎人的文化遗存,有早晚两个时期的先民在这里生活过。黑龙江省文物考古队在莺歌岭遗址先后发现了四座半地穴式的居址。这些居址呈长方形或正方形,面积都在30平方米左右。四周有柱洞,可能是支撑屋顶的支柱。有的柱洞向居址中央倾斜,屋顶呈半圆形,居址内挖有灶坑,但无屋门和烟道。推测其出入口是设在屋顶,同时兼作烟气的出口。这与文献所记载的"以梯出入"正相吻合。它反映了3000年前古肃慎人穴居习俗的概貌。

据考古发现,肃慎人冬令地下穴室面积较大,最大的达200平方米,多用细砂黄泥涂抹、熔烧,坚固且可防潮。有的居屋四壁用岩石垒砌,室中央有灶膛,用以取暖。可见当时肃慎人阖族而居的情景。

二 挹娄时期居住习俗

挹娄是肃慎族系使用的第二个族称,前后有600余年的历史。《满族源流考》以"挹娄"与满语岩穴发音"叶鲁"相同为据,释义为"岩穴中人"。挹娄人的寝居确比肃慎人有了一点进步,他们大部分都"居深山穷谷,其路险阻,车马不通,夏则巢居,冬则穴处"。

《三国志》载:挹娄"无大君长,邑落各有大人,处山林之间,常穴居,大家深九梯,以多为好,土气寒剧于夫余"。《后汉书·挹娄传》载:"挹娄,古肃慎之国也……处于山林之间,土地极寒,常以穴居,以深为贵,大家至接九梯。"挹娄人早期住土穴,认为越深越好,酷似竖井,地面上没有隆起的建筑,只在穴居口处以木为梁,上履干草,出口的顶端,用梯子出入。地面的出处,常用树木筑起一个平顶"凉亭"式遮盖物,以遮挡风雪。这里的"大家"仍指有血缘关系的氏族,土穴深"至接九梯",可见已有了贫富的差别。

随着社会的发展,满族先民由穴居走向了半地下半地上的半穴居生活。半穴居,称"半穴房"。他们在平原上建立起"邑落",修筑了大大小小的防御设施——城堡栅寨。黑龙江省考古工作者在当时挹娄人分布的地区即今三江平原一带,发现了相当于两汉魏晋至北朝之际的古代城堡栅寨址逾300座、聚落址400多处。这些城堡栅寨又以今友谊、宝清两县间的七星河流域一带的最为密集,不下二三百处之多,有的规模很大,如"凤林古城"就周长达6.33公里,与隔河相望的"炮台山古城"构成当时那一地区的"政治"中心。

1994年,黑龙江省文物管理委员会文博处对凤林城址开始进行考古发掘,1998年至2000年黑龙江省文物考古研究所对凤林城址进行了三次发掘,四次发掘面积为3600平方米,共发现半地穴房址40座,灰坑50余座。黑龙江省宁安市的东康遗址,是挹娄社会的文化遗存,黑龙江省文物考古队在距今1600余年的黑龙江省宁安县东康遗址发现的寝居址,深40—60厘米,长14.4米,为长方形半地穴式,西壁长14.4米,南壁残长5.85米,面积约80平方米。寝居墙面用泥土抹平,用火烧烤使之坚硬,以石块作柱子的基础,灶址亦用石块砌成。这个时期挹娄人的居址,比肃慎人莺歌岭遗址有了一定的进步。

位于黑龙江、松花江汇合处三角地带的绥滨蜿蜒河文化,也属于挹娄遗存,考古发现也是半地穴式房屋址,显示其穴居的特点。位于俄罗斯远东的波尔采文化遗址,也属于挹娄遗存,遗址分布在河边,为半地穴式房屋址,没有门道,墙上一般镶有护墙板。

三 勿吉、靺鞨及渤海时期居住习俗

公元5世纪后,挹娄改称勿吉。狩猎和畜牧在勿吉人中仍占重要地位。勿吉有若干部落,部落各有酋长。隋唐时期称勿吉为"靺羯"。"勿吉"和"靺羯"为同一族属,是不同时期的族称。后来有人将"靺羯"误写成了"靺鞨",

到了宋代，文献统一写作"靺鞨"。据文献记载，当时的靺鞨有数十个部落，其中主要部落有七个，即伯咄部、安车骨部、拂涅部、号室部、白山部、黑水部、粟末部。

（一）勿吉、靺鞨时期的居住习俗

《北史》载："地卑湿，筑土如堤，凿穴以居，开口向上，以梯出入。"靺鞨人因"其地下湿，筑城穴居，屋形似冢，开口于上，以梯出入"（《魏书·勿吉传》）。史籍又载："筑堤凿穴以居，室形象冢"（《通典·勿吉·靺鞨》）。

南北朝时的勿吉人、隋唐时期的靺鞨人其居住习俗与肃慎、挹娄时期大同小异，也是穴居、半穴居。据考古调查显示，勿吉"筑城穴居"，房屋仍为半地穴式，但房子的营建技术较前进步，比挹娄人的穴居又有了一些进步。其建筑方法是：先在地表上挖一至两米深的土坑，在其上架木梁，用树枝覆盖搭作棚，棚上以草泥抹面。有的居室已有了取暖设施——火墙，且出现了在四周穴壁底部挖槽立板为壁的新技术。四壁镶有护墙板，房顶为四角攒尖式。居住面上铺有凹字形木板，应为床铺，房内中心有木板镶成的方形火灶。在其出口处，用石板、木板搭建一个屏障。这样的建筑形式主要是为了适应抵御严寒和避免野兽袭扰的需要。

房屋面积一般在 30 平方米左右。说明当时勿吉人已经组成了一夫一妻制家庭，原始社会逐渐解体，已经向初期奴隶制迈进。城栅的修筑更为讲究，防御功能也更为完善，出现了更多的邑落和城栅。

黑龙江省考古队在绥滨县同仁文化遗址（距今 1320—1450 年）考古发现了勿吉人半地穴式寝居，面积为 36 平方米，穴内四周挖槽立板为壁，并于内侧挖坑立柱，支撑屋顶，屋顶为并排平放的圆木。居住平面平整光滑，在居室中央偏西处挖有炕坑。门口向东。穴屋内以木板为壁，用来隔潮防凉，比起肃慎、挹娄的穴居是一大进步。在同仁文化遗址中，还发现了周长数百米的小型寨堡，筑有土墙，土墙外挖有壕沟，内有半地穴式的房址。1977 年黑龙江省文物考古队在东宁县考古发现的靺鞨平民寝居，皆为穴壁竖直的长方形半地穴式，面积小，在 15—20 平方米之间，室内砌有火炕，火炕用河卵石和石板垒砌，一般有两个烟道，走向沿西墙北段和北墙，呈曲尺状。炕面用石板铺盖，宽五市尺。炕灶设在火炕的南墙。火墙、火炕的发明，确实改善了满族先民的居住条件，在满族住宅史上迈出了重要的一步。门开于南壁中间，由土筑阶梯式门道通向室外。由于防御上的需要，靺鞨人依山筑"寨"聚居，如：至今保存较好的牡丹江流域的城山子山城，城内分布着50多个半地穴式的靺鞨人的居址。

勿吉人与挹娄人穴居的另一个不同特点是：挹娄人处于散居状态，勿吉人开始"筑寨"聚居。在黑龙江省逊克县西石砬子遗址、黑龙江省桦川县长发屯遗址、俄罗斯海兰泡附近的阿爱罗波尔特遗址等遗迹中，都发现了周长数百米的小型寨堡，筑有土墙，寨堡内有半地穴式的居址。这与文献记载的勿吉人、靺鞨人"筑寨穴居"基本一致。勿吉、靺鞨人的居住特点是筑城（堤）穴居，在一个穴居群外，有一道几百米的类似土堤的墙，为了防水患和野兽，在聚居地的四周筑起土围墙，也为了防御部落之间争夺财产的突然侵袭。在这一椭圆形的山城内，排列着井然有序的半穴室，标志着勿吉、靺鞨人已经有了稳定集中的聚居区。这也是满族先民最早的村寨形式，这些聚居的氏族部落还带有明显的军事性质。

（二）渤海国仿造中原长安建筑风格和建筑形式的居住习俗

渤海国出现访造中原长安的建筑风格和建筑形式，已经发展到相似于中国唐代的建筑水平。

粟末部在靺鞨七部中地居最南，是靺鞨七部中最先进、最强大的政治力量，是建立渤海国的骨干和基础。公元713年，粟末靺鞨人建立"海东盛国"——渤海国，历时229年。在唐文化的影响下，渤海国出现了大都市及宫殿等。这个时期靺鞨族王公贵族居住的房屋，已经开始访造中原长安的建筑风格和建筑形式。有关这方面的情况，在宁安县出土的渤海国上京龙泉府遗址的第一殿、第五殿的古建筑遗址及残存的青瓦、釉瓦中，可以推测到当时靺鞨人的建筑已经发展到相似于中国唐代的建筑水平。

渤海五京等发达地区，王室成员居住在豪华的宫殿中，一般贵族官员和上层居民也有高大府邸和讲究庭院，住房都是砖瓦石料结构的建筑。

普通的平民百姓也有些住进了室内分间的地上居室里，而且往往是砖瓦石料结构的建筑，只是规模小些、形制较为简陋。一些考古资料显示，五京一带乡村的居民们也大都从半地穴的"地窨子"走出来，住进了构筑于地上的"平面呈长方形"住房，"长9.75、宽6.5米"，"室内紧贴西、南、东三壁设'U'字形烟道，共三股，烟道宽10—20、深10—15厘米"；居住面"有部分黄褐色烧烤硬面，厚3—5厘米。在居住面上发现有铁器、砍砸石器和石斧等。灶位于室内西北临近西墙处，略呈椭圆形"；"柱洞分布于烟道外侧，与烟道平行，较密集，共发现22个，深20—25厘米，直径10—15厘米。柱洞之间有长条形沟槽，深20—30厘米，推测应为先挖沟槽，将木柱成排置于沟槽内。门道位于东壁中部偏北，宽80—90厘米"，室内一般都有火炕。《旧唐书》载："冬腊作长炕，下燃温火以取暖。"

我国吉林、黑龙江两省目前发现渤海民居址60余处，发掘清理约40座。俄、朝两境内发现50余处。从公布的考察资料可知，分布于城堡中的居住址有地面建筑，也有半穴式房屋；分布于乡村聚落中的居住址多为半穴式房屋。房址均有火炕等设施，火炕多为曲尺形，有两条烟道，以石料为主。房屋规模一般在20平方米左右。

但边远地区的渤海平民仍然居住在半地穴式的居室中，仍旧保持着聚族而居的古老遗俗，一般"都是半地穴式的，平面作方形，有灶，无门道，无火炕，灶在居住面中部，周围有一周立柱，其上部屋顶留有开口，可供人出入，立柱起梯……房顶是用枝条树皮等苫盖而成，作两面坡或四面坡形，墙壁是用木板或破开的圆木构成的。有的房屋墙壁还附有一个或两个龛或储蓄小室。在俄罗斯滨海地区发掘的靺鞨房屋，也大体与此相似，唯其中较晚的侧室内设有火炕，平面作条形，拐尺形或凹字形"。《渤海国志·属都列传》载：黑水靺鞨"其人劲健，俗皆编发，性凶悍，无忧戚，贵壮而贱老。无室宇，并依山水掘地为穴，架木于上，以土覆之，状如冢墓，相聚而居。夏则出随水草，冬则入处穴中"。

四 女真时期居住习俗

满族先民经历了巢居、洞穴居、穴居、半穴居等漫长曲折的居住过程，在此过程中积累了丰富的生存经验，诸如"火墙""火炕"的发明，居住习俗渐渐地由原始走向了文明，逐渐告别了穴居、半穴居生活，开始了地面居的居住方式。地面居又经历了以木为主的"撮落"与"房屋居"等类型。

（一）撮落

为了适应游猎生活，满族先民冬季是以半穴居方式居住，或称地窨子。夏季居住在一种叫"撮落"（满语，汉译为"马架子"，现代语称其为"窝棚"）的房子里。搭这种房子十分简单，首先在已确定的游猎之地选择好干燥向阳而又依山傍水的地方，平出房基，然后砍木绑架，以横木为梁，外面排靠木杆，再苫盖桦树皮及蒿草，以防漏雨，最后安一木杆绑制的小门，"撮落"即成。

撮落在渔猎时期是一家人的住房，一般室内皆有10平方米左右，晚上睡觉铺上兽皮即可，可以睡五六口人。撮落门一般朝东开。还有一种居住方式叫皮楼，是用猎来的皮张筑成的，皮楼即可以居住，又可以晾晒或储存物品。

赫哲又称黑斤，赫哲人与满族同源。《满洲氏族源流考》载："自宁古塔东行四百里居虎尔哈河、松花江两岸者，曰诺雷部，即虎尔哈部，自宁古塔东行千余里居乌苏里江两岸者，曰术伦部；又东二百里至尼满河源者，曰厅雅喀喇，此二部即渥集部，皆东路也。自宁古塔北行千一百里，居松花江、混同江两岸者，曰赫哲喀喇；又东北行四、五百里，居乌苏里、松花、混同三江汇流左右者，亦曰赫哲喀喇，即使犬国也……此皆北路。"赫哲人居住的"撮罗安口"和"温吐库"，与满族先民的"撮落"相似，都是地面居的一种，赫哲族为了捕鱼方便，大多选择在江岸高处居住，赫哲语"撮罗"是"尖"，"安口"是"棚"，"撮罗安口"就是"尖棚"的意思。"温吐库"是冬天在外行猎的一种居住方式。

"撮落"也叫"马架子"，书面语称"穹庐居"，是由穴居走向房屋居的一种过渡类型，东北古民族皆经历过的一种居住类型，在女真人中也曾一度流行。《马可波罗游记》中载："他们没有固定的住房，住的用木杆和毡子搭起来的帐篷，圆形，不用时可以随时折叠起来，卷成一团，当作包裹。当他们必须迁徙时，把它们一起带走，他们在张搭帐幕时，常常把出入口的门朝着南方。"

金太祖时，文献记载："国初无城郭，星散而居，呼曰皇帝寨"。《大金国志》载：初女真"无大君长，亦无国名，止是族帐，散居山谷间。自推豪杰为酋长"。完颜阿骨打即位后，只设"毡帐"。

（二）房屋居

辽金以前，满族先民的居室以树居、穴居、半穴居为主，还没有严格意义上的房屋。女真族在形成之初仍然沿袭其先世靺鞨平民穴居的习俗。由于女真社会生产力的不断发展，加之广泛应用了火炕取暖，逐渐由穴居转向地表造屋——房屋居逐渐走向成熟。满族先民的房屋居习俗，有着鲜明的地域特色和民族特征。

地面居，其居多依山谷，联木为栅，开始定居生活。《金史·世纪》载："献祖乃徙居海古水（今黑龙江省阿城境内海沟河），耕垦树艺，始筑室，有栋宇之制，人呼其地为纳葛里。纳葛里者，汉语屋室也。"从挹娄到女真时期，经过了千余年，献祖绥可徙居海古水并发展农耕经济，才开始在地面建造房屋。

满族先民"始筑室",把居室从地下挪到了地上,出现了女真语称为"纳葛里"的屋宇居室建筑,这在满族先民住宅建筑史上实现了重大意义的转变,也成为完颜部迅速兴起的一个重要原因。

《契丹国志》载:"次东北至靺羯国,东北与铁离国为界,无君长统押,微有耕种,春夏居屋宅中,秋冬则穿地为洞,深可数丈而居之,以避其寒。"可见,渤海时期已有靺鞨人春、夏季在地面上建造房屋居住了,只是未普及。《契丹国志》又载:"次东南至五节度熟女真部族,共一万余户,皆杂处山林,尤精戈猎。有屋舍,屋舍门皆于山墙下辟之。"

《大金国志》载:女真"其居多依山谷,联木为栅,或覆以板与桦皮如墙壁,亦以木为主。冬极寒,屋才高数尺,独开东南一扉。扉既掩,覆以草绸缪塞之,穿土为床,温火其下,而寝食起居其上"。"其俗依山谷而居,联木为栅,屋高数尺,无瓦,覆以木板,或以桦皮,或以草绸缪之。墙垣篱壁,率皆以木,门皆向东。环屋为土床,炽火其下,相与寝食起居其上,谓之炕,以取其暖。"(《三朝北盟会编》)

树木是满族先民早期建筑中应用最广泛的材料,其山区住宅壁、顶、架都以木为主,有"木屋"之称。女真平民的居屋已经有了很大的进步。穴居转为地上的房屋,此种房屋依山而建,在山谷中的背风向阳处,用木头做墙和盖,房盖有的覆盖木板、有的覆盖桦树皮、有的苫茅草。用草拌泥抹在墙和棚上,在东南开一门,冬天门周围塞上草用来挡风寒。屋内有火炕,用以取暖和睡觉时当床,即人们在火炕上休息、饮食。此时的女真已经开始了真正意义上的定居生活。金代文人作有《夜卧炕暖诗》:"地炕规玲珑,火穴通深幽。长舒两脚睡,暖律初回邹。门前三尺雪,鼻息方齁齁。"

选择山的阳坡架木为室,这样寒冷刺骨的西北风可以被山挡住,这种筑法是满族先民在实践中发展起来的智慧结晶,是其战胜自然力的一项伟大成果。满族先民世居白山黑水间,气候寒冷,多选择居住在山区谷地,尤其注重御寒防冷问题,因此形成特有的居住习俗。

火炕的应用是东北地区少数民族走出穴居时代的主要条件,地面屋是人类居住史上的一个重要转折点。辽金时代的女真人的居室,在满族住宅史上迈出了重要的一步,即从穴居变为地面居。

金代是满族先民经济、文化等飞速发展的时代。金朝建立后,迁居中原地区的女真人,由于与汉族长期杂居,建造房屋从结构到材质都受到汉族的影响,在其统治区域内房屋已出现了砖瓦结构建筑,大多砖土墙壁,且覆瓦为顶。

元明时期仍居故地的女真人其居屋仍较为简陋。元代，这些女真部落，"各仍旧俗，无市井城郭，逐水草为居，以射猎为业"，"桦皮厚盈寸，取以为室，覆可代瓦，旁作墙壁户牖。即以山中所产之木用之，费不劳而工省，乃我满洲旧风，无殊周室之陶复陶穴也"（《满洲源流考》卷20）。他们依山谷而居，住的是木板屋，大门一律东向；家家户户烧火炕，用来取暖、抗寒和除湿。他们久居深山，多烧林木。

明代，火炕有了进一步的发展，火炕从四壁下皆设长炕，逐渐变为南西北接连的环炕，不再是"炽火其下"，变成了锅灶通内炕，已接近现在的"满族火炕"的形式。明末女真人的房屋基本上是以土木为墙、草苫房顶的土草房。这种以木柱为主体，用草和泥筑成的墙壁，俗称"拉哈墙"。

满族先民以火炕取暖的习俗一直沿袭下来，并为北方的汉族所仿用。

（三）族寨与霍吞

魏焕《皇明九边考》卷2《辽东镇边夷考》载，女真人"依山做寨，聚其所亲居之"，其所居之村屯称为"族寨"。即血亲家族往往同居同迁，形成一个族寨，"联木为栅"，形成一个院落。与勿吉、靺鞨人的筑城（堤）穴居相比，泥土围墙已由木墙代替。这种聚族而居有的称"寨"，有的称"屯"。《金史》中就有蒲里字寨、海姑寨、蒲达寨、宋葛屯、胡刺温屯等记载。

由于农耕生产的发展和民族部落的不断迁徙、组合，原来阖族而居的村寨，逐渐变成以地域关系为主（由相邻的几个女真氏族，部落的聚居），有的地方"屋外家家皆设木栅"，村外则筑起木土夹层、厚实坚固的城墙，形成集军事、生产于一体的城堡——"霍吞"，也称"霍通"。村寨首领称为"城主"，如海西女真叶赫部的首领是"城主"金开石。

"至近阙，复此行百余步，有阜宿围绕，三四顷，此高丈余，云皇城也。至于宿门，就龙台下马，行入宿闹，西设毡帐四座"，"其山棚，左曰枕源洞，右曰紫极洞，中作大牌，题曰翠微宫"。主殿"乾元殿"，"以瓦仰铺及泥补之，以木为鸱吻，及屋脊用墨，下铺帷幕，榜额曰乾元殿……"。昔日以血缘关系为纽带的完颜部古寨，皇城（阿骨打创立的金朝国都）"已架屋数千百间"，已成为以地缘关系为主的中心地带。氏族部落贵族的古寨演变成真正的城堡。

虽然明代女真人的村寨已成为地域性村落，但古老的血缘关系阖族而居并没有解体消亡，在经济文化相对落后的东海女真人中，血缘关系阖族而居的村寨还是比较多见。据富育光搜集整理的《东海沉冤录》《两世罕王传》载：明代仍有不少氏族的村寨，仍插有古老的氏族徽记——鸟柱或兽王柱。在努尔哈赤统一女真以前，女真所居的古寨均有维系村寨人精神纽带的"堂涩"（清立国后的堂子由其演化而来）。"堂涩"设在本氏族城寨的东方位，高立神杆，是部落（村寨）设堂祭总祀诸神的地方。据《两世罕王传》载：努尔哈赤起兵攻占哈达、朱舍里、长白山、辉发、叶赫、董鄂、乌拉、斐攸等部落，兵传先废该地"堂涩"，"掠祖像神谍于贝勒马前"。

（四）三合院、标准化旗宅、满城

三合院。满族共同体的形成，尤其是努尔哈赤定都盛京以后，女真人有了自己的土地，生产关系和生活方式都发生了变化。女真人结束了游猎生活，开始在自己的土地上定居下来，过上了半猎半耕的较为安定的生活。

定居以后的住房形制发生了变化，是由正房和东西厢房组成的三合院。其中各类都由三间组成。拿三间正房来说，房门向南开在中间，一进门为外屋地，左侧为西屋，右侧为东屋，无论东西屋皆三面是炕。每间屋的北面各有一个窗户，阳面各有两个窗户，每个窗户都由上下两扇组成，在外面糊纸，再喷上油，这样既防雨又透光。

满族历来以西为大，以南为长，所以长辈要住西屋南炕，老儿子住北炕。东屋南炕住的是长子，北炕住的是孙子。如果是四世同堂，西屋南炕为祖，北炕为重孙，东屋南炕为父，北炕为子。如果人口再多，可在东厢房再按辈居住，在厢房居住则按左长右少的次序。西厢房一般不住人，都用来做碾坊和"哈室"（满语，汉译为"仓库"）。

固定的起脊苫草地面建筑，是门窗俱全、阳光充足、通风良好的较规格建筑，多数是以氏族为单位的"法拉"（汉译为"村"）和"葛珊"（汉译为"乡"）。安定的地面定居生活是满族经济得以飞速发展的转折点。

标准化旗宅。随着后金和清朝的建立，女真都编入了八旗组织中，女真以八旗制下聚族而居的形式存在。1644年以后在民间出现了真正能体现民族特点的标准化满族住房。这个时期由于继续推行跑马占荒的诏令，满人的土地越来越多。土地增加而满人到18岁要入旗当差，根本无力耕种，就将大片土地租给由关内逃荒来的汉人耕种。土地的出租使满人收入剧增，经济地位的提高是修建标准化旗宅的基础，一时间各法拉、葛珊的满人都大兴土木修宅建院。这一时期的宅院是经过以前那些简陋的三合院发展起来的。

满城。清朝入主中原后，大量满洲人口从东北地区徙居关内，并分别定居于北京及国内各八旗驻防城镇和要塞。由于这些满洲人均以八旗组织为单位在各地集中居住，并不与当地居民相混杂，故各种形式的满洲建筑也随之出现于各地。这些由旗人居住的区域被称为"旗营"或"满城"。

五　清朝时期居住习俗

（一）清初流人笔下的乡村满族住宅

乡村满族住宅主要分布于东北、河北及京畿地区，其中以东北地区最为典型。这里不但人口集中，而且处于满族长期生活的自然环境和社会环境中，其民居的民族特色和地域特色十分明显。

清初，一些被流放来东北的文人写下了他们的所见所闻，给我们留下了珍贵的资料。如《柳边纪略》《龙沙纪略》《宁古塔纪略》《黑龙江外记》等，是有关东北及黑龙江省最早的几种地方史志著作，对我们研究、了解清初东北及黑龙江省的历史地理、民情风俗等都提供了宝贵的资料。

《宁古塔纪略》清吴桭臣撰，1卷。清初吴桭臣父吴兆骞，江南吴江（今属江苏）人，遣戍宁古塔23年，吴桭臣生长其地。吴桭臣归里后于晚年追忆往事而作。本书叙述宁古塔地区满族的生活情况、风土人情、山川名胜及南归所经驿站里程等，有助于研究满族早期历史与风俗习惯。

宁古塔在黑龙江省的东部，吴桭臣的《宁古塔纪略》载："房屋大小不等，材料极大，只一进或三间、五间，或有两厢，俱用草盖，名为盖房草，草极长细，有泥，泥墙极滑可观，墙厚几尺，然经寒气侵入，视之如霜，屋内南、西、北接绕三炕，炕上用芦席，席上铺大红毡，炕阔六尺，每一面长二丈五六尺，夜则横卧炕上，必并头而卧，橱箱被褥之类俱靠西北墙安放，有南窗、西窗，门在南窗之旁，窗户俱从外闭，恐夜间虎来撞进。靠东壁间小板壁隔断，有南北二炕。有南窗即为内房矣。无椅凳，有炕桌，俱盘膝坐，客来俱坐南炕。"此时的房屋有炕，墙厚，房盖上有厚厚的苫房草，都是保暖措施。

《柳边纪略》清杨宾撰，成书于康熙中叶，5卷，记述了清初盛京、宁古塔、黑龙江三将军辖区，即柳条边内外满族居住地区之山川、形势、官制、兵额、城堡、驿站、部落、寺庙、贡赋、物产、民情、风俗及文化等情况，对研究清初东北地区满族发展史、文化史有参考价值。

杨宾在《柳边纪略》中,记述了清初宁古塔一带的住房,他写道:"屋皆东南而立,破木为栅,覆以薄草,厚二尺许,草根当檐,绚大索牵其上,更压以木蔽风雨……开户多东南,土炕南七尺五寸,周南、西、北三面,空其东,就南北炕头做灶。上下男女各据炕一面,夜卧南为尊,西次之,北为卑,晓起则叠被褥,置一隅,覆以毡或肯青布……西、南窗皆如炕大,糊高丽纸,寒闭暑开,西厢为碾坊,为仓房,为楼房,四面立木若城(名曰障子),以栅为门,或编桦枝或以横木。"

《黑龙江外记》清西清撰。西清是满洲镶蓝旗人,出生于官僚贵族家庭。1806年(清嘉庆十一年)来黑龙江,寄寓在齐齐哈尔城南的万寿寺内。《黑龙江外记》是西清在黑龙江为吏、教书的五年时间里,根据他当时所见到的"幕府"图籍资料和亲身调查了解黑龙江西部地区和齐齐哈尔一带,而写出的一部有价值的地方史志著作。西清在《黑龙江外记》中写道:"……草屋南向者,三楹或五楹,皆以中为堂屋,西为上屋。乡居者率称四面为德尔吉,……草屋一苫可二十年,上屋须岁岁抿墁。土屋谓之平房,列肆者多,居家者少。至以瓦为之,不过佛殿数楹,非仅陶瓦难得也,御寒不如草舍,故人家不用。""墙有土筑者、垡甓者、泥堆者,垡甓最耐久。垡者,野甸泥块土草结成,坚如砖,齐齐哈尔外城垒此。又有拉哈墙,纵横架木,拧草束密拄横架上,表里涂以泥,薄而占地不大,隔室宇宜之。窗向外糊,用高丽纸,纸上搅盐水,入苏油喷之,藉以御雨。……室内三面皆炕,烧之室自暖,不然,虽煨红炉,寒气不散。地下四时坚冰,即三伏,炕必一、二日一烧,否则腰膂间易疾,疾甚,须以热炕烙之。"

关于拉哈墙,《吉林外记》"御制诗歌"中有详细描述:"拉哈,圬墙所缀也筑上秋坯为墙壁,以横木约尺许为一挡,缀麻草下垂,缘之以施圬墁,经久不倒,亦国初朴素故俗也。"书中还附有一首诗:

层层坯土砌为墙,缀以沤麻色带黄。
妇织男耕斯室处,幼孽壮作旧风侵。
底称凿遁颜家合,浸喻操喜圬者王。
故俗公刘付芮鞠,九重此况慎毋忘。

在长白山等林区,许多满族住宅仍保留着从事狩猎生活时的较原始面貌。居住在长白山区的满族人利用桦木筑房和桦树皮覆盖。这种房子当地满族人称为"周斐"。《吉林外记》中对"周斐"有较为详细的记载:"周斐,桦皮房也。桦皮厚盈寸许,取以为室,覆可代瓦,旁作墙壁户牖。即以山中所产之木用之,费不劳而工省,满洲旧风也",并写下了"御制诗歌":

野处穴居传易传,桦皮为室鲜前闻。
风何而入雨何漏,梅异其梁兰异梦。
占吉檐头鹊常报,防寒墙角鼠还熏。
称名则古惟淳朴,却非斐然周尚文。

清朝中期东北地区经济发展较快,随着社会生产力的不断发展,人类文明进步素质不断积累、递增,房屋的建筑又有了进一步的发展,促成了满洲老屋的诞生。满族先民其居住习俗从穴居、半穴居一直到泥墙草房的满族老屋,经历了较为漫长的历史岁月。

(二) 口袋房

清初,满族先民的住宅从金代比较简陋的"纳葛里"(地面居室)、三合院,发展成为高大宽敞的满族老屋——口袋房。

"口袋房"一般是坐北朝南,特点是房舍不论三楹或五楹,都在东端南边开门,五楹的或在东起第二间开门,因形如口袋,故称"口袋房"。因形似斗形,又称"斗室"。建筑形式称为"坐轿式"。其布局是:进门是伙房(又称外屋),从伙房西墙开门则为卧室(又称里屋),大小一楹、二楹或三楹不等。有的伙房东西墙都开门,成对称布局,俗称"对面屋"。现沈阳故宫的清宁宫就是这种独在东南开一门的口袋房。

(三) 北京满族居住的四合院

清中叶以后,满族居室确立了"四合院"的住宅格局,形成了满族住宅独特的风格与标记。四合院(满族富户多为四合院,周围套院墙,大门内竖有影壁。而一般农家则多是竖木栅,使居室院落自成独立体系),是清中叶以后的满族住宅,有四方形的宽敞院落,其中坐北面南的住宅为正房,通常为三间或五间,每间长四米左右,中间开门,进门为堂屋,内置锅、灶及饮食餐具。满族居室西屋为大,称上屋,由家中长辈居住。东屋为晚辈人居住。院子里左右建有东西厢房，西厢房多为碾坊和放零杂物品的仓库，东厢房一般存粮。套上大院墙，砌上门楼，则为四合院。这种院子，在东北农村的平民用柞木细杆围成，俗称"障子"，大门一般只有两根竖柱，两道横梁，两扇大门又俗称"门楼子"。

贵族住宅基本结构如一般满族住家，只是整体为二进六合院，门楼两侧有上下马石，内院如一般满族四合院。官臣人家内院建筑一般分为三层，更加富丽堂皇。王公、贝勒等显贵，院内有亭榭楼阁，华贵且精巧，《红楼梦》中有极精彩的描写，把中国古代传统庭院建筑推向高峰。

北京满族居住的四合院，是清入关后满族文化与当地原有住宅习俗融合的产物，也是除东北地区外数量最多的城市满族民居，至今仍有许多被完好地保留下来，并被确定为北京市、区的文物保护单位，成为古城民居的重要组成部分。

（四）东北边陲重镇宁古塔的四合院

清朝中期，东北地区不仅农村房屋建筑发展较快，城镇的建筑业也有很大发展，这一时期宁古塔已经发展成为东北边陲重镇，沿"宁古塔十里长江"（指流经宁古塔城南的牡丹江）头道江岸满族遗老遗少们建起了一批标准比较高的满洲式房屋。这些房屋都是四合院，建有正房、东厢房、西厢房，并有围墙和门楼，取料用青砖、青瓦，台阶选用花岗岩条石砌筑，院内建有影壁，竖有索罗杆子，杆上有锡头，杆下有四块石头，称为"神石"。有的院中还建有花亭和八角凉亭等。四合院外门前放有两块上马石。

满族家庭西墙上供有佛爷匣子。满族的佛爷匣子是极为神圣的，一般人不能随便看。匣子里珍藏着本民族祖先功臣的王爷像和十八位尊神，还有宗谱，记载着家族历史的兴衰变化和祖先的功绩。因此，满族西炕也称为"佛爷炕"，来客一般不能坐西炕，只能在南、北炕上坐。

（五）满族住宅独特的民族风格与标记

满族宅院独特的民族风格与标记，概括起来有万字炕、地烟囱、窗户纸糊在外、影壁和神杆。

万字炕。满族卧室是环室，三面火炕，叫蔓字炕，也叫万字炕。一般南、北为大炕，东炕接炊房炉灶，西炕为窄炕，下通烟道。西炕上一般不摆设杂物，也不能坐人，是因西炕墙上端供奉着神圣的"窝撒库"——祖宗板，祖宗板上放神匣，神匣内装祭神的神器或神本。祖宗板上贴刻有满文的白色挂签。

地烟囱。满族老宅烟囱（满语"呼兰"）是建在屋侧，早期多用空心整木，后来用木板围成，或用土坯、砖瓦砌成粗大的圆形，距房子二尺多远拔地而起，靠外砌的烟囱脖子与炕相连。烟囱底部有窝风巢，以回挡逆风，适应围炕过火量大的特点，使烟道通畅，避免发生火灾，冬冻春化，又不易倒塌。

窗户纸糊在外。满族的窗户是木制的，有花格，上下两扇开合，朝外开，可以加大窗户纸的采光面积，而且可以避免冬季"大烟炮"的冲击，避免窗户纸一冷一热容易脱落。窗户纸用盐水、苏油喷浸后经久耐用，下面固定可以避免风雨直接吹入室内。隔墙用木板"排栅"，北面的窗户很小，既能保证夏季开窗户有一定数量的"过堂风"，又能保证冬季免受强劲的北风之苦。

影壁。满族人家进大门，可见一段墙形建筑，称为"影壁"。其功用是取避邪，求吉祥之意。影壁或砖砌或木栅，富贵人家的影壁上绘有图案。

神杆。满族人家在影壁后竖起一根长至九尺、碗口粗细的木杆子，杆上端贯一锡斗，或木斗，或草把，此杆称为索罗杆。满族立杆是为了祭天，是古代祭神树的一种演化。

万字炕、地烟囱、窗户纸糊在外、影壁和神杆，这些满族宅院独特的民族风格与标记，都熔铸着满族人民的智慧和才能，把中国传统庭院建筑推向高峰，也体现了满族人民的创造精神。

满族的居住方式和居住习惯是由其地理环境和生产、生活条件决定的。满洲人入关后随着条件的变化，居住习惯随之也发生了变化。但是，满族旧有的建筑形式还长期保存着，例如北京故宫博物院的坤宁宫、宁寿宫等建筑，外观上吸收了汉族古建筑的特点，但宫内配置还是满洲式的。

六　近现代满族居住习俗

民国初年，八旗制解体，满族失去了在清代享有的特殊政治地位和经济地位，其民族建筑类型主要保留在民居之中，但关外满族仍是聚族而居，随着氏族迁徙，形成了满族"大分散，小聚居"的居住局面。

新中国成立后，满族仍喜聚族而居，如新宾满族自治县上夹河镇腰站村（爱新觉罗氏家族聚居村）、抚顺县石门寨（满族金氏聚居村）等。

近代东北满族居住比较集中的村屯，住房虽然大部分改土草顶房为砖瓦化的房屋，但在内部设计上有的还保存着满族的特点，比如屋内南、西、北三面接绕三炕等。

满族居住房屋分为上屋、下屋、堂屋三大间，中间开门，门两旁各三窗。

满族"屋脊穹崇，门户整齐"的建筑风格，体现了他们勇悍、豁达的民族性格。时代的变迁可以改变一个民族的固有传统，生产力的发展，使满族的茅草坯房换上了红砖瓦房，但在设计风格上还保持着满族建筑的特点，如围炕、四合院等居住形式。

而如今，平房也逐渐被楼房所替代，一些具有满族鲜明特点的建筑也正在经历着新的变化。随着时代的发展，现代东北农村建房已不再使用传统的建筑材料，如椽子、檩子、柁等已不再使用，正在逐渐消失，成为历史，泥土都已换成砖瓦瓷砖等。在满族人口比较集中的东北农村，一些住宅已逐渐改用新的建筑材料和技术，

20世纪70年代以后，由于民族融合和经济、文化水平的提高，以及生活方式、建筑材料等方面的明显变化，居住在城市中的满族逐渐迁入新式公寓，农村富裕地区也开始兴建具有时代特点的新型住宅。传统样式的满族住宅随着农民生活水平的提高，在建筑材料、技术及装饰特色方面也正经历着新的变化，满汉居室渐趋于同，不再有太大的区别。

再谈满族影壁

一般的满族人家，一进院门，便可看见一段墙形建筑，即象征平安的影壁。影壁或土砌，或砖砌，或木栅，有"一"字形、"凸"字形、内"八"字雁翅式等种类。满族平常人家大门之外或院心正中设置影壁，高官大户大门前建"八"字形大影壁。

作为反映旧时社会制度与风俗习惯的石式建筑，有三个作用：一为遮挡，

门内的影壁起遮挡视线，避免在门口一览无余的作用。二为衬托，大门两侧的影壁，向外扩开的"八"字形，称八字影壁。有的富贵人家在门外影壁上涂有彩绘，或置磨砖对缝的影壁，雕有海水朝阳、日出云海、龙凤呈祥、吉星高照等图案，有显示威严的作用。三为辟邪，院心设影壁，贴"鸿禧""迎祥"或福禄寿三星图、五福临门图，有求吉祥之意。俗话说："影壁对门，邪气难入。"

影壁，原称"隐避"，门内称"隐"，门外称"避"，也称"照壁"或"照墙"。

影壁始于"勿吉"和"靺鞨"时期，挹娄人住土穴，地面上没有隆起的建筑，只在穴居口处以木为梁，上履干草，出口的顶端，用梯子出入。至隋唐，随着社会的发展满族先民由穴居走向了半地下半地上的半穴居，也称"半穴房"。其建筑方法是：先在地表上挖一至两米深的土坑，在其上架上木梁，用树枝覆盖做棚，棚上以草泥抹面。此"半穴房"在地面上已呈现框架式结构的建筑，是向地面建筑屋发展道路上的一个进步，在其出口处，往往用石板、木板搭建一个屏障，这样的建筑形式主要是为了遮挡风雪，适应抵御严寒和避免野兽袭扰的需要，这是满族居室中"影壁"的雏形。

有一则满族的古老神话传说，相传，世界上有一种戴假面具的怪兽，叫马虎子，专门追摄人的真魂，只要戴上假面具就可避开马虎子的追扰。而影壁就是居住在这屋里一家人的假面具。所以，无论贫富，早期满族人家的院门内都设影壁。

古代狩猎经济时期，因当时猎具落后野兽是可怕的，只能把希望寄托于影壁保佑，随着社会的发展，狩猎工具的改进，野兽变得不那么可怕了，影壁作为一种纯精神的万能武器。等到原始先民的恐惧感消失后，影壁就慢慢演变成满族民居的附属建筑，成为满族民居惯有的格局元素之一。影壁是满族先民居室门外掩体的演化。

满族有影壁形成的传说："一个大户人家请匠人盖房子，匠人见每餐只有鸡骨架，没有鸡大腿，便开始使坏，在房子脊缝里放个手推小车的泥人，意思是把东家的财产都推走。新房盖完，东家拿出工钱，还送给匠人一坛鸡肉，让他回家孝敬老人。匠人知道误解了东家，便用砖在门中砌个影壁墙，寓意是有了这道墙，小车就推不出去了。"

还有一个传说，满族第二个大祭祀，叫作"还愿"。"还愿"要在院里祭祀索罗杆子和影壁。满族人家门前的影壁，就是始祖罕王使过的"背夹子"。大户人家的影壁为砌砖的，一般小户在还愿时没有砖影壁，就改用几块木头立在那儿，表明那是背夹子，当成影壁。传说中，"背夹子"就固定在家的门口了。

吉林是满族影壁比较集中的地方，最华丽的影壁是杏林顺城街恩宅的影壁，在壁心上刻着"九出戏"图案，乌拉街"后府"是吉林地区清代工艺最为精美的一处民居建筑，后府大门对面有磨砖砌就的影壁一座长7米、高3米，壁面浮雕为"海上日出"，在露出海面的日光上部竖刻"当朝一品"四个大字。

"魁府"是吉林地区清代民居建筑中保存相对完好的一处。往昔，一进魁府大门便可见彩绘的"海水托日"影壁，该影壁为东厢房的南山墙，属借山影壁。

吉林省有些山名也以影壁命名，如东丰县就有影壁山。河北省也有影壁山。清世祖顺治的孝陵是清东陵建的最早陵寝，位于河北省遵化县马兰峪，陵寝以金星山为朝山，影壁山为案山。陵寝内的月牙城建有一座琉璃影壁，下身呈须弥座形，上身嵌中心花和岔角花。

满族宫廷建筑

宫廷是一种高层次的居住习俗，挹娄人、靺鞨人、女真人、满洲人在东北都建造过宏伟的宫室。满族先民宫廷建筑从目前国内发现的最大的半地下宫殿到以木栅围筑的"皇帝寨"，再到富丽堂皇的殿阁；从"依山作寨"到在都城内建筑宫殿；从东北"三京"到定都北京……宫廷建筑渊源久远，演进过程的轨迹展现着满族文化的发展和进步，体现着满族文化的丰富内涵和价值，以及满族在建筑方面对人类文明所作出的贡献。

一　满族先民入关前的宫廷建筑

（一）汉魏时期挹娄王城

七星河流域是汉魏时期古代遗址群分布最为集中的地区，迄今为止已发现426处。考古发现，满族先民——挹娄人，早在215—405年，就生息繁衍在三江平原。继1984年黑龙江省文物管理部门首次在友谊县发现凤林古城至今，各级文物考古工作者已在这里陆续发现距今1700—1800年以前的汉魏时期的古城遗址154处，其中古城址62处，古居住址92处。最具代表性的是巴如古苏霍通（满语，为对面城之意），即友谊县的凤林城址和宝清县的炮台山城址。

凤林古城城址位于黑龙江省友谊县成富乡凤林村西的平原岗地上，占地约113万平方米，属铁器时代遗址。炮台山古城城址在今宝清县七星泡镇平原村东北约3公里的孤山上。两城与流经城下的七星河隔河相望。

1994年至2000年，黑龙江省文物管理委员会文博处与黑龙江省文物考古研究所对凤林城址进行四次考古发掘,发掘面积为3600平方米,共发现半地穴房址40座、灰坑50余座。

从历史地理上考察,凤林古城一带应是汉魏时期挹娄人的活动中心。凤林古城址周长6330米,占地面积114公顷,大城里由内城墙分隔成9个小城,亦称9个城区,似"九曲连环城"。与黑龙江历史上著名的古城相比,规模仅在渤海国上京龙泉府古城(今宁安境内,其城址周长约16公里)和金上京会宁府古城(今阿城境内,城址周长约11公里)之后,凤林古城名列第三。

古城第七城区应是当地民族的京都之城,是全城的中心,近似正方形,四角设有角楼,每边城垣外侧中部各设一座马面。

1994年9月至10月,黑龙江省文物管理委员会文博处对凤林城址七城区进行了首次考古发掘,揭露出房址两座及一处灰坑,出土了陶、铁、铜、骨、玉等各种文物近200件,其中穿孔玉蝉造形精美、刀法娴熟、线条流畅,是古代玉器中的精品。

1998至2000年,黑龙江省文物考古研究所三次对凤林城址七城区进行考古发掘,揭露出半地穴式居住址30余座,灰坑40余处,是三江平原汉魏时期遗址考古发掘中的首次发现,从而显露出凤林城址在龙江大地上汉魏时期遗址中的"霸主"王城地位。此次考古共发掘出土各种文物约1500件。

七城区是被考古工作者在凤林古城城址中精心发掘清理过的一个城区,出于保护的需要已被回填,发掘的痕迹已被青草覆盖,看不出被清理过的房址痕迹。站在虽为青草绿树覆盖但仍清晰可辨的高大古城墙上,可以看到墙体内一处低洼,在那里曾清理出一座东西宽23米、南北长33米、面积为666平方米的半地下宫殿或可称议事厅。宫殿中有横四竖五排列整齐的20个大柱洞,在房东侧有一门道……这是目前国内发现的最大的半地下宫殿,被省内外专家称为"王者宫殿"。它充分地证实了满族先民挹娄人已进入文明时代,建立了黑龙江历史上最早的"挹娄王城"。

经过黑龙江省文物管理委员会文博处和黑龙江省考古研究所多次对友谊县凤林城址的考古发掘,其所采集的检测标本经中国社会科学院考古研究所对出土文物标本C^{14}检测,测定凤林城址大约建于公元215年,遗址距今1735±89年,是黑龙江省迄今为止所发现的最大一处汉魏时期古遗址,比渤海国早约500年、比金上京早约900年。凤林古城被认定为目前所知东北三江平原地区乃至东北亚及周边地区所发现的汉魏时期面积最大、规格最高、结构最复杂、宫城与宫殿出现最早,且保护很好的一个的古城址,是中国史载东北最古老的民族肃慎族系挹娄人都城所在。2001年，国务院批准公布凤林古城与炮台山城址为全国重点文物保护单位。

根据宏大而复杂的城址建筑和丰富的出土文物推算，当时这里的人口已达10万之众，已进入定居，农业、养畜业、制陶业和纺织业都达到一定水平。

国家文物局专家张忠培先生认为以巴如古苏霍通为代表的七星河流域汉魏时期遗址已具国家雏形。北京天文馆天文考古专家伊世同先生认为炮台山城址为七星祭坛，是三江平原和东北亚及周边地区最考究的祭坛遗址，更是我国天文考古的重大发现。凤林城址为王城，是行政管理之地，炮台山城址是祭祀之所，挹娄王城符合了古代"南祭祀、北主政"的建政礼制。

黑龙江省文物专家干志耿、殷德明先生将凤林城址认定为三江平原的"挹娄王城"，是"亘古荒原第一都"。纠正了北大荒自古荒无人烟的传说，填补了黑龙江汉魏时期历史的空白，改写了我国东北地区及黑龙江的古代文明史。巴如古苏霍通的发现，充分表明了友谊县是满族先祖挹娄人的肇兴之地，他们用勤劳的双手谱写了友谊大地的第一部拓荒史。

（二）唐代渤海国上京龙泉府

唐代渤海国上京龙泉府故城，俗称东京城，位于宁安县城西南30多公里牡丹江畔的东京城镇。

698年，粟末靺鞨人大祚荣在我国东北地区东部的旧国（今吉林省敦化盆地）一带建立震国，自立为震国王，是我国肃慎族系历史上的第一个民族割据政权，也是出现在黑龙江流域广袤大地上的第一个封建文明。

渤海是唐代我国东北以靺鞨族粟末部为主体建立的地方政权，开元元年（713年）受唐册封，去靺鞨之号，专称渤海，从而成为唐王朝的组成部分，后快速发展，九世纪时，渤海的政治势力强大，被誉为"海东盛国"。

《新唐书·渤海传》载："初，其王数遣诸生诣京师太学……地有五京……"渤海国将唐的五京之制移入，设有"五京"，上京龙泉府为其首府。

天宝末年（公元756年左右），文王大钦茂将国都迁徙到上京龙泉府（今黑龙江省宁安市渤海镇），30余年后又迁至东京龙原府（今吉林珲春八连城）。此前曾一度以中京显德府（今吉林和龙西古城）为都，年代不清。第五代成王大华玙，在公元794—795年间又将国都从东京龙原府迁回上京龙泉府，直至渤海灭亡。大钦茂效法唐王朝，建立了上京、中京、东京都城的规格和形制，这些都城，一般都由郭城、宫城、王城三部分构成，高大宽敞，气势雄伟，城墙有的是夯土板筑，有的以石垒砌，五京除上述三京外，还有西京鸭渌府（今吉林白山市临江镇）南京南海府（今朝鲜咸镜北道咸兴）。

上京龙泉府故城在三面水绕、四面环山的盆地中，规模完全仿唐都长安城兴建。分外城、内城和宫城（紫禁城）三部分组成。外城平面呈长方形，周长近16300米，占地面积约16.4平方公里。城门主要为十个，东西各二门，南北各三门，东、西、南北互相对直。全城共有土筑街道十一条，路面宽窄不一。中央大街北起内城南门，止于外城中门，把城市分为东、西两个面积相近的城区。在道路交错形成的长方形区域内，有坊、市，各坊四面有墙，四个坊为一个单元，全城约有八十一坊。

内城和内苑建于外城北部中间，宫城以南，占全城面积1/14左右。内城平面呈长方形，北面有横街与宫城相连，东、西、南三面有城墙。内城占地面积约48万平方米，由东、西两区和横、天两街组成。内城是渤海中央统治机构的所在地。

宫城位于外城北部中央，平面呈长方形，南北长约720米，东西宽约620米，周长约2680米，占地面积约45万平方米，形制近于长安大明宫。（《说说唐朝的"海东盛国"》）

宫殿在宫城中间，现存五重殿基，宫殿是夯土起筑台基，土坯砌墙，青瓦或釉瓦脊顶，墙外涂层泥，内壁抹以白灰，有的尚保存壁画痕迹。上京的宫殿建筑群宏伟壮丽，五座大殿南北排列在一条中轴线上，宫殿址的台基高大方正，夯土筑台。夯土台基下，设有"土衬石"，在"土衬石"外侧设有砖砌散水，"土衬石"上面用裁石垒砌台基壁，在台基上面分布着整齐的大型石柱础。础石铺列有序，供装饰用的建筑构件有三彩鸱吻、滴水、釉瓦、雕砖等，可以推想当日的殿堂是何等的金碧辉煌和富丽壮观。其建筑风格是仿唐长安城而兴建的，只是规模小于长安城。

渤海从文王大钦茂以来大兴土木，建筑城池，到大仁秀和大嵩璘时代，更有进一步的发展，在渤海国国土上，尤其是五京的腹心地区，规模庞大的京、府、州乃至县城拔地而起，其中有平原城，也有山城。京城，效仿唐朝，有外郭城、内城和宫城，巍峨的楼台殿阁，玲珑的亭榭，美丽的园林，雄伟的城墙，井然有序的里坊。"上京龙泉府，从文王大钦茂开始营建，经营30余年，虽然之后文王移都东京，但不久成王大华玙又迁回上京，到大彝震、大玄锡历经九代，大彝震乘着高度发展的国力，更进一步'拟建宫阙'，使上京更加壮丽豪华；大玄锡时，以上京为国都的渤海国达到空前繁荣昌盛的局面。"（《说说唐朝的"海东盛国"》）是当时东北地区的第一大都市，当时亚洲第二大城市。926年，契丹灭渤海，建东丹国，929年，东丹国南迁辽阳，龙泉府宫殿和城市全部被毁。

九世纪下半叶，渤海走向衰落。渤海国自698年建立，至926年灭亡，历经229年，更迭15世王。上京龙泉府两度为王都160多年。其遗址是世界保存最好的中世纪古城遗址之一。此遗址1961年被公布为第一批国家级重点文物保护单位。

"渤海上京以外的四京（中京显德府、东京龙原府、西京鸭渌府、南京南海府）的建筑，也都有唐都的影子，但规模都明显小于上京龙泉府。渤海国五京宫殿建筑，是渤海社会生产力达到相当高度的标志，是渤海人民的历史创造力的生动证明。"（《说说唐朝的"海东盛国"》）

（三）金代上京会宁府

《大金国志》载："都上京，府曰会宁，地名金源。其城邑、宫室类中原之州县廨宇……"金上京是宫室建筑。

上京都城是金朝的五京之一，是第一个国都，也是上京路和会宁府的治所。位于今哈尔滨市阿城南之白城，距哈尔滨市区东南50多里处，在阿城县城南2公里，是一座规模宏大的古城遗址，阿什河左岸的著名古都——金代上京会宁府故地。为金朝（1115—1234年）的前期都城，此期间，金太祖、太宗、熙宗、海陵王4帝以此为都，达38年之久。

金国是生女真建立的，"国初无城郭，星散而居"，"太祖阿骨打即位后，称皇帝寨，建寨之处大抵在北城内，当时始设毡帐，至太祖晚年始建宫室。金太宗（吴乞买）时建为都城，将会宁州升为府，开始进行大规模的兴建。天会三年（1125年）正月，北宋许亢宗出使来贺金太宗登基时到此，正逢金人大兴土木，营建宫室。他在《宣和乙巳奉使行程录》中，曾记载了上京建筑宫殿的情况："木建殿七间，甚壮，未结盖，以瓦仰铺及泥补之，以木为鸱吻，及屋脊用墨，下铺帷幕，榜额曰乾元殿……日役数千人兴筑，已架屋数千百间，未就，规模亦甚侈也。"这是关于皇城建设的最早的第一手文献资料。金熙宗（完颜亶）时，以京师为上京，府曰会宁，开始有上京之称，在皇城内建起很多宫殿，并仿照北宋汴京的规模进行了一次大规模的扩建"（《黑龙江流域文明研究》）。

"金上京城是仿照北宋汴京城建的，因而城市布局与汴京基本相同。现存上京城址主要是金世宗大定年间修复后所留遗迹。它是由毗连的南北二城组成。南城略大于北城，二城均为长方形，平面上一纵一横相互衔接，连为一体。二城整个外围周长，据1980年黑龙江省测绘局绘制的最新地图测定为11000米，恰为11公里，是当时黑龙江地区最大的城址。其规模，是继渤海上京龙泉府后，建在所谓荒漠遐域地区的一代通都大邑。从其废毁之后的数百年间，黑龙江地区历史上再没有出现过这样规模的古代大城市。虽经800余年的风雨剥蚀和战争等人为的破坏，其夯土筑就的城垣仍然高达3至5米，其宽7至10米，雄伟壮观。城墙断面处，夯层痕迹仍然清晰可辨。全城外垣平均每隔70至120米处就筑有一个土堡垒，共有80多个。在全城5个城角上各构筑角楼一处，为城墙上的重点防御工事。全城有城门遗址9处，其中7处带有瓮城。瓮城又称月城，是在城门之外筑的转角形或半环形小城，内可驻军守卫，以增强城门防御能力。筑有马面和瓮城的城垣设置是辽金古城和宋代边城的建筑特点。城外及二城间的腰城南侧，均有护城壕。有的地段至今仍深如沟壑，当年曾引灌阿什河水来增强城防力量。二城中北城为工商业区，南城为宫殿和官署区。皇城则建于南城偏西处，周长近5里。自北向南有时令殿、凉殿、庆元殿、朝殿、乾元殿等五重宫殿基址整齐地排列在皇城南北中轴线上。东西两侧还有回廊遗址。皇城南门两侧，有两个高大的土墩，高约7米，对峙而立，称为阙。两大土墩间又有两个小土墩，各高约3米。大小土墩间是皇城南门的三条通道。中为正门（午门），两侧为左右阙门。皇城布局规整、严谨，显示了皇帝至高无上的尊严。"（《黑龙江流域的古代文明》）

公元1153年海陵王迁都于燕京，削上京之号，并毁宫殿房屋，上京失去了金朝的中心地位，金世宗大定年间，又重新恢复了上京称号，成为金朝的陪都。并在上京"修复宫殿"。金末，辽东宣抚使蒲鲜万奴乘金朝内外交困之机，割据自立，建立大夏政权，又勾结上京行省完颜太平，发动兵变，焚毁了上京宗庙等建筑，使其再次遭受破坏。（《黑龙江流域的古代文明》）

"金代上京会宁府是迄今为止唯一的一处保存较好的金代都城遗址，对于研究金代社会历史及其政治、经济、军事和文化等方面的情况，具有极其重要的价值，1982年被列为国家级重点文物保护单位。"（《黑龙江流域的古代文明》）

二 满族共同体形成之后的宫廷建筑

满族的建筑是中国建筑文化的重要组成部分。自努尔哈赤建立政权之后，满族的建筑得到了迅速的发展。出现了极具特色的宫殿式建筑，在东北地区的京城有兴京赫图阿喇，东京辽阳和盛京沈阳，这些建筑在融合了满、汉、蒙古、藏等民族建筑文化的基础上，形成了在形式和内涵上都极具民族性的建筑风格。满族入主中原之后定都北京，大量的宫殿及为数众多的官私园林建筑，将中国的建筑艺术推向了高峰，满族的宫廷建筑也体现在兴京（赫图阿喇）、东京（辽阳）、盛京（沈阳）及北京四个地方。这四处宫廷建筑之间有互相继承的关系，东北地区的三处宫廷建筑又有对北京的宫廷建筑直接影响的关系。其中的一些建筑，如沈阳故宫博物院、避暑山庄被收入了《世界文化遗产名录》，成为全人类的宝贵财富。

（一）兴京赫图阿喇

兴京（赫图阿喇）宫廷是满族共同体形成之后修建的第一座宫廷。赫图阿喇，汉语为横岗，即今新宾县永陵镇老城村河南大台地，是努尔哈赤祖居之地，也是努尔哈赤建立后金政权时的第一个都城。城分内城和外城，内城修筑于万历二十九年（1601年），外城于明万历三十一年（1603年）由努尔哈赤组织修建，前后用了五年的时间，修筑完成。

满族建房"以西为贵，以近水为吉，以依山为富"，赫图阿拉城建于苏子河与二道河之间，内城东、北、西及西南三面壁立，非城门而不能入。外城略呈方形，城北紧临苏子河，西依二道河，西南有硕里加河，都是天然的护城河，东南依山，是天然屏障。"依山傍水扎大营"，既可瞭望和防御，也能减少水患威胁，进可攻，退可守，战略地位很有优势。城内建有宫殿、衙署、庙宇等。赫图阿拉城"城东阜上建佛寺、玉皇庙、十三殿共七大庙；内城北门外有铠甲场；内城南门外有弓矢场等"。

赫图阿拉城的祭天堂子，位于外城东南，建筑平面呈八角形，这是满族八旗制度在建筑风格上的体现，充分显现了满族建筑风格的特色。在宫内初始时没有摆设凳子，"贝勒们设宴，不坐凳子，而是坐在地上"。这是满族人昔日狩猎野餐习俗在宫廷内建筑与设施的再现。

（二）东京辽阳

辽阳的东京城位于今辽宁省辽阳市太子河区新城村，距辽阳城东五里。辽阳原为明朝辽东首府，是辽东政治、经济、军事、文化和交通的中心，其地理形胜险要，居东北之诸城之首。

东京（辽阳）宫廷是满族共同体形成之后修建的第二座宫廷。是满族政权进入汉族区域后营造的第一座皇宫，天启元年（1621年）努尔哈赤迁都辽阳。同年六月在辽阳城东太子河边建筑宫廷，次年三月建成。《清太祖高皇帝实录》载："筑城于辽阳城东五里太子河边，创建宫室，迁居之，名曰东京。"从此大金汗国走出了大山，控制了辽东大平原。努尔哈赤在此居住了四年时间。

东京宫廷的建筑特点有：东京宫殿的基址选在丘陵处，宫城位置选定在辽河平原与辽阳山地接合部，辽阳地方窑业发达，采用的是砖石筑城法，修筑宫殿过程中有许多汉族的建筑设计、技术、材料和工匠可供使用，因而比赫图阿拉山城的宫殿有了飞跃性的进步。东京的城墙已经是砖砌，宫顶已经是琉璃瓦。

受辽上京和金上京的影响，满族与汉族分居，满族住新城，汉族住老城。

东京（辽阳）的宫廷城内八角殿的建筑，集中体现了女真满洲族的建筑风格。八角殿内和台阶上铺装绿色釉砖，是昔日满族牧地和猎场生活环境在宫廷建筑色彩艺术的再现。

东京城的宫殿建筑，是在辽东京城、金东京城、明代辽阳城的历史经验基础上，加上参照兴京赫图阿拉的宫廷建筑，融合了契丹、女真、汉人和满族的民族风格和多民族的特色建筑起来的，可以说是民族融合的产物。

（三）盛京沈阳

盛京（沈阳）宫廷是满族共同体形成之后修建的第三座宫廷，也是满族在东北地区建筑水平最高的宫廷建筑。

沈阳原本是明朝在辽东的一个卫城，面积只有辽阳城的一半大，但其地处平原，在地理、政治、军事及经济和交通方面都具有优势，便于控制整个东北，可以向西南进军与明王朝一决胜负。

清天启五年（1625年3月），努尔哈赤迁都沈阳（后改称盛京）。努尔哈赤和皇太极，先后历时10年，于1636年基本建成宫廷建筑，乾隆、嘉庆年间又有部分增建，全部建筑有300余间，占地面积6万多平方米。盛京（辽阳）宫廷宫殿群，是我国保存下来的比较完整的古代宫殿建筑群之一，2004 年 7 月 1 日正式被列为世界文化遗产。

盛京（沈阳）宫殿分东中西三部分，东路是大政殿和十王亭（即：右翼王亭、正黄旗亭、正红旗亭、正白旗亭、正蓝旗亭、左翼王亭、镶黄旗亭、镶红旗亭、镶白旗亭、镶蓝旗亭）；中路是大清门、崇政殿、凤凰楼、清宁宫等；西路是戏台，嘉荫堂、仰熙斋和文溯阁等。

盛京（沈阳）宫殿位于明清沈阳城中心，规模宏伟、布局规整、殿宇富丽、庄严肃穆，气势恢宏、特点鲜明。不仅是满族的一项辉煌文化财富，而且是中华宫殿史上瑰丽的艺术杰作。盛京（沈阳）宫廷建筑特点有：

盛京宫廷建在平原之上。满族的都城由台地，到丘陵，到平原，这从一个侧面标示出满族经济类型从狩猎经济，到耕猎经济，到农耕经济的社会变化历程。

盛京（沈阳）宫殿的布局、规模、体量、工艺等，都大大地超过了兴京宫殿和东京宫殿。

盛京（沈阳）宫殿的建筑吸纳了各民族建筑的精华。大殿建筑，其重檐庑殿、木架结构、丹漆彩绘和五彩琉璃，是汉族传统的建筑形式；大政殿顶八脊上端聚成尖状，安置相轮宝珠和宝珠图案彩画，是蒙古、西藏喇嘛教建筑的特色；大政殿和十王亭的建筑格局、建筑形式，凤凰楼内檐的吉祥草彩画，则是满族建筑特点。融满、汉、蒙、藏多民族艺术于一体的大政殿，在我国古代宫殿中堪称独树一帜。

盛京（沈阳）宫殿举架低，是女真族及满族依山作寨的遗意。宫殿的规划、布局借鉴了辽金以来女真和满族努尔哈赤常在郊外旷野建大帐一座，旁列八旗贝勒大臣入座，颁汗谕、议军政、举庆典、行宴赏习俗之遗意。大政殿和十王亭的八角形式、八旗分列的格局，是满族八旗制度在宫殿建筑上的体现。

（四）北京宫廷

北京宫廷是满族共同体形成之后修建（实质是改建）的第四座宫廷。顺治元年（1644 年）清朝迁都北京，以明朝都城北京为清朝的都城。此后有 10 代满族皇帝先后在紫禁城中生活过。清代北京宫殿虽是承明朝之旧，但自顺治迄光绪，每朝都有局部的改建，清入关之初，改换了明代紫禁城一些主要建筑的名称，宫殿各处原有的汉文门额，也都改成满汉两种文字，一些地方还用满汉蒙三种文字，表现出满族贵族在国家政权中的特殊地位。并对北京的宫廷建筑予以保护、利用。北京宫廷的建筑，一方面继承了明朝北京故宫的载体，另一方面又吸收了满族在东北宫廷的特点，在清代增修改建的宫殿中，还有一些与满族传统风俗有着直接关系，如在满族的宗教、祭祀、骑射、殿阁、寝居等特点，在宫廷建筑上都有体现。

宗教建筑。满族及其先世自古以来就信仰原始宗教——萨满教。满族在东北地区修建的兴京、东京和盛京都设有萨满祭祀的神堂。清朝迁都北京，满族进入明故宫以后，在对具体宫殿建筑样式、室内设施和使用制度的改变方面，以紫禁城内廷正寝坤宁宫最为突出。依照萨满祭祀祭天的礼俗，对坤宁宫，修缮、改建成清朝宫廷，满族贵族祭祀萨满教的场所，实际上是将盛京（沈阳）故宫清宁宫的萨满祭祀设施，再现于北京故宫坤宁宫。

祭祀建筑。满洲贵族进入北京之后，为了适应祭祀的需要，在北京玉河桥东修建了八角亭式堂子，这个堂子是兴京赫图阿拉堂子在北京的再现。满洲贵族在坤宁宫前东南立了神杆（即索罗杆子），四季献神，举行大礼，成为清宫最富于民族传统特色的建筑，这是满族原始的祭祀活动在宫廷内的再现。《晚清宫庭生活见闻》载："神殿……就是祭祖的地方，……那里窗户仍保存关外的遗风，用高丽纸糊着窗户，右侧有一竿子，名叫'咬啦竿子，也叫神竿，一般人不许踩它印在地上的影子'"。

骑射建筑。满洲贵族进入紫禁城之后，仍然强调勿忘骑射。在紫禁城内西北隅城隍庙之东，设祀马神庙。每年春秋二季，祭祀马神。在紫禁城内，位于中和殿之东，奉先殿南广场建筑箭亭，专供皇帝及其子孙于此习射之用。逢考选武进士之际，皇帝还要亲临箭亭阅视。此箭亭于清入关初年顺治四年（1647年）建于宫中家祠奉先殿前，初名"射殿"，又名"紫金箭亭"，是一座单檐歇山顶七间周围廊式建筑。这些都是满族以"骑射为本"的传统，在紫禁城宫殿建筑上的表现。

殿阁建筑。清代紫禁城内宫殿堂阁建筑，除坤宁宫、宁寿宫等建筑有明显的满族特色之外，其他殿阁或多或少地也涂上了一些满族的色彩。如梁枋彩画为例，满族进入紫禁城之后则改为以宝珠为画题中心、以疏朗粗犷卷草为主体纹饰的"宝珠吉祥草彩画"。北京午门内檐的清初彩画，同沈阳故宫凤凰楼内檐的彩画相似，都是"宝珠吉祥草彩画"。从艺术风格分析，都含有浓重的满族艺术特征。从殿顶色彩分析，清初紫禁城宫阁屋顶琉璃瓦改用绿色，体现了满族虽然入主中原，但仍然留恋绿色原野狩猎生活，喜爱林莽的绿色。紫禁城宫殿的匾额，都是满、汉文台壁书写，标写满文则是满族文化的象征。

寝居建筑。紫禁城内坤宁宫、宁寿宫、永寿宫后殿、启祥宫后殿、长春宫后殿等，在清初都按照满族在东北地区的寝居模式，改建成"口袋房""弯字炕""吊搭窗"的形式。坤宁宫和宁寿宫都效仿满族在东北的住房，窗户纸糊在窗外，在墙外矗立烟囱，各宫门窗木作的关东风格，室内火炕、火地等特征，体现出紫禁城建筑的满族属性。

满洲贵族对明朝故宫紫禁城的总体建筑格局，大部分给予保留，但局部作了改造，使之既保持明朝宫殿面貌，又具有鲜明的满族宫廷特色，为满族宫殿建筑和人类文明创造了新的辉煌。

（满族共同体形成之后的宫廷建筑部分根据杨锡春的
《满族的宫廷建筑》整理而成）

满族园林建筑与名胜古迹

一 满族园林建筑——承德避暑山庄

1. 营建园林的目的

满族是游猎民族,世代生息繁衍于东北地区的白山黑水之间,在山川秀丽、林木繁茂的天然园林中生产和生活。清朝满族人入主中原后,开始了对中国长达268年的统治。而身为塞外山林民族后裔、从关外迁居北京的满族人,对这座新都城夏秋季节的干热气候很不适应,很容易染上死亡率极高的天花(痘疹)。顺治至光绪九代皇帝中,有两人死于天花(顺治帝死时24岁,同治帝死时19岁),清朝统治者早在康熙时就有了想另建避暑"避痘"之处的想法。

此外,由于生活环境的改变和旧有民族传统的影响,在注重保持国语骑射古风的同时,满族人长期居住在高墙深院之中,也有回归山林、田园景色的愿望。在清朝经济文化发展逐渐步入平稳阶段后,营建自然景色与人工创造相结合的园林是满族上层社会中一种新的文化现象。

2. 完成园林文化的奠基

康熙中期起,开始将营建皇家避暑之地的目标确定于北京城西郊的玉泉山一带。康熙十九年,首先在玉泉山建立了澄心园(后改名静明园),两年后又建香山行宫。康熙二十三年和二十八年,康熙因巡幸江南,对江南的园林建筑留下了深刻的印象,在此期间命于澄心园之东的明武清侯李伟清华园故址建造更大规模的御园——畅春园(落成于1687年,是康熙皇帝于北京修建的一座"避喧听政"之所)。清朝用数年时间,完成了满族园林文化的奠基,形成了清代皇帝的园居习俗。圆明园位于畅春园之北，始建于康熙四十八年（1709年），雍正皇帝在位期间，扩建了圆明园。

3. 承德避暑山庄——满族园林文化的一座新的里程碑

承德避暑山庄是一个气势博大的园林巨作，位于今河北省承德市之北，清代又称"热河行宫"，是清代北京地区以外最著名的皇家园林，清前期第二政治中心。

避暑山庄地处长城外燕山腹地，南向中原渤海，北依坝上草原，为北京的门户和连接华北平原、蒙古草原以至俄罗斯的天然走廊和重要通道。此地在康熙朝以前人烟稀少、草深林密、鸟兽成群，为蒙古部落放牧之地。康熙二十年（1681年），为接受蒙古王公的进献，清圣祖玄烨在内蒙古昭乌达盟、卓索图盟、锡林郭勒盟和察哈尔蒙古东四旗接壤之处——喜峰口外建立了方圆近三百里的皇家木兰围场，每年秋季皇帝亲率满蒙八旗官兵和满蒙王公至此进行一次军事色彩浓厚的大规模围猎，举行"木兰秋狝"（"木兰"是满语，"哨鹿"之意，即捕鹿）大典，每次大约20天，利用行围狩猎的形式训练军队。"木兰秋狝"是集政治、军事、体育、娱乐为一体的清代国家级大型活动。清朝皇帝借每年的木兰行围，定期接见蒙古各部的王公贵族，以便进一步巩固和发展满蒙关系，加强对漠南、漠北、漠西蒙古三大部的管理，这对边防有着十分重大的意义。避暑山庄博物馆内藏有一幅《木兰秋狝图》，生动地描绘了清代围猎的情景。

为适应这种定期性活动的需要，在行围路线（北京到围场）沿途兴建了二十几座行宫，其中热河上营一处因地势优越、山川景物宜人规划最为完整。为巩固北疆，康熙经过亲自勘查，写下了"境广草肥""风清夏爽"（《圣祖御制避暑山庄记》），"草木茂，绝蚊蝎，泉水佳，人少疾"（《芝径云堤》）的诗句，康熙决定在此建造行宫——避暑山庄。

康熙四十二年（1703年）动工在热河修建皇家园林，制定了"自然天成就地势，不待人力假虚设"的造园宗旨（康熙帝《芝径云堤》）。康熙四十七年（1708年）初步完成并启用，《清圣祖实录》记载从这一年起称"热河行宫"。

康熙五十年（1711年）康熙帝在热河行宫主殿内午朝门上御题匾额，命名为"避暑山庄"。此后康熙每年五月来此，九、十月返京。承德避暑山庄树立了满族园林文化的一座新的里程碑。避暑山庄成了当时清朝的重要政治活动场所。皇帝在热河行宫处理政务，会见少数民族王公大臣，并接见外国使臣，每年驻跸时间达半年之久。

4. 避暑山庄和周围寺庙的格局是中华民族团结统一的象征

乾隆时期清廷又山庄进行增修扩建，并在其外围山麓原有庙宇的基础上增建了外八庙。到乾隆末年山庄内外规制基本定型，历经康、乾二帝共89年时间才最后完成。

避暑山庄在整体布局上模拟了中国的地形图，形貌如中华成一统，实现了艺术与政治的结合。

避暑山庄和外八庙成为中国皇家园林的集大成者，避暑山庄和周围寺庙的布局也成为中华民族团结统一的象征，表现了清代皇帝充分运用宗教手段怀柔少数民族的政策和策略。"因其教，不易其俗"，"修建一座庙，胜养十万兵"，使清廷与北方边疆的各少数民族建立起一种常来常往的友好关系，他们的首领不必长途进京也有与清廷彼此交谊的机会和场所，也解除了蒙古贵族入塞染痘之忧，而且还为他们准备了各自的宗教场所。把复杂的政治目的和军事意义转化为一片园林和一圈寺庙。康熙帝为避暑山庄破土工程"芝径云堤"写的一首长诗，《芝径云堤》结尾一句是"烽火不烟亿万秋"，表达了避暑山庄为和平而建、为吉祥而建的初衷。

5. 避暑山庄是中国园林建筑史中的上乘佳作

热河文物，代表着极高的工艺技术和艺术成就，其总数仅次于故宫紫禁城，达150万件。

避暑山庄总占地面积5.64平方公里，是包括宫殿区、湖泊区、平原区、山岳区四大部分的大型离宫式皇家园林，有名的建筑区域和自然景观共72处。康熙对园中各区比较重要的景群分别命名，共有36处，后被称为"康熙三十六景"，还赋写三十六景诗，或五言或七言，每景一诗，汇成《热河避暑山庄三十六景诗》。

乾隆时期是清朝的盛世，园林建造也达到鼎盛。乾隆皇帝大规模修扩建皇家园林，除在西苑增建许多景群外，在承德避暑山庄增建了"后三十六景"（也称"乾隆三十六景"）。乾隆皇帝在位60年，到避暑山庄共53次，有一年去了两次。按使用功能，避暑山庄可划分为宫区和苑区两大部分：宫区是皇帝驻跸期间举行庆典、处理国政和饮食起居之处；苑区依自然地形，可分为湖泊区、平原区和山丘区。

避暑山庄风景优美，规模宏大，建筑雄伟，是清代最大的皇家园林，也是满族园林文化的杰作之一。它的主要特点：充分利用自然山水资源的优势，将人为的创造加工融入天然之妙中；人工美和自然美紧密结合、相得益彰；集祭天、敬神、祀祖、避暑、听政、练兵、狩猎、联络蒙古王公定位于一体，比较全面地体现出满族皇家园林文化的特点。避暑山庄是中华民族发展到一个新阶段的产物，堪称中国园林建筑史中的上乘佳作，具有极宝贵的历史文化价值，是比较完整的清代皇家园林的博物馆。

6. 避暑山庄及周围寺庙成为全世界人民共同拥有的文化遗产

如今避暑山庄是一处全国重点文物保护单位，是世界现存最大的古代皇家园林，1994年12月17日避暑山庄及周围寺庙被联合国教科文组织列入世界文化遗产名录，从此成为全世界人民共同拥有的文化遗产。承德地区也因有全国现存规模最大的皇家古典园林——避暑山庄和外八庙古建筑群，以其重要的政治、历史、文化、艺术价值成为承德的独特"名片"，吸引了国内外游客的目光和脚步，成为驰名中外的历史文化名城。

7. 避暑山庄的营建反映了康熙在造园艺术上的造诣与艺术才能

避暑山庄是集我国园林艺术之大成的艺术杰作。整座园林从总体到细节都反映了康熙在造园艺术上的造诣与艺术才能，从择址相地到园林规划，从建筑构思到具体修建，康熙都亲自参与。在康熙为避暑山庄破土工程"芝径云堤"写的一首长诗中有"访问村老寻石碣""因而乘骑阅河隈""测量荒野阅水平"的诗句，都非常形象地描绘了他为了建造山庄往来奔忙的景象。在造园的过程中，遵循了"凭借自然，顺应自然，改造自然"的原则，"自然天成地就势，不待人力假虚设"（《芝径云堤》），"度高平远近之差，开自然峰岚之势"，"依松为斋"，"引水在亭"，"无刻桷丹楹之资，喜林泉抱素之怀"（《圣祖御制避暑山庄记》）。整个园林的风格是"来于自然，高于自然"的自然之美，乾隆评价说："崇山峻岭，水态林姿，鹤鹿之游，鸢鱼之乐"，"岩斋溪阁，芳草古木"，"物有天然之趣，人忘尘世之怀，较这汉唐离宫别苑，有过之无不及"。

在建园之初，康熙按照中国造园中"一池三山"的传统手法，首先命人开湖造堤，堤分三枝，枝端构岛，即环碧、如意洲和月色东声。在如意洲的北端建青莲岛，在沧浪屿和香远益清的庭院中开挖水池，使岛上有岛、湖中有湖、园中有园，使这个560余万平方米的大园中有许多小园。康熙采取移天缩地、熔南化北的手法，将全国各地名胜移至避暑山庄，例如：园中有仿浙江会稽亭的曲水荷香，仿杭州西湖万松岭的万壑松风，仿苏州沧浪亭的沧浪屿、仿镇江金山的金山岛等等，在山庄内便可一览祖国的名胜之地。建园过程中还成功运用了我国传统造园艺术中的借景手法，达到景色在山庄之内、视野却远在山庄之外，使山庄周围的远山近岭与山庄内的湖光山色融为一体。

随清王朝的衰败，园内的管理与建设逐渐减弱，到清朝末年山庄遭到破坏，特别是到了日伪及军阀混战时期，对景点的破坏更为严重，大部分古建筑被拆毁，大量古树被砍伐。日本侵略者还将内湖填平，充作打靶场，致使某些景观消失。新中国成立后避暑山庄已经是湖泊淤塞，变成了荒山秃岭。近年来，承德市文物局对避暑山庄实施了综合保护工程，清挖被淤积掩埋的水面、恢复各种景观，还原了山庄部分的历史原貌。（根据《避暑山庄研究2009》整理而成）

二　满族名胜古迹

1. 沈阳故宫

沈阳是名闻中外的历史文化名城，有着悠久的历史和灿烂的文化。沈阳故宫位于沈阳市沈河区明清旧城中心，是后金入关的沈阳（盛京）皇宫和清朝迁都北京后的盛京行宫，始建于天命十年（1625年），初成于崇德元年（1636年），同年四月皇太极在此改国号"后金"为"大清"，去"汗"改称皇帝。

清乾隆时期又有较大规模的改建与增修，占地约6万平方米。有楼台殿阁各式建筑近百座，起伏开合，错落有致，宏伟壮观。

1926年以后，其建筑群陆续辟作博物馆（现称沈阳故宫博物院，简称沈阳故宫）。1954年，国家决定在沈阳故宫设立清代历史艺术性质的博物馆，后改为沈阳故宫博物院。1961年被国务院公布为全国重点文物保护单位。2004年7月1日，联合国教科文组织第28届世界遗产委员会批准了中国沈阳故宫作为明清皇宫文化遗产扩展项目列入世界遗产名录。

沈阳故宫是中国现存完整的两座宫殿建筑群之一，也是举世仅存的满族建筑风格帝王宫阙，宫内建筑物保存完好。沈阳故宫主要建筑有大政殿、大清门、崇政殿等。早期建筑大政殿、十王亭是后金第一代汗努尔哈赤开始修筑，竣工于清太宗天聪年间，1626年皇太极继汗位。天聪五年（1631年），皇太极决定扩建沈阳城。天聪六年（1632年），皇太极修建了盛京皇宫的正门——大清门。

皇太极天聪九年（1636年）称帝，改后金为大清，改元崇德，并正式对各宫殿命名。此时沈阳城主要由东路大政殿和中路大内宫阙两个部分组成，皇太极即位后继续修建，使沈阳城成为名副其实的帝王之都，皇太极在这座皇城中度过了他18年的帝王生涯。

1644年，清朝第二位皇帝顺治福临迁都北京，取得了全国政权，盛京成了陪都。盛京皇宫得以完整地保存下来，成为盛京城中最重要的皇家建筑，具有重要地位，被称作"陪都宫殿"。国初宫殿作为"先皇胜迹"受到妥善保护。康、乾、嘉、道四朝皇帝10次东巡谒陵都曾在这里驻跸。乾隆初年，又于此大兴土木，在崇政殿两侧增建行宫。乾隆四十三年至四十八年再次兴工，最终形成盛京宫殿早、中、晚三期并存，东、中、西三路分立的建筑面貌。除北京之外，在盛京保存了一座金碧辉煌、宏伟高大、气势雄浑的皇家建筑群。在大规模的翻修和改建中，大体上仍保留了清初原有的满汉结合的满族特点，新建的东所、西所则完全仿造北京皇宫的建筑风格。

沈阳故宫是大清开国时期的政治中心，也是我国仅存的两座古代宫殿建筑群之一，其历史内涵深厚，建筑金碧辉煌，院藏文物丰富，陈列展览独具特色。展示了中华民族悠久历史和灿烂的文化及劳动人民的智慧。

"沈阳故宫是东北地区最早列为国家重点文物保护单位的名胜古迹，具有重要的历史与文化价值，每年都有数以百万计的中外游人至此观光浏览，领略其'关外紫禁城'的独特风采。"（《中国满族通论》）

2. 关外三陵

清代帝后陵寝中，爱新觉罗皇族祖陵永陵与太祖、太宗两朝帝后的福陵、昭陵，合称"关外三陵"或"盛京三陵"，分别位于辽宁省的新宾（清称兴京）和沈阳（清称盛京）。现在三陵均已列为国家重点文物保护单位，与沈阳故宫同居满族名胜之列。2004年，"一宫三陵"又被列入世界文化遗产名录。

永陵。永陵也称兴京陵，清帝爱新觉罗氏祖陵，位于辽宁省新宾满族自治县县城西北40里的启运山下、苏子河畔，始建于明万历二十六年（1598年）。此地安葬努尔哈赤六世祖孟特穆（后追尊为肇祖原皇帝）、曾祖福满（追尊兴祖直皇帝）、祖父觉昌安（追尊景祖翼皇帝）、父塔克世（追尊显祖宣皇帝）及他们的福晋（夫人）。顺治年间又增建了一些陵寝建筑，并封陵山为启运山，尊陵为永陵。

永陵布局为前宫门（正门）内并列四座神功圣德碑碣、石碑，过启运门向北侧为正殿（称启运殿）。殿内设大小暖阁、宝床，供奉四祖等神牌、供桌等，殿东、西两侧各有配殿。正殿后为宝城，即列祖陵墓，无地宫，均为骨殖或衣冠冢。

永陵兴建较早,所葬者为清帝先世列祖,所以规模远较清代诸帝陵寝小,但其建筑布局整齐、层次清晰、工艺和装饰具有较多的地方特色,是清初满汉文化合璧的建筑艺术品,成为满族故乡新宾现存最完好的一座清初历史名胜。(根据《中国满族通论》整理而成)

福陵。位于沈阳城东 20 里左右的石嘴头山南麓,因其地在城东郊,俗称"沈阳东陵",是清朝开国皇帝努尔哈赤和孝慈高皇后叶赫那拉氏(皇太极生母)陵寝。

福陵始建于后金天聪三年(1629 年),顺治八年(1651 年)修成,前后历经 23 年,其陵制完全仿制明皇陵建制,表明皇太极接受汉文化、做中国封建皇帝的心愿。

福陵为清初盛京第一陵。前临浑河后依天柱山,苍松翠柏,交相辉映,神马义犬,侍立两旁,金瓦红墙,青阶石道。石阶 108 级,取意于凌驾三十六天罡、七十二煞星之上,显示出努尔哈赤独霸天下的雄心壮志。福陵是融聚我国古代建筑艺术优良传统和满族独特的建筑风格为一体,集历代陵墓之大成,并封陵山为"天柱山",其后历朝屡有增修,逐渐形成今天的规模。福陵占地 19.48 万平方米,掩映在一片苍松翠柏中,颇具皇家陵园气势。

昭陵。位于沈阳旧城西北 5 公里处皇姑区境内,现辟为北陵公园,是清太宗皇太极和孝端文皇后博尔济吉特氏的陵寝,因其地在城北郊,又称沈阳北陵。始建于崇德八年(1643 年),顺治八年(1651 年)竣工,以后又有部分增建。在林木葱郁、古松参天的陵园内,更显得陵寝的庄严。昭陵建制与福陵相同,只是占地范围大于福陵,因是平地筑陵,没有福陵后的天柱山,便堆土为山。陵园总占地面积约 450 万平方米,是盛京三陵中面积最大、建筑工艺水平最高最完整的一座。门外正中石牌坊四柱三楼,雕工精细,剔透玲珑,艺术价值极高;门两翼嵌五彩琉璃蟠龙壁,造型生动。正红门内参道两侧有华表 4 个,石兽 12 个,大望柱 2 个,两两相对。其中"大白""小白"两石马,传说为清太宗生前喜爱坐骑。靠北城堡式方城为陵园主体建筑,隆恩殿居正中,面阔三间,琉璃瓦顶,雕梁画栋,富丽堂皇。再往北为月牙形宝城,上有宝顶,下为皇太极及后妃地宫。

文体习俗

WEN TI XI SU

满族舞蹈溯源

满族创世神话《天宫大战》产生于母系氏族社会的早中期，其中多次提到原始音乐、舞蹈，透露了一些原始时期音乐、舞蹈信息。其中有一段写道："耶鲁里喷吐黑风恶水，阿布卡赫赫派身边的霍洛浑和霍洛昆两个女神详察动静。她俩只见寰宇动晃，天石颓塌，地陷泉涌，回去报告已经来不及了，便放开喉咙大声唱乌春。两女神边唱边携手舞蹈，在颓石浪尖上唱，在恶风凄雨中跳，歌舞迷住了耶鲁里，竟忘了施展雄威，闭目睡了过去，等他突然猛醒时，阿布卡赫赫已经率百兽围袭而来。"在这部分神话中，舞蹈成了战胜恶魔的武器，体现出舞蹈在满族先民的生活中曾起过的重要作用。

满族是一个能歌善舞的民族，其歌舞源远流长，满族舞蹈产生于满族先民生产、生活实践中，具有鲜明的民族特色。

一　满族先民萨满舞中的舞蹈形式

萨满教起源较早，经历了漫长的演变与发展，原始状态保留得比较完整。萨满教的一些舞蹈动作中保存了满族先世舞蹈的一些基本动作，从一个侧面展示了满族先民的生活情景和民族性格。

《萨满教舞蹈及其象征》中写道：在贝加尔湖与黑龙江沿岸的史前岩画中，已出现舞蹈形象，如黑龙江"勒拿河的岩画"中，有一幅女萨满图像：她身着华丽的衣衫，伸出一手握一面神鼓——正是今世萨满祭祀中常见的萨满舞蹈形象。据考古测定，该岩画是纪元前2000—4000年的作品。岩画上的舞者女萨满灵气飞动，是萨满神话世界的尊神——抑或兼有舞蹈神的神格。这些史前岩画不是单纯的供观赏的艺术品，在当时是庄严的萨满祭坛的一个重要组成部分。

清人姚元之《竹叶亭杂记》卷三中记录了亲眼见过的萨满跳神：满洲跳神，有一等人专习跳舞、讽诵祝文者，名曰"萨满"（亦满洲人——原注）。跳神之家先期具简邀之……萨满乃头戴神帽，身系腰铃，手击皮鼓，即太平鼓，摇首摆腰，跳舞击鼓，铃声、鼓声一时俱起。鼓每抑扬击之，三击为一节，其节似街上童儿之戏者。萨满诵祝文，旋诵旋跳。

满族的野神祭中保留了相当多的原始舞蹈，反映了满族先民多姿多彩的生活，如有手持"金晃铃""银晃铃""铁晃铃"起舞的"玛苏密舞"。满族神话传说《天宫大战》中阿布卡恩都哩送给人间九十二位瞒尼神（祖先神），其中有"玛克辛神"（舞蹈神）、"玛克辛"即汉语"舞蹈"之意，"玛克辛瞒尼"是萨满教祭祀神祇中的一位，也称玛苏密瞒尼、玛克依瞒尼、玛克衣瞒尼、玛克坤瞒尼、玛克辛瞒尼。请玛克辛瞒尼的场面，具有浓郁的民族色彩和地方色彩，有极强的歌舞性。

满族的野神祭中还有模拟各种神兽灵禽的"动物舞"，把各种动物的动态神姿表现得惟妙惟肖、个性鲜明。

原始人类的生活，最初是狩猎，最原始的舞蹈是模仿动物动作的舞蹈。普列汉诺夫在他的《论艺术》一书中指出：原始人"在自己的舞蹈中，往往再现各种动物的动作""这是原始艺术活动和生产活动紧密联系的明显例子"。动物动作的简单模拟，其目的是向人们所信仰的保护神和祖先祈祷，以求得狩猎丰收。满族萨满舞蹈中有模拟各种神兽灵禽的"动物舞"，因各姓氏供奉的图腾和动物神祇各有不同，常见的有鹰神舞、蟒神舞、雕神舞、鸠神舞、虎神舞、野猪神舞、火龙神舞、熊神舞、水獭神舞等。

在古代的野外祭礼中也有各种舞蹈形式。例如：星祭中，萨满身围百裙，手摇腰铃或洪乌，两肘扇动象征布星女神卧拉多妈妈飞翔在天的英姿；柳祭中，"柳神女"祭山川河流时也有大量的舞蹈成分。又如在满族萨满神话传说《东海沉冤录》中有一段女性舞蹈的场面："过去居住在东海窝集部的满族先民，每当遇到海退潮、江河干涸、瘟疫骤起或柳叶长出绿色小虫包时，该部落就举行阖族的柳祭。柳祭时，由女罕斯呼林选貌美女子9人或17人，甚至达33人，全身赤裸，仅在腰间围上用柳枝叶编成的柳围，代表柳神或海神、水神，族人围住这些神女，往她们身上洒鹿血、米酒和洁净的江水。神女们边舞边唱，族众呼喊应之。然后，女萨满甩开腰铃，击起神鼓，神女们随之从部落住地到山野、峰巅，再到河岸、溪畔、海边，把部落族人经常活动的四方都走遍。一路上边走边舞,边唱边叫,气氛十分壮烈。"

萨满舞内容丰富、形式多样,随着历史的发展,萨满教的舞蹈宗教意识不断减弱,审美因素增强,后期逐渐演变成了民间的歌舞习俗。

二 肃慎、挹娄、靺鞨及渤海时期的舞蹈形式

《黑龙江外记》中有一首汉字标音的古歌谣:"阿穆巴摩,萨齐斐,图门,阿尼牙,德伊集密。阿穆巴博,商阿斐,阿卜开克什德班集密。"汉译是:"既伐大木,烧亿万春,巨室成,荷天恩。"记述了人们伐木造屋,对天祈祷的情景。有学者分析,这是肃慎时期的劳动歌谣,是见诸史料的最早的劳动歌谣。此时的舞蹈形式是劳动场景。

范晔在《后汉书》中曾记述了满族先世挹娄人每当祭天祭神的歌舞情景:"昼夜会聚歌舞,舞辄数人相随,踏地为节","昼夜会聚歌舞,舞辄数人相随,踏地低昂,手足相应,节奏有似铎舞。"(《三国志》)

隋唐时靺鞨人沿袭了先人爱好歌舞的传统。靺鞨吹叶狩猎,吹叶当乐,并能以歌和。《隋书》中记述了靺鞨使者到长安朝见隋文帝,宴会上"使者与其徒皆起舞,其曲折多战斗之容",隋文帝惊叹地说:"天地乃有此物,常作用兵意,何其甚也。"靺鞨舞蹈刚健、勇武多力,体现了勇敢尚武的精神。靺鞨人在长安城与当地康衢戏、百戏共演,经相互交流影响产生了女童清音,后加工成乐舞"茶茶妞戏"。

《宁安县志》载:"渤海的音乐和舞蹈体现着鲜明的民族性。"渤海时期,载歌载舞的"踏锤舞"最为著名,后世又称靺鞨舞。舞蹈时,"善歌善舞者数辈前行,侍女相随,更相唱和。回旋婉转。"(《宋会要辑稿》)。《契丹国志·王沂分行程录》中也记载了渤海传统歌舞《踏锤》:"渤海俗,每岁时聚会作乐,先令善歌舞者数辈先行,士女相和随,更相唱和,回旋宛转,号曰《沓锤》。"这是一种以脚踏地较原始的民间集体舞蹈,由男声领唱,女生帮腔。当时民间集体歌舞还有一种"窟儡子,亦云魁儡子,作偶人以戏,善歌舞"(《旧唐书·音乐志二》),说明渤海曾有过木偶戏,也许就是流传至今的木偶戏吧。

满族先民在历史发展进程中,除了继承传统舞蹈外,也吸收了其他民族舞蹈形式,从而使自身的舞蹈更加丰富。渤海臣属唐朝,接受中原乐舞的影响,也吸收高句丽的乐舞,在此基础上结合靺鞨自己的民族乐舞,形成了渤海自己

的宫廷乐舞。

渤海人还引进了西域的"胡旋舞",舞蹈者站立球上做各种旋转动作,如杂技一般。

日本舞蹈对渤海也有影响。《渤海国志长编》中记载了渤海与日本歌舞的交流,如互赠舞女:"成王大钦茂遣使献日本国舞女十一人及方物于唐"。

渤海时期与日本的乐舞交流十分频繁,在日本宫廷演奏。渤海的宫廷乐舞,我国史书上没有记载,日本的史料辻善之助的《日本文化史》中指出:"现有的乐舞中,大靺鞨、新靺鞨、新乌苏、古乌苏、进走秃、退走秃、敷手、贵德、昆仑八仙、地久,这些乐舞被认为是从渤海传来的。"《雅乐》(多忠龙著)又载:"从渤海国传来的'新靺鞨'现在还经常被演奏,为喜爱雅乐的人所熟悉。"

渤海贞孝公主墓位于吉林和龙县龙水乡龙海村西龙头山上,此墓出土文物最为珍贵的是墓志和室内壁画。西壁侍卫后面三人为乐伎,各持一件乐器,有的似拍板,有的似箜篌,有的似琵琶,这反映了渤海贵族生活中的音乐舞蹈。

三 女真的(金元舞蹈)舞蹈形式

女真人喜好歌舞,成为民族风气,民间及宫廷的活动都离不开歌舞。《金国志·初兴风土》载:"以桦叶,吹出呦呦之声,呼鹿射之","金之先辈,其乐为鼓笛,其歌为鹧鸪,曲第高下长短如鹧鸪声而已"。

女真人以善舞著称,且已达到相当的艺术水平。完颜阿骨打称帝时,早期乐舞较简单,"金初得宋,才有金石之乐,然而未尽其美也。及乎大定、明昌之际,日修月葺,粲然大备"。

渤海灭亡后,其乐舞并没消失,如金代宫廷歌舞就是在融合了宋宫廷歌舞时继承了"渤海乐"、吸收了辽的舞蹈,在女真本有歌舞的基础上又有创新、发展。

《辽史·天祚皇帝》载:"天庆二年二月,如春州,幸混同江钩鱼,界为生女真酋长在千里内者,以故事皆来朝,适遇头鱼宴,酒半酣,上临轩,命诸酋次第起舞,独阿骨打辞以不能。"女真诸部的首领们都起舞助兴,唯完颜阿骨打以拒舞来表示对辽帝的蔑视。

女真舞蹈相当普及,姑娘们可以歌舞求亲,金世宗回上京故土时,"宗室妇女及群臣，故老，以次起舞进酒"（《金史·世宗本纪》）。这种舞蹈开创了满族"莽式舞"的先河。《钦定满洲源流考》载："国朝旧俗善起舞，宴乐每用之谓'玛克坤'。"

辽金时，女真人以歌舞杂技迎接宋使："乐作，鸣钲击鼓，百戏以出。有大旗、狮豹、刀牌、砑鼓、蹈跷、蹈索、上竿、斗跳、风弄挝簸旗、筑球、角觝、斗鸡、杂剧等，服色鲜明。"（《三朝北盟会编》）其中就有狩猎舞等多种舞蹈。还有一种源于萨满教的"镜舞"，数名身着襜裙的女真妇女，双手持铜镜上下挥舞。许亢宗在使金途中见过这种舞蹈，记云："高下其手，镜光闪烁，如祈庙所画电母。""类神祠中，母所为者，莫知其说。"（《大金国志》）这种舞蹈很神奇，是他前所未见的舞蹈。当时还盛行一种玛虎戏，《爱辉十里长江俗记》记述：玛虎之爱耍者，并非只在清宫里，满族民间旺族和大的部落早在金代就有玛虎戏。

元代诗人张昱在《庐陵集》中有一首《白翎雀歌》，对女真人能歌善舞作了生动描绘："女真处子舞进觞，团衫擎带分两旁。玉纤罗袖柘伎体，要与雀声相颉颃。朝弹暮弹《白翎雀》，贵人听之以为乐。"诗中说女真舞伎献舞进酒，美丽轻捷的舞姿令人陶醉，歌声悦耳，可以同白翎雀鸣相媲美，使人恋恋不舍，朝夕都要演奏、跳舞，而以此为乐。《白翎雀》在清代发展为《海青拿鹅》。

女真音乐、舞蹈对"北曲""诸宫调""杂剧""金院本"等的形成与发展起了重要作用，作出了贡献。据《隋书》记载，靺鞨使者在长安与"康衢戏"等相交流吸收，后成为金代宫廷"健舞"，清宫廷"健舞"也源于靺鞨。金代宫廷舞蹈有雅乐、散乐等，金代传统的民间舞蹈主要有太平鼓、鹧鸪舞、连厢等。

四　清朝时期舞蹈形式

清代以来，传承了女真舞蹈的传统，满族歌舞进入繁荣时期，每逢过年过节、喜庆婚嫁筵、出征、凯旋、祝寿、祭祀等都要以歌舞欢庆，形成了宫廷（筵宴）舞蹈、祭祀舞蹈和民间舞蹈。其中，有代表性的筵宴舞有《莽式舞》《庆隆舞》，祭祀舞有《腰铃舞》《单鼓舞》《抓鼓舞》等，民间舞蹈有《笊篱姑姑舞》《大五奎舞》《鞑子秧歌》等。

(一) 满族宫廷 (筵宴) 舞蹈

满族宫廷 (筵宴) 舞蹈有《莽势舞》《庆隆舞》。

1. 莽式舞 (宫廷舞蹈)

莽式舞,又作莽势舞,即玛克坤舞(满族舞蹈),又称莽式空齐舞。莽式舞是舞蹈的基本动势,空齐为歌,是伴舞而唱的衬词,分男莽式和女莽式。《柳边纪略》和《宁古塔纪略》中都有莽式舞记载,动作特点是"一袖于额,反一袖于背"。

莽式舞是清代满族最流行的民间舞蹈,诗人杨宾称赞莽式舞:"马闲青草后,人醉晚风前。莽式空齐曲,逍遥二十年。"《柳边纪略》载:"满洲有大宴会,主家男女必更迭起舞,大率举一袖于额,反一袖于背,盘旋作势,曰'莽式'。中一人歌,众皆空齐二字和之,谓之空齐。犹之汉人歌舞,盖以此为寿也。"《宁古塔纪略》载:"满洲人家歌舞名曰莽式,有男莽式,女莽式。两人相对而舞,旁人拍手而歌,每行于新岁或喜庆之时,上于太庙中用男莽式舞。"莽式舞形式多样,男女都跳,成双对舞,以击堂鼓歌唱伴奏。"男莽式"后来进入清廷太庙祭典仪式中。

在清太宗皇太极时,莽式舞被纳入宫廷之中,成为祭天、祭祖和宫廷娱乐的歌舞。

康熙年间的汤右曾作《莽式歌》,记载当时礼部主办的莽式舞。《莽式歌》云:"阚惊出林吼虓虎,很讶当道蹲封狼,划然忽变战场态,金戈铁马声锵锵。"舞蹈中,惊险的狩猎场面变成了激烈的战争场面。"弓弯不射刃不斫,徐以一矢定寇攘","戏马阑边身便旋,斗鸡坊底神飞翔"。传统的骑射在舞蹈中得到充分表现,舞蹈者"紫罗帽边插鸟羽,绛抹额上摇金铛",鸟羽金铛这些传统佩饰使舞蹈更加古朴、神奇。"盘空筋斗最奇绝,如电矶碑星光芒",舞蹈中有许多奇绝的高难动作。"解红俄作小儿舞,文衣缞缭颜䖝霜",舞蹈中其内容、舞姿、服饰都在急速变化。"轻身似出都卢国,假面或著兰陵王",古老的假面舞出现在莽式舞中。"女真镜技浑脱,晚出绝艺惊老苍",女真镜舞仍有"绝艺惊老苍"的魅力。"踏歌两两试灯节,秧歌面面熙春阴",靺鞨人的"踏锤舞"和当时满族民间流行的秧歌舞熔于一炉。宫廷莽式舞几乎成了一台史诗性的表现民族历史和生活的舞剧。

2. 庆隆舞（筵宴舞蹈）

莽式舞受到清廷的重视。康熙四十九年正月，孝惠章皇后七旬万寿。为了给皇太后万寿大庆，57岁的康熙帝亲自跳莽式舞祝寿，并作为当时一件大事，先谕礼部曰："'玛克式舞乃满洲筵宴大礼，典至隆重。故事皆王大臣行之。今岁皇太后七旬大庆，朕亦五十有七，欲亲舞称觞。'是日，皇太后宫进宴奏东，上前舞蹈奉爵，极欢乃罢"。

莽式舞进入宫廷后，在乾隆朝由自娱性舞蹈变成表演性庆典舞蹈，更名为庆隆舞，规模宏大。

"庆隆舞"表演身披兽皮，手持戈戟，坐骑烈马，驰逐猎兽，具有浓郁满族"骑射"风格；所用之民族乐器，以及在宫廷宴乐用处之广，可见满族风格是清宫廷乐舞之重要风格。

据《钦定大清会典事例》规定，司琵琶、三弦、奚琴、筝、节、拍、扑等乐器伴奏的有66人，演奏《庆隆之章》，伴唱的有13人，舞蹈58人。服饰也有严格定制，伴奏的穿石青金寿字袍豹皮褂，伴唱的穿蟒袍豹皮褂，舞蹈者穿黄画皮套、黑羊皮套、朝服等，队形、面具、服饰、舞姿等都有严格规定。仪式隆重典雅，颇有皇家气派，但仍保持其骠勇、激昂、豪迈的民族风格。如舞蹈中，"戴面具人上，各跳跃倒掷面象异兽。骑禺马人各衣甲胄带弓矢，分两翼上，北面一叩，兴，周旋驰逐，象八旗；一人射，一兽受矢，群兽慑伏，象武成"，"高跷者逐此兽而射之，兽应弦毙，人谓之射'妈狐子'此'象功之舞'也"（《竹叶亭杂记》）。舞蹈是周旋驰逐，"群兽慑伏"的狩猎舞蹈富有浓郁的民族风格和气派，完全是满族先民狩猎和戎马生涯的艺术再现，而且"以二人为一队，进前对舞"，采用的是民间莽式舞的队形。

庆隆舞后来又分文舞和武舞。武舞又称"扬烈舞"，文舞又称"喜起舞"，其舞蹈内容有如下区别：

A. 扬烈舞，"用戴面具三十二人，衣黄布者半，衣黑羊皮者半，跳跃倒掷，'象异兽，骑禺马者八人，介胄弓矢，分两翼上，北面一叩兴，周旋驰逐，象八旗；一人射，一兽受矢，群兽慑伏，象武成。"（《清史稿》）

B. 喜起舞，"凡大燕享，选持已之狷捷者十人，咸一品朝服，舞于庭除，歌者豹皮褂豹帽，用国语（满语）奏歌，皆敷陈国家忧勤开创之事，乐工吹箫击鼓以和，舞者应节和拍颇有古人起舞之意，谓之喜起舞。"（《清史稿》）

庆隆舞在清宫除夕、上元或筵宴时表演。清代宫廷舞蹈中，"喜起舞"和

"扬烈舞"是最具满族特点的舞蹈，它表演的服装和内容完全是满族化的，是满族发展过程中产生的舞蹈。"文舞"和"武舞"的出现，标志着"雅舞"的成熟，"文舞"和"武舞"也是满族宫廷舞蹈及民间舞蹈的母型和基础。

（二）满族祭祀舞"腰铃舞"

满族的野神祭中的原始舞蹈，舞蹈动作多变、舞姿刚劲，较有代表性的是"腰铃舞"。

腰铃是满族萨满跳神不可缺少的神器，也是萨满乐舞的重要乐器和舞具。萨满祭祀时跳腰铃舞，腰铃和神鼓同时使用，并伴有祭祀时所唱神歌，后演变成舞蹈。

腰铃舞来源于满族早期的狩猎生活，对萨满舞也有借鉴，为多人舞，由数名腰系腰铃的男女表演。舞者头扎一条红带，手持"响板"，腰系一条拴有许多圆锥形铜铃或铁铃的宽带子。表演时打着响板，扭动腰铃，使响板与铃声有节奏、和谐地相和，铿锵悦耳，舞姿活泼，声形俱备，别具一格，充满欢乐气氛。

（三）满族民间歌舞

满族民间舞蹈形式多样，也有新的发展，内容和形式丰富多彩，主要有民间的莽式舞、大五奎舞、笊篱姑姑舞、鞑子秧歌等。

1. 满族民间的莽式舞

至清末发展成九折十八式，也称"东海莽势"，是满洲诸舞的基础，包括了各种舞蹈的基本动作。

"九折"即九组舞蹈动作：起式，是男女两队出场动作，手上下摆动，一袖于前，反一袖于背，腰不动，走方步……穿针（女性舞蹈，作织渔网姿势）、摆水（女性舞蹈，反映女性捉鱼的姿势）、吉祥（女性舞蹈，反映女子踏青游玩的姿势）、单奔马（男性舞蹈，作骑马打猎姿势）、双奔马（男性舞蹈，作出征姿势）、怪蟒出洞（蛇蟒蠕动姿势）、大小盘龙（女性舞蹈，龙戏水姿势）、大圆场（男女同上场，作欢庆、喜悦动作男女双双起舞）。"十八式"即十八个舞蹈动作，有手、脚、腰、肩各三式，转、飞、走各二式，共十八式。"九折十八式"，以刚健、优美的舞姿表现了满族人民古老的生产生活和对丰收胜利的欢庆。流传下来的"东海莽势"是东海女真民间大型组舞，形象地反映了东海女真的渔猎生活。如今，这样完整的莽式舞只有少数民间艺术家才会跳了。

民国时期，黑龙江畔的有些满族人家在婚礼中还用莽式舞来贺喜，多是四男四女在院子里穿花走场子，女子头戴红花，手牵红绸，翩翩起舞，其中有一人领唱，众人跟着合唱"空齐"二字。"空齐"是长寿之意。有一首用于婚礼的喜歌《拉空齐》，其大意是："空齐不拉利真得，真得不拉利空齐，喜鹊喳喳叫枝头，咱们两家做亲家，生个儿子去割草，生个女儿摘豆角。"

庆隆舞是地道的宫廷舞蹈，后来也流行到民间，保持着民间舞蹈的勃勃生气。如民国时期，宁古塔一带满族流行喜起舞，舞蹈者多为少女或青年妇女，身着彩服，头戴豹皮女平帽，边歌边舞，用柳条簸箕、拍板、手鼓、串铃等伴奏。

宁古塔地区具有悠久丰富的舞蹈艺术，民间的《扬烈舞》流传于宁安县一带，反映了满族先民的狩猎生活。其分为五段，20多个动作，生动地展现了围熊、射熊、捉熊场景；四猎手背插小红旗，踩九寸高跷，骑假马；猎成，妇女前来祝贺。另有二人击手鼓，二人打簸箕助兴。

2. 满族民间大五奎舞

满族民间的"大五奎舞"有鲜明的民族风格，是由五人或十人头戴虎、豹、熊、鹿、狍五种野兽假面具组成舞队，模拟各种野兽的动姿神态，并互相比舞，最后以两名猎手收服众兽告终，体现了满族渔猎文化的艺术个性。舞蹈动作有翻跳、滚、打、压之分，其中也有跳木栏、过火圈，跳高桌等杂技动作。大五奎舞表现满族先民的狩猎生活，多在丰收、狩猎后表演。

3. 满族民间笊篱姑姑舞

东北满族聚居地有元宵节跳"笊篱姑姑舞"习俗。"笊篱姑姑舞"，是旧时在满族青少年中流行的民间舞蹈。舞时"小儿女截双榴枝为足，缚横木为臂，绫以笊篱为头面，头簪彩花，身披红袄，扶令骑帚，一女童持香三柱，曳帚问茅司往来，且祝且曳"（《凤城县志·礼俗志》）。

笊篱姑姑舞在各地舞姿不尽相同，歌舞前选一受欢迎的女孩，用一把笊篱（柳条编成）在凸面上糊上白纸，画上女孩脸，找一个敏捷的女孩，涂抹胭脂，头包红巾，戴绒花，即为"笊篱姑姑"。

用高粱烧酒喷小女孩的头，女孩右手持画有姑娘脸之"笊篱姑姑"在院中边唱边舞，小女孩站在中央，其他男女围着她歌舞，向"笊篱姑姑"问卜祈福。男女老少围着她边拍手唱歌边跳舞直到深夜，是一种欢乐的集体舞。舞时，以问答方式互相唱。唱词长达十几段,都是歌颂"笊篱姑姑"的俏丽和舞姿。如:"笊篱姑姑下山来,十五十六看灯来","戴上花,披上彩,笊篱姑姑下山来,啥时来,快快快,扭扭搭搭招人爱","笊篱姑姑本姓白,戴朵花,背捆柴,扭扭跶跶下山来,你也拍,我也拍,拍着手儿跳起来"。这时都兴奋地喊"姑姑来了",小女孩往哪边舞。都跟着往哪边舞,这种舞蹈流传至今,其歌词也有多种,可以用固定的词,也可以即兴演唱,反映了满族的习俗和生活理想。现选取其中一首《笊篱姑姑舞》歌词,大意是:

  笊篱姑姑下山来,十五十六看灯来。
  梳的是什么头?梳的是四散头。
  头上抹的是什么油?头上抹的是桂花油。
  龙凤簪,左右插,珠花翠花金银花。

  笊篱姑姑下山来,十五十六看灯来。
  瓜子脸,樱桃口,蒜头鼻子杏核眼。
  擦的什么粉?擦的是老官粉。
  抹的是什么红?抹的是蛮子红。

  笊篱姑姑下山来,十五十六看灯来。
  红缎的上衣花披肩,绿缎的裙子走金边。
  上绣鸳鸯双戏水,金翅鲤鱼卧粉莲。
  红绣花鞋沿青边,四散粉底串枝莲。

  笊篱姑姑下山来,十五十六看灯来。
  坐的什么车?坐的花轿车。
  谁赶车?小阿哥。
  绿轿围子红轿顶,四条飘带绣金花。
  双白马,似蛟龙。四蹄蹬蹬开一溜风。

  笊篱姑姑下山来,十五十六看灯来。
  下水碗,往上端,白片猪肉一大盘。
  渍菜粉,野鸡肉,金针木耳炸辣椒。

米儿酒，五花糕，稷子米饭黏豆包。
……

4. 满族民间鞑子秧歌

满族民间歌舞，从清初到清朝中期逐渐发展成为东北满族秧歌舞，也称鞑子秧歌。每逢春节、元宵节等节必扭秧歌，春节"浪秧歌"，"正月十五元宵夜赛秧歌"，成了满族的风俗。杨宾在《柳边纪略》中对宁古塔地区秧歌舞有详细记载："上元夜，好事者辄办秧歌。秧歌者，以童子扮三、四妇女，又三、四人扮参军，各持尺许两圆木，戛击相对舞，而扮一持伞灯卖膏药者前导，傍以锣鼓和之，舞毕乃歌，歌毕更舞，达旦乃已"。其中吉祥步，未婚舞等都有莽式舞的韵味，都是成双对舞，还有鹰步舞，熊虎斗，猎熊舞，有的脚下还绑有高跷，都源于满族先民的渔猎生活。

当时的秧歌舞不仅在城里流行，在宁古塔乡村也广泛流行，正如杨宾在宁古塔杂诗中所述："夜半村姑著奇罗，嘈嘈社鼓唱秧歌。汉家装束边关少，几队街口簇拥过"。秧歌是满族人民喜爱的集体歌舞，表现了满族人民的喜悦和欢乐。二人转是满汉等族人民共同创造的艺术形式，有人认为，其舞蹈来源于"东北大秧歌"，满族秧歌现在在东北民间还广为流行，和汉族秧歌互为融合，成为人们喜闻乐见的一种歌舞形式。

综上所述，满族及其先世创造了丰富多彩的舞蹈，满族歌舞始于民间，用于自娱，因此歌舞受满族先民的喜爱并得以发展，有旺盛的生命力，舞蹈是他们生活中重要组成部分，与他们的社会生活、生产等密切联系，艺术地再现了满族先民的劳动生活、风俗习惯和精神风貌，反映了他们的思想感情、民族传统、民族性格和审美情趣。满族舞蹈具有热烈欢快，剽悍、质朴、豪放的独特民族风格和鲜明的民族特色，始终保持其淳朴之风，满族舞蹈不仅是满族人民宝贵的精神财富、文化遗产，也是中华民族文化的重要组成部分，中国舞蹈园地中的一枝奇葩，满族舞蹈对民族学、民俗学等的研究都提供了有价值的资料。

满族玛虎戏溯源

满族创世神话《天宫大战》中阿布卡恩都哩送给人间九十二位瞒尼神（古老的文化英雄神），其中的"玛克辛神"是舞蹈神。满族萨满祭祀中有请玛克辛神的情节，充满了浓郁的民族风格和地方色彩。满族及其先世在东北这块土地上，在漫长的岁月长河中创造了丰富多彩的舞蹈，玛虎戏便是其中的一种。玛虎戏是一种古老的有故事情节、有歌有舞、短小活泼的假面舞表演艺术。那么，玛虎戏起源于何时？经过了怎样的发展过程？现状又如何呢？

一　玛虎戏中的面具起源

玛虎戏满语叫"玛虎朱陈"，也称假面舞或面具舞。

英国著名人类学家马林诺夫斯基在《巫术、科学宗教与神话》中曾说："宗教的信仰与能力，也是要用神话的叙述来溯到本源上去的。""打算要在神话的研究中知道原始生活的奥秘，必须转到原始的神话，尚在活着的神话。"

有一则满族的古老神话传说，相传世上有一种戴假面具的怪兽，叫马虎子，专门追摄人的真魂，人只要戴上假面具就可避开马虎子的追扰。而"影壁"就是居住在这屋里一家人的假面具。所以无论贫富，早期的满族人家在房院内都设影壁。

传说野兽是有灵性的，从前狩猎猎人都是以面具遮面猎获野兽，希望躲过野兽的报复。原始人类最早的蒙蔽方式在鲸面，面具就是由鲸面发展而来，在脸上刺青的文面习俗也属此类，只是面具可以重复使用。

列宁曾说："恐惧创造了神。""野蛮人由于没有力量同大自然搏斗，而产生对上帝、魔鬼、奇迹等信仰。"

从上面两则传说中来看,玛虎戏中的面具源于满族先民的恐惧感。马虎子是一种戴假面具的怪兽,面具与邪恶相连,是令人恐惧的。狩猎者戴假面具既可以躲避有灵性怪兽马虎子的报复,又有驱邪的宗教意味,起到了保护自身的作用。所以面具是具有双面性的。

二 解析马虎子

在满族神话中,马虎子是一种有灵性会报复的怪兽,关于"玛虎",主要有几种说法:一是"玛虎"为满语,即假面舞,或称面具舞;二是傅英仁认为"玛虎"为满语,妖怪之意;三是满族原始神话中恶魔耶鲁里的衍化,是满族传说中的一种会变形的怪魔。富育光在《萨满教与神话》中写道:"我国北方从考古学方面大批出土文物可知,旧石器时代以前的原始动物如猛犸、披毛犀等动物群生栖活动之地。仅1963年来在安图县石门山采石中就发现'安图洞穴出土的猛犸象、披毛犀化石',而且考古学者证实,'该动物群几乎遍布吉林境内和东北地区'。因此,在萨满教创世神话中,满族等北方诸民族在祭祀中出现一些奇特的动物神,有的神是巨大无比、力量无穷,有的神能开沟掘水,拨树苔草。萨满降神昏迷后表演这些神的奇异神力。有的民族称其为恶神,或称魔鬼。满族佟姓胡姓等有力神玛发,大力瞒尼,其神形便是有人的慈善心灵和智慧,但其灵魂是一种顶天立地的怪兽。蒙古族称'蟒盖',达斡尔族称'蟒古斯',鄂伦春、鄂温克都称为'满盖'、'莽倪',满族称'玛虎斯'、'玛虎'等,赫哲也称'玛琥',实际便是同一恶神。其力大无比、蚕食人畜,这是远古时期人类对某些巨兽恐惧心理而萌生的宗教观念的残存。……鄂伦春族神话中,大地最初是'玛尼神'创造的。玛尼神(瞒尼神)很可能就是古代的猛犸一类的原始巨兽。"

在满族创世神话《天宫大战》中写道:"善神战胜了恶神,但耶鲁里败而不亡,他的败魂常化为恶魔满尼、满盖,残害人世。……萨满的职责就是祈请善神,以驱满盖一类魔灵,以确保人类的生存、绵衍、平安与幸福。"

鄂伦春族、达斡尔族、赫哲族、蒙古族等民族都有关于蟒猊、满盖、蟒格斯、蟒古斯、乌鲁古力的故事传说,人们对其描述各有不同,没有具体所指,是按照人们的想象来塑造的恶神,是一切邪恶的综合体。

鄂伦春族的英雄传说《吴达内的故事》中，老蟒猊要活吃鄂伦春猎人，并把兴安岭所有野兽的灵魂抓去装入魔匣内，鄂伦春人无法生活下去了。鄂伦春族的英雄吴达内除掉了老蟒猊，夺回了所有野兽的灵魂。

各民族童话故事中有：达斡尔族的《去杀满盖》，鄂伦春族的《小莫日根去杀蟒猊》，赫哲族的《毕尔达巧克乔小莫日根》等。赫哲族的《毕尔达巧克乔小莫日根》描写了"乌鲁古力"魔鬼吃了小莫日根父亲和众乡亲，他要去报仇。最后小莫日根把"乌鲁古力"魔鬼杀死了，为阿爸和众乡亲报了仇。

赫哲族伊玛堪《满格木莫日根》中，满格木莫日根为民除害，上山生擒了"乌鲁古力"。

鄂伦春族的摩苏昆《英雄格帕欠》中，格帕欠的父母被蟒猊妖魔叼走，小格帕欠在众人的帮助下杀死了蟒猊，救出了父母，成为鄂伦春族的英雄。

蒙古族的乌力格尔中有《蟒格斯的故事》《洪格尔征服蟒古斯》等。

玛虎斯、玛虎、玛琥、马虎子，都是满族对同一怪兽的不同称呼。那么，这个曾令满族先民恐惧、力大无比、蚕食人畜，兼具善恶两面的马虎子到底是什么呢？

1. 《鸡林旧闻录》《鄂温克族社会历史调查》中对熊的描述

《鸡林旧闻录》中描述了满族先民狩猎生活时期，东北地区恶劣的自然环境："山中百兽俱有，虎豹为常兽，不甚可畏，往往与人相望而行，人苟不伤之，亦不伤人。熊最猛，苟遇之，无不伤人者，且善与猎人斗。盖虎豹背枪而走，熊则迎枪而扑，失一枪不中，猎人无不肢裂……"

在《鄂温克族社会历史调查》中记载：一般打熊的人常被熊伤害，枪一响，熊就向人扑来，抓住人，先把头皮和脸皮剥下，十分凶残，猎人都忌打这种猎物，实在没办法才会打。

在以上对熊的描述中："熊最猛，苟遇之，无不伤人者，且善与猎人斗"，"熊则迎枪而扑，失一枪不中，猎人无不肢裂"。可见熊是一种令人恐惧、十分凶残的猎物。

2. 北方少数民族的祭熊仪式

北方气候寒冷，森林茂密，适合熊的生活，熊是狩猎时常见的动物。猎物多的时候，人们轻易不会猎熊，但自然资源是有限的，当其他动物越来越少，人们开始猎熊，以维持生活。

黄任远著的赫哲那乃阿伊努《原始宗教研究》一书中，详细介绍了赫哲那乃及阿伊努人的祭熊仪式。阿伊努是曾经居住在日本列岛东北、北海道、千岛列岛以及桦太（库页岛）等地区的民族，现在主要集中居住在北海道，他们有送熊灵仪式。猎人们猎到熊后，要举行送熊灵仪式。猎人去熊窝用笼子抓刚出生的小熊饲养，2到3年，或5年，之后杀掉，熊肉吃掉。杀熊也要举行仪式，把熊灵魂送回熊国，即熊神所在的地方，帮助熊重新转世。人们用这种方式期望氏族不受熊的伤害。

熊分黑熊和棕熊两种，棕熊也叫人熊，又名马熊，古代叫熏，其体格庞大，重的可达千斤。据综方志所言：……熊大如猪而猛憨多力，虎亦畏惧，遇人则人立而搏，俗称人熊。

在赫哲人的神话和伊玛堪中，有一种怪兽叫乌鲁古力，有灵性的巨型熊黑，是一个半人半兽、能直立行走、与熊的形象相同的怪兽。

赫哲族有祭熊习俗，祭熊神又称熊节。20世纪初，黑龙江流域的赫哲人经常举办熊节，人们抓取熊崽，饲养2到3年，或5年，在熊节的时候杀掉。肉吃掉后，对熊骨要举行"风葬"仪式，同时要假哭。

在《黑龙江流域文明》中写道："鄂温克人在举行'奥米那楞'（宰熊）仪式时，萨满要戴上面具起舞（戴面具是不让熊的灵魂认出），倒了第三天，要把面具挂在树上供人们祭拜。"

鄂伦春、赫哲族、鄂温克族等一些少数民族都把熊视为自己的图腾，在打到熊后，吃完熊肉，熊头骨及其他熊骨要用柳或草包好，选择好地点，进行风葬（风葬也称树葬，象征着灵魂能攀上天树，重返天穹），并祷告让其保佑人们，不要回来吓唬人们，让世间的人们平安、幸福地生活。还要假哭，唱葬熊歌，因为人们认为熊有灵性，怕以后遭到熊灵魂的报复。可见人们对熊的恐惧。

列维－布维尔在《原始思维》一书中说：举行安葬动物等的仪式，"目的是要安抚动物的'灵'，平息它的愤怒，重新获得它的友谊"。

有学者认为，假哭是一种赎罪的仪式，对被杀死的熊人们有怜悯也有感恩，因为动物的皮与肉曾养活了他们。假哭其原始意义是为了安抚动物的灵魂，平息愤怒，让熊宽恕猎人们。

3. 满族民间故事、创世神话中对熊神的崇拜

北方很多民族都有熊崇拜的习俗，岑家梧著的《图腾艺术史》中认为，熊图腾地理分布大约在美国阿拉斯加、亚洲贝加尔湖、中国黑龙江流域、日本北部库页诸岛。而满族也正生活在这个熊图腾圈内的黑龙江流域，也有熊崇拜的

习俗。有的氏族用熊形象做成动物旗，象征氏族旗帜。

在一则满族民间故事《黑熊拱平锥子山》中，有一只熊有六七丈长，高有四五丈，它每走一步，地都跟着震动。在《猎手和熊比武》记述中：就听外面传来"呼哧呼哧"的声音，走一步震动的直响……黑熊的身高足有八九尺，长一丈二，足有两千斤重。在神话故事《熊为啥没当王》中，最初是熊为山中大王的。

林一白在《略论动物故事》中说："动物故事是关于动物的故事，也是关于人的故事。但归根结底，还是关于人的故事，只不过采取的形式不同而已。在这里，动物故事里的动物，是在幻想中塑造的形象。因此，它们虽然是以动物的姿态出现，但又不是自然界原来的动物。"

在满族先民的火祭、雪祭、野神祭中，熊神都被视为神力非凡的守护神。雪祭神坛上第一位神偶是力大无穷能劈山开道的熊神。在富育光所著的《萨满教与神话》中写道："在满族创世神话《天宫大战》中，熊因在与耶鲁里恶魔厮斗时，偷懒在山葡萄秧子里，结果使天河上不少星星被恶魔打落下来，变成了流星。熊神是力大盖世的巨神……从我们近年所搜集到的众多满族萨满野神祭礼神谕中都有熊神祭礼，有些姓氏祭规中还明确说明不用熊皮做鼓面、做偶象，认为用熊皮蒙鼓面，不敲自裂，若跳神请熊神临神坛会大闹神坛，使萨满和主人遭难……可见满族先民对熊神的崇拜是比较深远普遍的。满族早已由狩猎转入农耕经济，尽管如此，在满族民俗观念中，仍敬畏熊神，视其有人性，更会报复，这些心理观念是远古图腾观念的遗存。"

在满族创世神话中熊神是力大盖世的巨神，熊有人性，更会报复。

由以上各民族神话、民间故事、文献记载中对熊的描述来看，早期的熊力大盖世，身高体重，凶猛无比，曾是山中的大王，百兽之首。鄂温克人在举行宰熊仪式时，萨满要戴上面具起舞，就是不让熊的灵魂认出。可见，熊应该是令满族先民恐惧的、有人性会报复的怪兽马虎子。

三　马虎子进入满族祭祀中

面具，属于民具信仰仪式类中的一种，古时曾在世界的许多部落中流行过，至今世界上一些落后的地方仍有面具流行。

"马克思主义认为，宗教的根源和基础，是在于生产力发展极其低下的水平情况下，而显示出原始人对自然力斗争的软弱无力。"

以狩猎为主的满族先民，在猎具比较落后的情况下，对于凶残的熊充满了恐惧，狩猎时戴面具，在居住的地方设立影壁。面具是人的灵魂的屏障——使恶魔不易识辨，为的是躲过熊的灵魂的报复。从千歌之首的满族民歌《摇篮曲》（也称《悠悠调》）中，我们可以感受到先民们的恐惧感，歌中唱道：

<blockquote>
巴补哇俄世啊，
悠悠小孩巴补哇，
悠悠（哇）悠悠（哇），
狼来了，虎来了，
马猴子跳墙过来啦，
……
还有一种是：
悠悠喳，巴不喳，
狼来了，虎来啦，
麻虎子跳过墙来啦
……
</blockquote>

歌中的衬词是满语"马猴子或麻虎子"，"马猴子或麻虎子"即马虎子。大人常用来吓唬小孩子，"马猴子跳墙过来啦"，这墙应该就是影壁墙吧，即使有影壁墙还是会生活在恐惧之中，担心会跳墙过来。记得在我小的时候，老人们也常会用"听话啊，不听话，大毛猴子来了"来吓唬小孩子。满族民俗中，小孩的摇车上画着描金弓箭，寓意是射"麻胡"，可见马虎子在东北这片土地上影响之深远。

恩格斯在揭示原始宗教的根源时说："宗教是在最原始的时代从人们关于自己本身的自然和周围的外部自然的错误的、最原始的观念中产生的。"

狩猎经济时期，野兽是可怕的。满族先民在渔猎时期，在与大自然的斗争中感到自身的弱小，人们对庞大凶残的马虎子产生了恐惧，于是幻想获得一种超自然的力量，而对马虎子产生了崇拜。

在傅英仁的文章中曾提到，宁古塔地区在近世民间还有跳玛虎的活动，祭奠玛虎恩都哩，也就是玛虎神。前面我们已经认为玛虎是熊，那么玛虎神就是熊神了。在一些姓氏的萨满祭祀中有熊神祭礼及舞蹈，熊神在满族火祭中是太阳神的开路先锋,力大无穷,有些神谕中也称熊是"勒夫玛发",有图腾崇拜的意味,人们期望通过祭祀得到庇佑,以求平安。玛虎恩都哩成了善神,人类的保护神。早期萨满神帽上的骨饰中有獐熊脚掌骨,是起到驱魔除邪的作用。生活在黑龙江下游的那乃人供奉一种防熊和祭熊的神偶,其功能是保佑整个村屯不受熊的伤害。吉林学者江汉力近年在吉林省吉林市郊区一些满族人家中搜集到几十枚骨刻神偶。这些神偶中就有玛虎子魔鬼脸。

满族石克特立氏野神祭中请熊神"牙亲娄付"时,栽力要唱如下神歌:

> ……
> 经过拉林山,
> 沿着拉林河降临,
> 在山阴之处,
> 生长着茂盛芦苇的
> 圆圆深潭中,
> 经过了千年、万年的苦苦修炼,
> 得道成神的黑熊神啊!
> 全身毛茸茸,
> 青嘴尖尖,
> 脚腿肥大,
> 如有百绳捆绑,
> 黑熊神啊!
> 手执三股刚叉,
> 翻耍着,
> 响声如盔甲。
> 今日夜晚,
> 点燃了香火,
> 东家又宴请,
> 请黑熊神降临进屋,
> 受祭后,
> 请由我处回去吧!走吧!
> 回到各自的山峰!
> 一伙一伙的回去吧!

三角清查,

四角察看,

各方干净,

永世太平。(宋和平《满族萨满神歌译注》)

1. 满族萨满面具的产生

面具有双面性,即可以被怪兽所用,又是人的灵魂的屏障,有驱邪的功能。面具起源于满族先民的狩猎生活,在满族先民的渔猎时代曾起过重要的作用。那么它又是怎么进入萨满祭祀中的呢?

由于恐惧,怕熊的灵魂报复,满族先民在猎熊的时候要戴上面具。在跳玛虎活动的过程中,要扮演玛虎恩都哩形象,也要戴上面具。面具在满族先民的生活中曾起到过重要的作用,是对满族先民有过贡献的物品,即灵物神的一种。后期发展成了满族萨满野神祭祀中的萨满面具,多在跳野神祭祀时使用。萨满祭祀中,依照祭祀内容要求,模拟成各种动物神灵进行舞蹈,如虎神、金钱豹神、鹰神、蛇神、野猪神等,是模拟性和表演性的舞蹈。有的还用神帽上的彩穗遮脸,也是起到面具遮挡辟邪的作用。早期满族每一个姓氏都有野神祭,清乾隆年间对萨满教中的野神进行了规范,都删掉了,只有边远地区还保留了一少部分原始的野神祭。

在萨满举行宗教活动的仪式上,所用的法器很多,因面具具有驱邪的作用,面具图案又进入到所用的法器上,如抓鼓、神案等,在法器上都绘有各种神的图案。古时候,在神案和抓鼓上都刻绘有各种神灵面具。萨满面具一般只由萨满传世珍藏。

2. 萨满灵物——玛虎山与玛虎石

在满族创世神话《天宫大战》中写道:"黑龙江以北,穆丹阿林以东的著名的玛呼山,也是黑龙江一带满族、鄂伦春、索伦、达斡尔人常敬祭的神山,传其为'天宫大战'时,阿布卡赫赫率领众动植物大神打败了九头恶魔耶鲁里,将他烧化成一个九头的小鸟,打入地心之中,永不能残害寰宇。神火烧燔耶鲁里的魔骨,都从天上掉到了这里,变成一条绵延的白骨、乌骨、红骨、绿骨、黄骨堆成的石山,其山中石木皆为此骨诸种颜色,并有灵气,萨满千里北上采集灵石灵佩,均要攀登玛呼山,即瞒盖山、魔骨山。在我们搜集的文物中,有的萨满神裙、神帽、神鞭、神碗中便有玛虎石磨制成的器物。萨满并用此石块、石板、石盅、石柱、石针占卜医病,成为重要的萨满灵物。"玛虎石与满族面具一样,是具有双面性的。

四 玛虎戏的产生

满族先民狩猎时戴的面具作为一种精神武器,先是进入到萨满祭奉之中产生了丰富多彩的戴面具的萨满舞。如满族长篇史诗《东海窝集沉冤录》中的假面舞记述:

> 玛虎群丑,惊扮怪贼,
> 倒树峻挺,苇藤棘荆,
> 常有夜鬼嚎哭,
> 阴风魅魑嘶啸,
> 白昼饥盼撕搏,
> 常令上岛异客骇栗难安,
> 失魄中,月光下,
> 伧见雀跃足蹈的千态毛鬼,
> 手持石斧、木矛、骨板,
> 从四方奔杀而来,
> 众鬼忽跳,饥鬼舞蹈,
> 缠蟒舞,蛙跃舞,
> 风涌扑来,其面难识,
> 均用鱼皮、鲸鱼骨缕昼成的玛虎,
> 闻声方辨性别为女盗,
> 残忍无怜,竟饮客血,
> 毙命方散。

在萨满舞蹈中,有时舞蹈本身就是一种战胜敌人的武器,如在《天宫大战》中,霍洛浑、霍洛昆两女神以歌舞迷昏了耶鲁里,歌舞成为战胜恶魔的武器。萨满舞中常有面具舞,如在上段史诗中,面具舞成了魔女恐惊外敌、迷惑敌人的武器。

萨满舞经过了漫长的年代，随着社会生产力的不断发展，人们也开始饲养驯化野生动物，满族先民自身的自卑感及对动物的恐惧感开始消失，萨满面具慢慢演变成娱乐工具，逐渐转为戏剧娱乐表演，由此产生了玛虎戏，即面具舞。

（一）早期的玛虎戏

玛虎戏在金代就已广为流传，但我们现在已经找不到当时的表演形式，只能从清代的玛虎戏开始整理。

1. 清宫廷表演性庆典舞蹈"庆隆舞"

庆隆舞表演，隆重典雅，颇有皇家气派，但仍保持其骠勇、激昂、豪迈的民族风格，其中包含面具舞。

莽式舞进入宫廷后，由自娱性舞蹈变成表演性庆典舞蹈，更名为庆隆舞，据《钦定大清会典事例》规定，"……演奏《庆隆之章》，伴唱的十三人，舞蹈五十八人。服饰有了严格定制，伴奏的穿石青金寿字袍豹皮褂，伴唱的穿蟒袍豹皮褂，舞蹈者穿黄画皮套，黑羊皮套，朝服等。队形、面具、服饰、舞姿都有严格规定，……"如舞蹈中，"戴面具人上，各跳跃倒掷面象异兽。骑禺马人各衣甲胄带弓矢，分两翼上，北面一叩兴，周旋驰逐，象八旗；一人射，一兽受矢，群兽慑伏，象武成"，"高跷者逐此兽而射之，兽应弦毙，人谓之射'妈狐子'此'象功之舞'也"（《竹叶亭杂记》）。

"庆隆舞，每岁除夕用之。以竹作马头，马尾彩缯饰之，如戏中假马者。一人踩高跷骑假马，一人涂面，身着黑皮作野兽状，奋斗跳跃，高跷者弯弓射。旁有持红油簸箕者一人，箸刮箕而歌，高跷者逐此兽而射之，兽应弦毙，人谓之射'妈狐子'此'象功之舞'也。"（《竹叶亭杂记》）。

《清史稿》卷101记述："乾隆八年，更多庆隆舞，内分大、小马护为扬烈舞，是为武舞。……"又载："扬烈舞，用戴面具三十二人，衣黄画布者伴，衣黑衣皮者伴。跳跃倒掷，像异兽。"这是指的宫廷中的玛虎戏。

2. 满族民间原生态传统舞蹈

满族传统舞蹈形式比较多，流传的地区也不一样。一般南部地区的受汉族等民族文化的影响较多，而北部偏远地区的舞蹈，具有传统的民族特点，保留的原生态较多，如宁古塔地区的"扬烈舞""大五奎舞"等。

A. 扬烈舞中的猎熊的情景

"扬烈舞"又包括大马护舞、小马护舞。"马护"既"玛虎"，是"假面舞",也称猎舞,是满族最有代表性的民族舞蹈"莽式舞"中提炼出来的。舞者一半扮成熊、虎、豹、鹿、狍等兽,一半骑假马追射,颇有渔猎民族的骑射风格与特色。

流传于黑龙江省宁安县一带的"扬烈舞"有着独特的风格,是表现猎手们猎熊的情景,反映了满族先民的狩猎生活。舞蹈分为五段,20多个动作,有人扮"熊"(身着熊皮,手持短刀),有人扮猎手(四人或八人不等),生动地展现了围熊、射熊、捉熊场景。青年猎手背插小红旗,踩九寸高跷,骑假马,也称"禺马"。

扬烈舞第五段是全舞最热闹的场面。猎成,村民男女前来祝贺,女持红绸,男持簸箕和鼓鞭。村民载歌载舞,舞动红绸,有人击手鼓,有人击打簸箕助兴。迎接猎手。其中有簸箕舞,手鼓舞,蟒式红绸舞等。

扬烈舞,最早是秋收后在场院中举行,后期每逢正月十五,在街头表演。傅英仁曾记录民间表演扬烈舞的场景:"远望(熊舞)。抱头滚身上,站立行消声。探身四门望,伏地腿旋风。抱肘蹲腿串,震鼓有笑容。直立足跟舞,双臂左右灵","追踪(猎手舞)。黄盔金铠甲,背插赤火旗。飞驰觅野兽,伏身陷深坑。四骑策马跃,四斗八面呼,群熊探身窥,似顾又留连。齐八活洛才,齐八活洛板。猎手刀出鞘,奔马舞刀欢。窜山跳涧过,勒马紧扬鞭","行围。伏身随节滚,遇马筋斗翻。猎马跃身过,挥刀马蹄前。绕刀紧转闪,惊弓拉满圆。一兽提刀舞,它兽乱马前","神武之功。八骑四方转,熊刀乱其间。左进右追及,熊伤似拼命。节步渐渐慢,熊欲进林间。八骑发响箭,箭似流星般。四熊急退去,倒死八马前","猎成(用竹簸箕)。节卡振宇兴,左进右退颠。群熊伏蹑步,掌跟端仪还。排列人前步,礼毕跃武宣"。

关于扬烈舞的渊源有多种传说,我们来看主要三种。

其一:古时候东海窝集部,有一年在除夕晚上接财神时忽然狂风大作,来了一只怪兽,发出"呼啦啦、呼啦啦"的吼声,因不知其名,都叫它"呼啦啦"。这只怪兽专啃牲畜腿,人们无法控制它,从那以后这只怪兽常来这里,闹得人畜不安。当时在乌林答部有位老萨满,神通广大,人们便请他来惩治怪兽。他教人们在大年三十晚上给牲畜绑上木腿,并涂上一层红色的药粉。怪兽来了,一啃木腿就昏了过去。村里人当即把它捉住,正要处死时,"呼啦啦"醒了过来,它恳求老萨满饶命,并表示以后愿尽责保护牲畜平安,于是那位老萨满放了它。后来满族在祭神时,其中有一位神叫"呼啦啦贝子"就是专门保护牲畜平安的神。从此流传下绑木腿、骑假马、射怪兽的扬烈舞。

其二，清人姚元之在《竹叶亭杂记》中记载：相传达呼尔人居住在黑龙江流域，从古不肯归服。当地有一野兽专咬马腿，达呼尔人非常害怕这个野兽，无法在那一带安居。清初，满族曾到过这里，踩着高跷，骑上假马，竟把那头猛兽射死了。达呼尔人以为是神，于是归服了清王朝。

还有一则关于"呼啦啦"传说，腊月三十是除岁日，满族人家要烧岁堆子："相传有一种野兽专吃牲畜，有一年冬至前一天，在长白山下二道河两岸，这野兽闯入瓜尔佳氏部落，牲畜听见'呼啦啦'的声音都吓瘫了，后都被吃掉了。人们没有办法，就求天神。天神阿布凯恩都哩派花喜鹊送信说：'呼啦啦，呼啦啦，天不怕地不怕，就怕用火杀。'"于是人们点上一堆火，呼啦啦再也不敢来了。

由上面的传说可见，曾经有一种野兽让满族先民感到恐惧，但最后还是有方法战胜了怪兽，这种怪兽会是早期高大凶猛的熊吗？清人西清撰写的《黑龙江外记》中记载："黑龙江城忽一熊自北门入，跳跃叫嘷，马牛辟易，良久不知所之。一老翁语其侪曰：'恐有火灾。'顷之城中火，延烧殆尽，……"可见熊对火恐惧，且敏感。

扬烈舞是由满族先民的狩猎生活与宋金时期的"高跷竹马"相结合而形成的，这种说法是有可信度的。

扬烈舞到民国初年已不多见了，在新中国成立前已经失传，宁安县满族文化传人傅英仁分别于1930年跟梅崇阿先生、1953年春节跟他的表叔张福来（1916年生）学过此舞。牡丹江宁安地区曾于1989年抢救性地采录过此舞蹈，是编入国家极的五个满族舞蹈之一。这五个舞蹈都是由傅英仁传授的。

B. 满族民间"大五奎舞"

满族民间的"大五奎舞"也是面具舞，表达了满族先民的狩猎生活，多在丰收、狩猎后表演，有鲜明的民族风格。

大五奎舞是由五人或十人头戴熊、虎、豹、鹿、狍五种野兽假面具，组成舞队，模拟各种野兽的动姿神态，并互相比舞，最后以两名猎手收服众兽告终。舞蹈体现了满族渔猎文化的艺术个性。舞蹈动作有翻跳、打、滚、压之分，其中也有过火圈、跳木栏、跳高桌等杂技动作。

（二）后期的玛虎戏

清中期后，具有渔猎民族骑射风格与特色的猎舞多已失传，而其中的某些元素等开始被其他舞蹈吸收，如秧歌、游戏、民间舞蹈等，以娱乐为主，风格变得随意欢快。

1. 满族《秧歌》中的玛虎子

"扬烈舞"在清中期后无记载,多已失传,但其中的"马狐子"形象后来被秧歌吸收,起到打场、维持秩序或调动场内外情绪的作用。

辽宁满族秧歌中有一个艺术形象叫"克里吐"或"和尚吐",其扮相是:反穿皮袄,身挎晃铃(或串铃),手执长鞭,在场内串来串去,是个小丑的形象。有一种观点认为,"和尚吐"或"克里吐"是扬烈舞中的"马狐子"演变而成的,但也有人持不同观点。

2. 戴面具的游戏"摸瞎虎"

"摸瞎虎"是一种在庭院进行的戴面具的游戏,也称"鬼脸"。鬼脸是用皮子做的,连脖子、肩与脸都遮住,或者只是蒙住眼睛。玩时,一人蒙住眼睛,其余人在他周围不时碰他、引逗他,同时要躲闪以免被摸到,如果被抓住,则换上被抓住的人蒙上眼继续摸。(《中国满族通论》)

3. 满族民间的"笊篱姑姑舞"

东北满族聚居地在正月十五或十六晚上有跳"笊篱姑姑舞"的习俗。笊篱姑姑舞是旧时在满族青少年中流行的民间舞蹈。

笊篱姑姑舞是由满族灵物崇拜、满族玛虎戏、满族女神崇拜三者结合而成,起源于满族先民的渔猎经济时期。笊篱姑姑也曾是一种占卜方式,后演变成一种喜庆舞蹈。舞时"小儿女截双榴枝为足,缚横木为臂,续以笊篱为头面,头簪彩花,身披红袄,扶令骑帚,一女童持香三柱,曳帚问茅司往来,且祝且曳"(《凤城县志·礼俗志》)。

笊篱姑姑舞在各地舞姿不尽相同,歌舞前,用一把笊篱在凸面上糊上白纸,画上女孩脸,选一女孩,涂抹胭脂,头包红巾,戴绒花,即为"笊篱姑姑"。女孩右手(或双手)持画有姑娘脸之"笊篱姑姑"在院中边唱边舞,小女孩站在中央,其他男女围着她歌舞,是一种用独特的舞具,独特的舞姿,非常欢快的集体舞蹈。

五 玛虎戏流行的年代内容

1. 玛虎戏流行的年代

玛虎戏在金代已有流传。《瑷珲十里长江俗记》中记述:"玛虎之爱耍者,并非只在清宫里,满族民间旺族和大的部落早在金代就有玛虎戏。"傅英仁在他的《谈宁古塔玛虎戏的源流》中写道:"从具有代表性的小段《乌林答布殉节》,记述金世宗美貌妃子乌林答布,抗拒海陵王完颜亮霸占以身殉节的故事。可见,玛虎戏可能在金代已有流传。"清朝是我国舞蹈发展的繁荣期,在这个时期玛虎戏已普遍流行于清宫廷和民间。

2. 玛虎戏的内容

傅英仁在《谈宁古塔玛虎戏的源流》中说:玛虎戏的内容涵盖满族神话、历史传说、生产生活、爱情故事等。比较有名的段子有《猎熊》《乌林答布殉节》《敖东格格》《罕王开山》《二打金川》《康熙私访》《永贞治水》等几十个剧目。

六　玛虎戏的发展与现状

傅英仁曾是萨满,早年也表演过玛虎戏,还是玛虎戏的研究人员,他在《谈宁古塔玛虎戏的源流》一文中写道:"玛虎戏随着社会的发展,在宁古塔地区分成两派,南派和北派。南派是南屯、南马厂玛虎戏,是以宁古塔满洲望族富察氏家族为主表演的玛虎戏。清康熙年间,因抵御沙俄入侵,宁古塔副都统萨布素奉旨率部北戍黑龙江,将深受族中喜爱的家乡玛虎戏师傅随军带往瑷珲,以壮军心。后与当地民族文化交融……宁古塔只剩下北派玛虎戏了,是宁古塔满族扎拉哩氏(张姓)家族传袭下来的玛虎戏文化遗产。……因玛虎戏的传播,是以师承相传,后来玛虎戏的发展,受到挫折和影响……目前,能够还多少能获得玛虎戏残散资料遗存的地方,主要在宁安、瑷珲等地。"

曾对玛虎戏有兴趣也有研究的人员有富育光、郭淑云、王松林、马文业等。

另外,中国的朝鲜族也有假面舞。有资料记载,朝鲜族农民在农闲或节日时跳化装舞:身着异服,头戴假面具,形象逼真地模仿统治阶级的丑态或怪象逗人取笑。发展到后期多在结婚、娱乐晚会等场合,变通其原来形式演化为假面舞。

据史料载,黑龙江省的朝鲜族假面舞是头戴假面具的男性舞蹈。表演综合了唱诵、对话、舞蹈等艺术形式,多用于表现讽刺性内容,情节活泼、幽默。表演通常分为7幕12场,每一幕都有独立内容。有时表演取其中部分情节和动作,在节日或其他娱乐场合表演。至今朝鲜族假面舞仍很活跃,如吉林省的假面舞大多由民间游戏发展而来，与多种舞组成农乐舞。

京剧脸谱或许也是由满族玛虎戏演变而来，京剧脸谱据说可追溯到北齐兰陵王的"代面"。后来舞台上出现假面。假面影响表演，逐渐改为勾脸。

在东北以外的地区也有面具舞，这些面具舞是否与满族玛虎戏有渊源，还有待于进一步的研究。

七　玛虎戏面具制作材料及满族面具的发掘

早年满族玛虎戏面具多用草枇、贝壳、龟盖、兽革、鱼皮、木头等制成。近世多用桦树皮、松树皮、葫芦瓢、高丽纸制成，再刻绘人、鸟、鬼怪脸面形象，或狰狞，或慈祥，千姿百态。

牡丹江宁安地区就有用葫芦瓢制面具的，方法是把葫芦瓢劈两半，抠净内瓢，晒干，上面画脸型，手掐着瓢把罩在脸上表演。类似于笊篱姑姑舞中手持画脸笊篱表演的形式。傅英仁曾保留了两个葫芦瓢面具和瓦面具的实物，以及多张玛虎面具脸谱和玛虎戏面具草图。

如今在葫芦上画画的技艺在黑龙江地区仍有流传，称为葫艺。很多的满族文化展馆都有满族面具（涵盖了玛虎戏面具和满族萨满面具等）的展出，俄罗斯哈巴罗夫斯克北方土著民族博物馆中，也有那乃人过去使用的萨满神具，其中就有假面具。

近些年有人整理发掘满族或赫哲族面具脸谱出版。如青年满学家王松林在黑龙江宁安地区调研考察时，发现傅英仁掌握多张玛虎面具脸谱及玛虎戏面具草图。王松林说服老人，把这些面具脸谱和面具草图作为满族史料赠送给他。经王松林整理、绘制，《满族面具》于2000年秋面世，被称为20世纪末中国民间艺术的奇观。

沈阳满族民俗博物馆展出过百余个满族面具，是经过挖掘整理绘在神鼓上的，也有木雕面具，这些满族面具大多以反映女神为主。

姜涛、蒋丽萍、吕品著的《重现图腾》和王英海、孙熠、吕品著的《赫哲族传统图案集锦》中的"萨满面具图案"等，展示了珍贵的赫哲族面具图案。

综上所述，玛虎戏的产生及发展过程，与满族的萨满教信仰产生及发展过程相一致，都是经历了恐惧、崇拜到娱乐的过程。本文中我们通过对玛虎戏产生及发展过程的剖析、了解，旨在探索满族先民的原始思维意识，求索满族先民在氏族部落时代的生活原貌。普列汉诺夫在他的《论艺术》一书中指出原始人"在自己的舞蹈中，往往再现各种动物的动作""这是原始艺术活动和生产活动紧密联系的明显例子"。原始人类最初过的是渔猎生活，最原始的舞蹈是动物动作的简单模拟，其目的是向人们所信仰的保护神和祖先祈祷，以求得平安、猎获丰收。

  文化是历史的产物，每个民族都在历史发展的进程中创造本民族独特的文化。满族舞蹈产生于满族先民生产、生活实践中，满族先民早期生活在白山黑水之间，以渔猎为生，玛虎戏正是在这样的自然环境中产生的，其舞蹈带有渔猎民族的明显特征和鲜明的地域特色。随着社会的不断发展，满族先民步入了农耕社会，随着生产、生活方式的改变，玛虎戏式微，但却给我们留下了十分珍贵的满族面具。这些满族面具是原始文明的标志，其所涉及内涵丰富、历史久远、风格神秘粗犷，在艺术价值、文化价值、学术价值、民俗价值方面都是弥足珍贵的，是满族文化的稀世珍贵遗产及宝贵财富，同时也为民俗学、民族学、美术、戏剧等方面的学术研究开辟了新的研究领域和方向。

满族说部中丰富多彩的歌舞形式

——以长篇史诗《乌布西奔妈妈》为例

满族是一个能歌善舞的民族,歌舞曾是满族先民生活的影子,但由于满族先民早期没有文字,在古籍文献中记载下来的歌舞种类极其有限,而满族说部中却记录了丰富多彩的歌舞形式。本文仅以史诗《乌布西奔妈妈》为例,展示满族先民多姿多彩的歌舞形式。

《乌布西奔妈妈》是满族先世东海女真人的一部萨满英雄史诗。书中乌布西奔妈妈,是东海太阳之女,是统辖东海七百部落的女罕,是统领东海七百噶珊萨玛神位的天女萨满。同时乌布西奔妈妈又是天穹舞神,多次击鼓作舞咏唱,书中多次出现乌布西奔妈妈带领族众踏歌、疯舞、歌舞连连两个通宵等描述,给乌布林带来歌舞的春天。据不完全统计,书中记录舞蹈种类有39种之多(有的有注释,有的只提了舞蹈名字,其中祭祀舞10种),歌谣8种。

书中提到的舞种有:

(1) 查拉芬玛克辛:满语,寿舞。

(2) 多伦玛克辛:满语,礼舞。

(3) 乌勒滚玛克辛:满语,喜舞。

(4) 朱勒格玛克辛:满语,东海女真人古舞之一种,蛮舞。

(5) 顿吉玛克辛:满语,斗舞。

(6) 乌克逊玛克辛:满语,族舞。

(7) 窝莫洛裸踏玛克辛:东海女真人古舞之一种,俗称"子孙舞"。相传,族众裸身、咏歌、踏步、环手劲舞,奔放自如,通宵达旦。

(8) 萨格达玛克辛:东海女真人古舞之一种,一人、十人或百人不等,全为老妪老叟合舞,活泼动人,甚有情趣。又称"呼喝玛克辛",形容老人各种声态怪貌，充满豪爽乐观的老顽童形态（驼背弯腰，顿足跷脚）。

（9）勒夫曷玛克辛：满语，熊舞。

（10）胡浑玛克辛：满语，乳舞、胸舞。

（11）德勒玛克辛：满语，身舞。

（12）乌朱玛克辛：满语，头舞。

（13）飞沙玛克辛：满语，肩舞。

（14）党新玛克辛：满语，连手舞。

（15）阿里魔女怪舞：一种由三十名秀女表演的歌舞，表现形式是边歌边舞，描述是"其舞尤奇，迷敌特能……其形婀娜，其态娇艳，其声婉约"。

（16）玛虎戏：书中三次提到玛虎戏或面具："玛呼是迷人神"；"魔女或罩'玛虎'，海象皮、鲸鱼骨彩绘怪影，狂跳饿兽舞、缠蟒舞、蛙跃舞，其声如裸中婴雏儿，苦饿无亲"；"用凫血涂容，象征脸戴'生机玛虎'，赤脚裸胸，摇晃躯身，翘首仰动，匍匐踊行，柔软的体魄可弯入胯下，仿佛游蛇，维肖惊神"。

另外，书中还提到劲舞、哑舞、迎亲舞、踏歌舞、野人舞、渔人舞、醉人舞、鹤翔舞、鹿鸣舞、蟒匍舞、饿兽舞、缠蟒舞、蛙跃舞等13个舞种，共计29个舞种。

书中祭舞有10个：

（1）鹿窝陈："窝陈"，满语，汉语意为"祭"，为东海女真人传统的萨满吉祥祭礼。鹿，繁殖能力强，寿命长，生存能力强，集群爱群本性强，古人以鹿为生存榜样。所谓鹿祭，即氏族平安祭。鹿祭，在北方诸民族萨满祭礼中，有悠远的历史，各部族虽然各有特色与发挥，但主要宗旨大体一致：祈福风调雨顺，人寿年丰。古代跳鹿神，以祈求康宁，无病无灾。

（2）畅舞奠：为萨满大祭前的静场奠祭，击鼓、焚香、奠酒、叩拜、报祭、神舞等程式，其中神舞除主祭者参与外，族众必悉心参与，载歌载舞，形成热潮。

（3）窝陈玛克辛：满语，祭舞。

（4）生机木陈玛克辛：东海女真人萨满血祭时舞蹈之一种，顶血盆祭舞。

（5）生机比干玛克辛：东海女真人萨满血祭时舞蹈之一种，双手托举血盆祭舞。

（6）生机嘎思哈玛克辛：东海女真人萨满血祭时舞蹈之一种，血祭中百禽拟神舞。

（7）牲血舞：东海谢祭古舞之一种。萨玛与众，娱神缅神共舞，盛景壮观。牲血舞骨木凿器，两面似盆，中连长柄。柄内乘牲血鲜血，双手持舞。萨玛着神服血舞外，众女彩妆花饰，众男衣鱼兽裘血舞。柄头垂长穗，穗有数小铃。

舞式：蹲身，呐喊有节。跳跃，雄壮凌厉有拍。

舞姿分单跃式，单腿跳；环手式，聚散跳，两人或众人对舞圈跳。亦有跳跃式，几组，穿梭作舞。

牲血舞世求人鼓相配，声舞相配，节韵悠扬，融洽和谐。原舞更是头、背、颈、指、腕、胸、腰、乳、臀、腿、足、胯、胫、仰、蹲、卧、滚、跃诸姿。

（8）野猪神降舞：东海谢祭古舞之一种。獠猪态、小猪态、拱食态、瞭哨态、怒恐态。

（9）蟒神降舞：东海谢祭古舞之一种。仿发吱吱声，仰栖舞、拧身舞、缠抱舞、卧地舞，仰身肩动移进舞。

（10）妈妈乳神舞：东海谢祭古舞之一种。

满族先民创造了丰富的歌谣。《乌布西奔妈妈》一书中提到的歌谣有8种：

（1）乌勒滚乌春：满语，喜歌。

（2）阿浑德乌勒滚乌春：东海女真人古代歌舞之一种，俗称"兄弟喜歌"。相传，族众与新结识的友邻部落相欢时同唱兄弟喜歌，边舞边唱，唱根子、唱骨肉情深，围篝火几日不绝。

（3）尼玛哈吉勒冈乌春：满语，鱼声歌。声调似祭歌呼号。

（4）哑女之歌：祭祀时唱的歌，娓娓动听。

（5）朱勒格乌春：古歌。

（6）海号子乌春。

（7）乌春谣。

（8）阿里魔女歌。

从史诗《乌布西奔妈妈》一书中提到的歌舞来看，满族的歌舞艺术有着悠久的历史，丰富多彩的表现形式，独特的民族风格和鲜明的民族特色。这些歌舞形式是满族宝贵的民间文化遗产，也是黑龙江流域文明乃至中国文化宝库中的重要组成部分。

满族笊篱姑姑民俗活动的
表现形式、解读及传承

满族笊篱姑姑民俗活动也称包笊篱姑姑、接笊篱姑姑、笊篱姑姑舞、请笊篱姑姑歌等,在流传过程中产生了多种形式,分别存在于满族民间故事、节令歌舞、家祭仪式等活动之中。

一 笊篱姑姑的多种表现形式

(一)满族民间故事中的笊篱姑姑

《民间文学概论》中说:"生活故事大都是阶级社会出现以后产生的民间故事。它反映的是阶级社会的阶级关系、社会现象、人们日常生活的事实和经历。当然,它不是事实、经历的原样记录,而是带有很多虚构成分的典型创造。因此,它是我国阶级社会劳动人民的生活和愿望的反映……这类故事的突出特点是尖锐的讽刺性和对反动势力强烈控诉的抒情风格。"

满族民间故事以它浓郁的满族山乡泥土气息和瑰丽的民族口头艺术色彩,讴歌善良和正义,赞美勇敢和勤劳,揭露邪恶和残暴,讲出满族人民的心愿,对现实生活的态度,以及对美好生活和未来的憧憬,表现出天真纯朴的自然美,下面两则《笊篱姑姑》也正是这样的民间故事。

第一则:

"笊篱姑姑"是满族民间故事中一个美丽、勤劳的姑娘,被恶霸抢去,逼她成亲。她用剪刀刺死恶霸,自己也自尽身亡。

文体习俗

第二则：

"笊篱姑姑"是流传在岫岩一带的故事。故事中，"笊篱姑姑"是岫岩旗人家的绣花女，是穆昆达阿哥的情妹，说清初年间，有个镇守岫岩的老王爷，想要选一位天下最美的福晋。

王爷派他的手下歪嘴密师四处选美女，歪嘴密师来到了绣花村，在清石壁下，有一条弯弯曲曲的小路，小路尽头是一处百十户人家的小村落。时值春花吐艳季节，那粉花、红花、白花、黄花，把个小村落点缀得五彩缤纷。

歪嘴密师看到了在雪白的梨花树下，一位身穿红衣红裙，头插红花的姑娘，手里挽着五彩线，正坐在木墩上绣花。那容貌真比挂露的牡丹还要美上千百倍。是天上难找，地上难寻的美女。

歪嘴密师找了两个媒婆，黑花蛇，白花蛇，让她俩去绣花女家说媒。

两位媒婆来到了绣花女家，见着绣花女，黑花蛇奉承着说："哟，绣花女，真是巧啊，心巧手巧两把剪子一齐铰，铰了旗袍铰花袄，那织女也比不上你手巧哇。"

白花蛇也向绣花女讨好说："哟，绣花女真能绣哟，心绣手绣十个指头一齐绣，绣的高山藏羞水倒流，龙女不敢摸线头哇。"

绣花女笑着说："二位讷讷嘴真巧，把野蒿说成灵芝草，小燕说成凤凰鸟，小猫上墙变成豹，花蛇长出两只脚，东家西家串着跑。"

绣花女明白黑花蛇白花蛇的来意后，郑重其事地说："二位讷讷，我早已许给了洼尔达阿哥，你们是知道的，别个主意就别打了。"说完就低头绣手上的罗纱，不理黑白二蛇。

黑白二蛇回去跟歪嘴密师汇报，歪嘴密师准备硬抢，备好车辆，带着随从把绣花女的院子围住了。

绣花女见了这阵势，并不慌张，她大大方方迎出门外，对歪嘴密师说："我虽然还没成亲，但已有了丈夫。但我家还有六个和我长得一模一样的姊妹，何不请进屋里一个一个过目，待你选中哪个，哪个便随你一块儿回去，你看好不？"

歪嘴密师一听还有六个美貌的姊妹，高兴的就要往屋里闯。绣花女

· 245 ·

说:"慢,我家姊妹个个怕羞,平日从不出来见客,请大人先把黑白二蛇请来帮我劝说劝说,再派两辆大车在院内等候。"绣花女把歪嘴密师请到西屋坐好,然后把黑白二蛇找到东屋说:"二位讷讷,今天的事,都是你俩引起的,如今我若被他们抢走,倘要洼尔达阿哥打猎回来,可不能饶过你俩性命。你俩想活命,得听我的。"

黑白二蛇赶紧说:"听你的,听你的。"

"好吧,你俩就留在这儿,一会儿我叫你俩干什么,你俩就干什么。"绣花女说。

绣花女下到厨房,炒好菜,烫好酒,端到歪嘴密师面前,说:"大人,请!"歪嘴密师高兴,慢慢喝了起来。

过了一段时辰,绣花女看看日落西山,月影照地了,便对歪嘴密师说:"我为你请姊妹们来吧!"

绣花女回到东屋,只听里面说:"我的好妹妹,别害羞了,快去为大人敬酒去吧!"

话音刚落,只见门帘一挑,一位穿白衣白裙,头插一朵白花,右手端银盘的姑娘,像天上的梨花仙女一般,轻轻飘飘地走进屋来。为歪嘴密师斟上一碗酒,又像春风飘梨花一样轻轻退出门去。

歪嘴密师端起酒碗,刚喝完,只见门帘一挑,一位黄衣黄裙,头插一朵黄花,右手端着金盘的姑娘,像天上的桂花仙女一般羞羞答答地走进屋来,斟完酒,又像香风飘桂花一般,轻轻退出门去。

接着,四妹身穿绿衣绿裙头插绿花;五妹身穿粉衣粉裙头插粉花;六妹身穿蓝衣蓝裙,头插马兰花;七妹身穿黑衣黑裙头插黑菊花。一个个接替着进来敬酒,又一个个轻轻飘飘地退出门去。这时歪嘴密师已经喝得昏昏沉沉,看得眼花缭乱。

这时绣花女笑着从门外进来说:"我家姊妹冷丁看,一个比一个俊。看常了,穿白衣白裙的二妹和穿黑衣黑裙的七妹最漂亮,最能说会道,不过,有一项,我家姊妹都有一个怪癖,最痛恨那些仗势欺人的贪官污吏,她们要是知道了真情,别说是老王爷想娶,就是顺治帝想要她们当正宫娘娘,也休想。要是逼急了,鱼死网破,你也不好收场。"

绣花女接着说:"这样吧,我就哄她们说老王爷女儿闲着孤闷,特派大人请二位姐妹去陪她绣花下棋,住上几日就回来。你快到外面备车,我这就和她们去说,说好了启程快走,免得众姐妹七嘴八舌事后有变。"

歪嘴密师急忙出门喝动随从备车。这工夫，只见绣花女从屋中扶出身穿白衣白裙，头上披着白纱的二妹，坐在头辆车里；又回身扶出身穿黑衣黑裙，头上披黑纱的七妹，坐在第二辆车里，然后对歪嘴密师小声说："快些启程吧。"

已喝得八分醉的歪嘴密师看到人已经上了车，赶紧马不停蹄，顶星踏月向岫岩城奔来。一气跑了二百多里，迎面遇上了老王爷的人马。

原来，歪嘴密师发现绣花女的时候，已悄悄命随身同来的画师，画好美人图像，派人前往岫岩城给老王爷报了信。老王爷看到画像，马上被迷住了，立刻骑上高头大马，带着随兵，向绣花村赶来。

歪嘴密师看到老王爷，赶紧把情况做了汇报，老王爷高兴，非要看一眼车里的新娘不可。歪嘴密师上前挑起车帘，老王爷急不可耐地伸手揭去车里美女的面纱。呜呀呀！顿时目瞪口呆，哪里是什么美貌女子，明明是猫脸猴腮满脸褶子的黑花蛇，气得老王爷嗷嗷直叫，抬手一刀，结果了黑花蛇的性命。

歪嘴密师吓得三魂出窍，七魄颠倒，忙挑开后一辆车帘，一看，不是别人，正是那一身鸡骨头兔子肉的白花蛇。

老王爷一刀又捅死了白花蛇，又回手砍死了歪嘴密师，接着向绣花村飞奔而去。

绣花女孤身一人，哪来的六个姊妹呢？原来她拿出六套颜色不同的衣服，自己换着穿，她要哪套就让黑白二蛇在东屋里帮着她快换哪套。等六套衣服她都换着穿过了，她装成的六个姊妹都出来敬过了酒，她便命黑白二蛇穿戴齐全，头罩面纱，由她扶进车里。送她们走后，她料到歪嘴密师受了骗，不会放过她，她就脱下了红衣红裙，换上了青衣布袄，到深山里找洼尔达阿哥去了。

老王爷来到了绣花村，四处寻找，可是茫茫人海，无边无际，哪里去找啊！这时放羊倌的歌声飘了过来：

冰凌花开干巴拉掐，
毛茹花开毛嘟拉察，
鞑子花开有红有白，
绿叶就像披戴罗纱，

· 247 ·

百花里面数它最美，

美不过绣花女绣花。

老王爷听得半痴半呆，气得直跺脚，无可奈何，只好收兵回城去了。（节选自《满族三老人故事集·笊篱姑姑》）

传说绣花女死后成了神，就是满族姑娘信奉的"笊篱姑姑"。每年正月十五晚上，姑娘们都请她来。

她们用两根柳树或榆树支棍做"笊篱姑姑"的腿，系上一根横木做胳膊。用柳树或榆树细枝编的笊篱做头面。姑娘们给"笊篱姑姑"穿上生前爱穿的绣花的红衣红裙，脸上画好眉、眼、鼻、嘴，头上插着银簪，戴上红花。等把"笊篱姑姑"打扮好了，放在炕上，摆设香案，磕头请她降临，向她乞巧。之后，姑娘们把自己做的小鞋，偷偷放在墙缝里，过了几天如果丢失，便说是"笊篱姑姑"领受去了，也就是乞巧乞成了。传说"笊篱姑姑"的心眼最好，她希望天底下所有的姑娘都像她一样手巧，谁向她请教，她都耐心地教。满族的巧女多，刺绣的工艺高，都是"笊篱姑姑"传授的。

（二）"笊篱姑姑"在满族节令习俗中的多种表现形式

满族对节日十分重视，一年之间有几十个节日，不同节日有不同时令。满族对春节、狩猎节、上元节更看成节日中的大宗。满族节日活动内容丰富多彩，具有浓厚的民族特色。正月十五是满族节日里人们玩得最开心的一天。满族人在这一天里有许多的活动内容，接"笊篱姑姑"便是其中一项。接"笊篱姑姑"，分别存在于满族正月十五晚上的民间舞蹈和家庭嬉戏等活动之中。

满族是一个能歌善舞的民族，歌舞曾是满族民族生活的影子。满族舞蹈具有独特的民族特色，艺术地再现了满族人民的劳动生活、风俗习惯和精神风貌。满族民间舞蹈有多种，其中"笊篱姑姑舞"是满族民间舞蹈中流传较广的一种，具有独特的代表性。

"笊篱姑姑舞"的舞蹈道具是一把用柳枝或荆条编成的笊篱，凸面上糊上白纸，开出女孩儿的眉眼，披上盖头（有的穿上花衣），插上绒花，由一位或两位小女孩抱着。

满族民歌与满族舞蹈有着密切的联系，有些民歌是在民间舞蹈中边跳边唱的，如笊篱姑姑舞就是这样的形式：众人围着抱"笊篱姑姑"的小女孩，边舞边歌,"笊篱姑姑本姓白,戴朵花儿,背捆柴儿,扭扭搭搭下山来,你也拍,我也拍,拍着手儿跳起来"。这时人们都兴奋地喊"姑姑来了",姑姑向哪边舞,众人也跟着向哪边舞,尽兴方罢。歌舞具有浓烈的满族风情。

《笊篱姑姑》唱词有多种,一般是前半部固定,后半部可按原定歌词也可以即兴而成。

笊篱姑姑舞在各地流传形式不一,大致可以归纳为以下几种表演形式。

1. 单纯舞蹈或玩耍类型

儿童多人舞。表演者为儿童。道具是用细柳条编成的笊篱,在凸面上糊上白纸,绘出女孩儿的眉眼,绑在木杆上。表演时,一女孩双手抱道具站在中央,其余儿童围成圆圈,边歌边舞,舞步为"跑跳步"。

儿童双人舞。女孩村姑打扮,右手持一用细柳条编成的笊篱,在凸面上糊上白纸,绘出女孩儿的眉眼,男孩着旗装,边歌边舞,带有一定情节。

家庭嬉戏活动。此种表演艺术形式是满族民间迄今再现的家庭嬉戏活动,多在正月十五晚饭后进行。表演时,少女将竹制的笊篱作为道具,上面糊白纸,画出女孩儿的眉眼,插上绒花,用右手擎柄于头前。少女头上也插彩花,身着小红衫,再骑于一把笤帚上,自由自在在室内旋转玩耍。此时,由另外一少女手擎香一炷,乘机拽笤帚。家众人在一起嬉逗,边耍边伴唱:戴上花,披上彩,笊篱姑姑下山来。啥时来?快快快,扭扭搭搭招人爱!

2. 祭奠占卜型

此种类型是在正月十四、十五、十六晚上进行,大致归纳为如下三种类型:

A. 旧历正月十四晚上,由两个聪明、伶俐、不说谎的(矫健敏捷的、受欢迎的或长得最美的)小女孩扶着"笊篱姑姑像",一群姑娘围在一边,敲着花鼓、唱着小曲,请"笊篱姑姑",然后向"笊篱姑姑"问卜。

B. 正月十五十六晚上,是满族年轻妇女的节日,这天姑娘们要打扮得漂漂亮亮的,要跳请笊篱姑姑的满族舞,边跳边歌唱,十分热闹有趣。笊篱姑姑是用十字杆绑一把新柳条笊篱,糊白毛头纸,擦粉画五官,穿花衣,扎彩巾,戴绒花,打扮成漂亮姑娘的模样,送到外边东烟筒后,再由两名小姑娘请回屋里来。她们俩一边举着笊篱姑娘让其摆动跳舞,一边对唱,歌词是一问一答,如唱道:

笊篱姑姑下山来,

十五十六看灯来。
梳的是什么头?
梳的是四散头。
头上抹的是什么油?
头上抹的是桂花油。
龙凤簪,左右插,
珠花翠花金银花。

笊篱姑姑下山来,
十五十六看灯来。
瓜子脸,樱桃口,
蒜头鼻子杏核眼。
擦的什么粉?
擦的是老官粉。
抹的是什么红?
抹的是蛮子红。

笊篱姑姑下山来,
十五十六看灯来。
红缎的上衣花披肩,
绿缎的裙子走金边。
上绣鸳鸯双戏水,
金翅鲤鱼卧粉莲。
红绣花鞋沿青边,
四散粉底串枝莲。

笊篱姑姑下山来,
十五十六看灯来。
坐的什么车?
坐的花轿车。
谁赶车?
小阿哥。

绿轿围子红轿顶，
四条飘带绣金花。
双白马，似蛟龙。
四蹄蹬蹬开一溜风。

笊篱姑姑下山来，
十五十六看灯来。
下水碗，往上端，
白片猪肉一大盘。
渍菜粉，野鸡肉，
金针木耳炸辣椒。
米儿酒，五花糕，
稷子米饭黏豆包。
……

歌词长达十几段，都是歌颂笊篱姑姑的俏丽和舞姿。此时看热闹的人们也可以帮腔助兴，跟着跳舞，还向笊篱姑娘询问一些问题，笊篱姑娘用点头或摇头来回答。

C. 正月十六，满族妇女有"接笊篱姑姑"的习俗，用以占卜一年的收成或闺事。是日晚，妇女们将笊篱打扮成人型，画上嘴脸，穿上衣服，由二女孩携至院中，边走边念念有词，请笊篱姑姑进屋，然后将笊篱放于桌上，烧燃香火祭奠。随后，由一妇女主持问卜一年吉凶祸福，众妇女围听，嬉笑声不绝于耳。

（三）家祭"背灯祭"里的"笊篱姑姑"

在家祭"背灯祭"里跳笊篱姑姑舞，舞者双手抱"笊篱姑姑像"边唱边跳。歌词也不尽相同，但都表达了对"笊篱姑姑"的崇敬和怀念。也有的穿插民歌《单对花》《双对花》《抛砖》《抛坯》或即兴歌词。

二 《笊篱姑姑》再现了满族人民的社会生活

高尔基曾说："不了解人民的口头创作，就无法了解人民的真正历史。"

《笊篱姑姑》的多种表现形式中,生动地展示了满族人民的生活画卷,反映了满族的生活习俗,审美习俗,道德观念,理想愿望,宗教信仰及民族融合等,再现了满族人民的社会生活。

1. 《笊篱姑姑》反映了满族人民的道德观、健康观

满族人民生性正直、善良、讲信义、宽厚,具有良好的风尚。在祭奠占卜型A中,旧历正月十四晚上,由两个聪明、伶俐、不说谎的(矫健敏捷的、长得最美的或最受欢迎的)小女孩扶着"笊篱姑姑像",反映的是满族人民崇尚诚实的观念,体现了满族人民的道德标准、道德情操以及健康观。

2. 《笊篱姑姑》反映了满族人民的生活习俗

《笊篱姑姑》的歌词通俗流畅,音韵灵活,可以由歌唱的人即兴唱。歌词中不仅反映了满族的服饰、头饰特点,而且反映了满族的乘骑、饮食风俗等特有的生活习俗,富有浓郁的满族生活气息。

拿满族头饰部分来说,满族女性重视头饰,入关前,都有头上插花饰发的喜好。节日、祭祀日都头上插花。农村女性喜欢插鲜花。朴趾源《热河日记》载,满族老妇"年迈七旬,满头插花"。西清《黑龙江外记》载,黑龙江地区旗妇"野花满鬓,老少无分"。入关后,满族妇女多在发髻上插以用金银、珠翠、玛瑙、珊瑚等材料制作的龙凤簪、珠花簪等。满族的插花习俗源自古老的神话,在满族创世神话《天宫大战》中,者固鲁女神是天上的刺猬星,身上有日月光芒织成的光衫慈魂,她为了救阿布卡赫赫,化为一朵洁白闪光、芳香的芍丹乌西哈(芍药花星星),耶鲁里与众恶魔争抢着摘这朵神花,白花突然变成千万条光箭,射得耶鲁里闭目吼叫,逃回地穴中。所以人们喜欢戴花、插花、贴窗花,尤其喜欢白色的花,剪窗花也喜欢剪白色的雪花,并认为头上戴花可以惊退恶魔,有驱邪的作用。

笊篱姑姑舞中,人们给道具"笊篱姑姑"头上插花,抱"笊篱姑姑"道具的女孩子头上也要插花,歌词中有戴上花的唱词,还有龙凤簪左右插、珠花翠花金银花等,把满族先民入关前与入关后的头饰习俗都体现出来了。

《笊篱姑姑》的歌词有很高的艺术性,语言生动,所反映的社会生活内容和民族心理具有浓郁的满族个性,艺术风格上也有一定的民族特色。它伴随满族经历了漫长的历史岁月,唱出了满族人民的心声。

3. 《笊篱姑姑》反映了满族人民的审美习俗

《笊篱姑姑》故事中发挥了丰富的想象力,通过大胆的夸张、比喻等各种

手法，呈现给我们的是景美、画面美、人美、语言艺术美和境界美。

景美。绣花女生活的绣花村，在清石壁下，有一条弯弯曲曲的小路，小路尽头是一处百十户人家的小村落。时值春花吐艳季节，那粉花、红花、白花、黄花，把个小村落点缀得五彩缤纷。

画面美，人美。在雪白的梨花树下，一位身穿红衣红裙、头插红花的姑娘，手里挽着五彩线，正坐在木墩上绣花。那容貌真比挂露的牡丹还要美上千百倍。是天上难找，地上难寻的美女。

语言艺术美。两位媒婆来到了绣花女家，见着绣花女，黑花蛇奉承着说："哟，绣花女，真是巧啊，心巧手巧两把剪子一齐铰，铰了旗袍铰花袄，那织女也比不上你手巧哇。"

白花蛇也向绣花女讨好说："哟，绣花女真能绣哟，心绣手绣十个指头一齐绣，绣的高山藏羞水倒流，龙女不敢摸线头哇。"

绣花女笑着说："二位讷讷嘴真巧，把野蒿说成灵芝草，小燕说成凤凰鸟，小猫上墙变成豹，花蛇长出两只脚，东家西家串着跑。"

境界美。内在的精神美，绣花女忠于自己的猎人恋人，她不畏权势，不爱虚荣，在她的语言中充分展示了出来："我家姊妹都有一个怪癖，最痛恨那些仗势欺人的贪官污吏，她们要是知道了真情，别说是老王爷想娶，就是顺治帝想要她们当正宫娘娘，也休想。要是逼急了，鱼死网破，你也不好收场。"

4. 《笊篱姑姑》反映了满族人民的色彩习俗

笊篱姑姑舞的舞蹈道具是用"柳条笊篱糊白纸"，唱词中"笊篱姑姑"本姓白，这都反映了满族先民崇白的色彩习俗。

5. 《笊篱姑姑》反映了满汉文化的融合

岫岩县在辽宁省的南部，现满族人口占全县人口一半以上，是全国满族聚居量最高的区域之一。20世纪七八十年代以前，这里交通闭塞，文化生活的传播工具比较落后，民间文学得到了较好的传承。

在清代之前，岫岩并没有满族人居住，后金天聪七年，皇太极派八旗兵来此建城驻扎，"圈地占产"，开始有了满族人。清顺治年间，又有大量的汉族人从关内来到了岫岩，加入了汉军八旗，"圈地占产"。康熙、雍正期间又采取奖励移民垦荒的政策，这里的满族日渐增多。

因不是满族世居之地，又有许多汉族人在这里生活，所以这篇故事里明显有满汉文化融合的痕迹。如绣花女的红衣红裙，显然是受到了汉族文化的影响，满族以白为贵，汉族以红色为尊。

故事中反映了中国民间的乞巧习俗。在岫岩地区，这个故事有两个版本，另一个版本没有"笊篱姑姑"和乞巧部分的内容。可见，故事中的乞巧是受到汉族文化影响，由七月七织女节——乞巧节演变而来。故事中色彩习俗和乞巧习俗都体现了满汉文化的融合。

两则故事分别为两个类型：

第一，勇敢、贞烈民女型。这则故事很短，却是一则悲壮动人的爱情故事，也是中华民族及满族民间故事中非常普遍的一个主题，人们同情"笊篱姑姑"的不幸遭遇，钦佩她的贞烈、勇敢，尊奉为仙姑。所以每年元宵节举行请"笊篱姑姑"活动，歌舞、问卜等，表示对"笊篱姑姑"的崇敬和怀念。民间姑娘敢于反抗强暴，誓死不屈的反抗精神，代表着中华民族中满族人民勇于斗争的民族性格和精神特征，体现了对邪恶势力的抗争和鞭挞，寄托着满族人民的爱与憎。

第二，勤劳、智慧巧女型。这则故事情节生动，形象鲜明，讲述细腻。绣花女的聪明智慧、爱憎分明，反映了她对爱情的忠贞不渝，对自由幸福的追求。织女或绣女，在民间传说中是勤劳和智慧的象征，人们把乞巧与节日联系起来，是希望乞来织女或绣女的巧，用勤与巧的美德来实现自己的美好愿望。

两则《笊篱姑姑》民间故事都有着鲜明的代表性，是人格美的典型。在她们身上反射着满族人民的理想和感情，显示了满族人民不可征服的精神力量。满族人民把其喜爱的一切都符合到了"笊篱姑姑"身上，"笊篱姑姑"是勤劳、坚强、美与智慧的化身，表达了古代满族妇女的理想、追求和个性，及希望弱小可以战胜强大的愿望，充满了浪漫主义的色彩，使故事具有了强烈的感染力，成为流传极广的故事，我们在读《笊篱姑姑》时会被满族人民鲜明的爱憎情感所感染，爱其所爱、憎其所憎，同其一起追求美好的事物。

三 《笊篱姑姑》满族民俗活动的解读

满族的一事一物，都会伴有优美动人的传说故事，以表达他们对家乡的热爱、劳动的颂扬，及对美好生活的追求与向往。但从《笊篱姑姑》两则故事内容，可以确定故事产生的时间地点，故事显然是后期形成的，而"笊篱姑姑"的历史要比故事久远。那么，"笊篱姑姑"起源于何时，是怎么形成的呢？

笔者认为,"笊篱姑姑"是由满族灵物崇拜、满族玛虎戏、满族女神崇拜三者结合而成,起源于满族先民的渔猎经济时期。

1. 满族灵物崇拜使笊篱进入满族家祭之中,并成为占卜物

满族"家祭",由本姓成员参加,以祭祀本氏族祖先神为主的一种祭祀,其目的主要是祈求祖先等神保佑阖族平安、昌盛。满族家祭的祖宗神主要来自各个氏族、部落的神话、传说中的人物及对本氏族、部落有贡献的人物。

满族信仰万物皆神,把一切有益于人类的物体现象都看成神。满族祭祀神,不管是自己氏族的先人或别的氏族的先人;不论是人或动物、植物或物品,只要对本氏族有特大功劳和贡献,就奉为本氏族的祖先神或祭祀神。

在满族先民渔猎经济时期,笊篱曾经是满族先民狩猎时的面具,人们用柳条编成笊篱式的面具,在上面糊纸画脸,在猎熊或宰熊的时候使用。面具具有双面性,笊篱便有了辟邪的功能,笊篱也是对满族先民有过贡献的物品,即灵物神的一种。满族先民感谢笊篱,背灯祭是满族各姓萨满祭祀中普遍的重要祭礼,笊篱进入了满族的家祭"背灯祭"之中,人们也用其占卜。

笊篱占卜在北方其他少数民族中也有,如鄂伦春族,就有三种笊篱占卜形式,有两个人扶着笊篱的,有把笊篱绑在脚上的,有在深山老林中迷路时把笊篱绑在树上占卜求其指引方向的,说明鄂伦春族猎人曾在狩猎的时候随身携带笊篱,可以做面具,也可以占卜。

占卜属于卜术文化,是原始宗教活动中,被普遍利用的宗教现象。占卜观念本源于有神灵护降预言或预示未来的吉凶祸福,是通过萨满占卜祈祷认为可以获得的。

满族先民几乎每个人都能掌握一两种占卜方法,都会占卜。早期的占卜是求神灵帮助释疑解难。各姓氏用的卜器不一样,有用柳枝的,有用铜镜的,有用蛤粒的,有用鱼牙、猪牙的,树根神偶的,哈玛刀,嘎拉哈,许多都是本氏族一代一代传袭下来的,成为本氏族的守护神。满族正月十五晚上接"笊篱姑姑"活动中,由小女孩携笊篱在院中走一圈,然后将笊篱放于桌上,烧燃香火祭奠,说明了满族人民曾经把笊篱当成守护神。

而满族节令习俗中"笊篱姑姑"的占卜已经不属于原始萨满教的占卜术,已经融入了更多的娱乐成分,人们在节日里求神降福,祈问未来,烘托节日的欢乐气氛。

2. 满族"笊篱姑姑"的产生

"笊篱姑姑"有着久远的历史,是由满族先民的玛虎戏发展而来。随着人

们生产生活方式的改变,笊篱不再是人们狩猎时的面具,而成为满族玛虎戏(面具舞)的一部分。

满族先民有女神崇拜的习俗,满族风俗,满族姑娘无论待字闺中的或出嫁的(特别是姑妈妈)都受到氏族和家庭的格外尊重,满族有谚语"贱媳妇,贵姑娘",姑奶奶在家中有至高无上的权威,父母也得让三分,这种传统风俗一直到现在尚未泯灭。于是,满族人民就把满族姑姑这个形象赋予了它,产生了"笊篱姑姑"传说,因此说,"笊篱姑姑"是由满族灵物崇拜、玛虎戏、女神崇拜三者结合而成。

正月十五,是满族年轻女孩子的节日,这天姑娘们要玩笊篱姑姑的游戏,口中唱着笊篱姑姑的民歌,歌颂着笊篱姑姑的俏丽和舞姿,是满族玛虎戏的延续,也反映了满族悠久的女神崇拜习俗。

人们与笊篱姑姑的欢舞,以舞娱神,以舞娱人,是审美娱乐,让这些姑姑神仙降临赐福,赐给丰收、吉祥、幸福、安康,给人以欢乐和力量。

四 "笊篱姑姑舞"的现代传承

笊篱姑姑舞是传承至今的满族民间舞蹈,早年流行于宁古塔(现宁安)、双城堡、拉林、阿勒楚喀、吉林一带,是用独特的舞具、独特的舞姿、流畅的语言,表现满族青年男女对幸福生活的追求和渴望。

宁安地区具有悠久丰富的舞蹈艺术,"笊篱姑姑舞"曾广泛盛行。为了弘扬宁安地区丰厚的民族传统文化,近年宁安文广新局摄制了一个宁古塔年俗的专题片,其中就有满族笊篱姑姑舞,再现了笊篱姑姑舞的风采。

在依兰村满族民俗馆里,一对穿着满族旗袍的满族姑娘带着用笊篱做的笊篱姑姑道具,头上戴着用烧酒喷过的红头巾,戴上鲜花,出现在了满族民俗馆烟囱桥子上,边唱边舞:

笊篱姑娘下山来,
十五六看灯来。
梳的什么头?
梳的四散头。
抹的什么油?

抹的是桂花油。
龙凤簪，左右插，
珠花翠花金银花。
……

为了增加欢乐的气氛，下面有八个孩子跟着唱：

一块砖、两块砖，
笊篱姑姑下了山。
一块砖、两块砖，
笊篱姑姑要的欢。
一块砖、两块砖，
笊篱姑姑送吉祥。
一块砖、两块砖，
男女老少心喜欢。

"笊篱姑姑送吉祥"，反映了人们在节日期间祈福、祈祷免灾的心理和向往。

如今笊篱姑姑舞已经是非物质文化遗产。《笊篱姑姑》故事以细腻优美的语言，丰富的故事内容，表达了满族人民的愿望。笊篱姑姑舞如一幅满族先民的生活画卷，生动地反映了满族人民对美好生活的向往与期盼，有鲜明的民族性。

满族"笊篱姑姑"民俗活动历史悠久，内涵十分丰富，其有着满族先民渔猎时代（几千年以前）的元素，母系时期女神崇拜的基因，又涵盖了民俗、音乐、舞蹈、宗教等方面，可以说是包罗万象，为我们研究满族先民的心理、风俗等提供了珍贵的资料。

斯大林曾说："每个民族对于整个世界文化宝库的一种贡献，它们使它更充实、更丰富。"满族在漫长的发展过程中，即为世界创造了物质文明，也创造了精神文明。满族人民在这片土地上创造了具有本民族特点的灿烂文化，"笊篱姑姑"民俗活动便是其中之一。

满族剪纸溯源

剪纸（又叫刻纸），是一种镂空艺术，中国最古老的民间艺术之一。剪纸是中国民间艺术中的瑰宝。2006年5月20日，剪纸艺术遗产经国务院批准列入《第一批国家级非物质文化遗产名录》，剪纸已成为世界艺术宝库中的一种珍藏。

剪纸是以多种薄片材料为载体，以剪刀代笔进行描绘，通过剪、刻等多种手段完成的平面艺术作品。中国剪纸的发明是在公元前的春秋战国时期（公元前3世纪），当时人们运用薄片材料，通过镂空雕刻的技法制成工艺品。《史记》记载有"剪桐封弟"的故事，记述了西周初期成王用梧桐叶剪成"圭"赐其弟，封姬虞到唐为侯。

中国最早的剪纸作品，是1967年中国考古学家在新疆吐鲁番盆地的高昌遗址附近的阿斯塔那古北朝墓群中发现的两张团花剪纸，他们采用的是麻料纸，都是折叠型祭祀剪纸，为中国的剪纸形成提供了实物佐证。

唐代剪纸已经普及，现藏于大英博物馆的唐代剪纸均可看出当时剪纸手工艺术的高超水平。杜甫诗中有"暖水濯我足，剪纸招我魂"的句子，以剪纸招魂的风俗当时就已流传民间。唐代的崔道融有诗云："欲剪宜春字，春寒入剪刀"；李商隐的《人日》诗云："镂金作胜传荆俗，剪彩为人起晋风"（剪彩即剪纸）；段成式《酉阳杂俎》说："立春日，士大夫之家，剪纸为小蟠，或悬于佳人之首，或缀于花下，又剪为春蝶，春胜以戏之。"

宋代造纸业成熟，为剪纸的普及提供了条件。南宋时，已出现了专门以剪纸为职业的艺人。宋代关于剪纸的记载有很多，南宋的周密所著《志雅堂诗杂钞》中写有："旧都天街，有剪诸色花样（剪花样是剪纸）者，极精妙。又中原有余承志者，每剪诸家书字，毕专门，其后有少年能于衣袖中剪字及花朵之类,极精工。"

明清时期剪纸手工艺术已经成熟,达到鼎盛。有挂笺、窗花、柜花、喜花、棚顶花等。民间剪纸手工艺术的运用范围也更为广泛,如民间灯彩上的花饰、扇面上的纹饰、刺绣的花样等,都是用剪纸作为装饰再加工的。剪纸还是民间小品刺绣的花样,如枕头花、鞋花、围裙花、童帽花和荷包花等,都是以剪纸为底稿的。

我国各个地区都有剪纸艺术,具有很强的地域特点,不同地区由于地理环境、人文风俗等的不同各具特色。从地域上看,可分为南方剪纸和北方剪纸。南方比较有代表性的剪纸有:湖北沔阳剪纸、广东佛山剪纸、福建民间剪纸、江苏扬州剪纸、浙江民间剪纸、云南傣族剪纸等;北方比较有代表性的剪纸有:山西剪纸、广灵剪纸、晋城剪纸、河北蔚县剪纸、陕西民间剪纸、山东民间剪纸、潮阳剪纸、河北承德剪纸、河北省阜城剪纸、兰西挂钱等。其中较有代表性的是北方山西的江萍剪纸,蔚县剪纸独树一帜,较有特色。

诸多民族都有剪纸艺术流传,为不同民族所广泛应用,其中满族剪纸以鲜明的民族特色屹立于剪纸艺术之林。

一 满族剪纸起源

中国剪纸历史悠久,有数千年的发展史,起源于古人祭祖祈神的活动。在亚洲北部诸多信奉萨满教的民族中,都有剪纸艺术在民间流传。有许多图案的创作目的和作品内容表现了他们的信仰习俗,而以萨满的信仰、传说为题材是萨满文化的重要内容,是为萨满服务的。这些图案描绘了萨满的自然崇拜、祖先崇拜和图腾崇拜。许多在为萨满服务的剪纸作品中,以满族民间剪纸最有代表性。

1. 满族剪纸起源于满族的宗教信仰萨满教,是重要的祭祀道具

满族剪纸由来已久,约始于明代。后金时期女真人开始自己造纸,以桦木、棉麻沤成纸浆,进而造出纸张。在长白山地区,女真人称纸为"豁山","夏秋捣败萱、楮絮,沤之成毳,暴为纸,坚韧如革",还有用"东山桦木,性柔而坚好,麻性绵而韧,可以造纸"(《长白汇征录》)。这种纸是就地取材、土法生产、质地粗糙,为满族剪纸的发生、发展创造了重要条件。清初开始正式用纸剪刻。

"经考证，满族民间剪纸起源于满族的宗教信仰——萨满教。这种原始宗教，在当时的社会生活中占有重要地位，客观上就需要将神的形象加以突出、强化，需要将祭祀仪式装点得肃穆、庄严，萨满也需要制造舆论以扩大影响，是这种需要产生了以为萨满教服务的民间剪纸艺术，满族所信仰的萨满教中神灵崇拜是重要内容，这些神灵崇拜经常用剪纸或图画予以表现，剪纸是其中一种主要形式，是重要的祭祀道具，是服务于萨满的'绘画'，这种'绘画'促进了为萨满服务的民间艺术的发展。"（《萨满绘画研究》）"显然无法否认，在人类早期阶段，确实存在着这样一个巫术与艺术难分难解的阶段，如果没有这样的一个阶段，像现在人们所设想的那种纯粹审美意义上的艺术，几乎是不可能发生的。"（朱狄《艺术的起源》）在这种历史条件下，满族剪纸与萨满教结下了不解之缘，后历经世代的美化创作，被满族人民传承下来。至今，仍有许多满族剪纸题材中是萨满文化的内容，如新宾、吉林、医巫闾山等地的满族剪纸中就有大量的萨满文化的内容。

2. "嬷嬷人儿"剪纸是典型的满族剪纸作品，是研究满族信仰的活化石

"在诸多满族萨满教神灵中有一百六十多个嬷嬷（老太太）神。这种神分管许多事情，有管子孙繁衍的（欧木娄嬷嬷）、管女儿婚姻的（萨克萨嬷嬷，也叫喜神）、管进山不迷路的（威虎嬷嬷）……由于对嬷嬷神的崇拜，满族产生了《嬷嬷人儿》剪纸。从前，满族儿童有摆'嬷嬷人儿'的游戏——'过家儿家儿'，几个孩子在炕上、窗台下各领着'一家人'假装过日子，这些人就是嬷嬷人剪纸，有'小伙子''大姑娘''老爷子''小小子'。常用梳妆匣、糕点盒子当房子，还用高粱秆扎了大车、牛马……"（《萨满绘画研究》）

"嬷嬷人儿"的游戏就是把嬷嬷神人化了的剪纸。剪纸是一个宽泛的概念，狭义地讲，剪纸就是用纸剪出的图案艺术。其实，还在纸张出现以前，就有了剪纸，那是用布帛、皮革、金属薄片等材料，用剪、刻、镂等手段完成的图案。所以，广义地讲，剪纸的载体材料不仅是纸张，还用鱼皮、树皮、兽皮、毡皮等。满族先民在土法造纸出现之前，已有了"剪纸"，那是用皮革、鱼皮、桦树皮、麻布、苞米窝、植物叶子等剪刻，发展到后来，就形成了满族的民间剪纸。当时剪纸的材料也不相同，多是就地取材，如对子（对联）纸、包装纸、烟盒纸、糊墙的窝儿纸等等，剪成的人物有男女老幼之别。嬷嬷人儿的衣着都是地道的满族装束，这种剪纸在东北地域还有流传，是典型的巫神文化遗迹。嬷嬷人剪纸在民间的广泛流传与萨满对嬷嬷神的崇拜有关，是萨满神灵崇拜的

深远影响，这些嬷嬷人剪纸是具有很高艺术价值的剪纸艺术品，是典型的满族剪纸作品的代表作，是研究满族信仰、习俗的活化石。（《萨满绘画研究》）

满族以萨满祭祀、崇拜为题材的剪纸至今在民间流传，许多作品已逐渐成为以审美为主的艺术作品，装点着人们的节日生活。

"在艺术的最低发展阶段上，巫术的艺术就成为最早的文化模式之一"，"它即是一个以为能增加巫术效果的逼真形象，又能从这种由模仿得来的外观创造以及它所产生的幻觉真实中导源出一种愉快的感觉，最后这种感觉变成了一种'纯粹的'审美愉快。只有到了这个时候，出于巫术目的的模仿形象才逐渐过渡为与实际功利目的相脱离"，"它不仅是巫术的，而是艺术的了"。（朱狄《艺术的起源》）萨满剪纸就是在这一艺术规律下产生与延续的，它直接用于萨满祭祀，同时还创作出了许多表现萨满祭祀活动的剪纸作品。如今萨满剪纸已不再从属于巫术，而是反映满族信仰习俗生活的珍贵艺术品了。

二　满族剪纸的发现

满族具有代表性的剪纸有：东辽满族剪纸、丰宁满族剪纸、新宾满族剪纸、抚顺满族剪纸、长白山满族剪纸、医巫闾山满族剪纸、海伦满族剪纸、辉发满族剪纸、西丰满族剪纸、本溪满族剪纸、岫岩满族剪纸、丹东满族剪纸、宁古塔满族剪纸等。但曾几何时，在众多地域的剪纸中却没有满族剪纸。20世纪80年代，吉林满族文化专家、民俗学家——发现满族剪纸第一人王纯信教授发现了满族剪纸，满族剪纸才以其独特的魅力走入了人们的视线。

1. 被发现的第一幅满族剪纸作品及第一位满族剪纸作者

1983年王纯信教授应邀去参加民间剪纸展览开幕活动，在展室内他发现了几幅奇特的剪纸。一是题材奇特，剪的是头对头的龟与蛙，将龟与蛙作为剪纸的题材予以描绘这是剪纸中十分少见的；二是剪技奇特，是四折剪出的，造型粗犷，格调古朴，动物身上不打毛，眼睛是用香火烧出来的，圆孔四周有烟熏的痕迹。王纯信教授肯定地认为这不是汉族的剪纸，估计可能是满族剪纸，于是便采访了这位剪纸作者。

剪纸作者叫倪友芝，通化县富江人，1939年生，为满族在旗人。7岁开始学习剪纸。王纯信问她为什么要剪龟与蛙是什么含义时，她说："这是姥姥、妈妈教我剪的，具体含义我说不清楚。"

王纯信教授带着许多疑问，查阅了满族的典志、辞书，经研究，得知这龟与蛙是满族的图腾，是萨满教崇尚的神灵。莫东寅《满族史论丛》中载："在萨满的住屋西首，竖有木杆三根或四根，他们也叫作神杆，中间的一根最长，上面绘有蛇、龟、虾蟆（蛙）、四足神、爱米等神形，在杆头上有神鸠。"

富江与辽宁省新宾满族自治县仅一江之隔，新宾是努尔哈赤所建后金的都城赫图阿拉所在地。在这一地域，存在着丰富的满族文化，萨满绘画亦在其中。倪友芝的这些剪纸是跟她姥姥学的，姥姥是在旗的（满族），在世时每逢年节都要剪龟、蛙等贴在墙上，意为吉祥。这是典型的图腾崇拜剪纸作品，是萨满绘画的点睛之笔。倪友芝剪纸时总要眼睛微闭、思考一会儿，这是在回忆姥姥当年所剪剪纸的样式，从何处下剪子，如何香烧烟熏，所以她的剪纸是姥姥剪纸原汁原味的延续。

倪友芝的剪纸是典型的满族剪纸作品，也是被发现的第一幅满族剪纸作品，倪友芝成为被发现的第一位满族剪纸作者。这是满族剪纸在我国首次发现，在中国诸多民族的剪纸艺术中具有填补空白的意义。

满族剪纸中，表现图腾崇拜的剪纸有龟与蛙、回脖鹿等，倪友芝、宋春霞剪的鹿都是一个姿势——"回脖鹿"。当年满族人家每逢年节剪的这些鹿、龟、蛙等贴在墙上，意为吉祥。王纯信教授认为这源于北方古代民族的鹿图腾崇拜。在中国北方广阔地域遗存的岩画中，许多内容与原始宗教崇拜有关，对鹿的表现以"鹿石"最为典型。在中原北方的民间剪纸中，也有表现鹿图腾崇拜的作品，叫作"鹿头花"，其鹿的造型也多为"倒照鹿""回头鹿"，与鹿石上鹿的造型十分相似。倪友芝、宋春霞的"回脖鹿"是从姥姥、妈妈那里学来的，满族民间剪纸的传统正是这样将鹿石文化等古代文化的影响逐渐吸收到剪纸中并一代代传承下来的。

2. 发现满族萨满绘画的代表之作——刻有满文的挂签

祖先崇拜是满族萨满祭祀的重要内容，剪纸成为装点祭祀场面的重要方式。在满族人家，族长家的西墙上置有祖宗板，也称之为搁板，满语称"额林"。板上放一木匣，是薄木板钉成的，长方形，称之祖宗匣。匣里面是鹿皮口袋装的皮条，一嘟噜表示一辈儿，几个兄弟系几个疙瘩，这叫作"子孙条子"，也有用绫条或布条的，是一个民族早期阶段"结绳记事"的遗迹。1985年，王纯信教授到辽宁省新宾满族自治县郊区一关姓族长家里采访，族长家西墙上设有祖宗板，上面有祖宗匣，关姓族长得知来访者王纯信教授是弘扬满族文化的学者，便当着大家的面儿打开了祖宗匣，里面是各色绫条用红绳系着的清代铜大钱，一共8串。询问老人为何是8串，说与八旗有关。满族有谱书是后来的事儿，所以祖宗匣里盛着的"非个人之祖先，乃满族公共之祖先，故虽曰家祭，其实乃国祭"（《宁安县志》卷四）。祖宗板前贴有挂签，五张、七张不等，都是白色或淡黄色的，上面刻有满文，剪刻技艺粗拙，是典型的满族剪纸，也是萨满绘画的代表之作。

3. 发现白色并刻有满文的祭祖挂签

多种志书中说满族祭祖的挂签是白色的，上面有满文。但王纯信教授查阅了各地出版的剪纸集，均无记述。王教授在生活中寻找，走访了多位老人，1985年王纯信在通化市一吴姓满族人家考察时见到西墙上有祖宗板，就询问有关祭祖白挂签之事。几经询问这家老奶奶说，以前年年春节时要祭祖，因为"文化大革命"祖宗匣藏起来了，白挂签也不敢贴了，因为这都在"四旧"之列。以前都是自己刻挂签，是祖宗传下来的样子。王教授请老人找找是否有挂签保存下来。几经回忆，她拿着笤帚在箱子、立柜后面"划拉"，终于找到一个细纸卷，打开一看，令王纯信眼睛一亮，这是一张1953年的《中国少年报》包着的白色祭祖挂签，一边已经发黄，上面有满文，四周是粗犷的蝶形纹样。吴家老太太说："这是祖宗传下来的样子，几经拓刻，不敢改动。反复拓刻延续下来的，也忘了什么时候藏在柜子后的，算起来有三十多年了。"经说明缘由，以每幅10元的价格收藏了两幅，给老奶奶留下一张作底样，这幅挂签剪纸真可谓宝贵了。

"金人尚白""完颜部色尚白"（《金史》卷2）。满族祭祖挂签是白色的，这就是满族的"色尚白"，满族的审美习俗认为白色吉祥，红色凶险。王纯信教授后来请教了北京满文书院的学者，经考证白色挂签上的"满文"读作"佛尔郭出课"，有"奇""瑞"之意，意为歌颂祖宗的功德。这幅白色并刻有满文的祭祖挂签的发现，在国内外学术界产生了较大反响，多个版本剪纸集均予以转载。德国学者付玛瑞、奥地利学者燕姗等专程到吉林考察，将满族剪纸连同满文挂签等作品介绍到国外。

4. 发掘萨满祭祀的艺术之作——佛头剪纸

萨满的祖先崇拜还包括在坟地的祭祀，即满族人家清明时节祭祀亡灵时要在坟堆顶上插"佛头"。"佛头"，也叫"佛托"，是用红红绿绿的五彩纸剪成车轱辘钱二方连续图案，披在约一米长的木棍上，上端系朵五彩纸扎成的花，也叫坟花。

"佛头"是一种半抽象的剪纸作品,古拙、质朴,是萨满艺术的精练之作。20世纪80年代,王纯信教授曾请一位满族退休教师肇玉新老人剪"佛头"。老人还讲述当年满族人家祭祖时的场面:清明时节,在满族人家的坟头,插上多个"佛头",五颜六色,随风飘扬,插的佛头越多说明来上坟的后人越多,说明这个家庭人丁兴旺、日子红火。白挂签与五彩佛头在满族的祭祀习俗中沿用至今,佛头剪纸作为萨满祭祀的艺术之作至今绵延不衰。

5. "长白山满族剪纸"列入人类非物质文化遗产代表性名录

随着第一位满族剪纸被王纯信教授发现,满族剪纸如雨后春笋般不断涌现。1987年,在北京民族文化宫举办了满族剪纸专题展览,多位满族剪纸艺术家现场表演,她们独特的题材、造型、剪技让中外学术界耳目一新,在国内外引起强烈反响。

由于王纯信教授在通化县首次发现满族民间剪纸,因此他提出了"长白山满族剪纸"的文化概念。2008年"长白山满族剪纸"列入国家级非物质文化遗产名录,2009年"长白山满族剪纸"作为中国剪纸的一部分列入人类非物质文化遗产代表性名录,倪友芝也成为满族剪纸国家级传承人。

王纯信教授生前是吉林省通化师范学院美术系教授,吉林市美术家协会主席,被誉为"吉林的费孝通",正是他几十年如一日执着地对民间美术的挖掘、整理与研究,进行田野调查,慧眼识珠,才使得满族剪纸被发现,且发扬光大。

三 满族剪纸的风格特色

剪纸的形式风格多样,剪纸艺术主要是神似,而不是表现形似。由于历史背景、信仰习俗、地理环境的独特性,满族民间剪纸在剪技、造型、题材等方面形成了自己独特的风格。

1. 剪技

王纯信教授、王纪教授认为,满族民间剪纸有着明显区别于其他民族民间剪纸的技巧,技法古朴、自然,不描不画,不打底稿,其作品线条粗犷。如动物、人物身上不"打毛儿",朱白对比强烈,整体明快等特点。有的作品用香火烧出动物的眼睛、花纹,烧成的小孔四周形成淡淡的烟熏痕迹,还用香火炭黑画出公鸡的羽毛,衣服的花纹。有的作品是将许多小幅剪纸拼贴在一张大白纸上，用红松明子烟熏，揭掉剪纸，形成一幅黑地白画的"年画"了；有许多作品能表现复杂的场面，人物与背景互不遮挡，互为挪让，具有鲜明的艺术个性。有的根据画面上的需要用木炭、烟头、香头等，烫出点、线来表现画面。

新宾剪纸还有吊线剪纸、立体组合剪纸等种类，独具特色。

2. 造型

王纯信教授、王纪教授认为，一些作品中表现满族人物的作品多是正面站立、左右对称、五官阴刻、两手下伸、五指分开、五官为阴刻、鼻子三角形，酷似远古的岩画，造型古朴。有的满族人物剪纸不是贴在墙上或窗上，而是摆在窗台上、柜盖上，所以剪纸人物的身子和腿是双层纸，分前后两片，可坐可立，头是单剪的，有个长脖子，可以插到衣服里。男人的长辫子直立头顶，可折到背面去。这种技法可称为立体剪纸。有的剪纸上面有满文，文图结合，增加了造型的民族色彩。满族民间剪纸技艺粗犷、朴实，别具特色。

3. 题材

满族民间剪纸可分为萨满崇尚剪纸、神灵崇拜剪纸、始祖神话剪纸、风物传说剪纸、传统习俗剪纸和现实生活剪纸六种。

（1）早期满族民间剪纸题材的特点。满族先人生活在白山黑水之间多以狩猎为主，许多动物、植物与他们的劳动、生活有密切关系，所以许多部落经历了图腾崇拜、自然崇拜和生殖崇拜阶段，经常用图画、剪纸等形式加以表现。

吉林地区：吉林满族剪纸艺人关云德的作品中有许多萨满女神、满族图腾鹰的剪纸等，这些都属于萨满崇尚剪纸；长白山一带的满族剪纸，还有形态逼真的各种动物。狗、鹿、蛙、龟、猫等，其中乌鸦、喜鹊、貂是常见的传统体裁，寓示着先民的图腾崇拜观念。倪友芝剪有龟与蛙，是源于满族图腾的崇拜；满族民间剪纸有部分作品是古老的传说、故事等，表现长白山区的童话与传说，如《小罕子的传说》《人参仙子》《参姑与鹿仙》《关东三大怪》等传说及始祖神话等种种场面，具有鲜明的民族特色。人参是吉林山区的特产，是满族先民的主要经济来源，因而对人参有特殊的感情成为满族剪纸中常见的风物特产题材，如侯玉梅就剪有《人参姑娘》《选人参》《参娃的传说》等。吉林的满族民间剪纸，有许多作品表现满族习俗、自然面貌等，如《冬猎》《爬犁》《鹿鸣翠谷》《白山虎啸》……

辽宁地区：新宾满族剪纸多以满族萨满文化和满族民俗节日活动为主要表现内容，有着浓郁的满族文化特色。医巫闾山满族剪纸是以表现满族原始的萨满文化和表现满族风俗为主要内容的剪纸形式,以原始的自然神崇拜(如"通天树""生命树""山神"等)、生殖崇拜(如"腹乳如山、养育万物"的女神"嬷嬷人"等)、植物图腾(如"柳树妈妈")、动物图腾(如"狐神""牛神")、祖先崇拜和满族风俗为主要表现内容,是历史久远的原生态剪纸。其中记录满族风俗的作品,表现了近代中原农耕文化与医巫间山山林文化的融合,蕴含的民俗文化信息已经成为研究历史上中国北方各民族与汉民族文化融合的过程与形态的珍贵史料。

黑龙江地区:宁安、海伦等地的满族剪纸艺术在全国艺坛上被誉为民族艺术珍品。近些年,宁安市在每年正月十五举行灯展时,都有一大批剪纸艺术品与观众见面。清朝中期宁古塔地区剪纸艺术的应用就比较普遍,杨宾在《宁古塔杂诗》中就有运用剪纸艺术的记载:

剪纸为灯号牡丹,西关爆竹似长安。
谁家年少黄金勒,醉里垂鞭处处看。

鸡西市是中国肃慎文化之乡,其辖区的密山市是剪纸文化艺术之乡,剪纸作品中有很多都是以满族渔猎文化和图腾文化为主题的。

从吉林、辽宁、黑龙江这几个地区的剪纸作品来看,满族早期剪纸大部分作品剪的是人物,剪出的人物都是满族装束,女人的发型"大头翅儿",旗装中的长袍、马褂,以及头戴草帽、手持长烟袋的典型满族人物形象,画面上刻划的花轿、房屋、供桌都表现了满族的风俗。有部分作品剪的是满族的习俗生活,即信仰习俗、生产习俗、节令习俗、婚丧习俗等场面,如《祭祖》《上坟》《推酱》《娶媳妇》等。其中,倪友芝剪的《敬烟》《对面炕》、侯玉梅剪的《上坟》《过年》、于凤贤剪的《抓鱼》《父子情》、宋春霞剪的《大年三十》《扒苞米》、王纪剪的《宝宝睡摇车》《山里人家》、张杰撕纸《捕鱼》《打场》、孙涛撕纸《归樵》《踢毽子》等,都艺术地再现了满族习俗生活的种种场面,是满族民间剪纸中的代表之作。

满族民间剪纸来源于生活,是生活的一部分,题材丰富,有着鲜明的民族特色。而对美好生活的向往和对远古图腾的崇拜,是民间剪纸表达的主要内容。女人们在闲暇之余拿起手中的剪刀和五彩缤纷的纸张,按照长辈们的讲述剪出各种图案和花样。把他们对生活、对自然的认识、感悟以剪纸形式表现出来,是他们内心情感的一种表达。即剪的是人们身边的生活、事物,内容表现的主要是人物、动物和民间生活习俗,体现了人类早期艺术最基本的审美观念。探寻满族民间剪纸艺术,可以感受到历史沉积的精华还闪耀着夺目的光芒,展现出了浓郁的满族风情。

(2)满族后期剪纸作品题材的特点。后期满族剪纸的应用面较广,呈现的内容生动趣味,日常生活或是节日中常用剪纸来进行装饰。随着经济的发展和社会的进步,纸张的类型和花色也日渐丰富,剪纸艺术得到了飞速的发展,其装饰性也不断提高。日常生活情景的剪纸和吉祥祝福的剪纸,多在农历新年前剪贴,以烘托节日气氛,如有窗花、角花、团花等种类。

窗花。满族喜欢贴窗花,一扇窗户往往要贴几个,窗花镂空透亮,题材广泛。满族房屋一般南面开窗,都是大窗户,过去为上下两扇,近年为左右对开。每逢年节,满族人家的窗户纸上都贴上了美丽的窗花。在满族先民的神话中,人们喜欢雪花,窗花也以雪花图案为最多,他们认为雪花是阿布卡赫赫剪成的,有驱魔洁世,代代吉祥之神功。满族人家的窗户纸上的窗花有许多是老奶奶凭着自己的想象,用各种彩纸剪成各种鸟兽花卉。古今人物,优美的传说故事或盛大的祭祀场面,剪出了方形、菱形、圆形的图案,使严寒的冬天增添了几分春意。

喜花。节庆婚典中也经常使用剪纸,如喜花,婚嫁喜庆时装点室内和器皿的,多为吉祥内容,采用"花内套花"的形式。满族地区有用纸张及浆糊糊墙和吊棚的习惯,各家各户用五彩斑斓的窗花和墙花来张贴墙面。清代,满族入主中原,剪纸也随着满族的风俗进入宫廷。北京故宫的坤宁宫,是清代皇帝结婚用的花烛洞房,室内的陈设布置一直保留着东北满族的习惯。墙壁纸裱,四角贴着黑色的欢"喜"字剪纸角花;顶棚中心贴着龙凤团花的黑色剪纸;在宫殿两旁的过道壁上,也贴着角花。所有的剪纸分布得体,与周围的红柱、白墙相互照应,十分协调,显得非常庄重、大方。据史料记载和故宫博物院的专家分析:这种剪纸一直是清朝坤宁宫内的传统装饰。北京坤宁宫里的满族剪纸在满族剪纸史上占有重要地位,说明剪纸可以应用于建筑,同时也说明满族民间剪纸已从民间走出来,进入了坤宁宫。剪纸艺术在宫廷里有了一席之地,对整个清代剪纸艺术的发展有着积极的影响,也吸引了文人画家们对剪纸艺术的关注。

至今住在农村的满族人,仍有在儿子结婚的时候,在窗前剪贴"喜"字,在春节前用花纸糊棚,并在棚的四角剪贴"角花",在棚的中央剪贴"团花"的习俗。

挂笺。民间祭祀活动中也经常使用剪纸,如挂签、纸扎花、供花等。最早挂笺是祭祀场所的装饰品,一般都是单数。挂笺也叫挂旗(按八旗所属,分别贴红、黄、兰、白色)。挂笺长方形,左右有边框,下有刻穗,中间剪刻图案、花果等;有的还刻有吉祥文字(初为满文,后渐改汉字),一般是5张为一套。有的地方按旗色选用不同色纸,祭祖时在祖宗板前贴白色挂笺。后来,过春节时满族各家用五色彩纸,剪成长约40厘米、宽约25厘米不等的纸块,中间镂刻云纹、字画,如丰、寿、福、富等字,下端剪成犬牙穗头,悬挂于门窗横额、室内大梁等处,五彩缤纷,喜气洋洋。

满族后期的剪纸,由于受汉族及其他民族的剪纸影响,在剪纸题材中有了吉祥如意题材。在剪纸中体现幸福安乐、美满吉祥的美好愿望,多采用谐音、比喻的手法。如吉庆有余等许多祈福、喜庆、吉祥的内容,充分体现了近代满族文化与汉族文化的融合,满族的民间艺术已经成为满汉与其他各民族文化的结晶。

满族民间剪纸,以它独特的风采为当代剪纸艺苑中增添了一束绚丽的山花。

四 满族剪纸代表人物

满族剪纸代表人物,有吉林省的倪友芝、侯玉梅、关云德,辽宁省的翟文会、汪秀霞、关长胜,黑龙江省的傅作仁,河北省的张冬阁等。

倪友芝,从小跟姥姥学民间剪纸,擅长剪《嬷嬷人儿》等祭祀题材剪纸和一些吉祥物。她还能用苞米窝、辣椒皮、柞树叶等代纸剪贴。倪友芝被列入中国民间文艺家协会向联合国教科文组织申报民间剪纸世界文化遗产中的十大剪纸大师之一。

金雅贞为满族剪纸老艺人,她剪纸没有稿样,一把剪刀随心所欲,风格古朴、粗犷,作品中诸物互不遮拦。

侯玉梅在继承传统基础上又有所创新,作品多表现长白山地区满族风俗。她创作力很强,技巧熟练,能命题即兴创作。侯玉梅多次代表中国民间艺术家出国访问,如今侨居美国旧金山,将满族民间剪纸传播到大洋彼岸。

汪秀霞是一位有着极高艺术天赋的剪纸艺术家,她的剪纸作品多是《山神》《狐神》《蛇神》,以及《柳树妈妈》《九乳妈妈》等自然崇拜、祖先崇拜的作品,其剪纸艺术被誉为萨满之歌的绝唱。2008年,汪秀霞被命名为国家级非物质文化遗产医巫闾山满族剪纸代表性传承人和中国民间文化杰出传承人。

剪纸是中华民族传统文化女红的一部分，往昔在中国的农村女孩子从小就要学习的手工手艺。如今，剪纸已不再是女人的专利，其中也不乏男性剪纸艺术家。

近年随着满族传统剪纸的发掘、研究的开展，也出现了满族剪纸创作热潮，涌现出一批剪纸艺术家，创作出许多优秀作品。有"剪纸世家"之称的傅作仁先生及其母亲、夫人和子女都擅长剪纸，傅作仁是黑龙江省剪纸研究会会长，满族剪纸艺术的代表人物，海伦剪纸非物质文化遗产传承人，作品在恩泽、北京市及日本等50多个国家和地区展出。《北国风光》曾经装饰过北京人民大会堂黑龙江厅，《东方红史诗》曾经被周恩来总理选赠大庆铁人王进喜和北海舰队。多次在省和国家级报刊发表并获奖。2017年8月10日，"中国满族剪纸艺术馆"开馆仪式在中国民间剪纸艺术之乡——海伦市举行，艺术馆位于海伦市文体中心，面积400平方米，来自国内各派的剪纸名家参观了艺术馆内收藏展出的千余幅清末民初至现代的126幅海伦名家代表剪纸作品，并在海伦市文体中心小剧场召开了傅作仁从事剪纸艺术七十周年研讨会。

河北省丰宁满族自治县的张冬阁剪刻工细，构思新颖，善于表现满族民间风俗题材。代表作品是《满族婚礼》，他是国家级"非遗"代表性传承人。

沈阳满族民俗村专门辟出展室，特地将吉林省满族民间剪纸艺人关云德、沈阳满族艺术家翟文会的一百余幅满族剪纸作品，供游人欣赏。关云德自己设计主题、设计图样。他剪纸的特色是古朴、苍劲，选材有满族古老的生活习俗和动物植物、自然风貌、满族传说中的女神等，他被确认为"中国民间文化杰出传承人"。

新宾满族剪纸传承人关长胜开了手工作坊，他所剪的春节喜庆寓意吉祥的剪纸作品畅销全国。

如今，反映满族习俗生活的剪纸作品构成了满族剪纸的主体，其作者形成了老、中、青的传承系列，后继有人。1991年出版的《长白山满族剪纸》（王纯信编著）收集了20余位作者的200件作品，作者多为满族。此书文图并茂，具有浓郁的民族特色和乡土气息。

满族的剪纸写形、写意、写神、写心，意境流畅隽永。风格粗犷、古拙、质朴、浑厚、洗练，具有浓郁的民族特色，和浓厚的乡土气息，凝聚着满族人民深厚的感情和心理意识。具有强烈的民族、地域、时代特色，自从吉林王纯信教授发现满族剪纸以后，满族剪纸便以独特的民族风情、精美的剪刻技艺多次在国内外剪纸展览中、大赛中夺冠,闻名国内外,展示了满族文化独具特色的艺术魅力。

与满族的传统说部一样,满族的剪纸技艺,都是靠长辈教授晚辈一代一代口传心授传承下来的,是古老的满族民间文化之一,是中国剪纸艺术之林的烂漫之花。

延伸阅读

满族绣花女神伊尔哈格格

满族有绣花女神伊尔哈格格。

传说,很早以前,在呼尔汗河一带,姑娘们和小伙子一样打猎捕鱼,不会做女红。

在一个部落里,有户人家生了一个女孩,女孩天生五彩头发,身上皮肤几天要脱一层。因与其他女孩不一样,部落里的人怕她给部落带来不祥,就把她赶出了部落。

在山里,女孩梦见一位老奶奶对她说:"巧姑娘,你有一颗聪明的心,我教给你绣花。"女孩醒来一看,身边真有一位老奶奶。老奶奶给她起名叫"伊尔哈",并教给她绣花。女孩用自己的五彩头发做绣线,用松针做绣花针,绣身边的景物。她绣鸟,鸟能飞,绣花,花活了。很快,女孩身边成了仙境一样。部落里的人知道了这件事,都认为她成了神仙了。

一个大部落的穆昆达知道了,把女孩抢了去,让她给绣金银财宝、亭台楼阁。谁知,女孩绣出了蟒蛇把穆昆达给咬死了。伊尔哈带着她绣出的鸟儿回到了她的家园,家乡的人都跟她学绣花。

伊尔哈格格成了满族人民的绣花女神。

满族先民的冰雪体育运动

冰雪运动包括滑冰运动和滑雪运动。满族是我国北方的少数民族，在长期的生产生活过程中，掌握了高超的滑雪和滑冰的技能，它们的渊源产生于满族先民的生产习俗和生活环境，产生于他们未入关前的生活时期。

一 满族先民的滑冰运动

中国早在唐宋时期就已经开展了冰雪运动，但并未在民间普及。关于冰嬉（冰嬉即冰上运动）最早的记载是《宋史·社志》："幸名苑观花，作冰嬉。"宋朝的皇帝到后花园观花，也作了冰上运动。

满族先民喜爱冰嬉，到了冬天，所有的江河湖泽都冻上了厚厚的一层冰，受自然条件的影响，滑冰成为满族先民必要的生存技能之一，也是满族先民传统的一项体育活动。滑冰除了用于狩猎和娱乐之外，也常用于战争。

古代女真人将兽骨缚于脚下，滑冰行军或出猎。后来演变成体育项目。传说完颜阿骨打发现铁利部人用铁条的冰滑子在冰上行走如飞，便推广到女真军中，取得了奇袭达鲁古的胜利。又传说阿骨打在攻打松花江边的宾州城时，他令三千金兵都穿上冰滑子，于夜晚赶往宾州城。阿骨打冒着风雪，滑在最前面，女真兵每人披了一个白斗篷，一个挨着一个，飞驰滑行于松花江冰面上，一夜之间就到了百里之外的宾州，采取突然袭击，给辽国守城者一个措手不及，夺取了宾州城。冰滑子也从军队传到民间，成为女真人喜爱的一种体育活动。

努尔哈赤本人就是滑冰高手，建立八旗以后，频繁开展军事活动，一些适合于军事的体育活动被推广开来，一直到入关前，如骑射、摔跤、滑冰等运动

· 271 ·

都很盛行，在技术上也有了进一步的提高。

努尔哈赤专门组织了一只善于滑冰的队伍，由费古烈率领，曾完成过"天降神兵"的经典战役。《清语择抄·乌拉滑子注》中曾经记载过这样一件事：天命末年，八旗兵往征巴尔虎部，降服了该部落，而当大军离开后，巴尔虎部又叛。当时满洲八旗中有一名叫费古烈的将领，他所率部队皆穿"乌拉滑子"，在结冻的恼温江上，一日夜行七百里，迅速赶到出事地点。从这个记载中可以看出"乌拉滑子"是一种冰鞋，而且必须是善于滑冰者才能"一日夜行七百里"。而且有如此众多的八旗兵善于滑冰，可想而知满族先民中的滑冰运动绝不会在很小的范围内展开，它应当是一种带有群众性的体育运动项目。

满族先民的冰上运动可分为官方冰上运动和民间冰上运动。

（一）满族先民官方冰上运动

1. 冰上踢形头（冰上蹴鞠）

踢足球是现今世界各国开展得比较广泛的一项体育活动。早在公元前 2200 多年前，我国东北地区满族先民就开展了这项活动。满族先民每当猎得熊、虎、豹等猛兽时，则视为山神所赐，遂将兽头供奉于树桩上，众人围着树桩烤食兽肉，饮酒祝贺，唱歌跳舞，并将野兽皮剥下来缝成球状物，相互追逐踢蹴戏耍。如果两个部落遇到一起，则互相竞争技艺，从山上踢到山下，又从山下踢到山上，直到把球踢到对方的栅栏内，则算胜利。后来，把这项活动叫作"踢形头"，也称踢熊头。（《满族风俗考》）

"形头"很像现代的足球，大小和足球相似，也是用皮分块缝制。但满族的"形头"多用熊皮、鹿皮缝制，现在因没有野生动物皮也用羊皮制作。其内胆因当时没有橡胶，而是用猪吹膀。玩法也很类似足球，通常是在陆地上进行，是满族传统的古老体育项目。随着满族先民文明程度的提高，体育终于从生产、宗教中独立出来。如今满族之乡玩踢形头是用足球代替。而把这种陆地上的足球在冰上踢，是满族的一项发明。冰上踢"形头"最早史载为天命十年努尔哈赤在太子河上的一次"冰嬉"。

《满文老档》比较详细地记载了清太祖努尔哈赤在太子河观看踢形头比赛的盛况："天命十年正月初二日（1625年），汗率众福晋，八旗贝勒、福晋，蒙古诸贝勒、福晋，众汉官及官员之妻，至太子河上，玩赏踢球之戏。诸贝勒率随侍人等观球二次之后，汗与众福晋坐于冰之中间，命于二边等距离跑之，先至者赏以金银，头等各20两、二等各10两……。遂杀牛羊，置席于冰上，筵宴，戌时回城。"

1625年清太祖努尔哈赤亲自主持，在今辽宁省新宾县太子河上举行的盛大的冰上运动，项目有冰上"踢形头"，冰上速滑比赛、冰上抛球、冰上射天球、冰上摔跤、花样滑冰等多种冰上运动。参加者有后金的大臣、官员及家属，还有蒙古等国的外藩官员及夫人。诸贝勒率随从人等踢形头两次，接着努尔哈赤和福晋们坐到河冰中央观看跑冰戏（冰上赛跑）。冰上赛跑是由满、蒙、汉诸王贝勒官员的福晋妻妾分组进行的。将银子分放在终点18个地方，跑在前面者可得到银子，落在后面的也都有赏银。赛后举行了冰宴。

多数踢形头活动都是利用冬季的时间在旷野、河冰上踢，也是满族人每年春节必须举行的一项活动。踢的时候，在江河冰上或旷野之处划三道横线为界，设三名裁判员，每人各执一根木杆，立于线上，比赛双方的任何一方将形头踢入线内裁判员手中木杆即落下，判为胜利。开赛时双方列队于线上，一方开球，另一方则横立于线上阻挡，其情景如同现在足球比赛时罚点球时的"人墙"。开球以后，队员则向对方激冲，对方则竭力阻挡，双方来往冲撞，非常激烈。比赛时，场地旁双方各备有牛、羊、猪和各种野味肉，以及黏糕、豆包等食品，并生起篝火助阵。比赛结束后，负方将酒、肉送给胜的一方，双方在篝火旁烤肉、饮酒、嬉戏歌舞。

清代踢形头是比较盛行的，清末满族诗人缪润绂先生对踢形头活动做过形象的描述（《沈阳百咏》）：

蹴鞠装成月样圆，青鞋忙煞午风前。
足飞手舞东风喜，赢得当年羡少年。

清入关后，又把这些冰上竞技带到北京和全国各地，并盛行。共中踢形头有"国俗"（大清国俗有冰嬉、摔跤、骑射、国语）之称。据《帝京岁时记胜》"十一月"条载："金海冰上作蹴鞠之戏，每队十人，各有统领，分位而立，以革为球，掷于空中，候其将坠，以得为胜。或此队之人将得，则被彼队蹴之令远。欢腾驰逐，以便捷勇者为能。"

2. 清代是中国滑冰史上繁荣鼎盛的时代

清代满族帝王对冰上运动是相当喜爱、也相当重视的，从康熙朝开始大规模地举行冰上运动,在康熙、乾隆两朝达到了空前绝后的程度。当时的冰上运动也分官方和民间两个层次。

在开始的阶段,"当时清廷把滑冰、冰球、冰上摔跤作为禁旅八旗的军事训练项目。滑冰则作为每年冬天皇帝检阅八旗军事技术的项目之一。八旗兵皆演练滑冰,每至冬日皇帝还要分日观看,按等行赏。乾隆年间八旗军中设立了专门溜冰的兵种,叫'技勇冰嬉营',溜冰的兵士叫'冰嬉',教溜冰技术的称'冰嬉教习',管理溜冰的机关叫'冰嬉处'。"(《满族风俗考》)溜冰后来演变为清朝贵族娱乐的竞技活动。

冰嬉活动包含很多内容,如"抢球""转龙射球""官趟子"等。"官趟子"主要是速度滑冰,参加人很多。

在当时还有"冰嬉之制",俗称"跑冰鞋",就是每年冬季举行一次大规模的冰上运动会。这种运动会每年十二月举行,吴振棫在《养吉斋丛录》卷14中有描写,他说冰嬉每年十二月在西苑三海举行,届时皇帝坐冰床(高级冰车)观赏八旗兵的表演。"冰鞋以一铁直条嵌鞋底中,作一势奔,迅如飞羽,始曰抢等。去上御之冰床二三里外,树大纛,众兵咸列,驾即御冰床,鸣一炮,树纛处亦鸣一炮应之,于是众兵驰而至,御前侍卫立冰上,抢等者驰近御床,则牵而止之。至有先后,分头等、二等,赏各有差。继曰抢球。兵分左右队,左衣红,右衣黄,即成列,御前侍卫以一皮球猛踢之,至中队,众兵争抢,得球者复掷,则复抢焉。有此已得球,而彼复夺之者。或坠冰上,复跃起数丈,又遥接之。又继以转龙射球。走队时,按八旗之色,以一人执小旗前导,二人执弓矢随于后。凡执旗者一二百人,执弓矢者倍之,盘旋曲折行冰上。远望之,蜿蜒如龙。将近御座处,设旌门,上悬一球,曰天球;下置一球,曰地球。转龙之队疾趋至,一射天球,一射地球,中者赏。复折而出,由原路盘曲归其队。其最后执旗者一幼童,若为龙尾也。"可见当时冰上运动的盛大场面及滑冰水平。

"太液池冬月表演冰嬉,习劳行赏,以阅武事,而修国俗。"(《帝京岁时记胜》)太液池就是现在北京的北海和中南海,当时皇家每年冬天都要从各地挑选上千名"善走冰"的能手入宫训练,于冬至到"三九"在太液池上表演。每逢这时,北海四周搭起彩棚,插彩旗,悬彩灯,皇帝和后妃、王公、大臣都来观赏。现今的北海漪澜堂就是当年乾隆皇帝观赏溜冰的地方。

每次参加表演的人数是1600人,代表满洲八旗,每旗200人(精选出的滑冰高手),身着战服,由内务府提供一应所需。

"检阅时分两队,一队领队穿红马褂,队员穿红背心。另一队领队穿黄马褂,队员穿黄背心,每个士兵背部插本旗籍的小旗,腿裹皮制护膝,脚穿带冰刀皮靴。冰场设置三座插有彩旗的高门,两队各列两路纵队,分别从门里穿梭往来,在冰场上形成一个螺旋形大圈,场面宏伟壮观。"(《满族风俗考》)

乾隆皇帝观后曾作一首《冰嬉赋》,其中两句是:"顺时陈旺俗,择地试雄观。"清廷已把冰上体育运动列为"国俗"推崇。此时,冰嬉的军事意义下降,娱乐意义开始上升。据《日下旧闻考》记载:"冬月则陈冰嬉,习劳行赏。以简武事而习国俗去。"

当时皇帝观赏溜冰的项目有五种:

第一种是滑冰的速度,也就是前面所提到的抢等(速滑赛)。

第二种是花样滑冰。乾隆非常重视冰嬉,他令宫廷画师绘制许多以冰嬉为主题的图画。乾隆年间还留下了一幅由画师张文邦、姚文瀚、福隆安等人合绘的《冰嬉图》长卷,已成为珍贵的文物,现藏于故宫博物院,图中生动地描绘了"冰嬉之制"的壮观场面。图中除了对前面引文中的情景进行了描绘以外,还描绘了各种花样滑冰的姿态,如有大蝎子势、童子拜佛、金鸡独立、朝天蹬、双飞燕、哪吒闹海、卧鱼、叠罗汉、倒立金钟、青龙回头、白虎摆尾等。"一马十三式"是一种具有高难动作的单人表演,表演者需连续做出13种自己擅长的动作,堪比现在的花样滑冰比赛。当时还有许多滑冰高手,如被乾隆皇帝赐号为"冰上燕"的喜桂,创倒溜纪录的海英,"板凳腿"尚星阶,"撞天钟"高手杨而立等。满族的花样滑冰源于满族的尚武精神,其表现形式和动作来源于武术和杂技。杂技滑冰有飞叉、耍刀、弄幡、缘竿、使棒、冰上倒立、叠罗汉等项目,惊心动魄,且妙趣横生,使人百看不厌。此外还有滑冰射箭的项目。

第三种是冰上踢球表演。当时所用的冰刀比较简单,有双刀、单刀两种,双刀容易保持平衡,在木板下镶钢条或钢片,绑在鞋下即成。后又发展为单刀式,当时的冰刀比鞋短,停止和转弯时可以用鞋跟,这样的冰刀一直到20世纪50年代初期在北京的居民中还可以找到。满族诗人曹寅的《冰上打球诗》描绘了满族官兵在冰上打球时的场面:

青靴窄窄虎牙缠,豹脊双分小队圆。
整洁一齐偷著眼,彩团飞下白云边。
万顷龙池一镜平,旗门回出寂无声。
争先坐获如风掠,殿后飞迎似燕轻。

第一首诗描绘两队滑冰队员打球的情景,首先介绍队员们穿的冰鞋是在青靴底捆着镶在木板上虎牙状的冰刀,冰球队员们着装整洁分成两队,站成两个半圆形准备迎战,一队突然乘对方不注意开出一球,这冰球像彩团一样迅速飞向天空的白云边,飞向对方的球门。第二首诗开头就描写万顷湖面一样的冰场镜子一样平,比赛场上寂静无声,只见运动员们争先恐后地滑行,前面的像旋风一样迅速掠过,后面的又如燕子一样轻捷地飞过去。(《满族风俗考》)

四冰上集体表演。也叫摆山子,就是冰上集体队形,摆出各种图案或文字,左右两队一百人,先按事先在地上画好的图形站立,之后由领队带领,完成各种高难动作。

五冰上射球。《清朝野史大观》载:"转龙射球。走队时,按八旗之色,以一人执小旗前导,二人执弓矢随于后。凡执旗者一二百人,执弓矢者倍之,盘旋曲折行冰上。远望之,蜿蜒如龙。将近御座处,设旌门,上悬一球,曰天球;下置一球,曰地球。转龙之队疾趋至,一射天球,一射地球,中者赏。复折而出,由原路盘曲归其队。其最后执旗者一幼童,若为龙尾也。"

冰嬉起源于满族先民的日常生活,在明朝进入宫廷,在清雍正、乾隆时期迎来高峰,民族体育项目在全国普及,清代堪称中国滑冰史上繁荣鼎盛的时代。

(二)满族先民民间冰上运动

《帝京岁时记胜·滑擦》记载:"冰上滑擦者,所着之履皆有铁齿,滑行冰上,如星驰电掣,争先夺标而胜"。"每队数十人,各有统领,分位而立。以革为球,掷于空中,俟其将坠,群起而争之,以得者为胜"。敦崇在《燕京岁时记·溜冰鞋》中记载:"技之巧者,如蜻蜓点水,紫燕穿波,殊可观也。"在《清代北京竹枝词》中有一首描写初学滑冰者摔倒的诗,反映了当时民间学习滑冰的热情:"往来冰上走如风,鞋底钢条制造工,跌倒人前成一笑,头南脚北手西东。"

有着满族第一诗人美誉的爱新觉罗·宝廷的《偶斋诗草》云:"朔风卷地河水冰,新冰一片如砥平。何人冒寒作冰戏,……年年结队嬉郊坰。"这说明当时不仅官方冰上运动繁荣,民间冰上运动也很活跃。满族先民民间冰上运动内容丰富多彩,有速滑赛(抢等或抢球)、花样滑冰、冰上踢形头、滑冰车、打滑挞、冰上摔跤等。凡是满族聚居的村屯不论成人和儿童,冬季都参加这些体育运动,如今在吉林的乌拉街满族镇的有些村屯还有人在做。

（三）满族先民其他冰上体育活动

1. 速滑赛

速滑赛也称"抢等"，官民皆有此项运动。八旗官兵在举行"抢等"比赛时先在冰上置把椅子，假设为皇帝冰床，两三里外树一大旗，兵士旗下列队，以鸣炮为令，争先恐后向"冰床"滑去，以达到"御座"先后分等，并按等论赏。民间举行此赛事，常在春节期间，作为一种娱乐举行。所不同的是民间以鸣锣为令，击鼓助之。目的地不是龙床御座而是插旗，旗分等分色，以找到的旗色定等。奖品均以实物分等，如熊头一等、猪头二等、羊头三等。儿童比赛时，则更为简单，目的地站一人，到者摸一下站者，以先后决胜负。不过儿童旁观者呐喊助威，欢声雀跃此起彼伏，也颇有情趣。（《吉林满族风俗》）

2. 打滑挞

打滑挞亦称跑冰，高坡滑冰，类似现在的高坡滑雪。据《郎潜记闻》和《清稗类钞》等文献记载，每逢冬季"以汲水浇成冰山，高至三、四丈，莹滑无比，使勇者足蹬靴，从顶上一直挺立而下，以到地不倒者为胜"。在寒冬腊月，用水浇成冰山，有三四丈高，莹滑无比，参赛者穿带毛的猪皮制成的鞋，从顶上滑下，因鞋底有猪毛，比一般的鞋更滑更难驾驭，人不倒下为胜。此俗至今犹存。

3. 冰床

冰床是一种深受人们喜爱的冰上运动，由满族先民日常交通运输工具——爬犁（也叫"冰车"）演变为贵族的娱乐活动。明朝时，被列为宫廷体育活动，据《倚晴阁杂钞》记载：贵族子弟一到冬天，就在北京积水潭的冰面上玩冰床。十几张冰床连在一起，上面铺上毛毯，再摆上酒，一边饮酒驱寒，一边被前面的人拉引绳滑行，这叫冰床、"凌床"或"拖床"。后从宫廷流出，又发展为全民运动。方式是人坐于冰床之上，另有人用绳牵引飞跑。文昭在《京师竹枝词》第十一首中描写了当时玩冰床的情景："城下长河冻已坚，冰床仍著缆绳牵。浑如倒拽飞鸢去，稳便江南鸭嘴船。"邓云乡曾写过，在清代北京护城河上有以拉冰床作交通工具的生意。

4. 双飞舞跑

双飞舞跑源于清代"冰嬉"的双飞燕表演。满族八旗官兵为了参加每年在京都的冰上大检阅,在无冰季节进行陆地训练,就出现了双飞舞跑活动。后流传于民间成为一种满族游戏体育项目。比赛方法是:若干组在田径跑道上,每两人为一组,将靠近的两腿从膝关节下至踝关节上的部位分两处用布带子绑好,两人搭肩或搂腰站在起跑线上,听令后两人一起迅速向终点跑去,以两人同时到达终点为胜。(《中国满族通论》)

二　满族先民的滑雪运动

滑雪是北方少数民族的共同爱好,其源头无法考证,它既是体育活动,又用于狩猎活动。东北很多地区积雪达半年之久,松软、晶莹的白雪一踩踏就成了光滑、坚固的雪路。此时,猎人的滑雪板就成了非常便利的交通工具。有句满族谚语:蹬踏板撵狍子——大脚胜小脚(踏板,指满族猎人使用的滑雪板),形象地说明了滑雪板的用途。

(一) 最早的滑雪工具是唐代渤海国的"木马"

木马,满语称"恰尔奇克",是我国东北古代民族的杰作,古称木屐或木马,俗称滑雪板。形如弹弓,长四尺,宽四寸,一左一右,系于两足,激而行之雨中冰上,可及奔马。清初,木马多用木棍制作,逐渐改为金属制造,轻巧结实,木马变成铁马,而且进入世界行列,称为雪橇。

黑龙江省是我国冰雪文化的发祥地。每年山区降雪平均达200厘米,最多可达300厘米,有着丰富的降雪资源、优良的雪质,将近半年的雪期,其冰雪资源堪称全国之最。目前有史所载最早的滑雪是唐代渤海国的"木马"。唐代渤海国是满族先民靺鞨人所建,满族先民是以狩猎为生,冬季为方便交通和追逐野兽,在民间就盛行一种"木马"滑雪运动。方式是用柞榆等硬木做成的长三尺、宽半尺一头翘起的滑雪板,人站在上面,用皮条绑牢,腋下支一曲木,一蹬就可滑行三五丈远。此"木马"与现在的滑雪板相似,这是出于当时生产生活的实际需要,至清代滑雪在官民之间已经普遍流行。据史载:"努尔哈赤在冬季征战北方各部时,就曾令八旗官兵在双脚拴上代步的木屐滑雪而行,成为行军作战的交通工具,因速度快,常以出奇兵而制胜。"《满文老档》记载,努尔哈赤在征伐塔罗时,号令八旗将士"拴上有脚齿的木屐(滑雪鞋),必占塔罗,夺取你们该取的地方"。

(二) 关于滑雪板的记载

魏声和所撰的《鸡林旧闻录》记载：松花江下游的黑斤人，"雪后则加板于下，铺以兽皮，以钉固之，令可乘人，持篙刺地，上下如飞"。

曹廷杰在《东三省舆地图说》中说："木马，形弹弓，长四尺，阔五寸，一左一右，系于足下，激而行之雪中冰上，可及奔马。"

早在隋唐时期渤海国的北面，今黑龙江下游至库页岛一带居住着流鬼人，他们很早就能制作这种滑雪工具。据《新唐书·流鬼传》载：流鬼人"地蚤寒，多霜雪，以木广六寸、长七尺系其上，以践冰，逐走兽"。又如《北史·室韦传》载：室韦人"地多积雪，惧陷坑穽，骑木而行，……"

东北地区的北部"天气早寒，重阳后即落雪花迢，十月则遍地平铺，可深数尺，土人以木板长五尺贴缚两足跟，手持长竿如泊舟之状划雪上，前进则板乘雪力，瞬息可出十余里，雪中泛舟，则野兽往来求食多留其迹，凡逐貂鼠各兽十无一脱，运转自如，虽飞鸟有不及也"（《吉林通志》卷二十七）。

满族先民世居白山黑水之间，一年中有近半年是冰雪覆盖的寒冷季节，冬季有"千里冰封，万里雪飘"的壮观景象，也为开展各类冰雪运动带来了便利。在与冰雪为伴的岁月长河里，在同大自然英勇搏击的传奇经历中，以冰的阳刚、雪的阴柔创造了丰富多彩的冰雪文化。冰雪运动是满族冰雪民俗文化中的一枝奇葩，成为东北人文资源的组成部分，满族，这个植根、繁衍、生息于东北地区的少数民族，为中华文明贡献了力量。

满族说部中的冰雪文化

东北地区是满族的发祥地，这里积淀着深厚的满族文化底蕴。东北地区，处于北纬42°至53°34′之间，是最冷的自然区。由于处在强大的蒙古高压笼罩之下，寒冷甚于版图中的其他任何地区，12月、1月、2月是一年中最冷的季节，也是南北温差最大的季节，这是东北地区自然生态的基本特征，冰雪文化也成为该地区文化历史的首要环境因素。满族先民生存的这片土地，一年内有大半年的霜冻期。冰雪对满族先民与生物的威胁，是极其横暴残忍的，北方酷寒，常常突降暴雪，一夜间满目皆白，绿色消失。满族先民自古"无文墨，以语言为约"，满族说部中许多关于冰雪的内容，生动地反映了满族先民在这片寒土上与自然力的抗争，以及在此过程中所走过的精神历程。

一 冰雪带给满族先民的是恐惧感

在满族先民的神话传说《天宫大战》中，远古时候，北地朔野寒天，冰河覆地，雪海无垠，万物不生。人类茹血生食，常室于地下同蝼鼠无异。雪消出洞，落雪入地，人蛇同穴，人蝠同眠，十有一生。其其旦女神见北地寒天，被冰雪覆盖，万物不生，盗走天神阿布卡恩都里的神火下凡。在运火的过程中，被神火烧成了火神拖亚拉哈大神……她驱冰雪，逐寒霜……为大地和人类送来火种，招来春天。

满族先民的萨满神话中讲道："天刚初开的时候，大地像一包冰块，阿布卡赫赫让一只母鹰从太阳里飞过，抖了抖羽毛，把光和火装进羽毛里头，然后飞到世上。从此，大地冰雪才有融化的时候，大地变成了一个人类和生灵可以生存的世界……"

《天宫大战》中，天地初分的时候，没有日、月、星辰，黑暗无光。阿布卡赫赫跟耶鲁里打赌，看谁有能耐找到光明，看到天，地是什么颜色。耶鲁里凭着恶魔的眼睛，找到了白冰，搬来了冰山，处处是白森森的、凉瓦瓦的、白茫茫的。阿布卡赫赫在苦无良策时，大嘴巨鸭把阿布卡赫赫从被囚困的冰水中背上蓝天，躲过了灾难。但是，冰海盖住了天穹，蔽盖了大地。大嘴巨鸭，口喷烈火，把冰天啄个洞，又啄个洞，一连气儿啄了千千万万个洞，从此才又出现了日、月、星光，才有了光明温暖。可是，耶鲁里搬来的冰雪老也化不完。大嘴巨鸭的嘴，在早也是又尖又宽，又厚又长的，像钻镐，就因为援救阿布卡赫赫，凿冰不息，大地有了光明，可鸭嘴却从此以后，让冰凌巨块给挤压成又扁又圆的了，双爪也给挤压成三片叶形了。

在满族的创世神话中，冰与雪是恶神耶鲁里造出来的。耶鲁里与阿布卡赫赫争斗，风石抛走了有火的石头，北边天就冷了。耶鲁里同阿布卡赫赫争斗打赌，骗阿布卡赫赫，说世界上最美的是什么？阿布卡赫赫想，最美的是白色，最明亮的是白色，宇宙是金黄的白色，大地上的河流是滚动的白色，所以回答说白色最美。哪知耶鲁里把巴那吉额姆的白发偷来，把宇宙万物身上披上了永不融化的雪和厚冰，越积越多，像一座座大雪山，万物众生因此死亡了。阿布卡赫赫刚明白过来，已经太晚了，宇宙变成了寒冷的白雪世界，天母叫太阳、星辰照晒，让狂风吹拂，但冰雪太厚，难以融化。所以雪天变暖天要经过很久很久的时间。（见富育光的《萨满教与神话》）

《天宫大战》中，狡猾的耶鲁里用计谋把阿布卡赫赫骗进大雪山，雪压得阿布卡赫赫冻饿难忍……

《乌布西奔妈妈》中，乌布西奔女罕知寿命已尽。召来两名心爱女徒……乌布西奔仰靠虎榻，闭目讲颂：

天地初开的时候，
恶魔耶鲁里猖獗寰宇。
风暴、冰河、恶浪弥天，
万物不能活命。
阿布卡赫赫是宇宙万物之母，
将太阳带到大地，
……

才有了宇宙和世界。
耶鲁里不甘失败，
喷吐冰雪覆盖宇宙，
万物冻僵，遍地冰河流淌，
阿布卡额姆的忠实侍女古尔苔，
受命取太阳火坠落冰山，
千辛万苦钻出冰山，
取回神火温暖了大地。
宇宙复苏，万物生机，
古尔苔神女因在冰山
饥饿难耐，误吃耶鲁里吐的乌草穗，
含恨死去，化作黑乌。
……

远古时期，冰雪是属于恶神耶鲁里的，列宁曾说："恐惧创造了神。"由以上几则神话可以看出，在初民时期，冰雪带给满族先民的是恐惧感。满族先民在早期的生存中，经历了冰川、冰河、雪崩、酷寒等灾难，是经历了一场与大自然的生死相搏，才得以生存，表现了满族先民对大自然畏惧、依赖而又渴望征服的心理。满族先民在通往文明的历史进程中的艰难曲折，反映到神话中，折射出满族先民顽强开拓北疆的民族性格及伟大力量。

二　满族先民进入对冰雪崇拜阶段

满族先民与雪的相处是一个漫长的过程，也是一个不断再认识的过程。黑龙江萨哈连部野人女真供奉雪山女神奇莫尼妈妈，将黑龙江以北的圣山穆林穆林山作为她的象征。这位雪山女神平时总是赤裸着雪白的肌肤，向着黑龙江侧卧而眠。当她酣睡之时，天空晴朗静谧，大地草沃花香，雪水消融，涓涓细流，沿山而下，滋育着大地，牲畜肥壮。当她睁眼南望时，就会风雪大作，冰雹成灾，人畜死亡。所以萨哈连人敬她为畜牧女神，这位雪山女神能行善，又能作恶，颇令人敬畏。（见《萨满教女神》）此阶段满族先民对于冰雪已不单单是恐惧，已经认识到冰雪有利与害的两面性，表现了满族先民对自然现象的独特理解和认识。

在满族神话传说《天宫大战》中,满族先民对雪已经有了新的认识,其中写道:

……
在萨哈连之北,
有神山名曼君乌延哈达。
其峰尖在云际,
山中终年存雪,
唯夏间融化挂溪,
湍流声啸数十里。
射猎、罟渔、捕貉鹰之属
皆以曼君乌延之雪,
度卜天年。
天穹初开时,
阿布卡赫赫与耶鲁里争雄,
此山为卧勒多赫赫
布星阵中之巨星,
称寒星,
或称雪星,
住有曼君女神,
又称曼君额云,
曼君实为尼莽吉,
即为雪也,
也就是雪神所居之神星。
在阿布卡赫赫与耶鲁里搏拼时,
阿布卡赫赫猛力一踩,
因为身子被耶鲁里恶魔压住,
喘不过气来,
猛力一挣,
只听轰隆隆一声,
将雪星踏裂,

天上留下一半，
掉到地上一半。
从此以后，
雪神分两地居住，
在天上居住时，
北方无雪，
春暖花开；
在地上居住时，
北方沃雪连年、
洁白连天如银界。
掉在地上这一半星星，
便是北方的曼君乌延哈达。
因为雪神一年两居，
凡雪神居到天上时，
此地便为春天开始；
雪神返回地上时，
此地便是冬天开始。
所以，
此山又名宁摄里神山，
以此神山确定北方季节。
曼君乌延女神，
是季节神，
又是北方雪神，
年年致祭不衰。
……

　　满族先民对北方寒土多冰雪自然现象的认识与解说，充满了幻想，天真、巧妙而又富有情趣。"原始先民在漫长的社会劳动和生活中，由于生产力的极度低下，无力与强大的自然力抗衡，于是幻想着在人的周围有一种超自然的力量主宰一切，并认为自然的东西都有灵魂，是他们控制着人类，给人类带来幸福，也带来灾难。"（见《满族说部总序》）人类生存依赖大自然，又无法控制大自然给人类造成的巨大伤害，所以只好对其产生祈求和崇拜。上面这则神话说明，满族先民从对雪的恐惧已经过渡到依赖与崇拜,称雪神为季节神,年年致祭不衰。

三 满族先民开始运用冰雪为人类服务

在满族雪神神话中,天宇女神中,有一位美丽的白雪女神"尼亚其妈妈",又叫"沙延妈妈",全身披着白气白光。当天母与恶魔大战时,她帮助天母用白气白光罩满穹宇大地,黑色的恶魔耶鲁里无处藏身……(见《萨满教女神》)

黑水女真人与东海女真人的后裔崇拜雪山女神托给衣阿林,神话中说:托给衣阿林是五姊妹,居住在费雅哈达(传说中的北方雪山,又叫白桦峰),她们能使人类的居地温暖,海猎平安,上山能打到鹿狍。初民用五个人形神偶代表众雪山姊妹神……待海祭、火祭时供祀。雪山女神兼房神、海神、猎神,是人类的守护神。(见《萨满教女神》)

在《天宫大战》神话中说:阿布卡赫赫打败了耶鲁里,将它九个头中五个头的双眼取下,使他变成了瞎子,最怕光明和篝火,只要燃放篝火,点起冰灯,照亮暗隅,九头鸟便不敢危害世间了。满族夜点冰灯的古习俗传袭至近世,居住在黑龙江、乌苏里江、松花江下流的满族人家常在家门口放两个冰灯,甚至在猪栏门口放两个,燃点冰灯之俗,不仅是为了观赏,而且有避邪趋吉的宗教意味。

这几则神话说明人们已经征服自然。而且开始运用冰雪为人类服务,雪是美丽的女神,人类的守护神,冰灯也可以起到避邪趋吉的作用。

满族说部《乌布西奔妈妈》中,满族先民对雪的描写充满了美感:

……
舜莫林驮来爱梳妆的冬姑姑,
银色的百里海湾,
冰排叠成七彩塔柱,
肖千禽,似百兽,
龙虎争斗,胖胖瘦瘦,
晶莹剔透,美不胜收。
……

在满族萨满创世神话《西林安班玛发》中，写道：

……
天地初开时
阿布卡赫赫同
恶魔耶鲁里厮拼，
被耶鲁里骗入银白的雪山，
全仗众神襄助，
阿布卡赫赫才逃劫难。
……
阿布卡赫赫制服
耶鲁里之后，
她恼恨这块
陷她于危难之大雪山，
……
阿布卡赫赫命
额顿妈妈用浑身气力
吹散茫茫大雪山。
……
额顿妈妈
无法完成天母之命，
急得跺脚挠腮。
正愁苦无奈之际，
不知从何处蹦出了个
阿济格赫赫，
头扎"钻天锥"，
身罩白云衫儿，
红红的脸蛋圆又圆，
黑黑的睫毛弯又弯，
蹲在雪堆儿上，
双手拄腮梗梗个脖儿，
凝望着额顿妈妈

施礼开言道:
"萨克达妈妈,您呀累不累,
愁容满面缘何故?
别愁,别愁,
听孩儿给神奶奶喝乌春。"
额顿妈妈本无心哄孩子,
可是瞧见了
这个白净净的小赫赫,
五六岁模样,
挤眉弄眼,
着实招她喜爱异常。
于是,点头忙答应,
大声地说:
"唱吧!唱吧!"
小银孩高兴地站起身,
个子忽然
长成像天上云彩一般高大,
额顿妈妈大吃一惊。
这时,雪山迸发,
沉雷震荡,
从雪山顶上
传下动听的孩子儿歌:
"唉——咿——
唉——咿——
安巴安巴阿布卡咿,
安巴安巴巴那咿耶,
孟温霍绰阿布卡咿,
孟温霍绰那咿耶。
孟温乌勒滚咿——
图门乌勒滚咿——
布勒给咿——阿户耶,
尼莫呼咿——阿户耶!"

额顿妈妈为儿歌感动，
问道："你是什么人？"
雪山中传下来悲愤之音：
"我是伤害过天母的
尼莫吉女神，
也就是奶奶您
要吹灭的大雪山呀！
我们是天宇的清洁工，
我们是万牲的驱瘟散。
甘溶自身逐浊世，
喜看世间长寿仙。"
额顿妈妈
转愁为喜。
面对大雪山，
敬佩感慨。
她转变驱除
雪山的念头，
反而无限钟爱
塞北那暴雪和雪山。
尼莫吉，
安巴尼莫吉阿林，
光辉辉，
白如玉。
世世代代，
巍巍峨峨。
春夏秋冬，
亘古一容。
塞北生民，
尊称其"北冰山"。
额顿妈妈
将爱雪的诚意，
禀报天母。

阿布卡赫赫
听从了额顿妈妈之语,
便赐名尼莫吉女神
为尼莫吉妈妈,
终生终世,
执掌塞北冰雪。
雪大时,
将雪收入
她的鹿皮褡裢里;
雪小时,
将褡裢里的雪
撒向人间。
她时时关照
地上的雪,
不多不少,
让万牲永远
不为雪多雪少而愁。
……
西林玛发
这次就来
造访尼莫吉妈妈,
请她帮助
医治地下族人的顽疾。
尼莫吉妈妈
向西林色夫
传授了雪屋、雪疗、
冰炙、冰丸、
冰床、雪被,
医治霍乱、伤寒、
腐烂、热症、
疯癫等杂症。

此时满族先民已经对冰雪有了新的认识，人们对雪由依赖、崇拜，转变为运用。雪神已经完全成为了善神，是为人类辛苦忙碌的女性神，全身披着白光；雪是天宇的清洁工，为万牲驱散病瘟。甘溶自身逐浊世……尼莫吉女神执掌塞北冰雪。她时时关照地上的雪，不多不少，让万牲永远不为雪多雪少而愁。神话中尼莫吉妈妈向西林色夫传授了雪屋、雪疗、冰灸、冰丸、冰床、雪被，医治霍乱、伤寒、腐烂、热症、疯癫等杂症。这部分中体现了满族先民曾有过的女神崇拜，记载了满族先民曾经的民俗现象，再现了满族先民认识、利用、驾驭冰雪的经验与成就。

四　满族先民感恩冰雪的阶段

到了后期，人们开始举行隆重的雪祭，是满族先民对雪认识的一个升华，进入了感恩雪的阶段，也是满族先民在恶劣的生存环境中，与冰雪抗争历程的一个总结，表现了满族先民征服自然后喜悦的心情。

满族说部中的冰雪文化，是满族先民原生态的历史记忆，体现了满族先民在东北这片土地上，百折不挠、自强不息、勤劳创业、骁勇坚韧的民族精神。

文体习俗

满族说部中的民俗文化

满族是一个有着悠久历史的民族，在发展的过程中，创造了灿烂的文化，民俗文化是其重要组成部分。

满族先民早年没有文字，许多民俗在满族民俗史中没有记载，而满族说部填补了这一空白，在习俗方面，可称是满族先民的习俗大全，如居俗、食俗、婚俗、生产习俗、交通运输通讯习俗、歌舞习俗、葬俗、方物特产等都有涉及，生动地向我们展示了满族先民曾经存在过的丰富多彩的民俗现象及方物特产等。

一 满族说部中的习俗说明了满族的习俗是世代沿袭下来的

满族先民在几千年的发展过程中，有过许多的发明创造，窖藏食品是其中之一。满族是渔猎民族，鱼类曾经是满族先民的主要食品。1972年，黑龙江省博物馆考古部在密山兴凯湖湖岗上发现了一处遗址——新开流文化遗址，是满族先祖的遗存。在遗址发掘中发现了10座鱼窖，

在新开流文化考古资料中提到："鱼窖10座（Y1-10），贮藏鱼的窖穴，有圆形和椭圆形两种。分布在T3、5、6、8、9、12六个探方内，均开口于第二层底部，属第三层，底部直达生土。Y六大而浅，被M31打破。

Y10在T12的东南部，呈椭圆形，直径南北0.85、东西1、深0.65米，打破第三层。窖内上部填生黄土和第三层的黑黏土，含有少量鱼刺和陶片，下部堆满鱼骨，有的可清晰看出完整的鱼骨和成片相连的鱼鳞。窖中有陶罐和石核各一件。

Y2在T6东隔梁下，为圆形，直径0.6、深0.6米。保存较好，窖内上半部

· 291 ·

填一厚层黄砂土,下半部是层层相压的鱼骨,保存较完整,有数十条。据这两个鱼窖的堆积,可推测当时人们把鲜鱼放入窖后,棚盖覆土贮藏。"新开流遗址的考古资料说明七千年前的肃慎先民已经有了储鱼习俗。

满族长篇史诗《乌布西奔妈妈》中也提到了鱼窖。可见,满族说部中的习俗与考古资料相互印证,说明满族先民这种习俗是真实存在过的,其历史久远,是世代沿袭下来的。

考古报告注释中还提到:直至近代,当地老渔民仍用此种方法贮鱼。

后来满族先民又发明了窖藏蔬菜的储存方式,方法是,秋末冬初在家院中的向阳背风外挖二米多深的土穴,上横木杆,再盖上土,即成菜窖。窖中内藏各种蔬菜。窖藏蔬菜可保鲜到第二年春季。一直到现在,北方边远地区住平房的居民还在使用这种储藏方式。

满族是一个渔猎民族,以"骑射"称著天下。满族先民早期手工业之一就是制造弓箭。

据考古资料显示,新开流文化遗址中出土了 121 件石镞,这些石镞除一小部分是页岩外,大部分是用黑曜石制作的,可以说是选料高超,制作精良,是肃慎先民工具制作工艺的智慧结晶。

在上古舜禹时代,肃慎人制造"楛矢石砮",并以此为信物,通好中原。

在古籍文献中,有记载:"镞皆施毒,中人即死"(《后汉书》卷85《挹娄传》)。挹娄时期,已经能"制毒矢,镞皆施毒,以射禽兽,中者立死"。在冷兵器时代,中国满族先民就发明了毒药制造技术。

乌头草这种植物在吉林、黑龙江两省山野多有生长,满族说部中多次提到乌头草,乌头草是"一柄双刃剑",满族先民用其防病治病,也用作毒药。如史诗《乌布西奔妈妈》中满族先民已经能制造毒箭——乌头箭,文中写道:"东海女真人祖传药箭,有数千年传袭工艺,采东海乌头草根毒汁润箭。箭分三级,即致人迷醉、致人溃痈伤亡、致人迅毙三类毒箭,威力不可敌,名传遐迩。"乌头箭在部落战争中大显身手。

从东海女真人的乌头箭可见,满族说部中的习俗与古籍文献相互印证,说明满族的习俗是世代沿袭下来的。

二 满族说部中的民俗有纠正、充实、丰富满族民俗学的价值

满族是一个能歌善舞的民族,满族说部《天宫大战》中阿布卡恩都里送给

人间九十二位瞒尼神（文化英雄神），其中就有玛克辛神（舞蹈神）和乌春神（歌神）。笔者在整理《满族舞蹈溯源》一文时，感觉在一些文献资料中记录的满族先民的歌舞并不多。当我回头翻阅满族说部的时候，不禁感叹：满族先民的歌舞形式太丰富了！令人目不暇接，眼花缭乱。仅长篇史诗《乌布西奔妈妈》一书中就有几十种的歌舞形式，歌舞遍及满族先民社会生活的方方面面，满族说部中的歌舞形式可谓是丰富多彩。

满族说部中有着五光十色、许多已经消失的习俗。如玛虎戏，如今会跳的已经很少了，几近失传。对于早期的玛虎戏形式更是少有记载，笔者在整理《满族玛虎戏溯源》一文时，苦于找不到早期玛虎戏的资料，只能一笔带过。后来在满族说部中却找到了玛虎戏的痕迹，在《东海沉冤录》《乌布西奔妈妈》中都提到了玛虎戏，让我们对当时玛虎戏的面具材料、表演形式及内容有所了解，成为发掘满族民间舞蹈非常可贵的一手资料。

也有专家提到，在古籍文献中很少有满族先民在长白山生活的记载，但满族说部中却有很多描写……

可见，满族说部中的习俗有纠正、充实、丰富满族民俗学的价值。

三　满族说部中的习俗填补了满族民俗史、文化史的空白

满族说部中的习俗记述了满族先民的生存史，精神历程，展示了满族先民的智慧结晶，填补了满族民俗史、文化史的空白。

满族故地高寒，有着得天独厚的冰雪资源。《西林安班玛发》中尼莫吉妈妈向西林色夫传授了雪屋、雪疗、冰灸、冰丸、冰床、雪被，医治霍乱、伤寒、腐烂、热症、疯癫等杂症。满族先民因地制宜，利用当地的冰雪资源治疗疑难杂症，彰显了满族先民的聪明才智。

《乌布西奔妈妈》记述：

> 乌布林西邻突发天花，彻沐肯大玛发传信求助乌布西奔。乌布西奔急领侍女多名，进锡霍特阿林山洞，采狼毒茶、耗子尾巴草、土瓜蒌、乌头草根，亲手筛研，蚌炊调浸，迅治老弱婴孕七症，创下神方十三宗。力倡病家息躲深渊大谷，远避患地腐尸臭瘟……从此，传下来东海躲病之俗

>　　东海诸地疫症连绵，山达哈痘毒四处蔓延，霍乱病又突袭乌布林……乌布西奔先命人带病者远离家门，躲入山谷老林……然后乌布西奔亲自采药，日夜带领侍人沟沟岔岔挨门医病……很快，病魔让乌布西奔驱除……乌布西奔倡饮山川活水，教燔鲜牲兔鹿，传炊火熟谷，深埋腐烂兽尸兽骨，火洁地室潮物，再将"参龟延寿方"广布……从此，数年间病患不生……
>
>　　巴特恩图女魔毒箭伤胸骨，病入膏肓阎王路难逃。千百徒兵哀号求神药……乌布西奔用鱼耳石和吐丝草，研熬苦汁敷伤口，用笘箩鱼骨针刺穴窍，女魔渐回知觉……

　　满族故地植物资源丰富，满族先民在疫病防治中，就地取材，利用当地的药类植物资源防病治病，为丰富和发展我国医药文化做出了贡献。

　　满族先民在长期的生产生活实践中，积累了丰富的天文气象知识，开启了北方古人类科学天文学的序幕，对当时先民的生产生活起到了重要的作用，成为满族先民的宝贵财富，也对我国的天文学做出了贡献。《乌布西奔妈妈》中"乌布西奔远航途中经过鹅脖子礁，扶尼女酋霄霄对乌布西奔说："可敬的女罕啊，昨观晚霞像火烧，不宜远行，大海必卷风暴。""

《恩切布库》记述：

>　　恩切布库女神教授族众，只要观察日出日落，就能分辨东西南北，只要夜观星辰之象，就能分辨南北西东。艾曼人成了顺风耳、千里眼，晓测星云，不差分厘。星神、日神、月神是计时、计位、计岁之神安全可靠，准确无误。

　　满族先民素有佩饰习俗，《乌布西奔妈妈》中提到了珠饰、牙饰、环饰、羽饰、骨饰、石饰等，可谓是满族佩饰大全了。

　　"石饰：乌布西奔用彩石做头饰……乌布西奔心爱的征袍上用了九百九十九块东海彩石磨成的珠穗披罩……"

　　珠饰：书中提到"乌布西奔身穿东珠的披肩"，"乌布西奔有五鹰九珠日月冠……九珠为蚌珠、鲸睛围镶"，乌布西奔祭海神衣"用百颗鲸鱼睛镶嵌的神服穗式"，"乌布逊与众部落，为女罕冠带上献上海疆千里平安珠、海民安居故里珠"，乌布西奔葬礼上"身披鱼睛珠百颗——暗海变为光明海，照穿万里远"。

　　满族先民素有崇珠习俗，此习俗在《乌布西奔妈妈》中多次提到，东珠是东北江河中产的蚌蛤珠，是珍珠中的上品，满族先民的方物特产。东珠曾经是贡品，女真向契丹出售或易物的重要商品，与人参、鳇鱼称"东北三宝"。女真老人曾以"珠"计岁，每年年底增挂一珠，挂在胸前，称"令珠"，死后一同下葬。满族先民还用鱼瞳仁做珠，称鱼睛珠，是一种重要贡品，也是满族先民崇珠的体现。

　　清朝东珠进入朝廷，称为朝珠，成了清朝礼服的重要佩饰。只有皇帝、皇太后、皇后及一品以上官员可以佩戴东珠朝珠，平民百姓不得佩戴，更不得拥有，东珠成了区分身份等级、皇家威严的标记。

　　东珠曾经伴随满族先民共兴衰，最终因过度采捕，自然资源破坏殆尽，消失了，留下极少的凝结无数工匠智慧和心血的朝珠在博物馆中，成为了国家一级文物，而满族说部中为我们留下了东珠佩饰的珍贵记录，让我们联想起满族先民在这片土地上辉煌的采珠史。

　　满族先民生活的地方，山高林密，物产富饶，为满族先民提供了丰富的采集资源，采集是满族经济的主要组成部分。《恩切布库》中，"年轻的野人们正忙碌着采集各种山菜，像老豆秧、大苦琴、老牛筋等，女人和年纪大些的老人们则在山坡晾晒，备作冬粮。"采集是当时妇女重要的劳动，主要的生产方式之一。采集晾晒后制成的干菜，因其易于保存，是满族先民常备食品，也是饮食方面的补充，可以供冬春两季缺菜时食用，采集晾晒习俗是满族先民的发明，满族说部中的采集晾晒习俗还原了满族先民的生产场景。

　　居俗凸显了满族先民的智慧。"夏住巢屋，树屋，塔旦包（满语：帐篷）；冬宿崖穴，凿洞深深，洞中有洞，洞洞相连，棲兽皮、羽褥、茅葛、席枕，冬暖如春。"

　　婚俗在《乌布西奔妈妈》中也有涉及，如野合习俗，《恩切布库》中也提到"在阔野溪边，鸟语花香之地，搭建'花屋'、'草堂'、'皮篷'，编织'婚床'、'婚帐'……在欢乐的野合中相合相配，留下自己的后代。"野合习俗有鲜明的民族特色，当时的青年男女已经有了情爱的因素，开始实行族外婚，可以自由选择的婚俗，超出了蒙昧时期，初步进入文明阶段。

　　《乌布西奔妈妈》书中提到乌布林人尚处于畜力运输阶段，"用狗车、鹿车、马车、牛车、狗橇做交通工具……黄獐子部冬驰'狗棚'，每棚十犬……棚棚相衔，俗誉'雪龙'……鞭号如歌，灵犬晓明……人呼犬噐，驶若快风

· 295 ·

……"

用滑雪板狩猎，"用踏板雪行飞驰；冬有雪鞋，踏如长板，上缝革履……选用海獭、棕熊、野猪毛鬃……钉于板下，马不可及，雪中飞如闪电……追踪狐兔，如在掌中……"

满族先民的通讯方式有多种，《乌布西奔妈妈》中主要有："跑狗传信，东海人古代传信手段，利用训练有素的家犬互传信息，多用桦皮、彩石、皮革刻写一定符号，绑在狗脖下，迅巧便捷。"

"海鸥传信，乌布西奔妈妈用海鸥腿上系银簪，做哨军，传递信息。"

狗是满族先民狩猎时期的忠实助手，崇狗习俗是在长期的生产生活中形成的。《乌布西奔妈妈》书中提到："黄獐子部兴狗祭，犬多百数，有师专驯……待犬如子，懂人情，通人语，与人同席枕……"展示了东海女真人的崇狗习俗。崇狗习俗在满族中至今仍有遗存。

满族素有"尊西崇东敬北仰南"的方位观，在满族民俗意识中东方位象征着光热之源，是其主要的祭祀对象之一。崇东是萨满教观念中的一个方面。天母阿布卡赫赫曾派四位方向女神下凡给人类指明方向的神话中，东方女神德勒给是第二个到达人间的，因此东方位是满族崇尚的方位中排行第二位，在其民俗中，也多有例证，如：

满族堂子祭，清宫堂子"建筑城东内治门外"；往昔，满族民间诸姓多有立神杆祭天之俗，神杆立于院内东方或东南方。都说明满族对东方位的崇仰。

满族有祭星习俗，一般在院中祭祀，《呼兰府志》记载："是夕，祭星于东房烟筒前。……"

《乌布西奔妈妈》中，也有明显的崇东习俗。乌布西奔带领族众举行鱼祭，"三十只海鹅、海狮、海豹、海狗肋骨与九十颗天禽骷骨堆起雪白耀眼的东门，这是乌布西奔拜奠的神秘圣地……阖族齐向东天祭拜"。乌布西奔为寻找"太阳升起的地方"数次东征，最后在东征途中去世。王宏刚老师在《满族民俗文化论》中认为："东方位是太阳的源出之地，聚居着满族先民对太阳和光明炽热的情感；东方位还象征宝地；神灵的居地，因为他们的祖先原居东方的大海之滨，海猎曾是他们先人的重要衣食之源，崇东是对于东方大海的膜拜……寓含着对其先人艰苦创业的追思。"

葬俗是与满族先民崇拜灵魂的观念紧密相连的，满族先民的葬俗丰富多彩，在各个历史时期其葬俗是不同的。《乌布西奔妈妈》中提到了海葬习俗，"海葬礼仪开始了！九株红松连成的长筏漂躺海边，妈妈遗体安卧在葬筏上……妈妈

文体习俗

从葬筏抬下来,葬筏四周巨石捆绑。槽形榻是石盒雕成,妈妈葬眠槽中,有盖石、鲜花、供果,在鼓乐声中跪送海洋,迅速沉入深海……特尔沁、特尔滨、都尔芹敲响神鼓,唱送神曲、招魂曲、安葬曲……"居住在海边的满族先民有海葬的习俗,乌布西奔妈妈的葬礼是海葬加石棺葬,葬筏四周巨石捆绑。槽形榻是石盒雕成,妈妈葬眠槽中,有盖石……石棺葬体现了满族先民的灵石崇拜习俗,认为石有灵性,石可通天,逝者的灵魂借助灵石可以重返天穹。乌布西奔妈妈的石棺葬与渤海早期的石棺葬有相似之处。

……

有些书,一目了然,看过就不会再翻。而满族说部,如长篇史诗《乌布西奔妈妈》是满族先民民俗的"百科全书",内涵太丰富了,属于百读不厌,每次翻阅都会有新的发现,新的认识的书籍,正如关纪新老师在《文脉贯古今 源头活水来——满族说部的文化价值不宜低估》一文中所说:"但愿今后的文化人类学、民族学、历史学、社会学、民俗学、文艺学、语言学、心理学乃至自然科学若干门类的学人们,都能读读满族说部。它会充实我们,丰富我们,矫正我们……满族说部不单是一座人文富矿……还是一道满族文化的主矿脉……我们没有理由不珍视这个条件。"是的,我们没有理由不重视满族说部,因为它会充实我们,丰富我们,矫正我们……

满族说部是满族文化的宝藏,涉及满族先民社会生活的方方面面,是满族先民真实的精神风貌及生产生活场景的再现,具有独特的、浓郁的民族风情,这些习俗有的现在还在沿用,大部分习俗却早已不复存在,消失在历史的长河中,但我们在满族说部中却可以一窥其曾经的风采,当然,我们也不会忘记满族先民在民俗学方面所做出的贡献,更不会忘记满族为中华民族史册所增添的光彩。

满族先民的冰雪民俗游艺活动

满族民俗保留了本民族文化的许多特色,是满族文化的活形态。

满族及其先民世世代代在白山黑水间繁衍生息,江河湖泊封冻后,冰层厚达两三米,为制作冰灯、冰雕艺术品提供了丰富的冰源。由于地理条件因素,满族及其先民在这片黑土地上创造了丰富多彩的冰雪文化。

一 冰 灯

在满族神话传说《天宫大战》中:阿布卡赫赫打败了耶鲁里,将它九个头中五个头的双眼取下,使九头鸟变成了瞎子,害怕光明和篝火,只要燃放篝火,点起冰灯,照亮暗隅,九头鸟便不敢危害世间了。满族冬夜点冰灯的古习俗传袭至近世,居住在黑龙江、乌苏里江、松花江下游的满族人家常在家门口放两个冰灯,甚至在猪栏门口放两个,燃点冰灯之俗不仅是为了观赏,而且有避邪趋吉的宗教意味。

冰灯的出现和人们生活生产有着密切的关系。寒地居民在冬季为了度过漫长的寒夜,过去窗户是采用木板封闭的,在没有月亮的夜晚,外出晚归的人们易迷失方向,有人出门的人家就用油灯放在自家小院门旁,为防止烛火被风吹灭,就用桶盛水冻成冰,再将冰块中心掏空,放上油灯以指示方向,即冰灯的民俗实用阶段。

满族先民在冬季打鱼时,夜晚将油灯放置于掏空的冰块中照明。利用冰罩遮挡寒风,油灯则不会被吹灭,成为渔民们的生活生产工具。满族人还在冬天用水桶或盆子盛水冻成冰灯,放置大门口照亮。正月十五元宵节,有很多人家利用各种容器冻制灯笼,里面点上蜡。

传说造型别致的各种冰灯起源于女真人。相传,寒冬时节,在大金国军队驻扎的一个村子里,忽得知有敌来攻,由于这个村寨的城墙低矮,人们都担心防守不住。天黑时,领军人乌古乃下令,村寨男女都提水往城墙上浇水。小城墙变得高高大大,敌人来时见到这个城墙光滑明亮,又高了许多,以为有神相助,只好退兵。1153年,海陵王完颜亮借助先祖冰城御敌的故事,令人在宫中建筑高数米的"冰山",正月十五那天它带领众妃尽情欣赏张灯结彩的冰山。这个冰山,应是中国最早的冰灯了。清初冰灯在官府豪宅出现,诗人张问陶的《冰灯》诗、西清《黑龙江外记》、黑龙江的清代文人金韬等,都对北方冰灯作了描述。

也有人认为冰灯艺术是中原文化"正月十五闹花灯"的民俗,通过汉族的"闯关东"带到有冰雪环境的黑龙江地域而产生的。康熙年间,"冰灯"一词正式出现。每逢正月十五,人们成群结队观赏冰灯是满族习俗,现在哈尔滨、齐齐哈尔等地每年举行冰雪节和冰灯游园会,就是从满族人那里沿袭而来的。冰情雪韵赋予这片神奇土地更多的灵气,培养了人们无穷无尽的创造力,并体现在各种冰雪文化活动之中,人们打造出构思精妙、巧夺天工的冰灯,玲珑剔透、美妙绝伦的冰景,气势恢宏、大气磅礴的雪雕,匠心独具、惟妙惟肖的雪塑,给人以享受和美感,透出满族人的聪明智慧,映衬出满族人的浪漫情怀。自从有了冰灯艺术,哈尔滨的寒冷冬天变成了旅游旺季。

冰灯的使用经历了四个阶段:冰灯的民俗宗教阶段、冰灯的民俗实用阶段、冰灯民俗娱乐阶段和冰灯的艺术消费阶段。

二 送灯与轱辘冰

每到过年,满族先民有送花灯的习俗,在江边会出现:"白雪映红灯,雪坑卧面灯……"独特的年俗风情。农历正月十五是一个重要的传统节日,又叫元宵节或灯节。满族人十五"送灯",最早是点的红松明子。十五之夜,将点燃的红松明子插在雪堆上,红白相映,十分壮观。进入农耕社会后,满族人开始用"面灯",江面上要送鱼灯,希望水神、河神能保佑渔民富足、平安,"送完鱼灯还没完,顺便还得轱辘冰"。在鱼灯的点缀下,正月十五夜晚的江上灯火通明。

辘轳冰也称"滚冰"。农历正月十五、十六两天晚上，满族青年男女都喜欢到上冻的江河或泡湖结冰的地方上去"滚冰"，也称"辘轳冰"。躺在洁白的冰面上连续打滚，你滚、他滚相互碰撞，笑闹不止，一边滚一边念叨："正月十五辘轳冰，一年不会肚子疼"或"辘轳辘轳冰，浑身上下一身轻，腰不痛来腿不疼"，意为去掉晦气、迎接吉祥。满族先民以冰为冰清玉洁，视为吉祥物，在其上面滚一滚可以滚掉一年的晦气，迎来喜气。活动带有祈福形式，反映了满族对未来美好生活的向往和追求，是一种有益的冬季室外体育活动。回家后给自己的老人带上一块冰，以祛病免灾。大龄未婚小伙、格格滚冰回家后，家人有意令他（她）们将荤油坛子挪动一下，谓之"动大荤（婚）"，预示今年婚事即成。

三　儿童游艺活动

1. 冰板

冰板也称"冰滑子"，是在木板下嵌上两根粗铁丝，大小如鞋。玩时，把它缚在鞋下面，在冰面上滑行，滑行起来速度快，旋转也较为灵活，深受满族儿童喜爱。

2. 打冰尜

满族少年儿童还有"打冰尜"的习惯，也叫"打冰猴"，冰尜满语称"陀螺"，为木制圆锥形，放在冰上用小鞭子抽打。打冰尜是满族少年儿童喜爱的一种传统游戏。

满族先民传统的体育活动

一 满族传统的体育活动珍珠球

珍珠球，满语叫"尼楚赫"。肃慎人采集东珠时期，经过一年采集如果获得丰收，肃慎人就会在结束采集后的八月十五全族人聚在一起，跳起独特的萨满舞庆贺。同时也会跳起模仿采珠情景的原始舞蹈，这就是今天满族传统的体育项目珍珠球游戏的雏形。

采珠原是满族的一项水上运动，是往昔满族捕捞业中最重要项目。从前，满族先民在江河中采珠，劳动之余，常在船上立一高杆，上设有圈网，两队人在水中追逐抢珠蚌，并将其投入圈网中得分，多者为胜。后来，多以熊头代表珍珠球，阻拦者则象征珍珠精，是极富情趣的满族水球。女真人根据这种生产活动发明了满族珍珠球的传统体育活动。八旗军入关，将"采珍珠"带入关里，此时已变成一项陆上运动，用绣球代表东珠。后来，"采珍珠"逐渐从军中传到满族先民民间，成为满族的一项群众性体育项目。

珍珠球比赛源于生活，富有特色，具有很高的观赏价值，现为全国"民运会"竞赛球类项目，是民族运动会中最受欢迎的满族传统项目。"采珍珠"在北京、辽宁、吉林等地的满族中流行，它集篮球、手球、棒垒球的技术于一体，可与美国的橄榄球相媲美。如今"采珍珠"这项体育活动已进入黑龙江省级非物质文化遗产名录。

二 满族先民传统的体育活动——击石球和掷石

满族先民的体育活动中有击石球和掷石比赛。

击石球。据《满文老档》记载，击石球是由女真人的踢熊头演化而来的体育活动，由二人互击石球，变化为两队各三人的集体竞赛，比赛在三十米见方的场地上进行。赛时，两队各持红、白石球，以一方先于另一方全部击中者为胜。

掷石，满族民间的抛石头比赛。在离起点五十步地方立大、中、小三块圆形铜或铁牌，离地约五尺，圆牌直径为一尺、八寸、六寸。赛者在起点掷九块石头击牌，每牌计分不一，牌小者为高，总积分高者为胜。

三 满族与马相关的传统民族体育项目

满族先民曾驰骋在崇山峻林之中打围狩猎，因此注意培养儿童从小养成弯弓盘马，崇尚骑射。满族儿童"至小儿三四岁，置马背，略无恐怖；七八岁便喜叠骑骡马；过十岁，类能驰拔阪如平地；稍长，则马上射生，以虚发为耻，性相近也"（《黑龙江外记》卷四）。满族先民不仅男子喜骑，女子也执鞭驰马。十余岁儿童，亦能佩弓箭驰遂。清人杨宾有诗句描述："经过妇女多骑马，游戏儿童解射雕。"清代，皇帝亲自主持木兰秋狝，在围猎之余满蒙将士一起举行赛马，骑生驹比速度、跳马、套马等。后期满族的骑射习俗则逐渐演变成独具特色的传统民族体育项目而得以延续。

1. 赛马

满族的竞技活动中有赛马，又称"演马"，是清朝皇帝倡导的一项大型体育活动。在永陵有一处较大的专用赛马场遗址。天聪七年四月，皇太极亲率诸贝勒演马。他让众皇子弟"自三十里外，各乘马驰至。最先至者，赏银二百、蟒缎一、布二十；次至者，银一百八十、蟒缎一、布十八；又次银一百六十、蟒缎一、布十六……，凡十等"。在每年进行的赛马活动中，"皇上也选用御用马匹参加比赛。在赛马中取得好成绩，能跑最远路程的人，可以得到奖赏，有的骑手一气可跑六七里远。每次赛马大都有两三个人和他们的坐骑一同跑死，尽管如此，人们仍愿意参加这项比赛"（［法］白晋《康熙皇帝》）。

2. 跳马

赛者趁一匹快马从身边飞驰而过时，迅速抓鬃毛飞身骑于马背上为胜。

3. 马术

早期的射箭和马术密不可分，俗称"跑马飞箭"，因此满族的马术也闻名遐迩。法国人白晋跟随康熙多年，在他的《康熙皇帝》一书中写道："他（康熙）特别擅长骑术，不仅在平地上，就是在极其险峻的山路上，也能上下自如，奔走如飞。"

4. 八旗骗马戏

满族入关后，给北京带来了具有独特马技和风格的八旗骗马戏。《檐曝杂记》卷一载："有八旗骗马诸戏：或一足立鞍上而驰者；或两足立马背而驰者，或板马鞍步而并马驰者；或两人对面驰来，各在马上腾身互换者；或甲腾出，乙在马上戴甲于首而驰者。曲尽马上之奇。"这种马戏为我国传统的百戏马术增添了异彩。

5. 击马球

击马球这项活动需要高超的骑术作基础。操作方法是："各乘所常习马，持鞠仗，杖长数尺，其端如偃月，分其众为两队，共争击一球。先于球场南立双桓置板，下开一孔为门，而加网为囊，能夺得鞠击入网囊者为胜。球状如小拳，以轻韧木枵其中而朱之"（《金史·礼志》）。至元代，击球运动又有了发展，"咸用上等骏马，系以雉尾缨络，紫缀镜铃，装饰如画。一马前驰，掷大皮缝软球子于地，群马争骤，各以长藤柄球杖争接之，而球子忽绰在球棒上，随马走如电，终不坠地，力捷而熟娴者，以球子挑剔跳踯于虚空中而终不离于球杖，然后打入球门，中者为胜"（《析津志》）。

6. 跑马射柳

跑马射柳是辽金时期游戏活动，把半人来高、削去一块皮的柳枝插在地上，参加比赛的人，骑着马，用平头箭射削去皮的白点处，然后在柳枝刚断的刹那间，以飞马拾起者为胜。

附录

FU LU

清代被流放来东北的文人撰写的有关黑龙江乃至东北地区最早的几种地方史志著作简介

清初,一些被流放来东北的文人,写下了他们的所见所闻,给我们留下了珍贵的资料。如《柳边纪略》《龙沙纪略》《宁古塔纪略》《黑龙江外记》《黑龙江述略》《宁古塔山水记》《域外集》《吉林外记》等,是有关东北及黑龙江省最早的几种地方史志著作,对我们研究、了解清初东北及黑龙江的历史地理、民情风俗等都提供了宝贵的资料。

1. 《宁古塔纪略》

《宁古塔纪略》,1卷,清吴桭臣撰。清初吴桭臣父吴兆骞,江南吴江(今江苏省境)人,遣戍宁古塔23年,吴桭臣生长其地。后因其父得友人顾贞观的帮助,为言于清初著名词人纳兰性德,经纳兰性德父明珠的营救,行以赎还,方相从入关。

本书为吴桭臣归里后于晚年追忆往事而作。他曾说:"余生长边陲,入关之岁,已为成人。其中风土人情,山川名胜,悉皆谙习,颇能记忆。"《宁古塔纪略》是以当时人记当地事,十分真实而生动地记录了黑龙江省宁古塔地区当年丛莽初辟时的风光和古朴淳厚的民俗。叙述了宁古塔地区满族的生活情况、风土人情、山川名胜及南归所经驿站里程等,是一部具有较高史料价值的著作,有助于研究满族早期历史与风俗习惯。

2. 《柳边纪略》

《柳边纪略》成书于清康熙中叶,5卷,清杨宾撰,杨宾是浙江山阴(今绍兴)人,他出生在一个"薄有良田畴"的中小地主阶级家庭。在杨宾13岁时,其父杨越被流放宁古塔,杨宾在家上奉祖母下携弱弟,他40岁时祖母去世。杨宾便打点行装,赴宁古塔省亲,四年后,其父于戍所去世。

杨宾父归葬中原后,在今苏州市的寓所,杨宾动手写作了《柳边纪略》一书。书中记述了清初盛京、宁古塔、黑龙江三将军辖区,即柳条边内外满族居住地区之山川、形势、卫所、官制、兵额、城堡、驿站、部落、寺庙、贡赋、物产、民情、风俗及文化等情况，是一部有着相当史料价值的地方史志著作。对宁古塔辖区今古迹所在、流人荒山遭遇等尤为全面，从中可以看出清初东北地区的各种情况，对研究清初东北地区满族发展史、文化史具有参考价值。《清史稿》评价说："宾撰《柳边纪略》，述塞外事甚详。"《清史列传》评价说："其书网罗巨细，足以订史书之谬，而补版图之缺。"

3．《绝域纪略》

《绝域纪略》，1卷，又名《宁古塔志》，清方拱乾撰。方拱乾，安徽桐城人。顺治十四年举家被流放宁古塔，顺治十六年闰三月出塞，历尽艰难，始抵戍所——宁古塔旧城（今黑龙江省海林县）。顺治十八年冬，方氏全家被赦归。

《绝域纪略》是作者晚年之作，撰于归来后之次年，即康熙元年（1662年），写成于同年七月二十七日。内容分流传、天时、土地、宫室、树畜、风俗、饮食等部分，是黑龙江牡丹江地区现今得以传世的第一部风土记。书中所记是作者亲身见闻，对于研究清初的牡丹江地区历史，甚至黑龙江、吉林历史，都是第一手的珍贵文献。

4．《黑龙江外记》

《黑龙江外记》，8卷，清西清撰。西清是满洲镶蓝旗人，出生于官僚贵族家庭。1806年（清嘉庆十一年）来黑龙江，寄寓在齐齐哈尔城南的万寿寺内。《黑龙江外记》是西清在黑龙江为吏、教书的五年时间里，根据他当时所见到的"幕府"图籍资料和亲身调查了解黑龙江省的西部地区和齐齐哈尔一带而写出的一部优秀的、有价值的、不可多得的地方史志著作。

作者取材广泛而又记载翔实，对有关黑龙江地区的一些历史、地理、风土人情作了较有价值的记录，是非常宝贵的资料。书中卷一记述了疆域、重镇、气候、和山川（此卷对山川、地名等作了多方面的考察，纠正了古书或时人的一些错误）；卷二记述了城堡建筑沿革和台、站、卡伦设置；卷三记述了民族、户口、官制和兵制；卷四记述了俸饷钱粮、出入款项和军事装备；卷五记述了贡品、制度、刑律和互市（此卷暴露了封建社会的本质）；卷六记述了谪戍、方言、服食和风俗；卷七记述了历任职官和流徙谪籍人物（此卷反映了流人对开发黑龙江所做的贡献）；卷八记述了物产和自然资源。

5．《吉林外记》

《吉林外记》，清代地理著作，10卷，由吉林堂主事萨英额于道光七年

(1827年)八月编撰成书。书中内容自山川形势至伯都讷屯田共27门,描述当时各地经济、民风与古迹等。此书之前吉林并没有志书,此书实属草创,是研究吉林历史地理的宝贵资料。

6.《龙沙纪略》

《龙沙纪略》,1卷,清方式济撰。方式济,安徽桐城人,因其父方登峄流放卜魁(今齐齐哈尔),随父流寓于此。《龙沙纪略》便是他"久住于斯,又闲居多暇",在"游览询访"中所写下的一部记载清初黑龙江地区的史志著作。全书分方隅、山川、经制、时令、风俗、饮食、贡赋、物产和屋宇等九门。

在清乾隆年间修《四库全书》时,将其收入史部地理类。在"提要"中说:该书对某些江河水系的考辨,足以订辽、金诸史之讹,而可补《盛京通志》之所未载。因此,是"志舆图者所必考"的。还有人评价,《龙沙纪略》:"实为黑龙江文化之祖,千载以下,万里以外,考兹土之物产风俗者,孰不珍重之。""《纪略》一卷,……简要质实,犹九州之有《禹贡》,单词只字皆可宝贵。"

《龙沙纪略》作为黑龙江省少数几种古代方志之中极其重要的一种。

7.《黑龙江述略》

《黑龙江述略》,6卷,由晚清学者徐宗亮所撰。徐宗亮出生于封建官僚家庭。作者所处的时代,正是列强瓜分中国、中华民族的前途岌岌可危之际,在东北俄统治者"时思逞志,噬啮中国"。《瑷珲条约》《北京条约》签订后,守边将吏,面对着领土流失,非束手无策,即怯敌卖国。徐宗亮决定来黑龙江,"亲临周览"实地考察,"发其积弊所在",给统治者提供引古筹今的资治之"鉴"。书中每一卷都贯穿着中俄关系与边事变化这一主线,反复强调了实边御侮的思想,体现了徐宗亮某种程度的爱国思想。

徐宗亮光绪十二年(1886年)来黑龙江,"居黑龙江三年,考其山川,风俗,政治利弊,证以案册,著书数万言",这就是著名的《黑龙江述略》。其中卷一疆域、卷二建置、卷三职官、卷四贡赋、卷五兵防、卷六丛录。在"疆域卷"中,作者叙述了黑龙江地区的方位、江河,尤其是疆域的变化及大片领土被沙俄蚕食或鲸吞的经过。最后一卷"丛录卷",记载丛杂,举凡气象、风俗、"马贼"、武功、物产、度支、发遣、教案等均有著录。

《宁古塔纪略》《柳边纪略》《龙沙纪略》《绝域纪略》《黑龙江外记》等,多是对客观事物的记述,议论极少,而《黑龙江述略》除了对客观事物与事件的记述外，还有着许多作者的议论，有其鲜明的史与论相结合的特点。成书以后，赢得了时人的一致推崇。

《黑龙江述略》是一部成书较晚，但记载却更为完备、详实的黑龙江历史地理著述，为黑龙江省史地的研究提供了丰富、弥足珍贵的素材。

8.《宁古塔山水记》与《域外集》

《宁古塔山水记》《域外集》，清著名学者张缙彦著。两本书均是康熙年间松石斋刊本，均为孤本，是研究黑龙江地方史的重要参考资料。

张缙彦，河南新乡人，顺治十七年以刻有《无声戏》二集，"以煽惑人心"，坐罪，褫职流放宁古塔，直至老死。张缙彦平生喜欢交游吟咏，罢官被贬塞外，仍与吴兆骞、钱威，以及金陵的姚琢之，湖州的钱虞仲、钱方叔、钱丹季等结为"七子之会"。

虽身处逆境，在戍所仍著述了许多记载塞外山水、风俗、物产、兵事、逸事及流人事迹等文章。在他卒后，由其子张欲昌（字道之）和另一名私淑者刘挚檗辑成《宁古塔山水记》和《域外集》两书。

《宁古塔山水记》，1卷，黑龙江地区第一部山水专志，具有开创之功。该书凡22目，多记山川名胜及物产、风俗等。书中所记的山水地名，多有为后代所失载者，可见此书史料价值极高。

《域外集》是一部散文集，共22篇，具有较高的文学价值和史料价值，为研究当时塞外流人事迹提供了难得的资料。本书有关黑龙江地方史的记载也有与其他文献互为补充、参证、发明之处，有关塞外山水特点之分析，风俗、物产之论述等均有精粹、独特的见解。

9.《卜魁纪略》

《卜魁纪略》，1卷，清英和撰。英和，满洲正白旗人，道光八年（1828年）九月被流放黑龙江地区充当苦役。次年（1829年）二月到卜魁（今齐齐哈尔），寓居于木城北门外。

《卜魁纪略》一作《卜奎纪略》，是英和于道光九年在戍所撰写。书中内容是作者得之亲身见闻与实地考察，对于黑龙江地区的疆域、建置、风俗、物产等均有涉及，是继方式济《龙沙纪略》及西清《黑龙江外记》之后有关齐齐哈尔乃至黑龙江地方史的重要文献资料。

10.《三姓山川记》与《富克锦舆地略》

《三姓山川记》又名《三姓山川》，1卷，《富克锦舆地略》1卷，清祁寯藻撰，均系其手稿本，从未刊行过。此孤本现藏于北京图书馆善本书室。祁寯藻，山西寿阳人，生于乾隆五十八年（1793年），其父为著名地理历史学家祁韵士。

《三姓山川记》记载了三姓（今黑龙江省依兰县）境内山川的方位或源流、山之高度或水之长度及距离三姓城之里数等，与《吉林通志》中有关记载相比更为详实。

《富克锦舆地略》记载了富克锦（今黑龙江省富锦县）的屯镇与卡伦等，与《吉林通志》中有关记载相比亦更为详实。

《三姓山川记》《富克锦舆地略》反映了清代道光、咸丰之际，该二地山川、屯镇与卡伦的现状，对于清代后期黑龙江、吉林地方史的研究可起到拾遗补缺的作用，而且由于它们是作者的手稿本，流传不广，可见弥足珍贵。

11.《珲春境内村屯里数》一卷、《宁古塔村屯里数》

《珲春境内村屯里数》1卷、《宁古塔村屯里数》1卷，据北京图书馆善本书目著录，为清抄本，作者与写作时间均不详。抄本现藏北京图书馆，附于《三姓山川记》《富克锦舆地略》之后。

此两种资料，系记珲春（今吉林省珲春县）及宁古塔（今黑龙江省宁安县）村屯里数，与《吉林通志》卷十七有关记载相比，虽然大致相同，但也有出入。此外，《宁古塔村屯里数》，不仅载有村屯里数，还详细记录了每一村屯的户数。二文有助于清末黑龙江、吉林地方史的研究。二文作者无可考，写作时间推测大约与《吉林通志》成书时间相接近。

参考书目

[1] 孟慧英. 中国原始信仰研究[M]. 北京:中国社会科学出版社. 2010.

[2] 阿尼西莫夫. 西伯利亚埃文克人的原始宗教[M]. 北京:中国社会科学出版社. 2016.

[3] 王宏刚. 金基浩. 满族民俗文化论[M]. 长春:吉林人民出版社,1991.

[4] 富育光. 萨满教与神话[M]. 沈阳:辽宁大学出版社. 1990.

[5] 满族风俗志[M]. 北京:中央民族学院出版社. 1991.

[6] 黄任远. 黑龙江流域文明研究[M]. 哈尔滨:黑龙江人民出版社. 2006.

[7] 张佳生. 中国满族通论[M]. 沈阳:辽宁民族出版社. 2005.

[8] 孙邦. 吉林满族[M]. 长春:吉林人民出版社. 1991.

[9] 王纪. 王纯信. 萨满绘画研究[M]. 长春:时代文艺出版社. 2003.

[10] 黄任远. 赫哲那乃阿伊努原始宗教研究[M]. 哈尔滨:黑龙江人民出版社. 2003.

[11] 王宏刚. 荆文礼. 于国华. 萨满教舞蹈及其象征[M]. 沈阳:辽宁人民出版社. 2002.

[12] 富育光. 王宏刚. 萨满教女神[M]. 沈阳:辽宁人民出版社. 1995.

[13] 黑龙江省文物考古工作队. 密山县新开流遗址[J]. 考古学报. 1979. (4)

[14] 杨锡春. 满族风俗考[M]. 哈尔滨:黑龙江人民出版社. 1988.

[15] 关志伟. 话说乌拉[M]. 长春:吉林人民出版社. 2008.

[16] 吉林省民族研究所编. 萨满教文化研究[M]. 长春:吉林人民出版社. 1988.

[17] 吉林省民族研究所编. 萨满教文化研究[M]. 天津:天津古籍出版社. 1990.

[18]吉林满族风俗[M].长春:吉林人民出版社.2006.

[19]避暑山庄研究2009[M].沈阳:辽宁民族出版社.2010.

[20]张佳生.满族文化史[M].沈阳:辽宁民族出版社.1999.

[21]王肯等.东北俗文化史[M].沈阳:春风文艺出版社.1992.

[22]赵志忠.满学论稿[M].沈阳:辽宁民族出版社.2005

[23]王禹浪.神秘的东北历史与文化[M].哈尔滨:黑龙江人民出版社.2011.

[24]王林晏.说说唐朝的海东盛国[M].哈尔滨:黑龙江人民出版社.2012.

[25]王纯信等.关东山艺匠民俗风情[M].长春:吉林文史出版社.2007.

[26]富育光.图像中国满族风俗叙录[M].济南:山东画报出版社.2008.

[27]姜涛.蒋丽萍.吕品.重现图腾[M].哈尔滨:黑龙江教育出版社.2012.

[28]王英海.孙熠.吕品.赫哲族传统图案集锦[M].哈尔滨:黑龙江教育出版社.2011.

[29]龚强.冰雪文化与黑龙江少数民族[M].哈尔滨:黑龙江人民出版社.2008.

[30]张碧波.庄鸿雁.黑龙江流域文明新探[M].哈尔滨:黑龙江人民出版社.2011.

[31]王宏刚.王海冬.张安巡.追太阳[M].北京:民族出版社.2011.

[32]滕绍.滕瑶.满族游牧经济[M].北京:民族出版社.2001.

[33]傅英仁口述.张爱云整理.傅英仁满族故事[M].哈尔滨:黑龙江人民出版社.2006.

[34](汉)刘歆著.张艳娇注译.山海经[M].西安:三秦出版社.2012.

[35]那国学.满族民间文学集[M].哈尔滨:三秦北方文艺出版社.2004.

[36]郑树民等.北京乡土史话[M].北京:兵器工业出版社.1990.

[37]干志耿.孙秀仁.黑龙江古代民族史纲[M].哈尔滨:黑龙江人民出版社.1987.

[38]张碧波.董国尧.中国古代北方民族文化史[M].哈尔滨:黑龙江人民出版社.2001.

[39]东北历史地理[M].哈尔滨:黑龙江人民出版社.2013.

[40]张泰湘.黑龙江古代简志[M].哈尔滨:黑龙江人民出版社.1990.

[41]波·少布.斯塔夫里阿斯诺.全球通史[M].北京大学出版社.2005.

[42]赵洪恩.李宝席.中国传统文化[M].北京:人民出版社.2003.

[43]富育光讲述,王慧新整理.恩切布库[M].长春:吉林人民出版社,2009.

[44]富育光讲述,荆文礼整理.天宫大战·西林安班玛发[M].长春:吉林人民出版社,2009.

[45]傅英仁、宋和平、王松林记录整理.东海窝集传[M].长春:吉林人民出版社,2007.

[46]富育光讲述,于敏记录整理.东海沉冤录[M].长春:吉林人民出版社,2007.

[47]鲁连坤讲述,富育光译注、整理.乌布西奔妈妈[M].长春:吉林人民出版社,2007.

[48]列维-布留尔.原始思维[M].北京:商务印书馆,1997.

[49]爱德华.泰勒.原始文化[M].桂林:广西师范大学出版社,2005.

[50]弗朗兹.博厄斯.原始艺术[M].上海:上海文艺出版社,1989.

[51]米尔恰.伊利亚德.宗教思想史[M].上海:上海社会科学院出版社,2005.

[52]安德烈-勒鲁瓦-古昂.史前宗教[M].上海:上海文艺出版社,1990.

[53]阿兰.邓迪斯.世界民俗学[M].上海:上海文艺出版社,1990.

[54]阿兰.邓迪斯.西方神话学读本[M].桂林:广西师范大学出版社,2006.

[55]宋兆麟.中国风俗通史[M].上海:上海文艺出版社,2001.

[56]赵国华.生殖崇拜文化论[M].北京:中国社会科学出版社,1996.

[57]富育光.萨满论[M].沈阳:辽宁大学出版社,2000.

[58]富育光.萨满艺术论[M].北京:学苑出版社,2010.

[59]富育光、孟慧英.满族萨满教研究[M].北京:北京大学出版社,2010.

[60]刘锡诚.中国原始艺术[M].上海:上海文艺出版社,1998.

[61]张碧波、董国尧.中国古代北方民族史[M].哈尔滨:黑龙江人民出版社,2001.

[62]乌丙安.中国民间信仰[M].上海:上海人民出版社,1996.

[63]宋和平.满族萨满神歌译注[M].北京:社会科学文献出版社,1993.

[64]萨满教文化研究第一辑[M].长春:吉林人民出版社,1988.

[65]杨英杰.清代满族风俗史[M].沈阳:辽宁人民出版社,1991.

[66]黑龙江省文物考古工作队.黑龙江宁安县莺歌岭遗址[J].考古,1981(6).

[67]武威克、刘焕新、常志强.黑龙江省刀背山新石器时代遗址[J].北方文物,1987(3).

[68]谭英杰.黑龙江饶河小南山遗址试掘简报[J].考古,1972(2).

[69]陶刚、倪春野.黑龙江省穆棱河上游考古调查简报[J].北方文物,2003(3).

[70]佳木斯市文物管理站、饶河县文物管理所.黑龙江饶河县小南山新石器时代墓葬[J].考古,1996(2).

[71]朱延平.新开流文化陶器的纹饰及其年代[J]//青果集——吉林大学考古系建系十周年纪念文集[N].北京:知识出版社,1998.

[72]赵宾福.东北石器时代考古[M].长春:吉林大学出版社,2003.

[73]富育光.满族佩饰古俗考源[J].民间文学论坛,1988(4).

[74]富育光.满族古配饰//吉林满族[M].长春:吉林人民出版社,1991.

[75]富育光.论满族柳祭与神话[J].长春:长春师范学院学报,1987(2).

[76]马克思恩格斯全集[M].北京:人民出版社,1982.

[77]朱立春.东北民族历史与现状[M].长春:长春出版社,2011.

[78]朱立春.北方民族民俗文化初探[M].长春:长春出版社,2011.

后　记

满族文化是中华文化的组成部分，满族先民在独特的自然环境和民族环境中形成了丰厚的信仰习俗、生产习俗、审美习俗等，这些习俗是满族先民在长期劳动实践中物质生活、精神生活的积淀。

《串珠集——满族民俗史话》，是一部融知识性、学术性和可读性为一体的满族民俗历史文化普及读物。书中共设四部分，从渔猎生产、衣食住行、艺术体育、宗教信仰等方面，以翔实的史料，真实客观地反映了满族风俗、东北地区的历史风貌，展示了东北地区深厚的文化底蕴，是研究东北满族文化比较系统的史料。

编写此书的目的是为了发掘、整理、传承、弘扬满族民族优秀文化，弘扬和培育民族精神。书中的资料皆是研究满族文化的前辈们挖掘出来的，犹如一枚枚珍贵的珍珠，闪烁着耀眼的光芒。串珠集，是将这些珍贵的珠子串联起来，使之更完整、更系统地反映满族传统文化资源。

弘扬民族文化是我的梦想，希望通过本书的编写对进一步研究东北满族文化、发扬光大中华优秀文化起到一定的促进作用，从而更好地为东北地区的发展、中华民族的伟大复兴尽一点微薄之力。同时也希望本书能够抛砖引玉，引起更多学者关注与研究满族文化。

本书的初稿是于 2017 年 3 月底完成的，书中的信息资料截至 2017 年 3 月。收集资料需要大量的时间，在这之前编者曾用多年时间通过各种渠道做了大量的收集工作，为此书的编写打下了基础。经过认真整理，汇聚成集。本书的出版是我梦想的起步，我将继续前行，走在研究民族文化的新征程上。

  本书的编写方式是一种探索性的尝试，在本书的编写过程中，参阅引用了大量满族文化专家的丰富论著和研究成果，主要有《吉林满族》《吉林满族风俗》《话说乌拉》《满族民俗文化论》《满族风俗考》《满族风俗志》《萨满绘画研究》《中国满族通论》《满族文化史》《萨满教女神》《萨满教与神话》《避暑山庄研究》等等，其中主要以富育光老师和王宏刚老师的资料为多，在此一并致以衷心的感谢！

  本书部分诗歌摘自那国学主编的《满族民间文学集》，特此鸣谢！

  感谢原鸡西市名人协会会长王德君、原《北疆名人》主编薛云峰、黑龙江工业学院教授滕宗仁帮忙审稿，并提出宝贵的修改建议；感谢黑龙江人民出版社姚虹云编辑辛勤敬业、认真审校。衷心感谢！

  本书是我对满族民俗文化的学习与探索，由于初次尝试，加之自身的水平有限，书中疏漏舛错之处在所难免，诚恳希望各位专家老师不吝赐教。

  另，本书只作免费交流之用。

编 者

2018 年 12 月 23 日